权威·前沿·原创

皮书系列为
"十二五"国家重点图书出版规划项目

社长致辞

我们是图书出版者,更是人文社会科学内容资源供应商;

我们背靠中国社会科学院,面向中国与世界人文社会科学界,坚持为人文社会科学的繁荣与发展服务;

我们精心打造权威信息资源整合平台,坚持为中国经济与社会的繁荣与发展提供决策咨询服务;

我们以读者定位自身,立志让爱书人读到好书,让求知者获得知识;

我们精心编辑、设计每一本好书以形成品牌张力,以优秀的品牌形象服务读者,开拓市场;

我们始终坚持"创社科经典,出传世文献"的经营理念,坚持"权威、前沿、原创"的产品特色;

我们"以人为本",提倡阳光下创业,员工与企业共享发展之成果;

我们立足于现实,认真对待我们的优势、劣势,我们更着眼于未来,以不断的学习与创新适应不断变化的世界,以不断的努力提升自己的实力;

我们愿与社会各界友好合作,共享人文社会科学发展之成果,共同推动中国学术出版乃至内容产业的繁荣与发展。

社会科学文献出版社社长
中国社会学会秘书长

2016 年 1 月

社会科学文献出版社
SOCIAL SCIENCES ACADEMIC PRESS (CHINA)

社会科学文献出版社成立于1985年，是直属于中国社会科学院的人文社会科学专业学术出版机构。

成立以来，特别是1998年实施第二次创业以来，依托于中国社会科学院丰厚的学术出版和专家学者两大资源，坚持"创社科经典，出传世文献"的出版理念和"权威、前沿、原创"的产品定位，社科文献立足内涵式发展道路，从战略层面推动学术出版五大能力建设，逐步走上了智库产品与专业学术成果系列化、规模化、数字化、国际化、市场化发展的经营道路。

先后策划出版了著名的图书品牌和学术品牌"皮书"系列、"列国志"、"社科文献精品译库"、"全球化译丛"、"全面深化改革研究书系"、"近世中国"、"甲骨文"、"中国史话"等一大批既有学术影响又有市场价值的系列图书，形成了较强的学术出版能力和资源整合能力。2015年社科文献出版社发稿5.5亿字，出版图书约2000种，承印发行中国社科院院属期刊74种，在多项指标上都实现了较大幅度的增长。

凭借着雄厚的出版资源整合能力，社科文献出版社长期以来一直致力于从内容资源和数字平台两个方面实现传统出版的再造，并先后推出了皮书数据库、列国志数据库、"一带一路"数据库、中国田野调查数据库、台湾大陆同乡会数据库等一系列数字产品。数字出版已经初步形成了产品设计、内容开发、编辑标引、产品运营、技术支持、营销推广等全流程体系。

在国内原创著作、国外名家经典著作大量出版，数字出版突飞猛进的同时，社科文献出版社从构建国际话语体系的角度推动学术出版国际化。先后与斯普林格、博睿、牛津、剑桥等十余家国际出版机构合作面向海外推出了"皮书系列""改革开放30年研究书系""中国梦与中国发展道路研究丛书""全面深化改革研究书系"等一系列在世界范围内引起强烈反响的作品；并持续致力于中国学术出版走出去，组织学者和编辑参加国际书展，筹办国际性学术研讨会，向世界展示中国学者的学术水平和研究成果。

此外，社科文献出版社充分利用网络媒体平台，积极与中央和地方各类媒体合作，并联合大型书店、学术书店、机场书店、网络书店、图书馆，逐步构建起了强大的学术图书内容传播平台。学术图书的媒体曝光率居全国之首，图书馆藏率居于全国出版机构前十位。

上述诸多成绩的取得，有赖于一支以年轻的博士、硕士为主体，一批从中国社科院刚退出科研一线的各学科专家为支撑的300多位高素质的编辑、出版和营销队伍，为我们实现学术立社，以学术品位、学术价值来实现经济效益和社会效益这样一个目标的共同努力。

作为已经开启第三次创业梦想的人文社会科学学术出版机构，我们将以改革发展为动力，以学术资源建设为中心，以构建智慧型出版社为主线，以"整合、专业、分类、协同、持续"为各项工作指导原则，全力推进出版社数字化转型，坚定不移地走专业化、数字化、国际化发展道路，全面提升出版社核心竞争力，为实现"社科文献梦"奠定坚实基础。

经济类 皮书系列 重点推荐

经 济 类

经济类皮书涵盖宏观经济、城市经济、大区域经济，
提供权威、前沿的分析与预测

经济蓝皮书
2016年中国经济形势分析与预测

李 扬 / 主编　　2015年12月出版　　定价:79.00元

◆ 本书为总理基金项目，由著名经济学家李扬领衔，联合中国社会科学院等数十家科研机构、国家部委和高等院校的专家共同撰写，系统分析了2015年的中国经济形势并预测2016年我国经济运行情况。

世界经济黄皮书
2016年世界经济形势分析与预测

王洛林　张宇燕 / 主编　　2015年12月出版　　定价:79.00元

◆ 本书由中国社会科学院世界经济与政治研究所的研究团队撰写，2015年世界经济增长继续放缓，增长格局也继续分化，发达经济体与新兴经济体之间的增长差距进一步收窄。2016年世界经济增长形势不容乐观。

产业蓝皮书
中国产业竞争力报告（2016）NO.6

张其仔 / 主编　　2016年12月出版　　定价:98.00元

◆ 本书由中国社会科学院工业经济研究所研究团队在深入实际、调查研究的基础上完成。通过运用丰富的数据资料和最新的测评指标，从学术性、系统性、预测性上分析了2015年中国产业竞争力，并对未来发展趋势进行了预测。

经济类

G20 国家创新竞争力黄皮书
二十国集团（G20）国家创新竞争力发展报告（2016）

李建平　李闽榕　赵新力 / 主编　　2016 年 11 月出版　　估价 :138.00 元

◆ 本报告在充分借鉴国内外研究者的相关研究成果的基础上，紧密跟踪技术经济学、竞争力经济学、计量经济学等学科的最新研究动态，深入分析 G20 国家创新竞争力的发展水平、变化特征、内在动因及未来趋势，同时构建了 G20 国家创新竞争力指标体系及数学模型。

国际城市蓝皮书
国际城市发展报告（2016）

屠启宇 / 主编　　2016 年 2 月出版　　定价 :79.00 元

◆ 本书作者以上海社会科学院从事国际城市研究的学者团队为核心，汇集同济大学、华东师范大学、复旦大学、上海交通大学、南京大学、浙江大学相关城市研究专业学者。立足动态跟踪介绍国际城市发展实践中，最新出现的重大战略、重大理念、重大项目、重大报告和最佳案例。

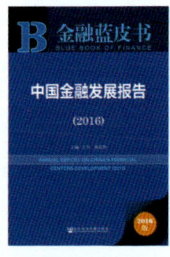

金融蓝皮书
中国金融发展报告（2016）

李　扬　王国刚 / 主编　　2015 年 12 月出版　　定价 :79.00 元

◆ 本书由中国社会科学院金融研究所组织编写，概括和分析了 2015 年中国金融发展和运行中的各方面情况，研讨和评论了 2015 年发生的主要金融事件。本书由业内专家和青年精英联合编著，有利于读者了解掌握 2015 年中国的金融状况，把握 2016 年中国金融的走势。

农村绿皮书
中国农村经济形势分析与预测（2015～2016）

中国社会科学院农村发展研究所　国家统计局农村社会经济调查司 / 著
2016 年 4 月出版　　估价 :69.00 元

◆ 本书描述了 2015 年中国农业农村经济发展的一些主要指标和变化，以及对 2016 年中国农业农村经济形势的一些展望和预测。

经济类　皮书系列 重点推荐

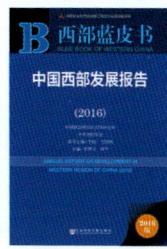

西部蓝皮书
中国西部发展报告（2016）

姚慧琴　徐璋勇 / 主编　　2016 年 7 月出版　　估价 :89.00 元

◆ 本书由西北大学中国西部经济发展研究中心主编，汇集了源自西部本土以及国内研究西部问题的权威专家的第一手资料，对国家实施西部大开发战略进行年度动态跟踪，并对 2016 年西部经济、社会发展态势进行预测和展望。

民营经济蓝皮书
中国民营经济发展报告 NO.12（2015～2016）

王钦敏 / 主编　　2016 年 4 月出版　　估价 :75.00 元

◆ 改革开放以来，民营经济从无到有、从小到大，是最具活力的增长极。本书是中国工商联课题组的研究成果，对 2015 年度中国民营经济的发展现状、趋势进行了详细的论述，并提出了合理的建议。是广大民营企业进行政策咨询、科学决策和理论创新的重要参考资料，也是理论工作者进行理论研究的重要参考资料。

经济蓝皮书夏季号
中国经济增长报告（2015～2016）

李扬 / 主编　　2016 年 8 月出版　　估价 :69.00 元

◆ 中国经济增长报告主要探讨 2015~2016 年中国经济增长问题，以专业视角解读中国经济增长，力求将其打造成一个研究中国经济增长、服务宏微观各级决策的周期性、权威性读物。

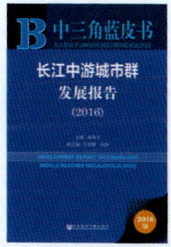

中三角蓝皮书
长江中游城市群发展报告（2016）

秦尊文 / 主编　　2016 年 10 月出版　　估价 :69.00 元

◆ 本书是湘鄂赣皖四省专家学者共同研究的成果，从不同角度、不同方位记录和研究长江中游城市群一体化，提出对策措施，以期为将"中三角"打造成为继珠三角、长三角、京津冀之后中国经济增长第四极奉献学术界的聪明才智。

皮书系列 重点推荐　社会政法类

社会政法类

社会政法类皮书聚焦社会发展领域的热点、难点问题，提供权威、原创的资讯与视点

社会蓝皮书
2016年中国社会形势分析与预测

李培林　陈光金　张 翼/主编　2015年12月出版　定价:79.00元

◆ 本书由中国社会科学院社会学研究所组织研究机构专家、高校学者和政府研究人员撰写，聚焦当下社会热点，对2015年中国社会发展的各个方面内容进行了权威解读，同时对2016年社会形势发展趋势进行了预测。

法治蓝皮书
中国法治发展报告 NO.14（2016）

李 林　田 禾/主编　2016年3月出版　定价:118.00元

◆ 本年度法治蓝皮书回顾总结了2015年度中国法治发展取得的成就和存在的不足，并对2016年中国法治发展形势进行了预测和展望。

反腐倡廉蓝皮书
中国反腐倡廉建设报告 NO.6

李秋芳　张英伟/主编　2017年1月出版　估价:79.00元

◆ 本书抓住了若干社会热点和焦点问题，全面反映了新时期新阶段中国反腐倡廉面对的严峻局面，以及中国共产党反腐倡廉建设的新实践新成果。根据实地调研、问卷调查和舆情分析，梳理了当下社会普遍关注的与反腐败密切相关的热点问题。

皮书系列
重点推荐

社会政法类

生态城市绿皮书
中国生态城市建设发展报告（2016）

刘举科　孙伟平　胡文臻 / 主编　2016年6月出版　估价:98.00元

◆　报告以绿色发展、循环经济、低碳生活、民生宜居为理念，以更新民众观念、提供决策咨询、指导工程实践、引领绿色发展为宗旨，试图探索一条具有中国特色的城市生态文明建设新路。

公共服务蓝皮书
中国城市基本公共服务力评价（2016）

钟　君　吴正昊 / 主编　2016年12月出版　估价:79.00元

◆　中国社会科学院经济与社会建设研究室与华图政信调查组成联合课题组，从2010年开始对基本公共服务力进行研究，研创了基本公共服务力评价指标体系，为政府考核公共服务与社会管理工作提供了理论工具。

教育蓝皮书
中国教育发展报告（2016）

杨东平 / 主编　2016年4月出版　定价:79.00元

◆　本书由国内的中青年教育专家合作研究撰写。深度剖析2015年中国教育的热点话题，并对当下中国教育中出现的问题提出对策建议。

生态文明绿皮书
中国省域生态文明建设评价报告（ECI 2016）

严耕 / 主编　2016年12月出版　估价:85.00元

◆　本书基于国家最新发布的权威数据，对我国的生态文明建设状况进行科学评价，并开展相应的深度分析，结合中央的政策方针和各省的具体情况，为生态文明建设推进，提出针对性的政策建议。

皮书系列重点推荐　行业报告类

行业报告类

行业报告类皮书立足重点行业、新兴行业领域，提供及时、前瞻的数据与信息

房地产蓝皮书
中国房地产发展报告 NO.13（2016）

魏后凯　李景国 / 主编　　2016年5月出版　　估价：79.00元

◆ 蓝皮书秉承客观公正、科学中立的宗旨和原则，追踪2015年我国房地产市场最新资讯，深度分析，剖析因果，谋划对策，并对2016年房地产发展趋势进行了展望。

旅游绿皮书
2015～2016年中国旅游发展分析与预测

宋瑞 / 主编　　2016年4出版　　定价：89.00元

◆ 本书中国社会科学院旅游研究中心组织相关专家编写的年度研究报告，对2015年旅游行业的热点问题进行了全面的综述并提出专业性建议，并对2016年中国旅游的发展趋势进行展望。

互联网金融蓝皮书
中国互联网金融发展报告（2016）

李东荣 / 主编　　2016年8月出版　　估价：79.00元

◆ 近年来，许多基于互联网的金融服务模式应运而生并对传统金融业产生了深刻的影响和巨大的冲击，"互联网金融"成为社会各界关注的焦点。本书探析了2015年互联网金融的特点和2016年互联网金融的发展方向和亮点。

资产管理蓝皮书
中国资产管理行业发展报告（2016）

智信资产管理研究院 / 编著　　2016 年 6 月出版　　估价：89.00 元

◆ 中国资产管理行业刚刚兴起，未来将中国金融市场最有看点的行业，也会成为快速发展壮大的行业。本书主要分析了 2015 年度资产管理行业的发展情况，同时对资产管理行业的未来发展做出科学的预测。

老龄蓝皮书
中国老龄产业发展报告（2016）

吴玉韶　党俊武 / 编著
2016 年 9 月出版　　估价：79.00 元

◆ 本书着眼于对中国老龄产业的发展给予系统介绍，深入解析，并对未来发展趋势进行预测和展望，力求从不同视角、不同层面全面剖析中国老龄产业发展的现状、取得的成绩、存在的问题以及重点、难点等。

金融蓝皮书
中国金融中心发展报告（2016）

王　力　黄育华 / 编著　　2017 年 11 月出版　　估价：75.00 元

◆ 本报告将提升中国金融中心城市的金融竞争力作为研究主线，全面、系统、连续地反映和研究中国金融中心城市发展和改革的最新进展，展示金融中心理论研究的最新成果。

流通蓝皮书
中国商业发展报告（2016）

荆林波 / 编著　　2016 年 5 月出版　　估价：89.00 元

◆ 本书是中国社会科学院财经院与利丰研究中心合作的成果，从关注中国宏观经济出发，突出了中国流通业的宏观背景，详细分析了批发业、零售业、物流业、餐饮产业与电子商务等产业发展状况。

国别与地区类

国别与地区类皮书关注全球重点国家与地区，提供全面、独特的解读与研究

美国蓝皮书

美国研究报告（2016）

黄 平　郑秉文/主编　2016年7月出版　估价:89.00元

◆ 本书是由中国社会科学院美国所主持完成的研究成果，它回顾了美国2015年的经济、政治形势与外交战略，对2016年以来美国内政外交发生的重大事件以及重要政策进行了较为全面的回顾和梳理。

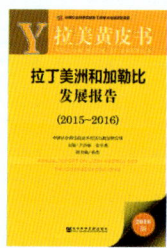

拉美黄皮书

拉丁美洲和加勒比发展报告（2015~2016）

吴白乙/主编　2016年5月出版　估价:89.00元

◆ 本书对2015年拉丁美洲和加勒比地区诸国的政治、经济、社会、外交等方面的发展情况做了系统介绍，对该地区相关国家的热点及焦点问题进行了总结和分析，并在此基础上对该地区各国2016年的发展前景做出预测。

日本经济蓝皮书

日本经济与中日经贸关系研究报告（2016）

王洛林　张季风/编著　2016年5月出版　估价:79.00元

◆ 本书系统、详细地介绍了2015年日本经济以及中日经贸关系发展情况，在进行了大量数据分析的基础上，对2016年日本经济以及中日经贸关系的大致发展趋势进行了分析与预测。

国别与地区类 皮书系列 重点推荐

俄罗斯黄皮书

俄罗斯发展报告（2016）

李永全 / 编著　2016 年 7 月出版　估价：79.00 元

◆ 本书系统介绍了 2015 年俄罗斯经济政治情况，并对 2015 年该地区发生的焦点、热点问题进行了分析与回顾；在此基础上，对该地区 2016 年的发展前景进行了预测。

国际形势黄皮书

全球政治与安全报告（2016）

李慎明　张宇燕 / 主编　2015 年 12 月出版　定价：69.00 元

◆ 本书旨在对本年度全球政治及安全形势的总体情况、热点问题及变化趋势进行回顾与分析，并提出一定的预测及对策建议。作者通过事实梳理、数据分析、政策分析等途径，阐释了本年度国际关系及全球安全形势的基本特点，并在此基础上提出了具有启示意义的前瞻性结论。

德国蓝皮书

德国发展报告（2016）

郑春荣　伍慧萍 / 主编　2016 年 6 月出版　估价：69.00 元

◆ 本报告由同济大学德国研究所组织编撰，由该领域的专家学者对德国的政治、经济、社会文化、外交等方面的形势发展情况，进行全面的阐述与分析。

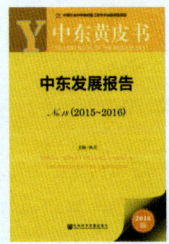

中东黄皮书

中东发展报告 NO.18（2015～2016）

杨光 / 主编　2016 年 10 月出版　估价：89.00 元

◆ 报告回顾和分析了一年来多以来中东地区政治经济局势的新发展，为跟踪中东地区的市场变化和中东研究学科的研究前沿，提供了全面扎实的信息。

11

地方发展类

地方发展类皮书关注中国各省份、经济区域，提供科学、多元的预判与资政信息

北京蓝皮书

北京公共服务发展报告（2015~2016）

施昌奎 / 主编　　2016年2月出版　　定价：79.00元

◆ 本书是由北京市政府职能部门的领导、首都著名高校的教授、知名研究机构的专家共同完成的关于北京市公共服务发展与创新的研究成果。

河南蓝皮书

河南经济发展报告（2016）

河南省社会科学院 / 编著　　2016年3月出版　　定价：79.00元

◆ 本书以国内外经济发展环境和走向为背景，主要分析当前河南经济形势，预测未来发展趋势，全面反映河南经济发展的最新动态、热点和问题，为地方经济发展和领导决策提供参考。

京津冀蓝皮书

京津冀发展报告（2016）

文 魁　祝尔娟 / 编著　　2016年4月出版　　估价：89.00元

◆ 京津冀协同发展作为重大的国家战略，已进入顶层设计、制度创新和全面推进的新阶段。本书以问题为导向，围绕京津冀发展中的重要领域和重大问题，研究如何推进京津冀协同发展。

文化传媒类

文化传媒类皮书透视文化领域、文化产业，探索文化大繁荣、大发展的路径

新媒体蓝皮书

中国新媒体发展报告 NO.7（2016）

唐绪军 / 主编　　2016 年 6 月出版　　估价 :79.00 元

◆ 本书是由中国社会科学院新闻与传播研究所组织编写的关于新媒体发展的最新年度报告，旨在全面分析中国新媒体的发展现状，解读新媒体的发展趋势，探析新媒体的深刻影响。

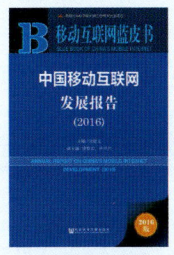

移动互联网蓝皮书

中国移动互联网发展报告（2016）

官建文 / 编著　　2016 年 6 月出版　　估价 :79.00 元

◆ 本书着眼于对中国移动互联网 2015 年度的发展情况做深入解析，对未来发展趋势进行预测，力求从不同视角、不同层面全面剖析中国移动互联网发展的现状、年度突破以及热点趋势等。

文化蓝皮书

中国文化产业发展报告（2015~2016）

张晓明　王家新　章建刚 / 主编　　2016 年 2 月出版　　定价 :79.00 元

◆ 本书由中国社会科学院文化研究中心编写。从 2012 年开始，中国社会科学院文化研究中心设立了国内首个文化产业的研究类专项资金——"文化产业重大课题研究计划"，开始在全国范围内组织多学科专家学者对我国文化产业发展重大战略问题进行联合攻关研究。本书集中反映了该计划的研究成果。

经济类

G20国家创新竞争力黄皮书
二十国集团(G20)国家创新竞争力发展报告(2016)
著(编)者:李建平 李闽榕 赵新力
2016年11月出版 / 估价:138.00元

产业蓝皮书
中国产业竞争力报告(2016)NO.6
著(编)者:张其仔 2016年12月出版 / 估价:98.00元

城市创新蓝皮书
中国城市创新报告(2016)
著(编)者:周天勇 旷建伟 2016年8月出版 / 估价:69.00元

城市竞争力蓝皮书
中国城市竞争力报告(1973~2015)
著(编)者:李小林 2016年1月出版 / 定价:128.00元

城市蓝皮书
中国城市发展报告NO.9
著(编)者:潘家华 魏后凯 2016年9月出版 / 估价:69.00元

城市群蓝皮书
中国城市群发展指数报告(2016)
著(编)者:刘士林 刘新静 2016年10月出版 / 估价:69.00元

城乡一体化蓝皮书
中国城乡一体化发展报告(2015~2016)
著(编)者:汝信 付崇兰 2016年7月出版 / 估价:85.00元

城镇化蓝皮书
中国新型城镇化健康发展报告(2016)
著(编)者:张占斌 2016年5月出版 / 估价:79.00元

创新蓝皮书
创新型国家建设报告(2015~2016)
著(编)者:詹正茂 2016年11月出版 / 估价:69.00元

低碳发展蓝皮书
中国低碳发展报告(2015~2016)
著(编)者:齐晔 2016年3月出版 / 定价:98.00元

低碳经济蓝皮书
中国低碳经济发展报告(2016)
著(编)者:薛进军 赵忠秀 2016年6月出版 / 估价:85.00元

东北蓝皮书
中国东北地区发展报告(2016)
著(编)者:马克 黄文艺 2016年8月出版 / 估价:79.00元

发展与改革蓝皮书
中国经济发展和体制改革报告NO.7
著(编)者:邹东涛 王再文
2016年1月出版 / 估价:98.00元

工业化蓝皮书
中国工业化进程报告(2016)
著(编)者:黄群慧 吕铁 李晓华 等
2016年11月出版 / 估价:89.00元

管理蓝皮书
中国管理发展报告(2016)
著(编)者:张晓东 2016年9月出版 / 估价:98.00元

国际城市蓝皮书
国际城市发展报告(2016)
著(编)者:屠启宇 2016年2月出版 / 定价:79.00元

国家创新蓝皮书
中国创新发展报告(2016)
著(编)者:陈劲 2016年9月出版 / 估价:69.00元

金融蓝皮书
中国金融发展报告(2016)
著(编)者:李扬 王国刚 2015年12月出版 / 定价:79.00元

京津冀产业蓝皮书
京津冀产业协同发展报告(2016)
著(编)者:中智科博(北京)产业经济发展研究院
2016年6月出版 / 估价:69.00元

京津冀蓝皮书
京津冀发展报告(2016)
著(编)者:文魁 祝尔娟 2016年4月出版 / 估价:89.00元

经济蓝皮书
2016年中国经济形势分析与预测
著(编)者:李扬 2015年12月出版 / 定价:79.00元

经济蓝皮书·春季号
2016年中国经济前景分析
著(编)者:李扬 2016年5月出版 / 估价:79.00元

经济蓝皮书·夏季号
中国经济增长报告(2015~2016)
著(编)者:李扬 2016年8月出版 / 估价:99.00元

经济信息绿皮书
中国与世界经济发展报告(2016)
著(编)者:杜平 2015年12月出版 / 定价:89.00元

就业蓝皮书
2016年中国本科生就业报告
著(编)者:麦可思研究院 2016年6月出版 / 估价:98.00元

就业蓝皮书
2016年中国高职高专生就业报告
著(编)者:麦可思研究院 2016年6月出版 / 估价:98.00元

临空经济蓝皮书
中国临空经济发展报告(2016)
著(编)者:连玉明 2016年11月出版 / 估价:79.00元

民营经济蓝皮书
中国民营经济发展报告NO.12(2015~2016)
著(编)者:王钦敏 2016年5月出版 / 估价:75.00元

农村绿皮书
中国农村经济形势分析与预测(2015~2016)
著(编)者:中国社会科学院农村发展研究所
国家统计局农村社会经济调查司
2016年4月出版 / 估价:69.00元

农业应对气候变化蓝皮书
气候变化对中国农业影响评估报告NO.2
著(编)者:矫梅燕 2016年8月出版 / 估价:98.00元

经济类·社会政法类

皮书系列 2016全品种

企业公民蓝皮书
中国企业公民报告 NO.4
著(编)者:邹东涛　2016年5月出版 / 估价:79.00元

气候变化绿皮书
应对气候变化报告（2016）
著(编)者:王伟光　郑国光　2016年11月出版 / 估价:98.00元

区域蓝皮书
中国区域经济发展报告（2015～2016）
著(编)者:梁昊光　2016年5月出版 / 估价:79.00元

全球环境竞争力绿皮书
全球环境竞争力报告（2016）
著(编)者:李建平　李闽榕　王金南
2016年12月出版 / 估价:198.00元

人口与劳动绿皮书
中国人口与劳动问题报告 NO.17
著(编)者:蔡昉　张车伟　2016年11月出版 / 估价:69.00元

商务中心区蓝皮书
中国商务中心区发展报告 NO.2（2015）
著(编)者:魏后凯　单菁菁　2016年1月出版 / 定价:79.00元

世界经济黄皮书
2016年世界经济形势分析与预测
著(编)者:王洛林　张宇燕　2015年12月出版 / 定价:79.00元

世界旅游城市绿皮书
世界旅游城市发展报告（2015）
著(编)者:宋宇　2016年1月出版 / 定价:128.00元

西北蓝皮书
中国西北发展报告（2016）
著(编)者:孙发平　苏海红　鲁顺元
2016年3月出版 / 估价:79.00元

西部蓝皮书
中国西部发展报告（2016）
著(编)者:姚慧琴　徐璋勇　2016年7月出版 / 估价:89.00元

县域发展蓝皮书
中国县域经济增长能力评估报告（2016）
著(编)者:王力　2016年10月出版 / 估价:69.00元

新型城镇化蓝皮书
新型城镇化发展报告（2016）
著(编)者:李伟　宋敏　沈体雁　2016年11月出版 / 估价:98.00元

新兴经济体蓝皮书
金砖国家发展报告（2016）
著(编)者:林跃勤　周文　2016年7月出版 / 估价:79.00元

长三角蓝皮书
2016年全面深化改革中的长三角
著(编)者:张伟斌　2016年10月出版 / 估价:69.00元

中部竞争力蓝皮书
中国中部经济社会竞争力报告（2016）
著(编)者:教育部人文社会科学重点研究基地
南昌大学中国中部经济社会发展研究中心
2016年10月出版 / 估价:79.00元

中部蓝皮书
中国中部地区发展报告（2016）
著(编)者:宋亚平　2016年12月出版 / 估价:78.00元

中国省域竞争力蓝皮书
中国省域经济综合竞争力发展报告（2014～2015）
著(编)者:李建平　李闽榕　高燕京
2016年2月出版 / 定价:198.00元

中三角蓝皮书
长江中游城市群发展报告（2016）
著(编)者:秦尊文　2016年10月出版 / 估价:69.00元

中小城市绿皮书
中国中小城市发展报告（2016）
著(编)者:中国城市经济学会中小城市经济发展委员会
中国城镇化促进会中小城市发展委员会
《中国中小城市发展报告》编纂委员会
中小城市发展战略研究院
2016年10月出版 / 估价:98.00元

中原蓝皮书
中原经济区发展报告（2016）
著(编)者:李英杰　2016年6月出版 / 估价:88.00元

自贸区蓝皮书
中国自贸区发展报告（2016）
著(编)者:王力　王吉培　2016年10月出版 / 估价:69.00元

社会政法类

北京蓝皮书
中国社区发展报告（2016）
著(编)者:于燕燕　2017年2月出版 / 估价:79.00元

殡葬绿皮书
中国殡葬事业发展报告（2016）
著(编)者:李伯森　2016年5月出版 / 估价:158.00元

城市管理蓝皮书
中国城市管理报告
著(编)者:谭维克　刘林　2017年2月出版 / 估价:118.00元

城市生活质量蓝皮书
中国城市生活质量报告（2016）
著(编)者:张连城　张平　杨春学　郎丽华
2016年7月出版 / 估价:89.00元

城市政府能力蓝皮书
中国城市政府公共服务能力评估报告（2016）
著(编)者:何艳玲　2016年7月出版 / 估价:69.00元

创新蓝皮书
中国创业环境发展报告（2016）
著(编)者:姚凯　曹祎遐　2016年5月出版 / 估价:69.00元

皮书系列 2016全品种 — 社会政法类

慈善蓝皮书
中国慈善发展报告（2016）
著(编)者：杨团　2016年6月出版／估价：79.00元

地方法治蓝皮书
中国地方法治发展报告 NO.2（2016）
著(编)者：李林　田禾　2016年3月出版／定价：108.00元

党建蓝皮书
党的建设研究报告 NO.1（2016）
著(编)者：崔建民　陈东平　2016年1月出版／定价：89.00元

法治蓝皮书
中国法治发展报告 NO.14（2016）
著(编)者：李林　田禾　2016年3月出版／定价：118.00元

反腐倡廉蓝皮书
中国反腐倡廉建设报告 NO.6
著(编)者：李秋芳　张英伟　2017年1月出版／估价：79.00元

非传统安全蓝皮书
中国非传统安全研究报告（2015~2016）
著(编)者：余潇枫　魏志江　2016年5月出版／估价：79.00元

妇女发展蓝皮书
中国妇女发展报告 NO.6
著(编)者：王金玲　2016年9月出版／估价：148.00元

妇女教育蓝皮书
中国妇女教育发展报告 NO.3
著(编)者：张李玺　2016年10月出版／估价：78.00元

妇女绿皮书
中国性别平等与妇女发展报告（2016）
著(编)者：谭琳　2016年12月出版／估价：99.00元

公共服务蓝皮书
中国城市基本公共服务力评价（2016）
著(编)者：钟君　吴正杲　2016年12月出版／估价：79.00元

公共管理蓝皮书
中国公共管理发展报告（2016）
著(编)者：贡森　李国强　杨维富
2016年4月出版／估价：69.00元

公共外交蓝皮书
中国公共外交发展报告（2016）
著(编)者：赵启正　雷蔚真　2016年5月出版／估价：89.00元

公民科学素质蓝皮书
中国公民科学素质报告（2015~2016）
著(编)者：李群　陈雄　马宗文　2016年1月出版／估价：89.00元

公益蓝皮书
中国公益发展报告（2016）
著(编)者：朱健刚　2016年5月出版／估价：78.00元

国际人才蓝皮书
海外华侨华人专业人士报告（2016）
著(编)者：王辉耀　苗绿　2016年8月出版／估价：69.00元

国际人才蓝皮书
中国国际移民报告（2016）
著(编)者：王辉耀　2016年5月出版／估价：79.00元

国际人才蓝皮书
中国海归发展报告（2016）NO.3
著(编)者：王辉耀　苗绿　2016年10月出版／估价：69.00元

国际人才蓝皮书
中国留学发展报告（2016）NO.5
著(编)者：王辉耀　苗绿　2016年10月出版／估价：79.00元

国家公园蓝皮书
中国国家公园体制建设报告（2016）
著(编)者：苏杨　张玉钧　石金莲　刘锋　等
2016年10月出版／估价：69.00元

海洋社会蓝皮书
中国海洋社会发展报告（2016）
著(编)者：崔凤　宋宁而　2016年7月出版／估价：89.00元

行政改革蓝皮书
中国行政体制改革报告（2016）NO.5
著(编)者：魏礼群　2016年4月出版／估价：98.00元

华侨华人蓝皮书
华侨华人研究报告（2016）
著(编)者：贾益民　2016年12月出版／估价：98.00元

环境竞争力绿皮书
中国省域环境竞争力发展报告（2016）
著(编)者：李建平　李闽榕　王金南
2016年11月出版／估价：198.00元

环境绿皮书
中国环境发展报告（2016）
著(编)者：刘鉴强　2016年5月出版／估价：79.00元

基金会蓝皮书
中国基金会发展报告（2015~2016）
著(编)者：中国基金会发展报告课题组　2016年4月出版／定价：75.00元

基金会绿皮书
中国基金会发展独立研究报告（2016）
著(编)者：基金会中心网　中央民族大学基金会研究中心
2016年6月出版／估价：88.00元

基金会透明度蓝皮书
中国基金会透明度发展研究报告（2016）
著(编)者：基金会中心网　清华大学廉政与治理研究中心
2016年9月出版／估价：85.00元

教师蓝皮书
中国中小学教师发展报告（2016）
著(编)者：曾晓东　鱼霞　2016年6月出版／估价：69.00元

教育蓝皮书
中国教育发展报告（2016）
著(编)者：杨东平　2016年4月出版／估价：79.00元

科普蓝皮书
中国科普基础设施发展报告（2015）
著(编)者：郑念　任嵘嵘　2016年4月出版／定价：98.00元

社会政法类 | **皮书系列 2016全品种**

科学教育蓝皮书
中国科学教育发展报告（2016）
著（编）者：罗晖 王康友 2016年10月出版 / 估价：79.00元

劳动保障蓝皮书
中国劳动保障发展报告（2016）
著（编）者：刘燕斌 2016年8月出版 / 估价：158.00元

老龄蓝皮书
中国老年宜居环境发展报告（2015）
著（编）者：党俊武 周燕珉 2016年1月出版 / 定价：79.00元

连片特困区蓝皮书
中国连片特困区发展报告（2016）
著（编）者：游俊 冷志明 丁建军
2016年5月出版 / 估价：98.00元

民间组织蓝皮书
中国民间组织报告（2016）
著（编）者：黄晓勇 2016年12月出版 / 估价：79.00元

民调蓝皮书
中国民生调查报告（2016）
著（编）者：谢耘耕 2016年5月出版 / 估价：128.00元

民族发展蓝皮书
中国民族发展报告（2016）
著（编）者：郝时远 王延中 王希恩
2016年4月出版 / 估价：98.00元

女性生活蓝皮书
中国女性生活状况报告 NO.10（2016）
著（编）者：韩湘景 2016年4月出版 / 估价：79.00元

汽车社会蓝皮书
中国汽车社会发展报告（2016）
著（编）者：王俊秀 2016年5月出版 / 估价：69.00元

青年蓝皮书
中国青年发展报告（2016）NO.4
著（编）者：廉思 等 2016年4月出版 / 估价：69.00元

青少年蓝皮书
中国未成年人互联网运用报告（2016）
著（编）者：李文革 沈杰 季为民
2016年11月出版 / 估价：89.00元

青少年体育蓝皮书
中国青少年体育发展报告（2016）
著（编）者：郭建军 杨桦 2016年9月出版 / 估价：69.00元

区域人才蓝皮书
中国区域人才竞争力报告 NO.2
著（编）者：桂昭明 王辉耀
2016年6月出版 / 估价：69.00元

群众体育蓝皮书
中国群众体育发展报告（2016）
著（编）者：刘国永 杨桦 2016年10月出版 / 估价：69.00元

群众体育蓝皮书
中国社会体育指导员发展报告（1994~2014）
著（编）者：刘国永 王欢 2016年4月出版 / 定价：78.00元

人才蓝皮书
中国人才发展报告（2016）
著（编）者：潘晨光 2016年9月出版 / 估价：85.00元

人权蓝皮书
中国人权事业发展报告 NO.6（2016）
著（编）者：李君如 2016年9月出版 / 估价：128.00元

社会保障绿皮书
中国社会保障发展报告（2016）NO.8
著（编）者：王延中 2016年4月出版 / 估价：99.00元

社会工作蓝皮书
中国社会工作发展报告（2016）
著（编）者：民政部社会工作研究中心
2016年8月出版 / 估价：79.00元

社会管理蓝皮书
中国社会管理创新报告 NO.4
著（编）者：连玉明 2016年11月出版 / 估价：89.00元

社会蓝皮书
2016年中国社会形势分析与预测
著（编）者：李培林 陈光金 张翼
2015年12月出版 / 定价：79.00元

社会体制蓝皮书
中国社会体制改革报告（2016）NO.4
著（编）者：龚维斌 2016年4月出版 / 估价：79.00元

社会心态蓝皮书
中国社会心态研究报告（2016）
著（编）者：王俊秀 杨宜音 2016年10月出版 / 估价：69.00元

社会责任管理蓝皮书
中国企业公众透明度报告（2015~2016）NO.2
著（编）者：黄速建 熊梦 肖红军 2016年1月出版 / 估价：98.00元

社会组织蓝皮书
中国社会组织评估发展报告（2016）
著（编）者：徐家良 廖鸿 2016年12月出版 / 估价：69.00元

生态城市绿皮书
中国生态城市建设发展报告（2016）
著（编）者：刘举科 孙伟平 胡文臻
2016年9月出版 / 估价：148.00元

生态文明绿皮书
中国省域生态文明建设评价报告（ECI 2016）
著（编）者：严耕 2016年12月出版 / 估价：85.00元

世界社会主义黄皮书
世界社会主义跟踪研究报告（2015~2016）
著（编）者：李慎明 2016年3月出版 / 定价：248.00元

水与发展蓝皮书
中国水风险评估报告（2016）
著（编）者：王浩 2016年9月出版 / 估价：69.00元

体育蓝皮书
长三角地区体育产业发展报告（2016）
著（编）者：张林 2016年4月出版 / 估价：79.00元

皮书系列 2016全品种

社会政法类·行业报告类

体育蓝皮书
中国公共体育服务发展报告（2016）
著(编)者：戴健　2016年12月出版／估价：79.00元

土地整治蓝皮书
中国土地整治发展研究报告 NO.3
著(编)者：国土资源部土地整治中心
2016年5月出版／估价：89.00元

土地政策蓝皮书
中国土地政策发展报告（2016）
著(编)者：高延利　李宪文　2015年12月出版／定价：89.00元

危机管理蓝皮书
中国危机管理报告（2016）
著(编)者：文学国　范正青　2016年8月出版／估价：89.00元

形象危机应对蓝皮书
形象危机应对研究报告（2016）
著(编)者：唐钧　2016年6月出版／估价：149.00元

医改蓝皮书
中国医药卫生体制改革报告（2016）
著(编)者：文学国　房志武　2016年11月出版／估价：98.00元

医疗卫生绿皮书
中国医疗卫生发展报告 NO.7（2016）
著(编)者：申宝忠　韩玉珍　2016年4月出版／估价：75.00元

政治参与蓝皮书
中国政治参与报告（2016）
著(编)者：房宁　2016年7月出版／估价：108.00元

政治发展蓝皮书
中国政治发展报告（2016）
著(编)者：房宁　杨海蛟　2016年5月出版／估价：88.00元

智慧社区蓝皮书
中国智慧社区发展报告（2016）
著(编)者：罗昌智　张辉德　2016年7月出版／估价：69.00元

中国农村妇女发展蓝皮书
农村流动女性城市生活发展报告（2016）
著(编)者：谢丽华　2016年12月出版／估价：79.00元

宗教蓝皮书
中国宗教报告（2016）
著(编)者：邱永辉　2016年5月出版／估价：79.00元

行业报告类

保健蓝皮书
中国保健服务产业发展报告 NO.2
著(编)者：中国保健协会　中共中央党校
2016年7月出版／估价：198.00元

保健蓝皮书
中国保健食品产业发展报告 NO.2
著(编)者：中国保健协会
　　　　中国社会科学院食品药品产业发展与监管研究中心
2016年7月出版／估价：198.00元

保健蓝皮书
中国保健用品产业发展报告 NO.2
著(编)者：中国保健协会
　　　　国务院国有资产监督管理委员会研究中心
2016年5月出版／估价：198.00元

保险蓝皮书
中国保险业创新发展报告（2016）
著(编)者：项俊波　2016年12月出版／估价：69.00元

保险蓝皮书
中国保险业竞争力报告（2016）
著(编)者：项俊波　2016年12月出版／估价：99.00元

采供血蓝皮书
中国采供血管理报告（2016）
著(编)者：朱永明　耿鸿武　2016年8月出版／估价：69.00元

彩票蓝皮书
中国彩票发展报告（2016）
著(编)者：益彩基金　2016年4月出版／估价：98.00元

餐饮产业蓝皮书
中国餐饮产业发展报告（2016）
著(编)者：邢颖　2016年4月出版／估价：69.00元

测绘地理信息蓝皮书
测绘地理信息转型升级研究报告（2016）
著(编)者：库热西·买合苏提　2016年12月出版／估价：98.00元

茶业蓝皮书
中国茶产业发展报告（2016）
著(编)者：杨江帆　李闽榕　2016年10月出版／估价：78.00元

产权市场蓝皮书
中国产权市场发展报告（2015～2016）
著(编)者：曹和平　2016年5月出版／估价：89.00元

产业安全蓝皮书
中国出版传媒产业安全报告（2015～2016）
著(编)者：北京印刷学院文化产业安全研究院
2016年3月出版／定价：79.00元

产业安全蓝皮书
中国文化产业安全报告（2016）
著(编)者：北京印刷学院文化产业安全研究院
2016年4月出版／估价：89.00元

行业报告类

皮书系列 2016全品种

产业安全蓝皮书
中国新媒体产业安全报告（2016）
著(编)者：北京印刷学院文化产业安全研究院
2016年5月出版 / 估价：69.00元

大数据蓝皮书
网络空间和大数据发展报告（2016）
著(编)者：杜平　2016年5月出版 / 估价：69.00元

电子商务蓝皮书
中国电子商务服务业发展报告 NO.3
著(编)者：荆林波 梁春晓　2016年5月出版 / 估价：69.00元

电子政务蓝皮书
中国电子政务发展报告（2016）
著(编)者：洪毅 杜平　2016年11月出版 / 估价：79.00元

杜仲产业绿皮书
中国杜仲橡胶资源与产业发展报告（2016）
著(编)者：杜红岩 胡文臻 俞锐
2016年5月出版 / 估价：85.00元

房地产蓝皮书
中国房地产发展报告 NO.13（2016）
著(编)者：魏后凯 李景国　2016年5月出版 / 估价：79.00元

服务外包蓝皮书
中国服务外包产业发展报告（2016）
著(编)者：王晓红 刘德军
2016年6月出版 / 估价：89.00元

服务外包蓝皮书
中国服务外包竞争力报告（2016）
著(编)者：王力 刘春生 黄育华
2016年11月出版 / 估价：85.00元

工业和信息化蓝皮书
世界网络安全发展报告（2016）
著(编)者：洪京一　2016年4月出版 / 估价：69.00元

工业和信息化蓝皮书
世界信息化发展报告（2016）
著(编)者：洪京一　2016年4月出版 / 估价：69.00元

工业和信息化蓝皮书
世界信息技术产业发展报告（2016）
著(编)者：洪京一　2016年4月出版 / 估价：79.00元

工业和信息化蓝皮书
世界制造业发展报告（2016）
著(编)者：洪京一　2016年4月出版 / 估价：69.00元

工业和信息化蓝皮书
移动互联网产业发展报告（2016）
著(编)者：洪京一　2016年4月出版 / 估价：79.00元

工业设计蓝皮书
中国工业设计发展报告（2016）
著(编)者：王晓红 于炜 张立群
2016年9月出版 / 估价：138.00元

黄金市场蓝皮书
中国商业银行黄金业务发展报告（2015~2016）
著(编)者：平安银行　2016年3月出版 / 定价：98.00元

互联网金融蓝皮书
中国互联网金融发展报告（2016）
著(编)者：李东荣　2016年8月出版 / 估价：79.00元

会展蓝皮书
中外会展业动态评估年度报告（2016）
著(编)者：张敏　2016年5月出版 / 估价：78.00元

节能汽车蓝皮书
中国节能汽车产业发展报告（2016）
著(编)者：中国汽车工程研究院股份有限公司
2016年12月出版 / 估价：69.00元

金融监管蓝皮书
中国金融监管报告（2016）
著(编)者：胡滨　2016年4月出版 / 估价：89.00元

金融蓝皮书
中国金融中心发展报告（2016）
著(编)者：王力 黄育华　2017年11月出版 / 估价：75.00元

金融蓝皮书
中国商业银行竞争力报告（2016）
著(编)者：王松奇　2016年5月出版 / 估价：69.00元

经济林产业绿皮书
中国经济林产业发展报告（2016）
著(编)者：李芳东 胡文臻 乌云塔娜 杜红岩
2016年12月出版 / 估价：69.00元

客车蓝皮书
中国客车产业发展报告（2016）
著(编)者：姚蔚　2016年5月出版 / 估价：85.00元

老龄蓝皮书
中国老龄产业发展报告（2016）
著(编)者：吴玉韶 党俊武　2016年9月出版 / 估价：79.00元

流通蓝皮书
中国商业发展报告（2016）
著(编)者：荆林波　2016年5月出版 / 估价：89.00元

旅游安全蓝皮书
中国旅游安全报告（2016）
著(编)者：郑向敏 谢朝武　2016年5月出版 / 估价：128.00元

旅游绿皮书
2015~2016年中国旅游发展分析与预测
著(编)者：宋瑞　2016年4月出版 / 定价：89.00元

煤炭蓝皮书
中国煤炭工业发展报告（2016）
著(编)者：岳福斌　2016年12月出版 / 估价：79.00元

皮书系列 2016全品种
行业报告类

民营企业社会责任蓝皮书
中国民营企业社会责任年度报告（2016）
著（编）者：中华全国工商业联合会
2016年7月出版 / 估价：69.00元

民营医院蓝皮书
中国民营医院发展报告（2016）
著（编）者：庄一强　2016年10月出版 / 估价：75.00元

能源蓝皮书
中国能源发展报告（2016）
著（编）者：崔民选　王军生　陈义和
2016年8月出版 / 估价：79.00元

农产品流通蓝皮书
中国农产品流通产业发展报告（2016）
著（编）者：贾敬敦　张东科　张玉玺　张鹏毅　周伟
2016年5月出版 / 估价：89.00元

期货蓝皮书
中国期货市场发展报告（2016）
著（编）者：李群　王在荣　2016年11月出版 / 估价：69.00元

企业公益蓝皮书
中国企业公益研究报告（2016）
著（编）者：钟宏武　汪杰　顾一　黄晓娟　等
2016年12月出版 / 估价：69.00元

企业公众透明度蓝皮书
中国企业公众透明度报告（2016）NO.2
著（编）者：黄速建　王晓光　肖红军
2016年5月出版 / 估价：98.00元

企业国际化蓝皮书
中国企业国际化报告（2016）
著（编）者：王辉耀　2016年11月出版 / 估价：98.00元

企业蓝皮书
中国企业绿色发展报告 NO.2（2016）
著（编）者：李红玉　朱光辉　2016年8月出版 / 估价：79.00元

企业社会责任蓝皮书
中国企业社会责任研究报告（2016）
著（编）者：黄群慧　钟宏武　张蒽　等
2016年11月出版 / 估价：79.00元

企业社会责任能力蓝皮书
中国上市公司社会责任能力成熟度报告（2016）
著（编）者：肖红军　王晓光　李伟阳
2016年11月出版 / 估价：69.00元

汽车安全蓝皮书
中国汽车安全发展报告（2016）
著（编）者：中国汽车技术研究中心
2016年7月出版 / 估价：89.00元

汽车电子商务蓝皮书
中国汽车电子商务发展报告（2016）
著（编）者：中华全国工商业联合会汽车经销商商会
　　　　　北京易观智库网络科技有限公司
2016年5月出版 / 估价：128.00元

汽车工业蓝皮书
中国汽车工业发展年度报告（2016）
著（编）者：中国汽车工业协会　中国汽车技术研究中心
　　　　　丰田汽车（中国）投资有限公司
2016年4月出版 / 估价：128.00元

汽车蓝皮书
中国汽车产业发展报告（2016）
著（编）者：国务院发展研究中心产业经济研究部
　　　　　中国汽车工程学会　大众汽车集团（中国）
2016年8月出版 / 估价：158.00元

清洁能源蓝皮书
国际清洁能源发展报告（2016）
著（编）者：苏树辉　袁国林　李玉斋
2016年11月出版 / 估价：99.00元

人力资源蓝皮书
中国人力资源发展报告（2016）
著（编）者：余兴安　2016年12月出版 / 估价：79.00元

融资租赁蓝皮书
中国融资租赁业发展报告（2015～2016）
著（编）者：李光荣　王力　2016年5月出版 / 估价：89.00元

软件和信息服务业蓝皮书
中国软件和信息服务业发展报告（2016）
著（编）者：洪京一　2016年12月出版 / 估价：198.00元

商会蓝皮书
中国商会发展报告NO.5（2016）
著（编）者：王钦敏　2016年7月出版 / 估价：89.00元

上市公司蓝皮书
中国上市公司社会责任信息披露报告（2016）
著（编）者：张旺　张杨　2016年11月出版 / 估价：69.00元

上市公司蓝皮书
中国上市公司质量评价报告（2015～2016）
著（编）者：张跃文　王力　2016年11月出版 / 估价：118.00元

设计产业蓝皮书
中国设计产业发展报告（2016）
著（编）者：陈冬亮　梁昊光　2016年5月出版 / 估价：89.00元

食品药品蓝皮书
食品药品安全与监管政策研究报告（2016）
著（编）者：唐民皓　2016年7月出版 / 估价：69.00元

世界能源蓝皮书
世界能源发展报告（2016）
著（编）者：黄晓勇　2016年6月出版 / 估价：99.00元

水利风景区蓝皮书
中国水利风景区发展报告（2016）
著（编）者：兰思仁　2016年8月出版 / 估价：69.00元

私募市场蓝皮书
中国私募股权市场发展报告（2016）
著（编）者：曹和平　2016年12月出版 / 估价：79.00元

行业报告类

皮书系列 2016全品种

碳市场蓝皮书
中国碳市场报告（2016）
著(编)者：宁金彪　2016年11月出版 / 估价：69.00元

体育蓝皮书
中国体育产业发展报告（2016）
著(编)者：阮伟　钟秉枢　2016年7月出版 / 估价：69.00元

土地市场蓝皮书
中国农村土地市场发展报告（2015~2016）
著(编)者：李光荣　2016年3月出版 / 定价：79.00元

网络空间安全蓝皮书
中国网络空间安全发展报告（2016）
著(编)者：惠志斌　唐涛　2016年4月出版 / 估价：79.00元

物联网蓝皮书
中国物联网发展报告（2016）
著(编)者：黄桂田　龚六堂　张全升
2016年5月出版 / 估价：69.00元

西部工业蓝皮书
中国西部工业发展报告（2016）
著(编)者：方行明　甘犁　刘方健　姜凌　等
2016年9月出版 / 估价：79.00元

西部金融蓝皮书
中国西部金融发展报告（2016）
著(编)者：李忠民　2016年8月出版 / 估价：75.00元

协会商会蓝皮书
中国行业协会商会发展报告（2016）
著(编)者：景朝阳　李勇　2016年4月出版 / 估价：99.00元

新能源汽车蓝皮书
中国新能源汽车产业发展报告（2016）
著(编)者：中国汽车技术研究中心
　　　　日产（中国）投资有限公司　东风汽车有限公司
2016年8月出版 / 估价：89.00元

新三板蓝皮书
中国新三板市场发展报告（2016）
著(编)者：王力　2016年6月出版 / 估价：69.00元

信托市场蓝皮书
中国信托业市场报告（2015～2016）
著(编)者：用益信托工作室
2016年1月出版 / 定价：198.00元

信息安全蓝皮书
中国信息安全发展报告（2016）
著(编)者：张晓东　2016年5月出版 / 估价：69.00元

信息化蓝皮书
中国信息化形势分析与预测（2016）
著(编)者：周宏仁　2016年8月出版 / 估价：98.00元

信用蓝皮书
中国信用发展报告（2016）
著(编)者：章政　田侃　2016年4月出版 / 估价：99.00元

休闲绿皮书
2016年中国休闲发展报告
著(编)者：宋瑞
2016年10月出版 / 估价：79.00元

药品流通蓝皮书
中国药品流通行业发展报告（2016）
著(编)者：佘鲁林　温再兴
2016年8月出版 / 估价：158.00元

医院蓝皮书
中国医院竞争力报告（2016）
著(编)者：庄一强　曾益新　2016年3月出版 / 定价：128.00元

医药蓝皮书
中国中医药产业园战略发展报告（2016）
著(编)者：裴长洪　房书亭　吴滌心
2016年5月出版 / 估价：89.00元

邮轮绿皮书
中国邮轮产业发展报告（2016）
著(编)者：汪泓　2016年10月出版 / 估价：79.00元

智能养老蓝皮书
中国智能养老产业发展报告（2016）
著(编)者：朱勇　2016年10月出版 / 估价：89.00元

中国SUV蓝皮书
中国SUV产业发展报告（2016）
著(编)者：靳军　2016年12月出版 / 估价：69.00元

中国金融行业蓝皮书
中国债券市场发展报告（2016）
著(编)者：谢多　2016年7月出版 / 估价：69.00元

中国上市公司蓝皮书
中国上市公司发展报告（2016）
著(编)者：中国社会科学院上市公司研究中心
2016年9月出版 / 估价：98.00元

中国游戏蓝皮书
中国游戏产业发展报告（2016）
著(编)者：孙立军　刘跃军　牛兴侦
2016年5月出版 / 估价：69.00元

中国总部经济蓝皮书
中国总部经济发展报告（2015～2016）
著(编)者：赵弘　2016年9月出版 / 估价：79.00元

资本市场蓝皮书
中国场外交易市场发展报告（2014~2015）
著(编)者：高峦　2016年3月出版 / 定价：79.00元

资产管理蓝皮书
中国资产管理行业发展报告（2016）
著(编)者：智信资产管理研究院
2016年6月出版 / 估价：89.00元

文化传媒类

传媒竞争力蓝皮书
中国传媒国际竞争力研究报告（2016）
著(编)者：李本乾 刘强
2016年11月出版 / 估价：148.00元

传媒蓝皮书
中国传媒产业发展报告（2016）
著(编)者：崔保国 2016年5月出版 / 估价：98.00元

传媒投资蓝皮书
中国传媒投资发展报告（2016）
著(编)者：张向东 谭云明
2016年6月出版 / 估价：128.00元

动漫蓝皮书
中国动漫产业发展报告（2016）
著(编)者：卢斌 郑玉明 牛兴侦
2016年7月出版 / 估价：79.00元

非物质文化遗产蓝皮书
中国非物质文化遗产发展报告（2016）
著(编)者：陈平 2016年5月出版 / 估价：98.00元

广电蓝皮书
中国广播电影电视发展报告（2016）
著(编)者：国家新闻出版广电总局发展研究中心
2016年7月出版 / 估价：98.00元

广告主蓝皮书
中国广告主营销传播趋势报告 NO.9
著(编)者：黄升民 杜国清 邵华冬 等
2016年10月出版 / 估价：148.00元

国际传播蓝皮书
中国国际传播发展报告（2016）
著(编)者：胡正荣 李继东 姬德强
2016年11月出版 / 估价：89.00元

纪录片蓝皮书
中国纪录片发展报告（2016）
著(编)者：何苏六 2016年10月出版 / 估价：79.00元

科学传播蓝皮书
中国科学传播报告（2016）
著(编)者：詹正茂 2016年7月出版 / 估价：69.00元

两岸创意经济蓝皮书
两岸创意经济研究报告（2016）
著(编)者：罗昌智 董泽平 2016年12月出版 / 估价：98.00元

两岸文化蓝皮书
两岸文化产业合作发展报告（2016）
著(编)者：胡惠林 李保宗 2016年7月出版 / 估价：79.00元

媒介与女性蓝皮书
中国媒介与女性发展报告(2015~2016)
著(编)者：刘利群 2016年8月出版 / 估价：118.00元

媒体融合蓝皮书
中国媒体融合发展报告（2016）
著(编)者：梅宁华 宋建武 2016年7月出版 / 估价：79.00元

全球传媒蓝皮书
全球传媒发展报告（2016）
著(编)者：胡正荣 李继东 唐晓芬
2016年12月出版 / 估价：79.00元

少数民族非遗蓝皮书
中国少数民族非物质文化遗产发展报告（2016）
著(编)者：肖远平（彝） 柴立（满）
2016年6月出版 / 估价：128.00元

视听新媒体蓝皮书
中国视听新媒体发展报告（2016）
著(编)者：国家新闻出版广电总局发展研究中心
2016年7月出版 / 估价：98.00元

文化创新蓝皮书
中国文化创新报告（2016）NO.7
著(编)者：于平 傅才武 2016年7月出版 / 估价：98.00元

文化建设蓝皮书
中国文化发展报告（2016）
著(编)者：江畅 孙伟平 戴茂堂
2016年4月出版 / 估价：108.00元

文化科技蓝皮书
文化科技创新发展报告（2016）
著(编)者：于平 李凤亮 2016年10月出版 / 估价：89.00元

文化蓝皮书
中国公共文化服务发展报告（2016）
著(编)者：刘新成 张永新 张旭 2016年10月出版 / 估价：98.00元

文化蓝皮书
中国公共文化投入增长测评报告（2016）
著(编)者：王亚南 2016年4月出版 / 定价：79.00元

文化蓝皮书
中国少数民族文化发展报告（2016）
著(编)者：武翠英 张晓明 任乌晶
2016年9月出版 / 估价：69.00元

文化蓝皮书
中国文化产业发展报告（2015~2016）
著(编)者：张晓明 王家新 章建刚
2016年2月出版 / 定价：79.00元

文化蓝皮书
中国文化产业供需协调检测报告（2016）
著(编)者：王亚南 2016年5月出版 / 估价：79.00元

文化蓝皮书
中国文化消费需求景气评价报告（2016）
著(编)者：王亚南 2016年5月出版 / 估价：79.00元

文化传媒类

文化品牌蓝皮书
中国文化品牌发展报告（2016）
著(编)者：欧阳友权　2016年4月出版／估价：89.00元

文化遗产蓝皮书
中国文化遗产事业发展报告（2016）
著(编)者：刘世锦　2016年5月出版／估价：89.00元

文学蓝皮书
中国文情报告（2015~2016）
著(编)者：白烨　2016年5月出版／估价：69.00元

新媒体蓝皮书
中国新媒体发展报告NO.7（2016）
著(编)者：唐绪军　2016年7月出版／估价：79.00元

新媒体社会责任蓝皮书
中国新媒体社会责任研究报告（2016）
著(编)者：钟瑛　2016年10月出版／估价：79.00元

移动互联网蓝皮书
中国移动互联网发展报告（2016）
著(编)者：官建文　2016年6月出版／估价：79.00元

舆情蓝皮书
中国社会舆情与危机管理报告（2016）
著(编)者：谢耘耕　2016年8月出版／估价：98.00元

地方发展类

安徽经济蓝皮书
芜湖创新型城市发展报告（2016）
著(编)者：张志宏　2016年4月出版／估价：69.00元

安徽蓝皮书
安徽社会发展报告（2016）
著(编)者：程桦　2016年4月出版／估价：89.00元

安徽社会建设蓝皮书
安徽社会建设分析报告（2015~2016）
著(编)者：黄家海　王开玉　蔡宪
2016年4月出版／估价：89.00元

澳门蓝皮书
澳门经济社会发展报告（2015~2016）
著(编)者：吴志良　郝雨凡　2016年5月出版／估价：79.00元

北京蓝皮书
北京公共服务发展报告（2015~2016）
著(编)者：施昌奎　2016年2月出版／定价：79.00元

北京蓝皮书
北京经济发展报告（2015~2016）
著(编)者：杨松　2016年6月出版／估价：79.00元

北京蓝皮书
北京社会发展报告（2015~2016）
著(编)者：李伟东　2016年7月出版／估价：79.00元

北京蓝皮书
北京社会治理发展报告（2015~2016）
著(编)者：殷星辰　2016年6月出版／估价：79.00元

北京蓝皮书
北京文化发展报告（2015~2016）
著(编)者：李建盛　2016年4月出版／定价：79.00元

北京旅游绿皮书
北京旅游发展报告（2016）
著(编)者：北京旅游学会　2016年7月出版／估价：88.00元

北京人才蓝皮书
北京人才发展报告（2016）
著(编)者：于淼　2016年12月出版／估价：128.00元

北京社会心态蓝皮书
北京社会心态分析报告（2015~2016）
著(编)者：北京社会心理研究所
2016年8月出版／估价：79.00元

北京社会组织管理蓝皮书
北京社会组织发展与管理（2015~2016）
著(编)者：黄江松　2016年4月出版／估价：78.00元

北京体育蓝皮书
北京体育产业发展报告（2016）
著(编)者：钟秉枢　陈杰　杨铁黎
2016年10月出版／估价：79.00元

北京养老产业蓝皮书
北京养老产业发展报告（2016）
著(编)者：周明明　冯喜良　2016年4月出版／估价：69.00元

滨海金融蓝皮书
滨海新区金融发展报告（2016）
著(编)者：王爱俭　张锐钢　2016年9月出版／估价：79.00元

城乡一体化蓝皮书
中国城乡一体化发展报告·北京卷（2015~2016）
著(编)者：张宝秀　黄序　2016年5月出版／估价：79.00元

创意城市蓝皮书
北京文化创意产业发展报告（2016）
著(编)者：张京成　王国华　2016年12月出版／估价：69.00元

创意城市蓝皮书
青岛文化创意产业发展报告（2016）
著(编)者：马达　张丹妮　2016年6月出版／估价：79.00元

创意城市蓝皮书
青岛文化创意产业发展报告（2016）
著(编)者：马达　张丹妮　2016年6月出版／估价：79.00元

皮书系列 2016全品种 —— 地方发展类

创意城市蓝皮书
台北文化创意产业发展报告（2016）
著(编)者：陈耀竹 邱琪瑄　2016年11月出版 / 估价：89.00元

创意城市蓝皮书
无锡文化创意产业发展报告（2016）
著(编)者：谭军 张鸣年　2016年10月出版 / 估价：79.00元

创意城市蓝皮书
武汉文化创意产业发展报告（2016）
著(编)者：黄永林 陈汉桥　2016年12月出版 / 估价：89.00元

创意城市蓝皮书
重庆创意产业发展报告（2016）
著(编)者：程宇宁　2016年4月出版 / 估价：89.00元

地方法治蓝皮书
南宁法治发展报告（2016）
著(编)者：杨维超　2016年12月出版 / 估价：69.00元

福建妇女发展蓝皮书
福建省妇女发展报告（2016）
著(编)者：刘群英　2016年11月出版 / 估价：88.00元

福建自由贸易区蓝皮书
中国（福建）自由贸易区实验区发展报告（2015~2016）
著(编)者：黄茂兴　2016年4月出版 / 定价：108.00元

甘肃蓝皮书
甘肃经济发展分析与预测（2016）
著(编)者：朱智文 罗哲　2016年1月出版 / 定价：79.00元

甘肃蓝皮书
甘肃社会发展分析与预测（2016）
著(编)者：安文华 包晓霞 谢增虎　2016年1月出版 / 定价：79.00元

甘肃蓝皮书
甘肃文化发展分析与预测（2016）
著(编)者：安文华 周小华　2016年1月出版 / 定价：79.00元

甘肃蓝皮书
甘肃县域和农村发展报告（2016）
著(编)者：刘进军 柳民 王建兵
2016年1月出版 / 定价：79.00元

甘肃蓝皮书
甘肃舆情分析与预测（2016）
著(编)者：陈双梅 张谦元　2016年1月出版 / 定价：79.00元

甘肃蓝皮书
甘肃商贸流通发展报告（2016）
著(编)者：杨志武 王福生 王晓芳
2016年1月出版 / 定价：79.00元

广东蓝皮书
广东全面深化改革发展报告（2016）
著(编)者：周林生 涂成林　2016年11月出版 / 估价：69.00元

广东蓝皮书
广东社会工作发展报告（2016）
著(编)者：罗观翠　2016年6月出版 / 估价：89.00元

广东蓝皮书
广东省电子商务发展报告（2016）
著(编)者：程晓 邓顺国　2016年7月出版 / 估价：79.00元

广东社会建设蓝皮书
广东省社会建设发展报告（2016）
著(编)者：广东省社会工作委员会
2016年12月出版 / 估价：99.00元

广东外经贸蓝皮书
广东对外经济贸易发展研究报告（2015~2016）
著(编)者：陈万灵　2016年5月出版 / 估价：89.00元

广西北部湾经济区蓝皮书
广西北部湾经济区开放开发报告（2016）
著(编)者：广西北部湾经济区规划建设管理委员会办公室
广西社会科学院广西北部湾发展研究院
2016年10月出版 / 估价：79.00元

巩义蓝皮书
巩义经济社会发展报告（2016）
著(编)者：丁同民　2016年4月出版 / 定价：58.00元

广州蓝皮书
2016年中国广州经济形势分析与预测
著(编)者：庾建设 沈奎 谢博能　2016年6月出版 / 估价：79.00元

广州蓝皮书
2016年中国广州社会形势分析与预测
著(编)者：张强 陈怡霓 杨秦　2016年6月出版 / 估价：79.00元

广州蓝皮书
广州城市国际化发展报告（2016）
著(编)者：朱名宏　2016年11月出版 / 估价：69.00元

广州蓝皮书
广州创新型城市发展报告（2016）
著(编)者：尹涛　2016年10月出版 / 估价：69.00元

广州蓝皮书
广州经济发展报告（2016）
著(编)者：朱名宏　2016年7月出版 / 估价：69.00元

广州蓝皮书
广州农村发展报告（2016）
著(编)者：朱名宏　2016年8月出版 / 估价：69.00元

广州蓝皮书
广州汽车产业发展报告（2016）
著(编)者：杨再高 冯兴亚　2016年9月出版 / 估价：69.00元

广州蓝皮书
广州青年发展报告（2015～2016）
著(编)者：魏国华 张强　2016年7月出版 / 估价：69.00元

广州蓝皮书
广州商贸业发展报告（2016）
著(编)者：李江涛 肖振宇 荀振英
2016年7月出版 / 估价：69.00元

广州蓝皮书
广州社会保障发展报告（2016）
著(编)者：蔡国萱　2016年10月出版 / 估价：65.00元

广州蓝皮书
广州文化创意产业发展报告（2016）
著（编）者：甘新　2016年8月出版 / 估价：79.00元

广州蓝皮书
中国广州城市建设与管理发展报告（2016）
著（编）者：董皞 陈小钢 李江涛　2016年7月出版 / 估价：69.00元

广州蓝皮书
中国广州科技和信息化发展报告（2016）
著（编）者：邹采荣 马正勇 冯元　2016年8月出版 / 估价：79.00元

广州蓝皮书
中国广州文化发展报告（2016）
著（编）者：徐俊忠 陆志强 顾涧清　2016年7月出版 / 估价：69.00元

贵阳蓝皮书
贵阳城市创新发展报告·白云篇（2016）
著（编）者：连玉明　2016年10月出版 / 估价：89.00元

贵阳蓝皮书
贵阳城市创新发展报告·观山湖篇（2016）
著（编）者：连玉明　2016年10月出版 / 估价：89.00元

贵阳蓝皮书
贵阳城市创新发展报告·花溪篇（2016）
著（编）者：连玉明　2016年10月出版 / 估价：89.00元

贵阳蓝皮书
贵阳城市创新发展报告·开阳篇（2016）
著（编）者：连玉明　2016年10月出版 / 估价：89.00元

贵阳蓝皮书
贵阳城市创新发展报告·南明篇（2016）
著（编）者：连玉明　2016年10月出版 / 估价：89.00元

贵阳蓝皮书
贵阳城市创新发展报告·清镇篇（2016）
著（编）者：连玉明　2016年10月出版 / 估价：89.00元

贵阳蓝皮书
贵阳城市创新发展报告·乌当篇（2016）
著（编）者：连玉明　2016年10月出版 / 估价：89.00元

贵阳蓝皮书
贵阳城市创新发展报告·息烽篇（2016）
著（编）者：连玉明　2016年10月出版 / 估价：89.00元

贵阳蓝皮书
贵阳城市创新发展报告·修文篇（2016）
著（编）者：连玉明　2016年10月出版 / 估价：89.00元

贵阳蓝皮书
贵阳城市创新发展报告·云岩篇（2016）
著（编）者：连玉明　2016年10月出版 / 估价：89.00元

贵州房地产蓝皮书
贵州房地产发展报告NO.3（2016）
著（编）者：武廷方　2016年6月出版 / 估价：89.00元

贵州蓝皮书
贵州册亨经济社会发展报告（2016）
著（编）者：黄德林　2016年3月出版 / 定价：79.00元

贵州蓝皮书
贵安新区发展报告（2016）
著（编）者：马长青 吴大华　2016年4月出版 / 估价：69.00元

贵州蓝皮书
贵州法治发展报告（2016）
著（编）者：吴大华　2016年5月出版 / 估价：79.00元

贵州蓝皮书
贵州民航业发展报告（2016）
著（编）者：申振东 吴大华　2016年10月出版 / 估价：69.00元

贵州蓝皮书
贵州民营经济发展报告（2016）
著（编）者：杨静 吴大华　2016年3月出版 / 定价：79.00元

贵州蓝皮书
贵州人才发展报告（2016）
著（编）者：于杰 吴大华　2016年9月出版 / 估价：69.00元

贵州蓝皮书
贵州社会发展报告（2016）
著（编）者：王兴骥　2016年5月出版 / 估价：79.00元

海淀蓝皮书
海淀区文化和科技融合发展报告（2016）
著（编）者：陈名杰 孟景伟　2016年5月出版 / 估价：75.00元

海峡西岸蓝皮书
海峡西岸经济区发展报告（2016）
著（编）者：福建省人民政府发展研究中心
　　　　　福建省人民政府发展研究中心咨询服务中心
2016年9月出版 / 估价：65.00元

杭州都市圈蓝皮书
杭州都市圈发展报告（2016）
著（编）者：董祖德 沈翔　2016年5月出版 / 估价：89.00元

杭州蓝皮书
杭州妇女发展报告（2016）
著（编）者：魏颖　2016年4月出版 / 估价：79.00元

河北经济蓝皮书
河北省经济发展报告（2016）
著（编）者：马树强 金浩 刘兵 张贵
2016年5月出版 / 估价：89.00元

河北蓝皮书
河北经济社会发展报告（2016）
著（编）者：郭金平　2016年1月出版 / 定价：79.00元

河北食品药品安全蓝皮书
河北食品药品安全研究报告（2016）
著（编）者：丁锦霞　2016年6月出版 / 估价：79.00元

河南经济蓝皮书
2016年河南经济形势分析与预测
著（编）者：胡五岳　2016年2月出版 / 估价：79.00元

河南蓝皮书
2016年河南社会形势分析与预测
著（编）者：刘道兴 牛苏林　2016年4月出版 / 定价：79.00元

皮书系列 2016全品种 —— 地方发展类

河南蓝皮书
河南城市发展报告（2016）
著(编)者：谷建全　王建国　2016年5月出版 / 估价：79.00元

河南蓝皮书
河南法治发展报告（2016）
著(编)者：丁同民　闫德民　2016年6月出版 / 估价：79.00元

河南蓝皮书
河南工业发展报告（2016）
著(编)者：龚绍东　赵西三　2016年5月出版 / 估价：79.00元

河南蓝皮书
河南金融发展报告（2016）
著(编)者：河南省社会科学院　2016年6月出版 / 估价：69.00元

河南蓝皮书
河南经济发展报告（2016）
著(编)者：张占仓　2016年3月出版 / 定价：79.00元

河南蓝皮书
河南农业农村发展报告（2016）
著(编)者：吴海峰　2016年4月出版 / 估价：69.00元

河南蓝皮书
河南文化发展报告（2016）
著(编)者：卫绍生　2016年3月出版 / 定价：78.00元

河南商务蓝皮书
河南商务发展报告（2016）
著(编)者：焦锦淼　穆荣国　2016年4月出版 / 估价：88.00元

黑龙江产业蓝皮书
黑龙江产业发展报告（2016）
著(编)者：于渤　2016年10月出版 / 估价：79.00元

黑龙江蓝皮书
黑龙江经济发展报告（2016）
著(编)者：朱宇　2016年1月出版 / 定价：79.00元

黑龙江蓝皮书
黑龙江社会发展报告（2016）
著(编)者：谢宝禄　2016年1月出版 / 定价：79.00元

湖南城市蓝皮书
区域城市群整合（主题待定）
著(编)者：童中贤　韩未名　2016年12月出版 / 估价：79.00元

湖南蓝皮书
2016年湖南产业发展报告
著(编)者：梁志峰　2016年5月出版 / 估价：98.00元

湖南蓝皮书
2016年湖南电子政务发展报告
著(编)者：梁志峰　2016年5月出版 / 估价：98.00元

湖南蓝皮书
2016年湖南经济展望
著(编)者：梁志峰　2016年5月出版 / 估价：128.00元

湖南蓝皮书
2016年湖南两型社会与生态文明发展报告
著(编)者：梁志峰　2016年5月出版 / 估价：98.00元

湖南蓝皮书
2016年湖南社会发展报告
著(编)者：梁志峰　2016年5月出版 / 估价：88.00元

湖南蓝皮书
2016年湖南县域经济社会发展报告
著(编)者：梁志峰　2016年5月出版 / 估价：98.00元

湖南蓝皮书
湖南城乡一体化发展报告（2016）
著(编)者：陈文胜　刘祚祥　邝奕轩　等
2016年7月出版 / 估价：89.00元

湖南县域绿皮书
湖南县域发展报告 NO.3
著(编)者：袁准　周小毛　2016年9月出版 / 估价：69.00元

沪港蓝皮书
沪港发展报告（2015～2016）
著(编)者：尤安山　2016年4月出版 / 估价：89.00元

京津冀金融蓝皮书
京津冀金融发展报告（2015）
著(编)者：王爱俭　李向前　2016年3月出版 / 定价：89.00元

吉林蓝皮书
2016年吉林经济社会形势分析与预测
著(编)者：马克　2015年12月出版 / 定价：79.00元

吉林省城市竞争力蓝皮书
吉林省城市竞争力报告（2015）
著(编)者：崔岳春　张磊　2016年3月出版 / 定价：69.00元

济源蓝皮书
济源经济社会发展报告（2016）
著(编)者：喻新安　2016年4月出版 / 估价：69.00元

健康城市蓝皮书
北京健康城市建设研究报告（2016）
著(编)者：王鸿春　2016年4月出版 / 估价：79.00元

江苏法治蓝皮书
江苏法治发展报告 NO.5（2016）
著(编)者：李力　龚廷泰　2016年9月出版 / 估价：98.00元

江西蓝皮书
江西经济社会发展报告（2016）
著(编者)：张勇　姜玮　梁勇　2016年10月出版 / 估价：79.00元

江西文化产业蓝皮书
江西文化产业发展报告（2016）
著(编)者：张圣才　汪春翔　2016年10月出版 / 估价：128.00元

经济特区蓝皮书
中国经济特区发展报告（2016）
著(编)者：陶一桃　2016年12月出版 / 估价：89.00元

地方发展类 | **皮书系列 2016全品种**

辽宁蓝皮书
2016年辽宁经济社会形势分析与预测
著(编)者:曹晓峰 梁启东
2016年1月出版 / 定价:79.00元

拉萨蓝皮书
拉萨法治发展报告(2016)
著(编)者:车明怀 2016年7月出版 / 估价:79.00元

洛阳蓝皮书
洛阳文化发展报告(2016)
著(编)者:刘福兴 陈启明 2016年7月出版 / 估价:79.00元

南京蓝皮书
南京文化发展报告(2016)
著(编)者:徐宁 2016年12月出版 / 估价:79.00元

内蒙古蓝皮书
内蒙古反腐倡廉建设报告 NO.2
著(编)者:张志华 无极 2016年12月出版 / 估价:69.00元

浦东新区蓝皮书
上海浦东经济发展报告(2016)
著(编)者:沈开艳 周奇 2016年1月出版 / 估价:69.00元

青海蓝皮书
2016年青海经济社会形势分析与预测
著(编)者:陈玮 2015年12月出版 / 定价:79.00元

人口与健康蓝皮书
深圳人口与健康发展报告(2016)
著(编)者:陆杰华 罗乐宣 苏杨
2016年11月出版 / 估价:89.00元

山东蓝皮书
山东经济形势分析与预测(2016)
著(编)者:李广杰 2016年11月出版 / 估价:89.00元

山东蓝皮书
山东社会形势分析与预测(2016)
著(编)者:涂可国 2016年6月出版 / 估价:89.00元

山东蓝皮书
山东文化发展报告(2016)
著(编)者:张华 唐洲雁 2016年6月出版 / 估价:98.00元

山西蓝皮书
山西资源型经济转型发展报告(2016)
著(编)者:李志强 2016年5月出版 / 估价:89.00元

陕西蓝皮书
陕西经济发展报告(2016)
著(编)者:任宗哲 白宽犁 裴成荣
2015年12月出版 / 定价:69.00元

陕西蓝皮书
陕西社会发展报告(2016)
著(编)者:任宗哲 白宽犁 牛昉
2015年12月出版 / 定价:69.00元

陕西蓝皮书
陕西文化发展报告(2016)
著(编)者:任宗哲 白宽犁 王长寿
2015年12月出版 / 定价:69.00元

陕西蓝皮书
丝绸之路经济带发展报告(2015~2016)
著(编)者:任宗哲 白宽犁 谷孟宾
2015年12月出版 / 定价:75.00元

上海蓝皮书
上海传媒发展报告(2016)
著(编)者:强荧 焦雨虹 2016年1月出版 / 定价:79.00元

上海蓝皮书
上海法治发展报告(2016)
著(编)者:叶青 2016年5月出版 / 估价:69.00元

上海蓝皮书
上海经济发展报告(2016)
著(编)者:沈开艳 2016年1月出版 / 定价:79.00元

上海蓝皮书
上海社会发展报告(2016)
著(编)者:杨雄 周海旺 2016年1月出版 / 定价:79.00元

上海蓝皮书
上海文化发展报告(2016)
著(编)者:荣跃明 2016年1月出版 / 定价:79.00元

上海蓝皮书
上海文学发展报告(2016)
著(编)者:陈圣来 2016年5月出版 / 估价:69.00元

上海蓝皮书
上海资源环境发展报告(2016)
著(编)者:周冯琦 汤庆合 任文伟
2016年1月出版 / 定价:79.00元

上饶蓝皮书
上饶发展报告(2015~2016)
著(编)者:朱寅健 2016年5月出版 / 估价:128.00元

社会建设蓝皮书
2016年北京社会建设分析报告
著(编)者:宋贵伦 冯虹 2016年7月出版 / 估价:79.00元

深圳蓝皮书
深圳法治发展报告(2016)
著(编)者:张骁儒 2016年5月出版 / 估价:69.00元

深圳蓝皮书
深圳经济发展报告(2016)
著(编)者:张骁儒 2016年6月出版 / 估价:89.00元

深圳蓝皮书
深圳劳动关系发展报告(2016)
著(编)者:汤庭芬 2016年6月出版 / 估价:79.00元

深圳蓝皮书
深圳社会建设与发展报告(2016)
著(编)者:张骁儒 陈东平 2016年6月出版 / 估价:79.00元

皮书系列 2016全品种

地方发展类·国家国别类

深圳蓝皮书
深圳文化发展报告(2016)
著(编)者:张骁儒　2016年5月出版 / 估价:69.00元

四川法治蓝皮书
四川依法治省年度报告 NO.2（2016）
著(编)者:李林 杨天宗 田禾
2016年3月出版 / 定价:108.00元

四川蓝皮书
2016年四川经济形势分析与预测
著(编)者:杨钢　2016年1月出版 / 定价:98.00元

四川蓝皮书
四川城镇化发展报告（2016）
著(编)者:侯水平 陈炜　2016年4月出版 / 定价:75.00元

四川蓝皮书
四川法治发展报告（2016）
著(编)者:郑泰安　2016年5月出版 / 估价:69.00元

四川蓝皮书
四川企业社会责任研究报告（2015～2016）
著(编)者:侯水平 盛毅　2016年4月出版 / 估价:79.00元

四川蓝皮书
四川社会发展报告（2016）
著(编)者:郭晓鸣　2016年4月出版 / 估价:79.00元

四川蓝皮书
四川生态建设报告（2016）
著(编)者:李晟之　2016年4月出版 / 估价:79.00元

四川蓝皮书
四川文化产业发展报告（2016）
著(编)者:向宝云 张立伟　2016年4月出版 / 定价:79.00元

体育蓝皮书
上海体育产业发展报告（2015～2016）
著(编)者:张林 黄海燕　2016年10月出版 / 估价:79.00元

体育蓝皮书
长三角地区体育产业发展报告（2015～2016）
著(编)者:张林　2016年4月出版 / 估价:79.00元

天津金融蓝皮书
天津金融发展报告（2016）
著(编)者:王爱俭 孔德昌　2016年9月出版 / 估价:89.00元

图们江区域合作蓝皮书
图们江区域合作发展报告（2016）
著(编)者:李铁　2016年4月出版 / 估价:98.00元

温州蓝皮书
2016年温州经济社会形势分析与预测
著(编)者:潘忠强 王春光 金浩　2016年4月出版 / 估价:69.00元

扬州蓝皮书
扬州经济社会发展报告（2016）
著(编)者:丁纯　2016年12月出版 / 估价:89.00元

长株潭城市群蓝皮书
长株潭城市群发展报告（2016）
著(编)者:张萍　2016年10月出版 / 估价:69.00元

郑州蓝皮书
2016年郑州文化发展报告
著(编)者:王哲　2016年9月出版 / 估价:65.00元

中医文化蓝皮书
北京中医药文化传播发展报告（2016）
著(编)者:毛嘉陵　2016年5月出版 / 估价:79.00元

珠三角流通蓝皮书
珠三角商圈发展研究报告（2016）
著(编)者:王先庆 林至颖　2016年7月出版 / 估价:98.00元

遵义蓝皮书
遵义发展报告（2016）
著(编)者:曾征 龚永育　2016年12月出版 / 估价:69.00元

国别与地区类

阿拉伯黄皮书
阿拉伯发展报告（2015～2016）
著(编)者:罗林　2016年11月出版 / 估价:79.00元

北部湾蓝皮书
泛北部湾合作发展报告（2016）
著(编)者:吕余生　2016年10月出版 / 估价:69.00元

大湄公河次区域蓝皮书
大湄公河次区域合作发展报告（2016）
著(编)者:刘稚　2016年9月出版 / 估价:79.00元

大洋洲蓝皮书
大洋洲发展报告（2015～2016）
著(编)者:喻常森　2016年10月出版 / 估价:89.00元

德国蓝皮书
德国发展报告（2016）
著(编)者:郑春荣 伍慧萍
2016年5月出版 / 估价:69.00元

东北亚黄皮书
东北亚地区政治与安全（2016）
著(编)者:黄凤志 刘清才 张慧智 等
2016年5月出版 / 估价:69.00元

东盟黄皮书
东盟发展报告（2016）
著(编)者:杨晓强 庄国土　2016年3月出版 / 定价:89.00元

国家国别类 | 皮书系列 重点推荐

东南亚蓝皮书
东南亚地区发展报告（2015~2016）
著(编)者：厦门大学东南亚研究中心 王勤
2016年4月出版 / 估价：79.00元

俄罗斯黄皮书
俄罗斯发展报告（2016）
著(编)者：李永全 2016年7月出版 / 估价：79.00元

非洲黄皮书
非洲发展报告 NO.18（2015~2016）
著(编)者：张宏明 2016年9月出版 / 估价：79.00元

国际形势黄皮书
全球政治与安全报告（2016）
著(编)者：李慎明 张宇燕
2015年12月出版 / 定价：69.00元

韩国蓝皮书
韩国发展报告（2016）
著(编)者：牛林杰 刘宝全
2016年12月出版 / 估价：89.00元

加拿大蓝皮书
加拿大发展报告（2016）
著(编)者：仲伟合 2016年4月出版 / 估价：89.00元

拉美黄皮书
拉丁美洲和加勒比发展报告（2015~2016）
著(编)者：吴白乙 2016年5月出版 / 估价：89.00元

美国蓝皮书
美国研究报告（2016）
著(编)者：郑秉文 黄平
2016年6月出版 / 估价：89.00元

缅甸蓝皮书
缅甸国情报告（2016）
著(编)者：李晨阳 2016年8月出版 / 估价：79.00元

欧洲蓝皮书
欧洲发展报告（2015~2016）
著(编)者：周弘 黄平 江时学
2016年7月出版 / 估价：89.00元

日本经济蓝皮书
日本经济与中日经贸关系研究报告（2016）
著(编)者：王洛林 张季风
2016年5月出版 / 估价：79.00元

日本蓝皮书
日本研究报告（2016）
著(编)者：李薇 2016年5月出版 / 估价：69.00元

上海合作组织黄皮书
上海合作组织发展报告（2016）
著(编)者：李进峰 吴宏伟 李伟
2016年7月出版 / 估价：98.00元

世界创新竞争力黄皮书
世界创新竞争力发展报告（2016）
著(编)者：李闽榕 李建平 赵新力
2016年5月出版 / 估价：148.00元

土耳其蓝皮书
土耳其发展报告（2016）
著(编)者：郭长刚 刘义 2016年7月出版 / 估价：69.00元

亚太蓝皮书
亚太地区发展报告（2016）
著(编)者：李向阳 2016年5月出版 / 估价：69.00元

印度蓝皮书
印度国情报告（2016）
著(编)者：吕昭义 2016年5月出版 / 估价：89.00元

印度洋地区蓝皮书
印度洋地区发展报告（2016）
著(编)者：汪戎 2016年5月出版 / 估价：89.00元

英国蓝皮书
英国发展报告（2015~2016）
著(编)者：王展鹏 2016年10月出版 / 估价：89.00元

越南蓝皮书
越南国情报告（2016）
著(编)者：广西社会科学院 罗梅 李碧华
2016年8月出版 / 估价：69.00元

越南蓝皮书
越南经济发展报告（2016）
著(编)者：黄志勇 2016年10月出版 / 估价：69.00元

以色列蓝皮书
以色列发展报告（2016）
著(编)者：张倩红 2016年9月出版 / 估价：89.00元

中东黄皮书
中东发展报告 NO.18（2015~2016）
著(编)者：杨光 2016年10月出版 / 估价：89.00元

中亚黄皮书
中亚国家发展报告（2016）
著(编)者：孙力 吴宏伟 2016年8月出版 / 估价：89.00元

社会科学文献出版社　　　　　　　　　　　　**皮书系列**

❖ 皮书起源 ❖

"皮书"起源于十七、十八世纪的英国，主要指官方或社会组织正式发表的重要文件或报告，多以"白皮书"命名。在中国，"皮书"这一概念被社会广泛接受，并被成功运作、发展成为一种全新的出版形态，则源于中国社会科学院社会科学文献出版社。

❖ 皮书定义 ❖

皮书是对中国与世界发展状况和热点问题进行年度监测，以专业的角度、专家的视野和实证研究方法，针对某一领域或区域现状与发展态势展开分析和预测，具备原创性、实证性、专业性、连续性、前沿性、时效性等特点的公开出版物，由一系列权威研究报告组成。

❖ 皮书作者 ❖

皮书系列的作者以中国社会科学院、著名高校、地方社会科学院的研究人员为主，多为国内一流研究机构的权威专家学者，他们的看法和观点代表了学界对中国与世界的现实和未来最高水平的解读与分析。

❖ 皮书荣誉 ❖

皮书系列已成为社会科学文献出版社的著名图书品牌和中国社会科学院的知名学术品牌。2011年，皮书系列正式列入"十二五"国家重点出版规划项目；2012~2015年，重点皮书列入中国社会科学院承担的国家哲学社会科学创新工程项目；2016年，46种院外皮书使用"中国社会科学院创新工程学术出版项目"标识。

中国皮书网
www.pishu.cn

发布皮书研创资讯，传播皮书精彩内容
引领皮书出版潮流，打造皮书服务平台

栏目设置：

- □ 资讯：皮书动态、皮书观点、皮书数据、皮书报道、皮书发布、电子期刊
- □ 标准：皮书评价、皮书研究、皮书规范
- □ 服务：最新皮书、皮书书目、重点推荐、在线购书
- □ 链接：皮书数据库、皮书博客、皮书微博、在线书城
- □ 搜索：资讯、图书、研究动态、皮书专家、研创团队

中国皮书网依托皮书系列"权威、前沿、原创"的优质内容资源，通过文字、图片、音频、视频等多种元素，在皮书研创者、使用者之间搭建了一个成果展示、资源共享的互动平台。

自2005年12月正式上线以来，中国皮书网的IP访问量、PV浏览量与日俱增，受到海内外研究者、公务人员、商务人士以及专业读者的广泛关注。

2008年、2011年，中国皮书网均在全国新闻出版业网站荣誉评选中获得"最具商业价值网站"称号；2012年，获得"出版业网站百强"称号。

2014年，中国皮书网与皮书数据库实现资源共享，端口合一，将提供更丰富的内容，更全面的服务。

权威报告　热点资讯　海量资源

当代中国与世界发展的高端智库平台

皮书数据库 www.pishu.com.cn

皮书数据库是专业的人文社会科学综合学术资源总库,以大型连续性图书——皮书系列为基础,整合国内外相关资讯构建而成。包含六大子库,涵盖两百多个主题,囊括了近十几年间中国与世界经济社会发展报告,覆盖经济、社会、政治、文化、教育、国际问题等多个领域。

皮书数据库以篇章为基本单位,方便用户对皮书内容的阅读需求。用户可进行全文检索,也可对文献题目、内容提要、作者名称、作者单位、关键字等基本信息进行检索,还可对检索到的篇章再做二次筛选,进行在线阅读或下载阅读。智能多维度导航,可使用户根据自己熟知的分类标准进行分类导航筛选,使查找和检索更高效、便捷。

权威的研究报告,独特的调研数据,前沿的热点资讯,皮书数据库已发展成为国内最具影响力的关于中国与世界现实问题研究的成果库和资讯库。

皮书俱乐部会员服务指南

1. 谁能成为皮书俱乐部成员?
- 皮书作者自动成为俱乐部会员
- 购买了皮书产品(纸质书/电子书)的个人用户

2. 会员可以享受的增值服务
- 免费获赠皮书数据库100元充值卡
- 加入皮书俱乐部,免费获赠该纸质图书的电子书
- 免费定期获赠皮书电子期刊
- 优先参与各类皮书学术活动
- 优先享受皮书产品的最新优惠

3. 如何享受增值服务?

(1) 免费获赠100元皮书数据库体验卡

第1步 刮开皮书附赠充值的涂层(右下);

第2步 登录皮书数据库网站(www.pishu.com.cn),注册账号;

第3步 登录并进入"会员中心"—"在线充值"—"充值卡充值",充值成功后即可使用。

(2) 加入皮书俱乐部,凭数据库体验卡获赠该书的电子书

第1步 登录社会科学文献出版社官网(www.ssap.com.cn),注册账号;

第2步 登录并进入"会员中心"—"皮书俱乐部",提交加入皮书俱乐部申请;

第3步 审核通过后,再次进入皮书俱乐部,填写页面所需图书、体验卡信息即可自动兑换相应电子书。

4. 声明

解释权归社会科学文献出版社所有

皮书俱乐部会员可享受社会科学文献出版社其他相关免费增值服务,有任何疑问,均可与我们联系。

图书销售热线:010-59367070/7028　图书服务QQ:800045692　图书服务邮箱:duzhe@ssap.cn
数据库服务热线:400-008-6395　数据库服务QQ:2475522410　数据库服务邮箱:database@ssap.cn
欢迎登录社会科学文献出版社官网(www.ssap.com.cn)和中国皮书网(www.pishu.cn)了解更多信息

中国社会科学院创新工程学术出版资助项目

日本经济蓝皮书

BLUE BOOK OF JAPANESE ECONOMY

日本经济与中日经贸关系研究报告（2016）

ANNUAL REPORT ON JAPANESE ECONOMY
AND SINO-JAPANESE ECONOMIC & TRADE RELATIONS (2016)

"一带一路"建设中的日本因素

全国日本经济学会
中国社会科学院日本研究所
主　编／张季风
副主编／刘　瑞　叶　琳

社会科学文献出版社
SOCIAL SCIENCES ACADEMIC PRESS (CHINA)

图书在版编目(CIP)数据

日本经济与中日经贸关系研究报告.2016:"一带一路"建设中的日本因素/张季风主编. --北京:社会科学文献出版社,2016.5
(日本经济蓝皮书)
ISBN 978-7-5097-9054-0

Ⅰ.①日… Ⅱ.①张… Ⅲ.①经济发展-研究报告-日本-2016②对外经济关系-中日关系-研究报告-2016③区域经济合作-国际合作-研究报告-中国、日本 Ⅳ.①F131.34②F125.531.3

中国版本图书馆CIP数据核字(2016)第086840号

日本经济蓝皮书
日本经济与中日经贸关系研究报告(2016)
——"一带一路"建设中的日本因素

主　　编／张季风
副 主 编／刘　瑞　叶　琳

出 版 人／谢寿光
项目统筹／祝得彬　王晓卿
责任编辑／王晓卿　楚洋洋　林兆功

出　　版／社会科学文献出版社·当代世界出版分社（010）59367004
　　　　　地址：北京市北三环中路甲29号院华龙大厦　邮编：100029
　　　　　网址：www.ssap.com.cn
发　　行／市场营销中心（010）59367081　59367018
印　　装／北京季蜂印刷有限公司

规　　格／开本：787mm×1092mm　1/16
　　　　　印　张：20　字　数：364千字
版　　次／2016年5月第1版　2016年5月第1次印刷
书　　号／ISBN 978-7-5097-9054-0
定　　价／89.00元

皮书序列号／B-2008-078

本书如有印装质量问题，请与读者服务中心（010-59367028）联系

▲ 版权所有 翻印必究

日本经济蓝皮书编委会

主　编 张季风

副主编 刘　瑞　叶　琳

编　委 王洛林　李　薇　高　洪　张季风　黄晓勇
　　　　　吕克俭　侯水平　徐　平　李光辉　赵晋平
　　　　　江瑞平　李玉潭　黄泽民　张　健

主要编撰者简介

王洛林 男,1938年6月出生,湖北人,1960年毕业于北京大学经济系,曾任厦门大学副校长、中国社会科学院常务副院长;现任全国日本经济学会名誉会长,中国社会科学院研究生院教授、博士生导师。研究领域:国际贸易、国际投资、世界经济、宏观经济和金融等。代表性作品有:《世界经济形势分析与预测》(主编)、《关于国有外贸企业转换经营机制的几个问题》(1995)、《日元贬值及其对亚洲经济的影响》(1999)、《日本的通货紧缩性经济危机》(2000)、《日本金融考察报告》(2001)等。

张季风 男,1959年8月出生,吉林人,1982年毕业于东北师范大学外语系,1992年获东北师范大学日本研究所硕士学位,1999年获日本东北大学经济学博士学位。现为中国社会科学院日本研究所研究员、所长助理,全国日本经济学会秘书长。主要研究领域:日本经济、中日经济关系和区域经济。代表性作品有《日本国土综合开发论》(专著,2004)、《挣脱萧条:1990~2006年的日本经济》(专著,2006)、《中日友好交流三十年(经济卷)》(主编,2008)、《日本经济概论》(主编,2009)、《不断扩展的东亚产业协作》(主编,2010,日文版)、《日本能源文献选编:战略、计划、法律》(编译,2014)、《日本经济结构转型:经验、教训与启示》(国家智库报告,2016),其他有关日本经济与中日经济关系论文100余篇。

刘 瑞 女,1970年7月出生,陕西人,1991年毕业于东北财经大学计划统计系,1998年获日本东京都立大学经济学硕士学位,2006年获中国人民大学经济学博士学位。现为中国社会科学院日本研究所副研究员、经济研究室副主任,全国日本经济学会副秘书长。主要研究领域:金融理论与政策、日本金融、中日金融制度比较等。代表性作品有《金融危机下的日本金融政策:困境与挑战》(专著,2010)、《日美金融危机比较研究》(合著,2012),并在《经济学动态》《日本学刊》《中国证券报》等报刊发表论文及专业文章数十篇。

叶　琳　女，1982年7月出生，四川人，2005年毕业于外交学院日语系，2007年获外交学院国际关系研究所法学硕士学位，2011年开始攻读外交学院国际关系研究所国际政治经济学专业博士课程。现为中国社会科学院日本研究所《日本学刊》编辑部副主任、编辑。主要研究领域：国际政治经济学、日本经济体制等。代表性作品：《21世纪初日本企业经营的制度环境变革分析》(《日本学刊》2010年第1期)、《国际经济学导论》(合译，2011)等。

摘 要

2015年是日本经济波动起伏、举步维艰的一年。由于世界经济下行和安倍经济学失灵的共同作用，实际GDP增长率高开低走，第二季度和第四季度两个季度为负增长，全年也仅仅是0.4%的微弱增长。通缩依旧、消费疲软、设备投资低迷、工资跟不上物价上涨，各种经济难题堆积如山。由于安倍政府将再次提高消费税的时间推迟至2017年4月，加上连续两年增长率较低，2016年度的经济增长可能出现一定反弹。但是，由于消费、投资和出口"三驾马车"都很难跑起来，今后的前景也未必乐观。从中日经济关系来看，由于世界经济、中国经济减速，再加上中日关系改善缓慢等原因，2015年中日双边贸易出现较大幅度负增长，双边相互直接投资也出现少见的大幅下降，双边财政金融合作继续处于停滞状态，中日韩自贸区谈判仍无实质性进展，"政冷经冷"的态势越来越明显。倘若中日政治关系能够进一步改善，2016年的中日经贸合作关系也可能出现一定回暖。

本书虽然以"'一带一路'建设中的日本因素"为专题，但是，为了保持蓝皮书内容上的连续性，继续保留"日本经济热点追踪"和"中日经贸关系现状与走势"两个栏目，此外还设有"'一带一路'建设中的中日经济合作与竞争"、"日本经验对'一带一路'建设的启示"、"'一带一路'建设对日本经济的影响"和"日本应对'一带一路'建设的经贸布局"四个栏目。全书以总报告为基础，对日本经济、中日经济关系，特别是围绕"一带一路"建设中的日本因素、日本对"一带一路"倡议的矛盾心理以及搅局等备受关注的问题进行全方位的分析。

关键词： 日本经济　中日经贸关系　"一带一路"倡议　走出去战略

目 录

Ⅰ 总报告

B.1 2015~2016年日本经济与中日经贸关系：现状、问题
与展望 …………………………………………… 张季风 / 001
　　一　2015年日本经济回顾 ………………………………… / 002
　　二　2016年日本经济展望 ………………………………… / 009
　　三　TPP对日本经济的影响 ……………………………… / 014
　　四　中日经济关系的回顾与展望 ………………………… / 019

Ⅱ 日本经济热点追踪

B.2 试析日本经济现状及其今后课题 ……………〔日〕高见博 / 026
B.3 中国经济"新常态"对日本经济的波及效应
　　…………………………………………… 刘　红　田赵祎 / 032
B.4 中国游客"爆买"对日本经济的影响及启示 …… 侯珺然 / 047

Ⅲ 中日经贸关系现状与走势

B.5 2015年中日经贸关系回顾与2016年展望 ……… 吕克俭 / 056
B.6 日中贸易投资关系的现状与展望 …………〔日〕真家阳一 / 065

B.7 台日经贸关系：现状、课题与未来 ………………………… 任耀庭 / 080

B.8 中日经贸合作的转型与升级
　　——机械制造业竞争力及其影响因素分析 ………… 丁红卫 / 096

Ⅳ "一带一路"建设中的中日经济合作与竞争

B.9 "一带一路"倡议与日本的作用 ………………〔日〕吉崎达彦 / 110

B.10 "一带一路"框架下的中日经济博弈 ………………… 苏　杭 / 118

B.11 日本在"一带一路"沿线国家推介高铁项目，强化与
　　 中国竞争 …………………………………………………… 陈　言 / 127

B.12 "一带一路"建设中的国际刑事司法合作机制研究 …… 朱　军 / 137

Ⅴ 日本经验对"一带一路"建设的启示

B.13 日本企业"走出去"的历史、经验和教训 ………… 马淑萍 / 144

B.14 日本企业"走出去"的协同支持体系研究 …………… 程永明 / 154

B.15 日本制造业海外转移对"一带一路"
　　 建设的启示 ……………………………………… 马文秀　乔敏健 / 166

B.16 日本对亚洲开发援助的实践经验与中国
　　 "一带一路"建设 ………………………………………… 崔　岩 / 174

Ⅵ "一带一路"建设对日本经济的影响

B.17 "文明冲突"还是"文明共生"："一带一路"背景下
　　 的中日战略博弈 …………………………………………… 刘　轩 / 185

B.18 "一带一路"倡议对日本区域经济战略的冲击及
　　 中日合作 ………………………………………………… 金仁淑 / 197

B.19 日本参与"一带一路"倡议趋势分析
——以与韩国的比较为中心 ………………………… 杜 颖 / 209

Ⅶ 日本应对"一带一路"建设的经贸布局

B.20 "一带一路"与日本基础设施出口战略新布局 …………… 刘 瑞 / 221
B.21 日本对湄公河次区域的经济外交
——"一带一路"背景下的政策调整 ………………… 白如纯 / 233
B.22 日本在"一带一路"沿线国家的投资格局 ………………… 常思纯 / 244
B.23 日本在"一带一路"沿线国家的贸易格局 ………………… 李清如 / 257

Ⅷ 附录

B.24 日本经济与中日经贸关系主要数据变化 ……………………… / 270

Abstract ……………………………………………………………… / 290
Contents ……………………………………………………………… / 292

总 报 告
General Report

B.1
2015~2016年日本经济与中日经贸关系：现状、问题与展望

张季风*

摘　要：　2015年日本经济出现了短期的复苏，股市持续居于高位，日元兑美元汇率也维持较低水平，加之世界经济下行压力趋缓，日本的出口持续增长，但势头减弱。失业率持续下降，就业状况良好。企业收益有所上升，但并未还原于社会，设备投资与私人消费仍处于低迷状态。由于2017年4月将要再次提高消费税率等因素的刺激，估计2016年日本经济将会持续温和复苏，略好于2015年。在中国经济减速、人工费上涨等经济因素与中日政治关系改善缓慢等政治原因共同作用下，2015年的中日经济关系严重下滑，双边贸易和双边直接投资出现大幅度下降，中日财政金融合作停滞不前，中日韩自贸区谈判也迟迟没有结果，"政冷经冷"的态势越来越明显。倘若中日政治关系能够进一步改善，在"一带

---

* 张季风，经济学博士，中国社会科学院日本研究所研究员、所长助理，全国日本经济学会秘书长、常务理事，主要研究领域：日本经济、中日经济关系、区域经济等。

一路"建设背景下，2016年的中日经贸合作关系也可能出现一定回升。

关键词： 日本经济　安倍经济学　中日经济关系　新"三支箭"　TPP　中国爆买

2015年，日本经济出现了缓慢复苏，但势头微弱。由于私人消费疲软，阻碍了经济复苏的步伐，日本经济出现高开低走的局面。2015年（日历年）日本实际GDP增长率为0.4%，[①] 估计2015年度也将好于上年度，可能实现0.7%左右的正增长。需要注意的是，"中国爆买"对日本经济的缓慢复苏发挥了重要的拉动作用。估计2016年日本经济将维持温和复苏，主要是因为2017年4月日本将会再次提高消费税率，受此影响，2016年下半年至2017年第一季度可能再次出现集中消费的现象，从而拉动经济增长。按照日本政府的预测，2016年度日本经济可能实现1.7%的正增长[②]，但是民间智库并没有如此乐观，日本经济研究中心等9家主要智库的平均预测值为1.4%左右。

与日本经济的缓慢复苏形成鲜明对照的是，2015年中日经济关系严重后退。2015年中日双边贸易下降10.8%，这是继2012年以来连续四年负增长；日本对华直接投资为25.2%的负增长，这是2013年以来连续三年的负增长，中国对日直接投资也下降了7.0%。双边贸易、双边投资全线下降，这在中日邦交正常化以来，十分罕见。究其原因，自然有经济方面的因素，但双边政治关系恶化而且迟迟难以改善的影响因素也不可小觑。2016年，中日关系的前景并不明朗，倘若能有所改善，双边经贸合作将随之出现积极变化。

一　2015年日本经济回顾

（一）宏观经济复苏乏力

2015年对日本经济来说，是内外环境都比较好的一年。例如，从国内来看，

---

① 内阁府「2015年（平成27年）10~12月期四半期别GDP速报」（第一次速报值）、2016年2月15日。
② 『平成28年度の経済見通しと経済財政運営の基本態度』、内閣会議、2015年12月22日。

2014年4月日本曾将消费税率从5%提高至8%，对日本经济造成强烈的冲击，而到2015年提高消费税率的负面影响已经明显减弱。从国际形势来看，由于美国经济复苏比较强劲，所以整个世界经济形势略好于预期，这对日本经济来说，是一个难得的机遇。尽管如此，2015年的日本经济仍未出现大的起色，总的特点是高开低走、波动起伏。实际GDP增长率，第一季度为4.4%，第二季度为-0.5%，第三季度为1.0%，第四季度又下降为-1.4%（参见图1-1）。尤其是第四季度，不仅实际GDP是负增长，而且名义GDP增长率也是负值，为-1.2%。第四季度的负增长加大了实现2015年度经济预期值的难度，据日本内阁府的测算，2016年第一季度实际GDP增长率必须达到8.9%才能实现2015年度实际GDP增长1.2%的预期值。

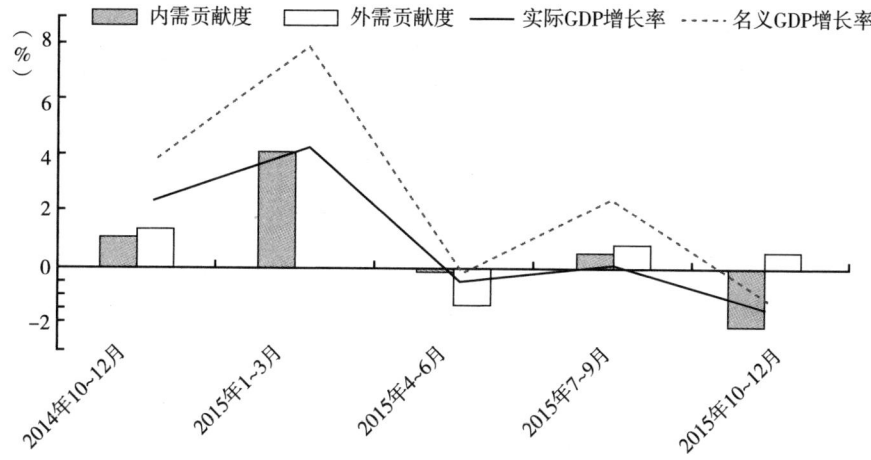

图1-1 2015年日本经济增长率的变化

资料来源：内阁府「2015（平成27年）10~12月期四半期别GDP速报」（第一次速报值）、2016年2月15日。

如表1-1所示，不仅经济增长率低迷，其他主要经济指标都不是很好。2015年全年实际GDP增长的0.4%中，内需拉动为0.0%，外需拉动为0.4%。[①] 这说明日本经济依靠外需拉动的基本格局并未发生变化，内需特别是私人消费疲

---

① 内阁府「2015（平成27年）10~12月期四半期别GDP速报」（第一次速报值）、2016年2月15日。

软成为制约日本经济复苏的主要原因，这说明"安倍经济学"的"第三支箭"，即经济结构改革并未产生效力。日本经济复苏乏力，距离自律性复苏还相当遥远。事实证明，"安倍经济学"的旧"三支箭"，即大胆的货币政策、机动的财政政策和促进民间投资的增长战略，除了出台初期产生了一些短期效果以外，并没有激活日本经济，而"安倍经济学"的新"三支箭"更是没有产生显著效果。

需要指出的是，即便是这微弱恢复，在很大程度上也是得益于"中国爆买"。近年来，由于日元贬值，中国赴日游客急剧增加。据日本观光厅的统计，2014年中国访日游客达到241万人次，2015年猛升至499.38万人次，同比增幅高达2.1倍，占当年赴日游客总人数的比例高达25.3%。中国游客消费欲望强烈，出手阔绰，人均消费高达28万日元，高出赴日外国游客的平均消费额（17万日元）65%。2015年中国游客在日消费额高达1.4万亿日元（约折合800亿元

表1-1　近年来日本主要经济指标的变化

	GDP增长率（%）		设备投资（%）	企业营业收益（%）	失业率（%）	消费支出（两人以上家庭）（%）	工矿业生产指数增减（%）	消费价格指数（%）	日经225种平均股指
	名义	实际							
2011年度	-1.4	0.3	0.0	-0.3	4.5	-2.2	-0.7	0.0	9183.44
2012年度	0.0	0.9	3.3	2.7	4.3	1.6	-2.9	-0.2	9612.07
2013年度	1.7	2.0	6.7	21.5	3.9	0.9	3.2	0.8	14406.76
2014年度	1.5	-1.0	7.7	9.7	3.5	-5.1	-0.4	2.8	16253.25
2015年 1月					3.6	-5.1	4.1	2.2	17274.40
2月	7.9	4.2	8.1	-0.1	3.5	-2.9	-3.1	2.0	18053.20
3月					3.4	-10.6	-0.8	2.2	19197.57
4月					3.3	-1.3	1.2	0.3	19767.92
5月	-0.1	-1.4	6.6	20.5	3.3	4.8	-2.1	0.1	19974.19
6月					3.4	-2.0	1.1	0.1	20403.84
7月					3.3	-0.2	-0.8	0.0	20372.58
8月	2.5	1.3	11.2	11.2	3.4	2.9	-1.2	-0.1	19919.09
9月					3.4	-0.4	1.1	0.0	17944.22
10月					3.1	-2.4	1.4	-0.1	18374.11
11月	-1.2	-1.4	8.9	7.8	3.3	-2.9	-0.9	0.1	19581.77
12月					3.3	-4.4	-1.7	0.1	19202.58

资料来源：内閣府「2015（平成27年）10~12月期四半期別GDP速報」（第一次速報值）、2016年2月15日。『日本経済新聞』2016年4月25日第14版（景气指标）、2014年2月24日第19版（景气指标）、2013年9月2日第16版（景气指标）。

人民币），约占赴日外国游客消费总额的 40%。日本的 GDP 约为 500 万亿日元，中国游客在日消费 1.4 万亿日元，约占日本 GDP 的 0.3%。可见，与十几年前出现的"中国特需"一样，"中国爆买"也对刺激日本经济复苏产生了重要的作用。当然，这同时也意味着中国消费资源的外流，暴露出中国制造业企业存在的深层次问题，值得认真反思。

（二）私人消费疲软，实际收入下降

私人消费一直是左右日本经济的关键因素。泡沫经济崩溃后的 20 多年来，日本的私人消费一直处于低迷状态。2013 年度受"安倍经济学"的刺激，股市回升，在资产效应的作用下，私人消费勉强维持了正增长，其中两口人以上家庭的消费支出同比增长 0.9%，但 2014 年度由于提高消费税率的影响，私人消费急剧下滑，两口人以上家庭的消费支出同比下降 5.1%。而进入 2015 年，两口人以上家庭的实际消费支出，在 12 个月当中仅有 5 月和 8 月两个月为正增长，其余 10 个月均为负增长（参见表 1-1）。另据日本总务省的统计，2015 年全部家庭的平均月消费支出为 24.71 万日元，同比下降 2.7%，而且是连续两年的负增长，消费支出水平刷新了自 2000 年以来的最低纪录。①

其实，消费疲软的最主要原因就是实际收入的下降。安倍首相在不同场合都不停地吹嘘"安倍经济学"取得成功，其中企业利润增加和职工工资增加是其主要依据。2013 年以来，由于日元汇率走低，大企业出口顺畅，企业的日元结算利润剧增，加之国际油价低迷，降低了生产成本，收益迅速上升。但是，企业收益上升很不均衡，大企业赚得盆金钵银，而中小企业依然经营困难。而且大企业并未将所获利益还原于社会，利润更多地用于企业留存，用于增加工资的部分也很少。据日本厚生劳动省的统计，2015 年前三个季度职工人均现金总收入增幅分别为 0.2%、-0.7% 和 0.5%，上升幅度并不高。不仅如此，由于消费税率提高等因素的影响，实际工资长期处于负增长状态。据日本厚生劳动省的统计，2015 年职工人均月现金收入为 313856 日元，与上年相比增长了 0.1%，但扣除物价上涨因素后的实际工资却下降了 0.9%，而且这是连续四年的下降。② 也就是说，虽然基础工资略有增长，但其涨幅跟不上物价的上涨。大企业所获得的利

---

① 時事通信「消費支出、2 年連続マイナス＝節約志向で2.7%減」、2016 年 2 月 16 日、http://headlines.yahoo.co.jp/hl? a = 20160216 - 00000103 - jij-pol。
② 時事通信「給与総額、2 年連続増＝実質賃金はマイナス続く—15 年」、2016 年 2 月 8 日、http://headlines.yahoo.co.jp/hl? a = 20160208 - 00000017 - jij-pol。

益并未通过增加工资的路径来促进消费的扩大（参见图1-2）。"安倍经济学"并没有让百姓得到实惠，各大媒体多次调查的结果表明，至少有70%以上的国民并没有感受到"安倍经济学"带来的好处。

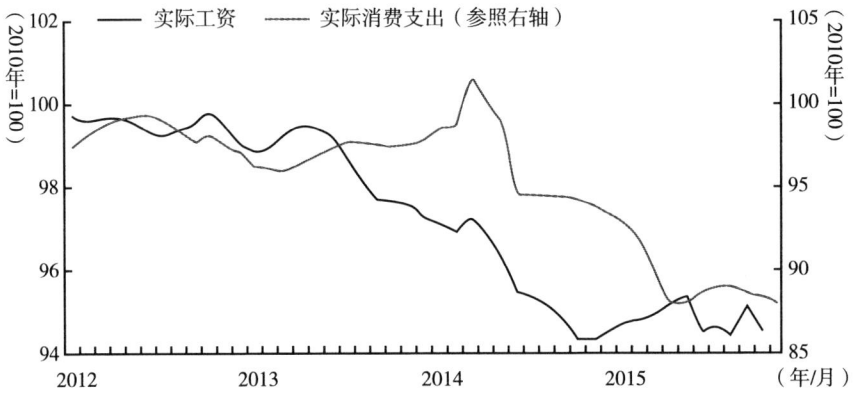

图1-2　日本实际工资收入下降、消费疲软的增长情况

资料来源：総務省『家計消費状況調査』、厚生労働省『毎月勤労統計』。

（三）就业形势持续好转，但非正式就业仍居高不下

2015年日本的就业状况继续得到改善，这不失为一个亮点。全年失业率为3.4%，比上一年下降0.2个百分点，连续五年持续下降。其中男性失业率为3.6%，女性失业率为3.1%。[①] 失业人口总数为222万，比上年减少了14万。与此相对应，就业人口总数达6376万人，比上年增加25万，新增就业者绝大多数为女性。2015年12月，有效求人倍率达到1.27倍。有效求人倍率超过1倍，说明已实现充分就业，甚至人手不足。

就业人口增加，失业率下降，这是2015年日本经济的亮点。这次就业状况好转的原因，主要是企业收益扩大，就业机会增加，特别是服务业就业人数出现大幅度增加。2015年医疗、福利部门增加就业27万人，房地产、租赁业增加8万人，但生活服务业、娱乐业减少了8万人。正因为服务业就业机会的扩大，女

---

① 総務省「労働力調査（基本集計）平成27年平均（速報）結果の要約」、2016年1月29日、http://www.stat.go.jp/data/roudou/sokuhou/nen/ft/index.htm。

性劳动力增加较多,约达25万人。①

但是,2015年在失业率下降、就业人数增加的光鲜表面背后,还隐藏着一个鲜为人知的秘密,即增加的就业人员大多数为非正式就业人员。企业从自身经营利益着想,为了减少开支都愿意雇用可以不买各类保险、工资低廉,而且可以随时解雇的临时工。如图1-3所示,1990年日本非正式就业人员仅占20%,安倍首相上台之前的2012年上升为36%,而2015年非正式员工人数增至1980万人,占比超过40%。②值得关注的是,2015年正式员工3313万人,增加了26万人,这是时隔八年以来的第一次增加。尽管如此,非正式就业人员的比例处于高位的局面并未发生变化。非正式就业人员比例居高不下,意味着不稳定就业者不断增加,增加了社会不安的隐患,同时工资只有正式员工60%左右的非正式就业人员的增加意味着社会总收入水平并没有提高,因此出现消费疲软的现象也就不足为怪了。

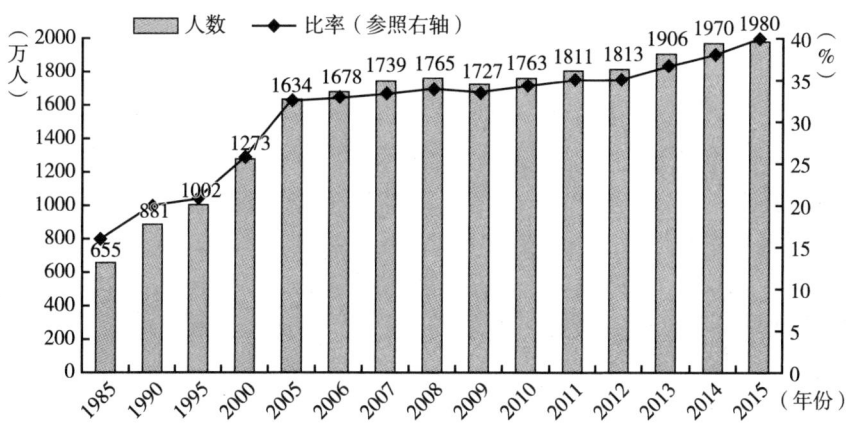

图1-3 非正式就业人员的变化及其所占比重

资料来源:総務省『労働力調査』。

(四)出口势头减弱,但贸易逆差大幅缩小

日本经济常常被称为出口导向型经济,其实日本出口占GDP的比重与其他发达国家相比并不算太高,约为15%。但出口所发挥的作用非常大,特别在其他内

---

① 総務省「労働力調査(基本集計)平成27年平均(速報)結果の要約」、2016年1月29日、http://www.stat.go.jp/data/roudou/sokuhou/nen/ft/index.htm。
② 厚生労働省「就業形態の多様化に関する総合実態調査」、2015年11月4日。

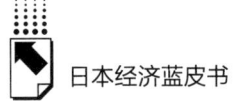

需要素发展动力不足的情况下，出口往往能发挥经济复苏起爆器的作用。安倍上台后，积极推行日元贬值政策，2013年日本出口曾出现大幅度回升，但是随着日元贬值效果的减弱，日本的出口势头也逐渐减弱。2015年出口总额达到75.63万亿日元，与上年同比增长3.5%，鉴于2013年和2014年分别为9.5%和4.8%的较高增长，2015年出口增长势头呈持续减弱趋势。① 从出口品种上看，汽车增长10.3%，医药品增长31.8%，机电产品增长5.1%。从出口地区来看，对美国出口15.22万亿日元，增长11.5%，对中国出口13.2万亿日元，下降1.1%，对欧盟出口7.99万亿日元，增长5.3%。2015年日元平均汇率为1美元兑121.03日元，较2014年贬值了10.3%，尽管没有2014年贬值幅度大，但仍对扩大出口有促进作用。

2015年日本进口总额为78.47万亿日元，同比下降8.7%，这与国际油价暴跌有关。从进口品种来看，原油进口量只减少了2.3%，但金额减少了41.0%。液化天然气和液化石油气进口量分别减少了3.9%和5.9%，进口金额却分别减少了29.5%和40.1%。从进口地区来看，自美国进口8.05万亿日元，增长6.8%，自中国进口19.4万亿日元，微增1.3%，自欧洲进口8.6万亿日元，增长5.6%。中国继续保持日本第一大进口伙伴的地位。

尽管日本出口势头减弱，但由于国际油价暴跌导致进口出现负增长，使得2015年的日本贸易逆差大幅缩小。2011年东日本大地震后，为了补充核电站停机带来的电力不足，日本只能通过大量进口天然气和煤炭等化石燃料扩大火力发电。因此从2011年开始日本陷入贸易逆差状态而且逆差逐年增加，2013年达11.47万亿日元，2014年又进一步扩大到12.8万亿日元，但2015年急剧缩小为2.8万亿日元。可见，作为石油消费大国的日本确实成了国际油价暴跌的最大赢家。从地区来看，2015年对华贸易逆差高达6.19万亿日元，同比增加6.9%，而对中东贸易逆差降为6.4万亿日元，同比下降50.1%。

如前所述，2015年日本实际GDP增长率的0.4%当中，外需（净出口）的拉动为0.4%，贡献率几乎为100%。可见2015年日本经济的主要动力来自于外需，尤其是来自海外投资方面的所得更是令人注目。由于贸易逆差大幅缩小，加之投资收益增加，使经常收支顺差急剧扩大。据日本财务省的统计，2015年经常收支顺差高达16.64万亿日元，为2014年的6.3倍，这是2010年以来的最高值。② 16万

---

① 财务省「報道発表平成27年分輸出確報、輸入速報9桁」、2016年1月28日。
② 财务省「2015年国際収支速報」、2016年2月8日、http://www.jiji.com/jc/graphics?p=ve_eco_bop-balance。

亿日元超过日本实际 GDP 的 3%，也就是说日本的 GNP 增长率要比 GDP 增长率高得多，其总体经济实力已不可小觑。

二 2016年日本经济展望

要想预测 2016 年日本经济的走势，必须先厘清将有哪些因素会对日本经济走势产生影响。从大的方面来看，可分为国际因素和国内因素。从国际来看，世界经济走向如何对日本经济的影响很大，日本经济是外向型经济，外需对日本经济至关重要。关于世界经济走势，根据国际货币基金组织和世界银行等权威机构的预测：由于欧债危机基本平息，美国经济的回复和中国经济的平稳增长，2016 年世界经济将与 2015 年持平，可能保持 3.1% 左右的正增长。如果这一预期值比较可靠，那么对日本经济的影响将是中性的。因此下文重点讨论日本的国内因素。从国内来看，"安倍经济学"的新"三支箭"以及负利率政策能否奏效，日本能否促使企业增加工资和加大设备投资力度十分重要。

（一）"安倍经济学"新"三支箭"难实现

2015 年 9 月 24 日，安倍首相在连任自民党总裁后的第一次记者会上，突然抛出了所谓新"三支箭"。其具体内容是："实现名义 GDP600 万亿日元"、"希望出生率达到 1.8"和"实现护理人员零离职率"。稍作分析，就不难看出，其实这并不是"箭"而是"的"，是想要实现的三项目标（参见图 1-4）。至于究竟应当如何实现这三项目标，当时并没有提出具体措施。

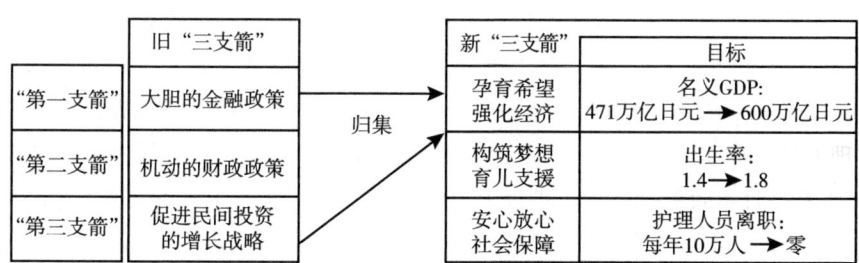

图 1-4 "安倍经济学"旧"三支箭"与新"三支箭"的关联示意

资料来源：根据首相官邸资料制作。

新"三支箭"的提出,实际等于安倍晋三本人正式宣告了旧"三支箭"的破产和失败。道理很简单,如果旧"三支箭"不失败,理应继续实施,正因为其已经失灵,才放出新"三支箭",以新代旧。当然,新"三支箭"的目标也几乎不可能实现。

先看"第一支箭":实现孕育希望的强大经济,到2020年名义GDP达到600万亿日元。2015年度日本名义GDP是471万亿日元,如果每年的名义经济增长率达到3%,实际GDP增长率达到2%,那么到2020年名义GDP能达到600万亿日元。但在泡沫经济崩溃后的20多年当中,日本的实际GDP增长率只在雷曼冲击之后反弹的2010年度超过了3%,名义GDP增长率从未达到过3%。如何能保证外部环境日趋严峻的未来五年日本就能实现这一宏大目标?当然,如果安倍想要通过改变统计基准来实现高增长率,做数字游戏,就另当别论了。①

再看一下"第二支箭":在2025年前后实现希望出生率(有生育意愿者都能充分生育时的出生率),即合计特殊出生率达到1.8。过去20年日本的合计特殊出生率基本为1.4左右,2012年至2014年分别为1.41、1.43和1.42。之所以出现生育率下降,原因十分复杂,但经济因素,即收入低、养不起孩子是最主要的原因。关于如何能在未来十年左右将希望出生率提高到1.8,安倍政权没有提出任何具体措施。由于收入难增,成人生活都勉强维持,年轻人压力大,再加上育儿设施不足以及女性生育后就业、升职都将受到影响等原因,要想提高生育率绝非易事。

最后看一下"第三支箭":到21世纪20年代初期"实现护理人员零离职"(因无人护理老年病人而离职者为零)的目标。随着老龄化社会的快速进展,日本的老龄人口急剧增加,2015年65岁以上老人超过26%,75岁以上的后期老龄人口超过12.9%,其中需要护理的老人高达600万人,占65岁以上老人的18%。② 而与此相应的老人院等福利设施相对不足,特别是具备医疗护理功能的老人福利设施严重不足。在居家护理的情况下,社区护理人员更是严重不足,因此如果家里有需要护理的老人或病人,许多人就不得不离职进行看护。要实现"护理人员零离职"这一目标,必须增加护理设备,实现社会化服务。但从现实情况来看,日本政府却降低了护理人员的薪酬,因此越来越多的护理人员因报酬

---

① 据日本《朝日新闻》(2015年12月26日)报道,日本可能从2016年第三季度起,使用新的经济统计标准。据称新标准统计的GDP将比执行现行标准的统计多出15万亿日元,即高出3%左右。

② 厚生労働省「介護保険事業状況報告の概要」、2014年10月22日。

低而离职，人手不足，而按照日本现行的法律，外国护理人员又难以进入这一市场。从以上状况可以推测，随着老龄化的进展，日本的护理人员离职率不进一步增加就算不错了，如果再考虑到亲情等因素，要想达到护理人员零离职率根本不可能。

（二）负利率政策难奏效

2016年1月29日，日本央行为了刺激经济复苏，又推出了史无前例的"负利率政策"，宣布实行-0.1%的负利率，并从2016年2月16日起执行。所谓负利率就是将通常的存款利率调为负值。一般而言，银行向央行存款时可获得利息，但在负利率情况下反而需要支付手续费。银行将钱存入央行会出现缩水，因此有望迫使银行积极向企业贷款。据称日本央行推出这一政策的主要理由是，在中国经济减速和国际油价下跌的背景下，2016年初日本出现了股市震荡和日元升值。很显然这些理由很牵强，因为2015年中国经济增长率为6.9%，虽然有所减速，但依然是全球最高的增长率，而国际油价下降并不是刚刚出现，已经持续了一年多，2016年初日本股市下跌幅度并不大，反倒是这一政策出台后，股市出现了暴跌，长期国债利率也降为负值。负利率政策的出台再次明确地告诉世人"安倍经济学"已经走到尽头，此前的数量宽松和质量宽松货币政策已经失灵，日本经济处于紧急状态，所以必须用"奇策"抢救。如果日本经济很正常，就应当像美国一样，退出宽松政策，适当加息才对。然而，这一"奇策"也未必奏效。

其实，"负利率政策"无非就是进一步的宽松政策，即通过下调利率创造日元贬值预期，使企业增加贷款，积极进行设备投资，进而拉高股市。然而，此举对制造业大企业或许有利，但会给银行业经营带来巨大压力，其负面影响不可小觑。由于央行实行负利率政策，商业银行只能放弃在央行存款，转而购买国债，再加上欧美股市大跌，东京股市也随之暴跌，所以就形成购买安全资产国债的局面。日本央行实施负利率政策，原本是为了托起因全球性股市下滑引起的日本股市暴跌，结果反被卷入全球的股市动荡风险之中。

另外，目前日本一直在实施数量宽松和质量宽松的非传统货币政策，终归有一天会像美国一样退出宽松政策，然而随着日本央行持有的长期国债余额的增加，"负利率政策"的出台将使退出机制的实施难度越来越大，或许会招致更大的风险。

（三）收入难增加，设备投资难扩大

2016年日本亟待解决的难题是如何促使企业增加工资和加大设备投资力度。

工资和设备投资增长缓慢不仅抑制了当前经济复苏的势头,而且也是导致日本经济迟迟不能跨入自律性复苏轨道的主要因素。

关于增加工资问题,实际上非常难以解决。安倍首相多次与经团联商谈提高工资,而且在不同场合呼吁企业涨工资。一般来说,战后作为左翼势力的工会组织代表工人利益要求企业涨工资,而作为保守势力的自民党政府往往是代表企业利益明里暗里支持企业少涨工资。从这一点上看,安倍政府却比较特异,一方面通过推行"安倍经济学"使大企业赚得盆满钵满,同时又号召企业提高工资,收买人心,这恐怕也正是安倍内阁支持率居高不下的重要原因之一。尽管如此,仍然收效不大。其原因在于,现在的国际经济形势和国内经济形势十分不利于涨工资。在新兴经济体崛起,发达国家又不甘落后,国际竞争日益激烈的大背景下,为了维持竞争力,日本企业都本能地削减人工费等经营成本。而当企业对国内宏观经济预期不看好的情况下,给员工增加工资的可能性就会更小。提高工资关键在于基础工资,因为基础工资涨上去就不能再降下来。工会组织在2013年以来的每年"春斗"中都提出提高基础工资的目标要求,但经团联以及大企业还是希望只提高临时性工资。看来要实现提高工资,特别是提高基础工资的目标并非易事。另外,涨工资也需要可持续性,即便今年涨了工资,第二年以后的工资不仅不能上涨,甚至还有可能下降,没有可持续性,对消费的拉动也很有限,也无法使经济进入自律性复苏的轨道。

关于扩大设备投资,是需要有前提条件的。其一是企业收益扩大;其二是未来经济预期乐观,宏观经济繁荣,需求旺盛,生产规模扩大;其三是要有好的投资项目和投资机会。从第一个前提来看,"安倍经济学"推行的日元贬值政策使出口大企业获得了巨额利润,但是中小企业获利不多,特别是大量使用进口原材料的中小企业甚至出现了经营困难。而且上市大企业最近也出现了利益下滑的趋势,据SMBC日兴证券公司的统计,在东证一部上市的企业,2015年4～12月的最终收益同比增长了5.8%,但10～12月却出现了9.8%的急剧下降,这说明日元贬值的效果在下降,企业收益下降势必会挫伤企业设备投资的积极性。第二个前提很清楚,在人口减少的背景下,企业对未来的国内需求增加没有信心,也就是说企业对经济增长率预期低迷,担心增加设备投资可能产生开工率不足、设备过剩等问题。从第三个前提来看,日本国内没有好的投资项目和投资机会,只能转向海外投资。企业根据海外需求状况,坚持"当地生产,当地消费"的应对方针,并不打算扩大国内生产和出口,因日元贬值而回归国内的企业相当有限。此外,从国内的产业结构来看,需要大规模设备投资的大型装备产业的比重越来越小,而不需要大规模设备投资的护理、保险、福利事业以及面向个人的服务业所占比重上升,这在客观上降低了设备投资扩大的可能性。再者,企业的经营方针已经从通过扩大销售额来扩大市场占有率和收益转为最大限度提高现有设备利用率、减少成本来提高收益率的方向,对于新增设备投资,能不投资则尽量不投资。不过,现在已经不存在泡沫经济崩溃时期的那种设备过剩、资金短缺的投资制约因素,估计设备投资还会有少许增加。

(四)2016年日本经济预测

2016年日本经济开门受挫,股市震荡,2月12日日经股指曾跌破15000点,日元升值达到1美元兑112日元,这再次说明市场并不看好"安倍经济学"的所谓新"三支箭"和负利率政策,同时也给2016年和未来日本经济走势蒙上了一层浓重的阴影。如前所述,"安倍经济学"的新"三支箭"以及负利率政策都很难奏效,企业工资上涨也并非易事,设备投资的扩大也难以期待。尽管如此,如果国际经济形势不发生大的变故,2016年的日本经济仍有可能维持缓慢复苏态势,估计将略好于2015年。当然其原因并不在于"安倍经济学"可能产生"奇效",其主要原因在于日本政府已决定在2017年4月把消费税率从8%提高到10%。2014年4月日本曾经将消费税率从5%提高到8%,而在提高消费税率之前的2013年第四季度和2014年第一季度日本出现了明显的扎堆消费的现象,极大地拉高了2013年度的经济增长率。由于2017年4月将要再次提高消费税率,因此,2016年第四季度和2017年第一季度(也是2016年度的第四季度)有可能再次出现提前集中消费的现象,进而拉动经济有一个较高的增长。另外,安倍内阁还在2016年初通过了规模为3.3万亿日元的2015年度补充预算,据称2016年秋可能还将推出2016年度补充预算,大量财政投资也会或多或少拉高当年经济增长率,也能借此收买人心,起到在参院选举(或众参两院同时选举)中的拉票作用,但会增加政府的累计债务。日本政府对2016年度实际GDP增长率的预期值为1.7%,日本银行的预期值为1.2%,而ESP跟踪调查预测平均值为0.93%,民间经济学家的预测似乎更靠谱。

2016年日本央行仍将延续大规模的数量宽松、质量宽松和负利率的货币政策,能否刺激经济增长很难说,但距离退出机制越来越远将成为既定事实。尽管日本央行如此规模"大量放水",但依然无法摆脱通缩困扰,据日本央行的预测,2016年核心CPI仅为0.5%左右。在超宽松的货币政策刺激下,日元仍将稳定在当前水平,因此企业的收益还会有所增长,但企业巨大的收益很难还原于社会，即企业减少留存，增加工资，以此拉动消费形成良性循环将难以期待。如果世界经济平稳，有望释放国外的潜在消费需求，日本的出口还有可能维持小康水平。

从中期来看，受提高消费税率的影响，2017年度日本经济有可能跌入负增长，再加上日本经济周期的影响，负增长幅度还可能较大。2018年至2019年的日本经济能稍微好一些，主要是受东京奥运会的利好影响，再加上TPP的刺激，但经济上扬的幅度也会很有限。2020年或2021年，即奥运会举办的当年和第二年，有可能出现"后奥运萧条"。从历史上看，1964年东京奥运会后第二年的1965年，就曾出现过"昭和四十年萧条"，GNP增长率从上一年的13.2%下降至5.1%，设备投资也下降了8%。① 考虑到日本潜在经济增长率也就是0.5%左右，随着整个社会老龄化的不断深化和财政状况的进一步恶化，中长期的日本经济年平均增长率能达到1%就不错了。

三 TPP对日本经济的影响

（一）日本积极参与TPP的主要目的

2015年10月5日，美国、日本等12国经贸部长发表联合声明，宣布《跨太平洋伙伴关系协定》（以下简称TPP）谈判结束，这意味着占世界GDP近四成的巨大自由贸易区即将形成，引发境内外舆论高度关注和热议。2016年2月5日，上述12国又在新西兰签署了正式协议，这说明TPP距离形成又向前迈进了一步。美日两国占整个TPP成员国GDP总量的80%，因此，TPP的本质是美国主导的、日美之间的经济伙伴协定，自然会对日本经济产生很大影响。

TPP不单纯是一个经济协议，更是一个集经济、政治、外交和安全保障于一身的综合区域合作机制。TPP基本协议的达成，强化了日美同盟关系，这意味着继"新安保法案"强行通过后，日本在政治、外交、军事和经济等方面已全面投入美国的怀抱，日美关系更加紧密，形成以美国为首的经济"北约"，美日可联手通过制定规则阻挡和干扰中国融入亚太区域合作的进程。

日本积极参与TPP谈判，除了追随美国在经济上"围剿"中国的政治目

---

① 张季风主编《日本经济概论》，中国社会科学出版社，2009，第12页。

外,其经济意图很明确,主要有以下两点。其一是借外力推动国内改革。日本的经济结构改革,特别是农业、劳动力市场等改革受到既得利益集团的抵抗,迟迟难以推进。国内经济结构改革实际上就是"安倍经济学"第三支箭的重要内容,其改革成功与否关系到"安倍经济学"的成败。在这种情况下,安倍试图通过加入TPP,以TPP的高标准这一"外压"倒逼日本国内的经济改革。

其二是寻求更大的外需市场。在少子老龄社会的大背景下,未来日本国内市场将会不断缩小,为了改变这一窘境,日本试图通过加入TPP,融入亚太经济来实现经济的可持续发展。如表1-2所示,目前,日本对12个成员国的贸易占日本对外贸易总额的27.8%。TPP所追求的目标是要将太平洋地区建成货物和服务、投资等自由交易的区域,建成占世界GDP近40%的巨大经济圈,这正是日本梦寐以求的巨大市场。

表1-2 TPP成员国的GDP比重与占日本外贸的比重

单位:%

国家	占世界GDP的比重	占日本贸易的比重	国家	占世界GDP的比重	占日本贸易的比重
美国	22.5	13.3	智利	0.3	0.7
日本	6.0	—	秘鲁	0.3	0.2
加拿大	2.3	1.3	新西兰	0.3	0.3
澳大利亚	1.9	4.1	越南	0.2	1.8
墨西哥	1.7	1.0	文莱	0.0	0.3
马来西亚	0.4	2.9	合计	36.3	27.8
新加坡	0.4	1.9			

注:表中数据为2014年数据。
资料来源:IMF, *World Economic Outlook Database*, 2015。

(二)TPP给日本带来的直接好处

1. 对消费者有利

TPP生效后,许多进口产品要降低或取消关税,特别是与消费者生活密切相关的农林水产品关税下降幅度较大,消费者可以低廉的价格购买到所需商品。例如,日本牛肉现行的关税为38.5%,TPP生效后将降至27.5%,第16年以后再降至9%。因为日本进口牛肉的99.9%来自澳大利亚和美国等TPP成员国,这意味着几乎所有的进口牛肉都会降低关税。另外,猪肉的关税也会大幅度降低,高

价猪肉的现行关税率为4.3%，TPP生效后关税将逐渐降低，到第10年将完全取消关税；低价猪肉现行每公斤征收482日元的关税，生效第10年以后降至50日元。关税的下降或取消，会使消费者得到实惠。

2. 有利于日本扩大出口

出口对象国取消关税，简化贸易手续，将使得日本优质的工业产品更容易出口，最终会带来扩大国内就业和收入的效果。另外，也有利于日本高品质的农林水产品向海外出口。

TPP成员国将要逐步对汽车和汽车零部件等工业产品中99.9%的品种完全取消关税（生效当时取消关税比例为76.6%）。美国汽车的关税率为2.5%，在第15年时开始下降，到第25年关税完全取消。关于汽车零部件，美国的关税率也是2.5%，但在TPP生效时，将有80%以上的品种取消关税。这样，不仅日本国内生产的汽车零部件出口将更加顺畅，而且日本在国内和北美的汽车厂家的负担也将大大减轻。TPP成员国对工业产品实行零关税，日本出口企业将会获得很大利益。不仅工业产品，日本农业产品的出口环境也将得到改善。从日本对美出口的农产品来看，大米在TPP生效后第5年，牛肉在第15年完全取消关税。在没有完全取消关税之前，还会设定相当于现行向美国实际出口量20~40倍的免除关税额度。此外，对越南出口的水产品，在TPP生效时即刻取消关税。TPP成员国对酒类产品也完全取消关税。农产品取消关税，非常有利于高质量的日本农产品、水产品的出口。

3. 有利于日本企业的海外投资

TPP生效后，出口对象国的贸易、人员出入境、居住手续将简化和快速化，投资规则进一步完善，不仅大企业，而且掌握独特技术的日本中小企业也会更容易进入亚太地区的广阔市场，流通、零售等服务业"走出去"也会变得容易。TPP生效后，各种规制将会放松或取消，服务业和投资领域原则上全部成为自由开放的对象，即便有例外也必须明确列出，透明性大大提高。例如，越南在经过五年的过渡期后，针对便利店、超市等零售流通业的投资，有关开店区域的店铺数、规模的申报审查以及开店限制将全部废除。马来西亚目前对便利店的外资入股是禁止的，TPP生效后，将允许上限为30%的入股。此外，越南对银行业的投资规制也将有所放松，外资对越南当地银行的投资比例的上限从15%提高到20%。马来西亚对外资银行分支行的上限从8家扩大到16家，同时，外籍银行店铺外的自动提款机设置限制原则上取消。在政府采购领域，越南、马来西亚、文莱将允许日本企业进入，其他成员国与过去相比也增加了日本企业参与的机会。可以预测，TPP形成后，日本企业的商业机会将进一步扩大。

4. 有利于日本知识产权的保护

在知识产权领域，生物医药品的数据保护期统一确定为8年。日本医药产业是日本的战略产业之一，在全球所占的比重为10%左右，这一规定有利于日本医药知识产权的保护，可使日本医药产业获得更稳定、长期丰厚的利润。成员国对版权的保护期间统一确定为70年，而现在日本的版权保护时间为50年，延长了20年。由于知识产权保护的规则更加明确和完善，日本历经长期岁月培育的品牌、商标以及动漫等内容产品的知识产权都可得到保护。

5. 通过加入TPP，倒逼国内改革

如前所述，日本经济长期低迷，其主要原因在于其结构性的矛盾，农业、劳动力市场、医疗领域的问题最为突出。这些领域的改革很难推动，特别是如何将农业变成新的经济增长点，已成为日本结构改革的重头戏。由于农产品关税的下降和取消，国外廉价农产品将大量进入日本市场，这意味着日本农业将要面临外来廉价农产品的激烈竞争，在这种情况下，不对国内农业进行改革，就没有活路。日本历史上的重要节点，如明治维新、战后改革等，都是在"外压"的刺激下得以完成的。日本期待TPP这一外压也能促进国内改革。

（三）TPP对日本的负面影响

1. 农产品可能受到冲击

加入TPP，日本将会受到一定程度的冲击，因此代表农民利益的"农协"组织强烈反对加入TPP。由于农产品关税的下降和取消，国外廉价农产品将会大量进入日本市场，生产成本较高的农业遭受冲击不可避免。而农村是自民党选举的"票仓"，农民利益遭受损失，将对自民党政权的稳固造成威胁，因此日本政府对此十分重视，在谈判过程当中，进行了精心设计，尽量将冲击降到最小。

日本强烈要求大米、小麦和乳制品维持现行贸易价格和关税，只在对日出口量上做出一定让步。例如，对日本最敏感的大米，TPP生效后的头3年，美国对日出口量为每年5万吨，澳大利亚为每年0.6万吨，第13年后分别增加到7万吨和0.84万吨。关于小麦的对日出口，对美国、加拿大、澳大利亚设定了新的对日出口额度，而且日本政府在进口时征收的加价在第9年之前削减45%。乳制品当中，针对奶油，确定了各国对日出口额度；奶酪将分阶段减税，在第16年以后完全取消关税。至于牛肉、猪肉，因为要降低关税，TPP生效后日本的进口量可能大增，但当进口量超过一定数量并且日本认定已对国内产业造成冲击时，可实行紧急进口限制措施，以此来减缓对国内养牛户、养猪户的打击。

2. 存在食品安全问题

加入 TPP 后，大量外国农产品及食品将会进入日本，日本国民非常担心食品安全问题。为此，在谈判过程中，日本代表在讨论卫生及植物卫生规则时，强烈呼吁不可对食品添加剂、农药残存标准、与疯牛病相关的牛肉进口标准、转基因（GMO）食品的标识义务等放宽限制，所有成员国就此达成共识。而且，TPP 生效后，日本政府还可根据 WTO《实施卫生与植物卫生措施协定》的相关规定，制定比国际标准更严格的标准。届时将采取更切实措施，严格监管进口食品的安全。

（四）对日本经济影响的综合评估

TPP 对日本来说，无论在出口还是在进口方面以及规则方面都十分有利，可望带来经济增长和丰富国民生活的作用。在 TPP 谈判过程中，不仅涉及进口产品关税的削减或取消，服务贸易相关限制的放松和废除等问题，还涉及投资、知识产权、政府采购等领域的规则制定，环境，劳动力市场等 21 个领域。对于这种涉及多领域的经济合作机制安排的复杂经济效果的计算十分困难，到目前为止世界上还没有一种值得信赖并得到认可的计算方法。但是，仅针对降低或取消关税所带来的效果，则可以用全球贸易分析项目模型（Global Trade Analysis Project，GTAP）进行计算①。日本政府用该计算方法计算的结果如下：随着关税的取消，日本农林水产品的生产额将会减少 3.0 万亿日元，但制造业和其他行业将获得巨大利益，扣除农林水产品损失部分，还可得到 3.2 万亿日元的净利益，可以拉动 GDP 0.66 个百分点。在实际 GDP 中，私人消费将扩大 3.0 万亿日元，消费者会得到很多好处。

对 TPP 综合效果的计算也同样没有权威性的计算方法，太平洋经济合作理事会（PECC）进行过测算，其结果为：日本加入取消关税和投资、服务自由化的 TPP 后所带来的经济效果为 1050 亿美元（约 10 万亿日元），可拉动 GDP 增长 2%。

TPP 生效后，亚太区域贸易和投资将会更加活跃，对日本经济将会产生长期性拉动效果。但是，近期实际效果也未必太大。以日本可能获利最大的汽车产业为例，虽然 TPP 成员国取消了汽车和汽车零部件等工业产品的关税，但是由于日本的制造业，特别是汽车制造业已大量转移到海外进行当地生产，加之工业产

---

① WTO 等国际机构以及美国、日本、欧洲等主要国家和地区大多利用这种方法来测算经济合作带来的效果。

品中的大多数产品关税率早已降至很低水平,所以即便取消关税也不能带来太大的效果。再比如,农产品降低或取消关税,会提高居民的实际购买力,消费有可能增加,但关税是分阶段实施,因此很难期待 TPP 生效时马上就能产生效果。由此可见,TPP 每年对日本实际 GDP 增长率的拉动效果十分有限。总体来看,TPP 对日本经济的象征意义大于实际意义。

四 中日经济关系的回顾与展望

(一)2015年中日经济合作关系回顾

2015 年是中日经济合作关系极其困难的一年,受国际经济低迷的影响,加之中国经济减速以及中日关系改善进展缓慢等原因,中日经贸合作持续出现大幅度滑坡。2014 年以来,中日双边政治关系虽然有所缓和,但进展缓慢,因此这也不可避免地对双边经济关系带来负面影响。

1. 双边贸易

长期以来中日双边贸易一直比较顺利,即使在政治关系最紧张的情况下也依然保持"政冷经热"的状态。然而,2012 年,在世界经济下滑、中国经济减速,特别是日本政府挑起的"购岛"闹剧等多重因素影响下,中日贸易出现了 3.9% 的负增长,[①] 2013 年又出现了 5.1% 的负增长。2014 年中日关系有所改善,当年中日贸易也得到改善,为 0.03% 的负增长,尽管还是负增长,但降幅极小,基本为零增长。但是,2015 年中日关系的改善迟迟没有进展,中日贸易又出现了较大幅度下降。据中国海关统计,2015 年,中日贸易额 2786.57 亿美元,同比下降 10.8%,其中对日出口 1356.71 亿美元,下降 9.2%,自日进口 1429.87 亿美元,下降 12.2%(参见图 1-5)。据日方统计,按美元计价的日中贸易总额下降 11.8%,日本对华出口下降 12.3%,自华进口下降 11.3%。中国仍为日本的第一大贸易伙伴,但第一大出口伙伴的地位继续被美国占据。

自中日邦交正常化以来,中日双边贸易连续四年负增长尚属首次。2013 年中日贸易也出现过大幅下降,中方统计的美元计价中日贸易额下降了 5.1%,但是,由于当年日元贬值了 21%,日元计价和美元计价的贸易额出现了很大偏差。

[①] 海关总署:《海关统计》2012 年第 12 期。

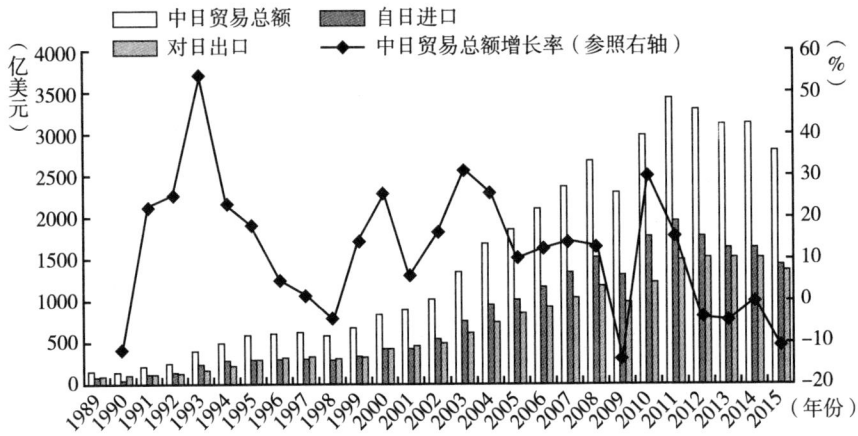

图 1-5 中日双边贸易长期变化

资料来源：根据《海关统计》每年第 12 期数据绘制。

据日本财务省的统计，按日元计价的 2013 年日中贸易额为 30.28 万亿日元，同比增长 14.1%。但是，日本财务省统计的 2015 年日中贸易为 32.65 万亿日元，同比下降了 0.3%，即 2015 年中日贸易无论是中方统计还是日方统计，无论美元计价还是日元计价均为负增长，这说明 2015 年中日贸易的下降形势，要比 2013 年严峻得多。

据日本财务省统计，2015 年，日本对华出口增量较大的产品主要有食品增长 40.8%、医药品增长 12.1%，两者的贡献度均为 0.1%，这说明中国百姓生活水平提高，对日本高级食材和医药品需求量增加。除食品、医药品以外的产品基本为负增长或零增长，这也反映出中国经济减速、调结构、消解过剩产能以及基础建设工程减少的实际情况。日本从中国进口的商品中，增长幅度较大而且贡献度较大的有：发动机增长 59.3%，通信设备增长 2.9%，金属制品增长 10.3%，三者的贡献度均为 0.3%，这说明中国对日贸易结构在继续提升；半导体等电子零部件增长 -8.8%，贡献度为 -0.3%，这说明中日间加工贸易合作继续萎缩，日本对中国零部件的需求减弱。

2. 相互投资

2015 年日本对华直接投资实际到位资金为 32.1 亿美元，同比下降 25.2%，降幅虽然比上年有所收窄，但这是继 2013 年下降 4.3%、2014 年下降 38.8% 之后的连续第三年负增长（参见图 1-6）。2015 年中国实际使用外资金额同比增长 6.4%，日本对华直接投资与此相比整整低了 32.2 个百分点。从投资的地区与国家来看,日本排在中国香港、新加坡、中国台湾、韩国之后,居第五位,在国别中日本居第三位,位次明显下滑。截至2015年底,日本对华直接投资累计实际到位金额1018.2亿美元,居中国吸收外资来源地的第三位,从国别来看居第一位,日本仍是中国的主要投资来源国。

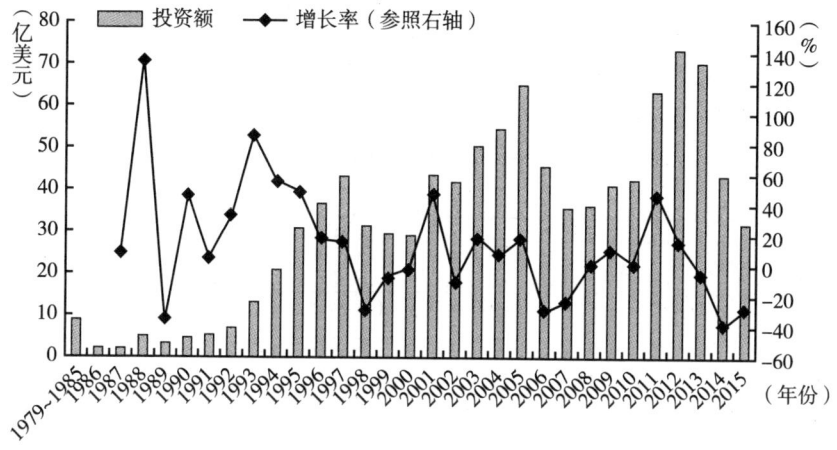

图1-6 日本对华直接投资变化

注:实际利用外资额,截至2008年的数据不包括经由避税地的对华投资,2009年以后的数据则包含经由避税地进行投资的金额。
资料来源:根据商务部网站数据绘制。

2015年,中国对日直接投资为2.17亿美元,同比下降7.0%,主要是受到日本经济不景气以及中日政治关系改善进展缓慢的影响。截至2015年底,我国对日直接投资累计总额近17.0亿美元。投资涉及软件、电子等领域,其中服务业特别是商业仍是主要领域。近年来,华为、海尔等公司在日本设立了研发中心,中国工商银行、中国银行、中国建设银行、中国农业银行、交通银行在日本设立了分行。苏宁等零售流通企业也在日本进行了并购活动。随着中国经济转型的推进,估计中国企业对日直接投资在未来还会有巨大的提升空间。

(二)中日经济合作中存在的问题与对未来的展望

1. 存在的主要问题

(1)双边贸易持续下降

双边贸易持续下降是2015年也是近年来中日经贸合作中的显著问题。2012~2015年中日双边贸易连续4年出现负增长,这是比较严重的衰退。当然"冰冻三尺非一日之寒",事实上自2001年以来,中日贸易就开始出现相对减速的问题。在2012年之前,中日贸易的特征是"高位徘徊",其含义是年平均增长率在10%左右,并不算低,但却一直低于同期中国外贸总额的增长率(参见表1-3)。正因为如此,才导致中日贸易占中国贸易总额的相对比重持续下降,从2001年的17.2%下降为2011年的9.4%,跌破到个位数,2015年又进一步降至7.04%。从2013年起,日本降为中国第五大贸易伙伴,日本对中国的贸易地位正在快速下降。

表1-3 中日贸易与中国外贸总额等的增速比较

单位:%

年份	中日贸易	中国外贸总额	中欧贸易	中美贸易	中韩贸易	中印贸易	中日贸易占中国外贸比重
2001	5.50	7.5	11.0	8.1	4.10	23.4	17.20
2002	16.10	21.8	13.2	20.8	22.80	37.6	16.40
2003	31.10	37.1	44.4	26.2	43.40	53.6	15.70
2004	25.70	35.7	33.5	34.9	42.45	79.2	14.50
2005	9.90	23.2	22.6	24.8	24.30	37.4	12.97
2006	12.50	23.8	25.3	24.2	19.99	32.9	11.80
2007	13.90	23.6	27.0	31.0	19.10	55.5	10.85
2008	13.00	17.8	19.5	10.5	16.20	34.0	10.41
2009	-14.20	-13.9	-14.5	-10.6	-16.00	-16.3	10.36
2010	30.20	34.7	31.8	29.2	32.60	42.4	10.02
2011	15.10	22.5	18.3	15.9	18.60	19.7	9.40
2012	-3.90	6.2	-3.7	8.5	4.40	-10.1	8.52
2013	-5.10	7.5	2.1	7.5	7.00	-1.5	7.51
2014	-0.03	3.4	9.9	6.6	5.90	7.9	7.26
2015	-10.80	-8.0	-8.2	0.6	-5.00	1.5	7.04

注:中欧贸易指中国与欧盟之间的贸易。
资料来源:《海关统计》各年版。

另外,同中国与其他国家或地区的贸易相比,也能看出中日贸易的相对下降。欧盟与美国分别成为中国第一、第二大贸易伙伴以后,与中日贸易之间的距离拉得越来越大,2015年中欧、中美贸易额超过中日贸易的一倍以上[①]。更值得关注的是,中韩贸易近年来迅速发展,2015年距离中日贸易额仅有一步之遥。

---

① 2015年中日贸易总额为2786.57亿美元,中欧贸易总额为5647.5亿美元,两者相差2860.93亿美元,而2010年两者之差为1819亿美元;2015年中美贸易总额为5582.75亿美元,中日贸易与中美贸易之差为2796.18亿美元,而2010年两者之差为875亿美元。

如前所述，2015年，中日双边贸易额为2786.57亿美元，而中韩双边贸易额已达2758.1亿美元，与中日贸易仅差28.47亿美元，也许2016年中韩贸易就会超过中日贸易。而2015年日本GDP为4.84万亿美元，韩国为1.23万亿美元，也就是说日本GDP约为韩国的4倍。中韩贸易若超过中日贸易，将会成为中日贸易走向衰退的重要标志。

2012~2015年中日贸易出现这种急剧下降现象，其原因是复杂的，虽然中日贸易历史悠久、基数较大，且趋于成熟和稳定，继续快速增长有一定困难，但其中也存在许多深层次的结构性原因。毋庸置疑，近两年中国经济减速是很重要的原因之一，但非经济因素即双方政治关系的恶化对双边经济关系造成的影响也越来越明显。

（2）日本对华直接投资急剧下降

自改革开放以来，日本对华直接投资出现了三次高潮，即20世纪80年代中期、20世纪90年代中期和2005年。国际金融危机以后，2010年日本对华直接投资开始恢复，2011年出现同比近50%的增长，但是受中国经济减速和钓鱼岛争端的影响，2012年只增长了16%，虽然仍然是正增长，但增幅明显收窄，更低于日本对东盟的投资增长。2013年，中日政治关系降至冰点，日本对华直接投资也进一步下降，减少了4.3%。按日方统计，当年对东盟的投资为对华投资的两倍多。2014年，虽然中日关系稍有缓和，但由于投资惯性的作用，日本对华直接投资出现了38.8%的自由落体式下降，2015年继续下降25.2%，投资总额降至32.1亿美元，倒退到20年前（1995年31.5亿美元）的水平。

日本对华直接投资之所以急剧减少，其原因是多方面的。从经济方面来看，主要有以下几点：第一，日元贬值而人民币升值，提高了日企的投资成本，从而导致日本投资企业竞争力下降；第二，中国经济减速，而劳动力、土地等成本持续上升，一些日资企业持观望态度；第三，中国国内企业迅速成长，中国市场竞争越发激烈。当然，不仅仅是以上的经济原因，因为上述经济原因对任何投资国的影响都一样，而新加坡、韩国以及欧美等国家和地区对华直接投资却呈增长态势。令日本企业心有余悸、持观望态度的因素，还有迟迟难以改善的中日政治关系，这一点是不能回避的问题。据日本国际协力银行的调查，被调查企业中有96.4%担忧中国经济的未来走向，有82.7%担忧中日政治关系的走向。[①] 由于中

---

① 国際協力銀行『わが国製造業企業の海外事業展開に関する調査報告 2015年度海外直接投資アンケート結果（第27回）』、2015年12月3日。

国市场的魅力，相信大部分日企是不会离开中国的，但最近日资企业从中国撤资并转移到东南亚和印度的数量有所增加，这也是事实。

日本对华直接投资的状况持续下去，对中日双方均无好处。中日两国双边贸易中加工贸易含量较大，投资与贸易密切相关，对华投资的下降必然会影响双边贸易，一旦两者陷入恶性循环，会对双方造成更大的损失。

除了贸易投资之外，其他领域的中日经济合作也受到了冲击。例如，中日之间的金融合作，即人民币与日元的直接交易停滞不前，2013年好不容易正式启动的中日韩自贸区谈判直到现在也没有取得实质性进展。总之，中日政治关系的恶化已全面影响到中日经济合作，"政冷经冷"的趋势越来越明显，应当引起双方的高度关注。

2. 中日经济关系的展望

从中期来看，世界经济下行压力未减，中国经济的结构调整还将继续，不确定因素增加，这势必会给中日经贸合作带来负面影响。但中日两国互为最重要的贸易伙伴和投资伙伴，相互依存度很高，日本企业不会放弃巨大的中国市场，而中国企业对日本的高端技术和高端零部件也有需求，因此双方经济合作的基本方向不会逆转。

但从短期来看，形势却不容乐观。由于钓鱼岛问题，中日两国关系已陷入僵局，2014年以来中日双边关系虽然有所缓和，但改善进展缓慢。2015年以来，日本国会通过了"新安保法"。日本追随美国，在南海问题上大放厥词，使本来就已经很严峻的双边关系更趋迷茫。从国际关系理论角度看，政治关系与经济关系的联系越来越紧密，至少现在还找不到中日之间打破僵局的出路，如果政治关系的持续恶化局面不能改善，2016年中日双边经济合作的前景也难以期待，只能维持低水平的稳定状态。

事实上，中日政治关系恶化导致双方经贸合作受挫，已经带来"双输"的后果，对世界经济的影响也不小。中日贸易中，加工贸易占很大比重，主要是生产链条内的合作。中国进口日本高端零部件，在中国组装后出口北美和欧洲最终消费市场，形成了三角贸易结构。中日分别为世界第二、第三大经济体，中日经贸关系受挫对整个世界贸易乃至世界经济的负面影响也很大。而世界经济不景气反过来也会给中日经济带来不利影响。

在非常复杂的情况下，如何摆脱"双输"，是我们应当认真考虑的问题。"以经促政、以民促官"不失为一种好办法。企业牵头、经济界先做起来，地方政府也可率先做起来。千里之行始于足下，首先，要扭转当前中日经贸合作的低迷局面。在华日企应当积极与日本总部沟通，不断地将中国真实的信息传递给总部，而日本总部也应当常到中国看看，及时了解中国市场的真实情况，这样有助于减轻不必要的担忧，进而做出正确的决策。中方企业也应根据经济转型战略的需要积极购买日本先进的机械设备、高端零部件等，共同努力，促进双边贸易的回升。其次，双方要共同努力扭转日本对华直接投资急剧下降的局面，中方应积极改善投资环境，而日方也应消除不必要的疑虑，抓住中国经济结构转型的机遇，大胆投资。与此同时，日方也应积极开放市场，真心实意地欢迎中国企业的对日投资，开创中国对日投资的新局面。中日双方互购国债、人民币与日元的直接交易符合双方的共同利益，具有战略意义，双方都应当继续推进。日本虽然与其他11国签署了TPP，但实际上中日韩FTA会给日本带来更大的利益。中日韩自贸区的建立，不仅符合当事国的共同利益，对亚洲地区的区域经济合作以及区域安全都有重要意义。三方应当克服困难，尽快取得实质性进展。

总之，近年来虽然中日双边贸易下降、日本对华直接投资急剧减少，但中日两国互为重要经贸合作伙伴的格局并没有发生根本性变化。中日经济依存度很高，你中有我，我中有你，合作领域极为宽广。和则两利，斗则双损，日本的希望在亚洲，日本企业不会轻易放弃中国市场，而中国经济发展也离不开日本，这是非常简单的道理。中日经贸合作是中日关系的压舱石，"以经促政"是战后解决中日关系困难的法宝。我们有理由相信：在"一带一路"建设大背景下，利用互惠双赢的经贸合作这一正能量驱动，一定能打破中日关系的僵局。

日本经济热点追踪

Japan's Economic Hot Issues

B.2
试析日本经济现状及其今后课题

〔日〕高见博*

摘　要： 通过实施"安倍经济学"的"三支箭"政策，日本的就业环境和收入环境有所改善，经济呈现缓慢复苏的基调。2015年，安倍内阁出台《日本再兴战略2015》，9月发布新"三支箭"政策，标志着"安倍经济学"步入"第二阶段"。日本政府提出并实施"实现一亿总活跃社会"和负利率政策，是否具备短期内刺激经济加快复苏的效果，以及能否克服长期性结构问题，有待进一步深入讨论。

关键词： 日本经济　安倍经济学　新"三支箭"　实现一亿总活跃社会　负利率政策

本文试论日本经济现状及今后课题，主要聚焦于内阁改组之后安倍首相所提出的"安倍经济学"新"三支箭"和"实现一亿总活跃社会"。

---

* 高见博，日本国驻华大使馆经济公使。毕业于日本一桥大学，历任日本财务省国际局开发机构课开发企划官，财务省关税局业务课课长，研究领域：日本经济、日本财政。

一 2015年日本经济概况

2015年，日本政府持续实施量宽政策和旨在调动民间投资的增长战略。在此背景下，日本民众的就业环境和收入环境有所改善，原油价格下跌使交易条件逐步好转，日本经济呈现缓慢复苏的基调。物价上升，名义GDP与实际GDP均有所增长。以此为判断基础，日本政府认为持续15年的通货紧缩状况结束，日本开始迈入摆脱通缩的阶段。

首先，2015年第三季度，日本名义GDP自2008年第二季度以来时隔八年重新突破500万亿日元大关，事实上国民总收入（GNI）也回升到了2008年全球金融危机爆发前的水平。

2014年度，日本企业的业绩达64.6万亿日元，创历史最高水平，日经指数在2015年8月重回2万日元大关。2015年，日本企业破产数量为8812件，与2012年相比约减少30%，刷新了25年以来的最低纪录。政府下调企业所得税率，企业经营环境大幅改善，积极扩大设备投资。①

其次，大企业和中小企业的工资增长达17年来的最高水平。失业率和有效求人倍率等相关就业指标向好，劳动者就业环境切实得以改善。②

再次，企业收益良好，政府税收增加，2015年度基础财政收支赤字占GDP比例与2010年度相比减半的目标（减少3.3%）有望达成。③

最后，关于物价，剔除生鲜食品价格的核心CPI年率走低，但基本与上年持平。然而，进一步剔除能源价格和特殊原因的"核心－核心CPI"连续两年维持正值，上涨1.1%。2015年第四季度，GDP平减指数也达到1.5%。

2015年第四季度（10～12月）的GDP速报显示，受私人消费增速放缓等因素的影响，日本实际GDP增长率为-0.4%，名义增长率为-0.3%。虽然二者均时隔两个季度由正值变为负值，但从2015年全年来看，日本实际GDP增长率为0.4%，名义GDP增长率为2.5%。

---

① 安倍首相执政初期，企业所得税为37%。之后，安倍政权数次下调企业所得税，2015年度下调至32.11%，2016年度将进一步下调至29.97%。
② 2015年11月，日本失业率降至3.3%，有效求人倍率升至1.25倍（季节调整值）。
③ 2013年8月，日本政府制定关于基础财政收支赤字占比的目标，"与2010年度相比，中央和地方的基础财政收支赤字占比到2015年度减半，到2020年度实现盈余，并稳步下调债务余额占GDP的比重"。2010年度，基础财政收支赤字占GDP比重为6.6%。

二 安倍政权的经济运行和新"三支箭"

日本政府认为,通过采取"安倍经济学"的"三支箭"等措施,当前,经济复苏有利于增加就业和提高工资,再进一步带动消费和投资。因此,日本经济已经切实开始良性循环,朝着摆脱通缩的正确方向稳步前进。

关于"安倍经济学"的具体实施政策,日本国内外评价认为,央行的量宽政策使日元贬值、股价上涨,从而构筑起景气复苏的基石。但是,实际GDP继2014年度陷入负增长以来,2015年第二季度(4~6月)和第三季度(7~9月)也呈负增长(第三季度的修正值为正增长)。受此影响,出现了不少质疑增长战略有效性的观点。

对此,《金融时报》于2015年9月10日,就2014年秋季自民党总裁选举前安倍政权提出的增长战略做出了如下评价:"关于增长战略的具体实施效果,其中,农业改革和强化公司治理两项取得优异成果;增加女性领导人数、能源市场改革和国家战略特区取得良好成果;税制改革和吸纳外国人才取得一定成果。此外,劳动市场改革未能取得相应成果。"从整体来看,可以说给予了增长战略一定的积极评价。[1]

2015年日本经济增长放缓的主要原因包括私人消费增长乏力和设备投资增长不旺两点。此外,用工需求加大,但劳动年龄人口较高峰期减少近千万人(1995年为8726万人,2014年为7785万人),伴随日本经济复苏,各地普遍感到劳动力不足。在这种状况下,一方面,要通过进一步提高工资带动消费和民间投资,进而扩大需求;另一方面,短期之内还要采取措施提高全体国民(不分男女老幼)的劳动参与率。

少子老龄化趋势日益严峻,日本面临老年人口比重增加和人口总数长期下降的局面。国民普遍认为,今后日本国内势必会出现经济体量缩小以及生活水平下降的情况。如果不消除个人对未来的焦虑和悲观,日本也就不可能进一步激活消费和投资,更遑论实现经济的长期稳定增长。因此,有必要采取正面措施以解决日本少子老龄化这一结构性难题。

基于上述观点,为进一步强化旧"三支箭"的经济政策,2015年6月底安

---

[1] 笔者根据"The third arrow of Abenomics: a scorecard"(*Financial Times*, 10 September 2015)总结而成。

倍政权出台《日本再兴战略 2015》，9 月发布新"三支箭"，标志着"安倍经济学"步入"第二阶段"。

此外，2015 年的各项政策中，两项内容尤其值得关注。一是企业所得税率降至约 20%，二是 TPP 协定达成。两项政策的实施不仅会扩大企业的投资和贸易，还可能对日本经济、社会带来重大影响。特别是 TPP，它削减或取消进口货物的关税，同时还在服务、投资自由化、知识产权保护、电子商务等广泛领域内构筑起新规则，它所产生的经济效应有望拉动日本 GDP 增长 13.6 万亿日元（相当于 GDP 的 2.6%）。

三 "实现一亿总活跃社会"与今后的重点实施政策

2015 年 9 月，安倍连任自民党总裁，并于 10 月改组内阁。第三次安倍内阁成立，提出"实现一亿总活跃社会"的新目标。

"一亿总活跃社会"，是指日本每一位国民的个性及多样性都能受到尊重，能实现个人愿望，发挥个人能力，并可感受到生存意义的社会。为实现这样的社会，需要消除阻碍每个国民实现愿望的各种限制，完善可供国民活跃的环境。[①]

推进以上社会的形成，需克服两方面重要问题。一方面是年轻人的结婚难、育儿难，另一方面是在老龄化不断加深的状况下，如何做到护理与工作两不误。为此，政府明确提出"出生率 1.8""护理人员零离职"的目标，在旧"三支箭"的基础上提出强化版，即新"三支箭"。"第一支箭"是指"孕育希望的强大经济（GDP 600 万亿日元）"，采取各种措施实现经济增长，进而促进"第二支箭""构筑梦想的育儿支援"和"第三支箭""安心的社会保障"的实现。

日本政府旨在通过以上政策，消除国民对育儿和护理方面的担忧。未来前景一旦明朗，国民消费将扩大，也更容易平衡与工作间的关系。这样不仅能提高劳动参与率，通过创新提升生产率，还能强化经济的良性循环。

巩固经济增长与分配的良性循环，并使之可持续下去，这与 50 年后一亿人口的生存与发展相关，同时还与每个国民都能加入进来的经济社会，即"一亿总活跃社会"密切相连。

[①] 摘自《实现一亿总活跃社会应紧急采取的对策——如何实现增长与分配的良性循环》（2015 年 11 月 26 日，一亿总活跃国民会议）。

以上即为安倍政权意图实现的"一亿总活跃社会"和新"三支箭"的概要。政府预计将于近期推出"日本一亿总活跃计划",明确具体实施政策和路线图。下文将结合安倍首相2016年1月发表的施政方针演说以及其他相关内容,对此加以介绍。

1. GDP 600万亿日元

强化"增长与分配的良性循环",朝着"护理人员零离职""出生率1.8"的目标,努力实现"GDP 600万亿日元"。具体包括:力争使时薪达到1000日元,最低工资标准每年提升约3%;援助领取低养老金的人员①;尽早将企业所得税率降至约20%,减少中小及小规模经营人员的固定资产税;加快新干线、能源、城市开发等高质量基础设施的出口;大胆创新并最大限度引进节能和可再生能源技术,使下一代汽车占到全部新车销售的70%;支持人工智能、机器人、信息技术、宇宙航空等研发,放松相应管制。最终使日本成为"全世界最适合技术创新的国家"。

2. 出生率1.8

主要满足年轻人的结婚和生育愿望。具体包括:给予低收入年轻人经济支持;支持不孕症的治疗;减少产前产后的费用;大幅增加托儿所和男保育员的数量;支援两代人乃至三代人同住;完善儿童补贴、免除学费、发放奖学金等政策实施,保护贫困孩童。

3. 护理人员零离职

主要是为了防范照顾"团块世代"的一代人出现离职的情况。具体包括:减轻居家养老的负担;配置大量的特殊养老院,以及附带保健医疗功能、面向老年人的住宅;培育护理人员并确保护理人员不离职;制定相关制度,做到工作与护理两不误;支持企业延迟工作人员退休年龄,支持老年人再就业。

4. 多样化工作方式的改革

符合每个国民自身情况、多样化的工作方式可能带来社会变革,同时保证工作与生活的平衡。具体包括:扩充弹性工作制;限制长时间工作;强制性防止出现以怀孕、生产、育儿休假等为由的职场不公平待遇;改善非正式就业劳动者的待遇;讨论如何实现同工同酬的问题。

此外,有观点认为,安倍政权拟实现的"一亿总活跃社会是关系新经济社会体系的提案,可促进经济增长与分配的良性循环",近期制定的"日本一亿总

---

① 超过65岁的低收入老年人,每人可领取3万日元。

活跃计划，全面整合生产率革命、工作方式改革等主题，提出了新'三支箭'的概念，归纳出广义的经济政策运行方式"，但事实上各种观点并不完全统一。关于是否具备短期内刺激经济加快复苏的效果，以及能否克服长期性结构问题，现在下定论为时尚早，有待今后进一步深化讨论。

四 引入负利率及今后展望

美联储转变货币政策之后，世界范围内的股票市场和汇率市场加大了规避风险的力度。2016年初，日本对未来经济前景的焦虑及不确定性陡然增加。

1月29日，日本央行引入负利率政策，并表示力争实现2%的"物价稳定目标"，在物价未实现稳定发展之前，会继续推进"负利率的量化质化宽松"（QQE）政策。央行还决定，为实现"物价稳定目标"，今后也将继续考察经济及物价风险要素，必要时从"量""质""利率"三个维度出发，追加量宽措施。

关于日本经济走势，央行认为，内需不断增加，出口也摆脱了新兴国家经济减速的影响，正缓慢增长。为此，日本经济整体基调呈现出逐步上升的趋势。物价方面，受能源价格下跌影响，当前在0%上下浮动。随着供需缺口的改善，中长期预期通胀率的上涨，稳步提升将是物价运行的主基调。假如现有原油价格今后缓慢提升，那么预计在2017年度上半期就可以实现约2%的物价稳定目标。

此外，2月15日公布的2015年第四季度GDP速报显示，由于个人消费增长乏力，GDP实际环比增长－0.4%，换算为年率同比增长－1.4%，经济再次下滑。虽然世界范围内的避险情绪引发日本国内金融资本市场动荡，但是企业收益好转，就业及收入环境持续改善。日本经济现状的基本面可谓表现良好，因此日本政府依然维持经济缓慢复苏的判断。

但是当下，汇率市场日元升值，股票市场日经指数已经从2015年的最高值（2015年6月24日，收盘价20,868.03点）下跌了5000多点。负利率政策在过去没有先例，日元升值、新兴国家经济减速造成相关出口企业业绩恶化。假如这些担忧进一步影响企业的设备投资和个人的消费意愿，那么"企业收益转移到工资和设备投资上，更进一步扩大经济的良性循环"将变得相当困难。因此，有必要继续关注今后的市场走向及世界经济的大趋势，并采取灵活的经济财政运行措施。

（周晓娜译，张季风校）

B.3
中国经济"新常态"对日本经济的波及效应

刘红 田赵祎*

摘 要： 在经历30余年的高速增长后，中国经济开始转入中高速增长的"新常态"。中国经济的"新常态"将对与之有密切经贸往来的日本经济带来波及效应。短期内，将通过投资、消费途径给日本经济带来挑战：通过投资减速影响日本对华投资、对华出口，进而波及日本制造企业的经营业绩；通过投资结构调整，影响日本的海外投资格局；通过消费减速，削弱日本旅游产业的经济波及效应。从中长期看，将为日本经济带来新的机遇：随着中国消费市场的不断扩大，产业结构的转型升级以及节能环保领域投入的进一步增加，日本企业将从中获得更多的发展机遇。中日双方都应进行适应性调整，以实现新的互利共赢。

关键词： 中国经济"新常态" 日本经济 挑战 机遇

在过去的30余年，中国依靠自身的人口红利、高储蓄红利和制度红利等有利条件实现了经济的长期高速增长。但是随着人口红利的消失，中国开始转入中高速增长的"新常态"。如此庞大的经济体[①]步入经济"新常态"必将对亚洲经

---

* 刘红，经济学博士，辽宁大学国际关系学院教授，全国日本经济学会理事，主要研究领域：日本经济；田赵祎，辽宁大学国际关系学院2013级硕士生，主要研究领域：日本经济。本研究为国家社科基金"日本民主党执政后的经济转型研究"（10BGJ010）、辽宁省社科联2016年度辽宁经济社会发展立项课题（2016lslktzigjwt-02）的阶段性成果。
① 中国是世界第一大贸易体和第二大经济体。

济,乃至世界经济产生巨大影响。作为与中国有着千丝万缕经贸往来关系的日本,又将通过怎样的路径受到何种程度的影响?对这一全新问题的研究将成为本文关注的焦点。

一 中国经济步入"新常态"

2014年5月,习近平总书记首次以"新常态"描述中国经济,标志着中国经济开始进入一个新的发展阶段。"新常态"的提出,既是对中国改革开放30多年经济发展模式的反思,也是对未来中国中长期经济发展的前瞻性规划。概括起来,"新常态"具备四个基本特征。

一是经济增长减速换挡。1978~2011年,中国经济的年平均增长率近10%,无论是经济增速还是持续时间均超过了经济起飞时期的日本和亚洲"四小龙",创造了人类经济发展史上新的奇迹。然而,以2012年为分界点,中国经济增长速度开始出现回落,2012年的经济增长率为7.8%,2013年下降至7.7%,2014年进一步下降至7.4%。2015年经济增长率为6.9%[1],中国经济已经开始向中高速增长转变。

二是经济结构调整升级。在产业结构方面,2013年,第三产业增加值占中国国内生产总值(GDP)的比重为46.9%,2014年为48.1%[2],2015年上半年增加至49.5%,第三产业正在逐步成为经济增长的主体。不仅如此,第三产业对经济增长的贡献也在逐步增加,2014年第三产业对经济增长的贡献率为3.5%,首次超过第二产业。在需求结构方面,最终消费支出对经济增长的贡献率也在不断增加,消费需求逐渐成为需求主体。2014年最终消费支出对GDP增长的贡献率达到51.6%,而同时期投资的贡献率为46.7%,净出口的贡献率为1.7%[3],中国正在逐渐从投资和出口主导型经济向消费主导型经济过渡。

三是经济增长动力转换,即从要素驱动、投资驱动向创新驱动转变。经济增长的动力主要来自两方面:一是生产要素投入,如劳动、资本、能源等;二是技术进步,即全要素生产率的提高。在现阶段,随着人口红利的消失,劳动人口占

---

[1] 根据中国国家统计局统计年鉴整理。
[2] 中国国家统计局年度数据,http://data.stats.gov.cn/easyquery.htm?cn=C01&zb=A0201&sj=2014。
[3] 中国国家统计局年度数据,http://data.stats.gov.cn/easyquery.htm?cn=C01&zb=A0209&sj=2014。

比不断下降，中国难以通过廉价劳动力投入来维持经济的长期高速增长，加之中国投资总额占GDP比重已达世界前列，依靠高储蓄－高投资刺激经济增长的模式将难以为继。在要素驱动、投资驱动不可持续的状况下，依靠技术创新拉动经济增长就显得至关重要。

四是各类不确定性风险显性化。随着经济的增速放缓，原本在经济高速增长时期所掩盖的一些风险、矛盾日益暴露出来。从国内方面看，包括传统制造业的产能过剩问题凸显，地方政府的债务风险凸显，房地产市场运行依然充满变数，银行不良贷款等金融风险攀升，等等。从国外方面看，国际经济环境及政策变化、国际资本市场波动、对外投资遭遇壁垒等风险都将长期困扰中国经济。[1]

综上所述，中国经济"新常态"包含着经济增长减速换挡、经济结构优化、增长动力转换、各类不确定性风险凸显等一系列阶段性特征。在世界经济高度依存的全球化时代，中国经济步入"新常态"无疑会对与之联系密切的国家和地区产生深远影响。

二 中日经贸关系相互依赖互补

中国和日本分别是世界的第二大、第三大经济体，经过30多年的发展，两国在贸易、投资等领域的依赖互补性特征显著增强，同时其经济运行的联动性风险也在不断提高。

（一）中日贸易关系

1. 从贸易规模看，中日贸易规模不断扩大

1972年中日邦交正常化时中日贸易额仅为11亿美元，2001年以后，中日贸易额迅速增加，虽然受国际金融危机的影响在2009年出现了短暂下降，但此后又开始不断增加，到2011年底已增加到3449亿美元，为历史最高值。从2012年开始，由于来自中国的需求减少，中日贸易额再次出现下降，2013年中日贸易总额为3120亿美元，同比减少6.5%，2014年为3092亿美元，同比减少0.9%，降幅收窄。虽然近期中日贸易总额有所减少，但是中国目前仍然是日本的第一大贸易伙伴、第二大出口目的地和第一大进口来源地。

---

[1] 王军：《凝聚中国经济"新常态"的正能量》，瞭望观察网，2014年6月3日。

2. 从贸易联系看，日本对中国市场的依赖程度更高

2001 年到 2014 年，中日双边贸易额占中国进出口贸易总额的比重整体上呈不断下降趋势，而其在日本贸易总额中所占的比重整体上却不断上升（参见表 3-1）。2014 年，中日双边贸易额分别占中国和日本贸易总额的 7.8%、22.1%，表明中日贸易对日本更加重要。

表 3-1　中日贸易额在中国和日本贸易总额中的占比及 TCD 指数

年份	中日贸易额占中国贸易总额的比重(%)	中日贸易额占日本贸易总额的比重(%)	日本对中国TCD 指数	中国对日本TCD 指数
2001	17.5	11.8	1.97	3.88
2002	16.4	13.5	2.11	3.66
2003	15.6	15.6	2.24	3.42
2004	14.6	16.5	2.16	3.24
2005	13.3	17.0	2.13	2.89
2006	12.0	17.2	2.19	2.56
2007	10.9	17.7	2.23	2.34
2008	10.4	17.4	2.27	2.12
2009	10.5	20.5	2.32	2.28
2010	10.2	20.7	2.09	2.11
2011	9.5	20.6	2.02	2.03
2012	8.6	19.7	1.75	1.83
2013	7.5	20.0	1.66	1.76
2014	7.8	22.1	1.72	1.60

资料来源：根据日本贸易振兴机构（JETRO）和 UN comtrade database 数据整理。

从贸易结合度指数（Trade Combination Degree，TCD）来看，如果 $TCD_{ij} < 1$，认为 i 国和 j 国的贸易联系松散，反之则认为两国贸易联系密切。从表 3-1 可以看出，无论是中国对日本的贸易结合度指数还是日本对中国的贸易结合度指数均高于 1，说明两国的贸易联系密切，依赖性强。进一步而言，如果 $TCD_{ij} > TCD_{ji}$，则认为 i 国对 j 国的贸易依赖性高于 j 国对 i 国的贸易依赖性。2008 年以后，中日两国的贸易结合度指数虽然都在不断下降，但是，2014 年日本对中国的 TCD 指数仍大于中国对日本的 TCD 指数，说明日本对中国市场的贸易依赖程度更高。

3. 从贸易结构看，中日贸易互补与竞争并存

中日双边贸易整体仍以垂直型为主，反映到两国贸易结构上即中国从日本主

要进口工业制成品和高技术产品,而主要向日本出口初级产品和劳动密集型制成品,两国贸易呈现较强的互补性。如表3-2所示,第5类、第7类和第9类等资本密集型商品在2014年日本对华出口中所占比重高达71.5%,同期这三类商品在中国对日出口总额中的占比为53.8%,低17.7个百分点;而第6类、第8类等劳动密集型商品在日本对华出口中的比重仅为23.5%,比中国方面的该指标水平39.3%低15.8个百分点。

表3-2 2014年中日双边进出口贸易结构

单位:%

SITC	商品构成	在中国对日出口贸易中所占比重	在日本对华出口贸易中所占比重
0	食品	4.76	0.31
1	饮料与烟草	0.04	0.02
2	原材料	1.28	3.56
3	矿物燃料、润滑油	0.64	1.19
4	动植物油、脂和蜡	0.02	0.01
5	化工	5.34	15.74
6	材料制品	11.67	12.55
7	机械与运输	47.68	50.94
8	杂项制品	27.61	10.92
9	未分类商品	0.75	4.77

注:以《国际贸易标准分类》第四次修订标准(SITC, Rev4)为基础将商品进行分类,其中SITC 0~4类商品为初级产品,SITC 6和SITC 8类大多为劳动密集型制成品,SITC 5、SITC 7和SITC 9为资本密集型制成品。

资料来源:UN comtrade database。

但是,随着中日产业内贸易水平的不断提升,双方也开始出现一定程度的竞争,中日商品贸易结构的水平型特征逐渐显现。例如,在第7类机械与运输类商品上,中日双边出口的差距并不明显。实际上,近年来中国对日出口的商品结构发生了显著变化,以服装、机电产品为主的制成品出口占比明显上升,可以说在部分工业品出口上,中日存在竞争,比如中日两国对美国出口中形成竞争关系的产品所占比重大约占16%[①]。

[①] 周应恒:《大国崛起下的中日经济关系:依赖互补与战略博弈》,《国际经济评论》2013年第2期,第93页。

4. 从贸易收支看，中国对日服务贸易逆差持续扩大

以2008年国际金融危机为分水岭，中国对日服务贸易开始出现逆差，且逆差额呈不断扩大之势，其中以旅游服务贸易逆差增长最快（参见图3-1）。中国对日旅游服务贸易自2012年开始转入逆差，2014年逆差额为3.2万亿日元，增幅高达297%。受日元贬值、日本观光立国政策等因素的影响，中国居民访日人数不断增加，加之其强大的消费需求，成为中国对日旅游服务贸易逆差的重要原因之一。

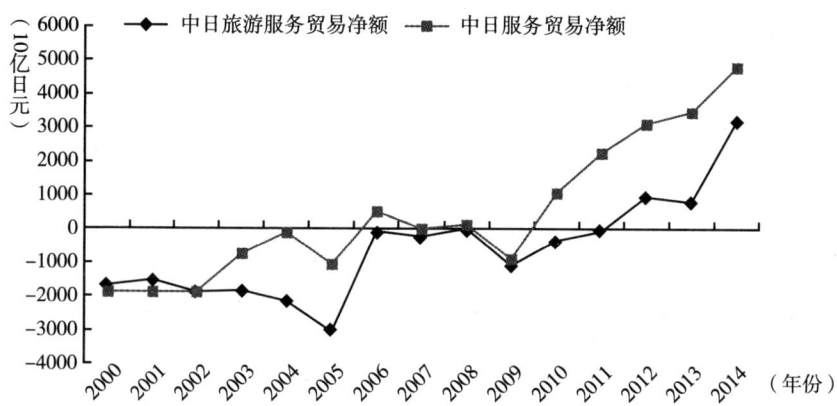

图3-1　2000~2014年中日服务贸易净额和旅游服务贸易净额变化

资料来源：根据日本财务省统计数据整理。

（二）中日投资关系

从相互投资看，日本对华直接投资远高于中国对日直接投资。日本对华直接投资可以追溯到20世纪80年代，但2000年之后才开始出现较大规模的增长（参见图3-2）。2012年日本对华直接投资流量为134.8亿美元，达到历史峰值，此后两年日本对华直接投资连续下降，2013年和2014年对华直接投资流量分别为91亿美元、67.4亿美元，同比分别减少32.5%和25.9%。导致日本企业近期对华直接投资下降的，既有要素成本上升、竞争加剧等经济因素，也有两国关系迟迟得不到改善等政治因素。但是长期来看，中国仍是日本企业投资的主要目的地。这是因为，日本人口老龄化问题严重，内需萎缩，需要一个大的外部市场来支持其经济增长，而中国巨大的市场需求仍是影响日本海外投资决策的重要因素。

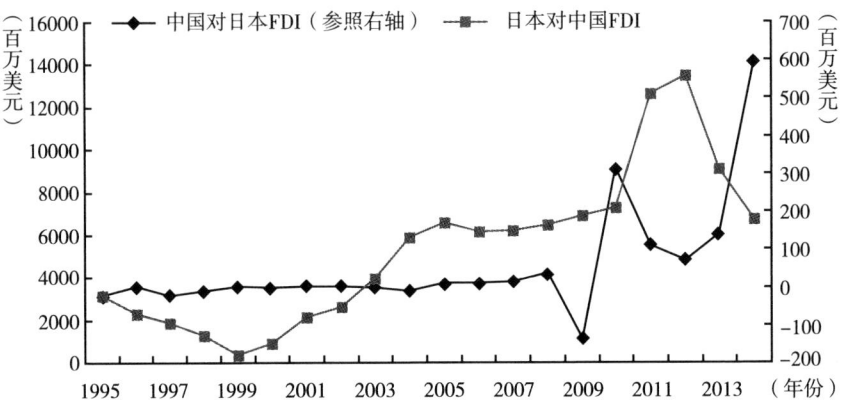

图3-2 1995~2014年中日双向直接投资流量比较

资料来源：根据日本贸易振兴机构数据整理。

中国企业对日直接投资起步相对较晚，随着中国企业"走出去"战略的实施，特别是2008年国际金融危机之后中国企业的对日投资才开始迅速增长（参见图3-2），2014年中国对日直接投资同比增长324%。总体上，中国企业的对日直接投资规模较小，中日双边相互直接投资依然存在巨大的差距。以2014年直接投资存量数据看，中国对日直接投资存量为25.47亿美元，而日本对华直接投资存量为986.29亿美元[①]。这种相互投资的不平衡性短期内难以改变。

三 "新常态"带给日本经济的挑战与机遇

步入"新常态"的中国经济是否会对日本经济产生影响？从微观层面看，《日本经济新闻》2015年9月针对"100位日本企业家"的问卷调查显示，64.1%的被调查企业家认为中国经济减速将会对其经营产生消极影响。其中，认为"日企在中国当地销售额会下滑"的占68.4%，认为"对华出口会减少"的占32.6%，认为"访日游客消费将减少"的占16.8%。从宏观层面看，2015年，日本GDP出现第二、第三季度连续两个季度的负增长，陷入技术性

---

① 商务部国际经济合作研究院：《对外投资合作国别（地区）指南（日本）》，http://fec.mofcom.gov.cn/article/gbdqzn/，第46页。

衰退。日本内阁府在分析其原因时着重指出，日本国内设备投资之所以同比减少1.3%，是因为受到中国经济减速的影响，经济前景的不透明性增强，日本企业才出现了抑制设备投资的趋势。由此表明，中国经济的"新常态"已然对日本经济造成了影响。那么，中国经济"新常态"将对与之在贸易、投资领域具有高度依赖互补关系的日本经济带来哪些挑战与机遇？以下将进行具体分析。

（一）中国经济"新常态"带给日本的挑战

1. 投资减速产生的影响

随着中国经济增速放缓，经济结构不断调整，中国对制造业的投资需求将大大下降。2015年1~7月中国制造业固定资产投资的月度增长率与2014年同期相比已出现较大幅度的下降，平均降幅在5%左右。这是因为，一方面由于经济增长放缓，市场需求没有根本性改善，使得中国制造业企业的经营环境不断恶化。1998~2008年，中国规模以上工业企业的利润总额年均增速高达35.6%，2013年降至10.4%，2014年为-5.4%。经营环境的恶化降低了企业进行设备投资的愿望。另一方面，中国经济结构的矛盾主要表现为以加工制造业为主的工业产能严重过剩，而服务业产能却供给相对不足[①]，因而未来固定资产投资重点会转向新兴产业和服务业，而非已产能过剩的制造业。

（1）投资减速影响日本企业的投资额。受经济减速、劳动及采购成本增加、竞争激烈引致的销售额减少等因素的影响，一些日本企业开始撤资或放慢对华投资的步伐，致使日本对华直接投资出现下降。据中国商务部统计，2015年1~10月日本的对华直接投资（实施额，金融除外）较上年同期减少25.1%，为27.6亿美元。不仅如此，在未来具有潜力的投资目的地选择上，日本制造业企业认为印度是首选投资国，印度尼西亚居第二位，中国则跌落至第三位，[②] 因此未来日本制造业对华投资规模可能进一步下滑。

（2）投资减速影响日本对华出口。短期看，中国对制造业需求的减少会降低日本对中国的出口额。据中国海关总署统计，2015年1~11月，中国和日本的双边货物进出口总额为2475.0亿美元，同比下降12.4%，其中，日本对中

[①] 管清友：《未来十年中国经济大趋势》，载胡舒立《新常态改变中国》，民主与建设出版社，2014，第25页。
[②] 此为日本国际合作银行（JBIC）2014年7月以来以日本1000家制造业企业为对象实施的调查结果。

国出口额为997.7亿美元,下降13.9%;自中国进口额为1477.3亿美元,下降11.4%。①目前,中国制造业企业对房屋建筑、机械及运输设备等的投资减少已经严重影响到了日本相关产业的对华出口。2015年1～6月份,日本对华运输设备、矿产品、机电产品、贱金属、陶瓷、玻璃、化工产品等的出口额与去年同期相比均出现了10%以上的负增长,其中运输设备出现了33.6%的负增长。②

(3) 投资减速已对日本企业经营业绩产生负面影响。中国设备投资放缓已开始波及日本原材料、机械等与设备投资相关行业的经营业绩。例如,受中国智能手机整体需求减少的影响,日本发那科公司(FANUC)③下调了2015财政年度净利润预期,预计2015财政年度的合并纯利润同比将大幅减少23%。神户制钢所也以中国业务放缓为由,将2015财政年度建筑机械部门的经常利润预期下调到了50%。④日本建筑机械制造商小松2015年4～6月在华销售额比上年同期下降了43%。受中国投资下滑及内需减少的影响,中国钢铁企业拟将过剩产能在亚洲国家销售,这可能会冲击日本钢铁企业的出口,压缩其利润空间,影响其经营业绩。此外,据日本东京商工调查数据显示,因中国经济减速以及人工费上涨等原因而倒闭的日本企业不断增加。2015年4～9月因"中国风险"而倒闭的日本企业高达43家,较上年同期增加40%。⑤

2. 投资结构调整的影响

中国投资结构的调整,一方面会影响日本对华直接投资格局,另一方面可能使日本在海外面临中国"一带一路"倡议的投资竞争。中国经济"新常态"在对外开放领域表现为改变过去以出口创汇为核心目标的对外开放战略,吸引外资的重点从制造业转向服务业,并着力推进中国企业的对外直接投资,通过实施"一带一路"等构想打造全新的对外开放格局。这将对日本对华投资及在其他国家和地区的投资产生一定影响。

在对华直接投资格局方面,随着中国经济转入"新常态",内在要求日本企业调整现有的投资结构,退出一些中低端制造业,转向高端制造业和服务业,这

---

① 中国商务部:《2015年11月日本贸易简讯》, http://countryreport.mofcom.gov.cn/new/view110209.asp?news_id=47500。
② 中国商务部贸易报告:《2015年1～6月日本货物贸易及中日双边贸易概况》,2015年8月18日。
③ 日本工厂自动化设备及机器人制造企业。
④ 《从日企业绩看中国经济减速》,日经中文网,2015年7月31日。
⑤ 《因"中国风险"倒闭的日企增加40%》,日经中文网,2015年10月20日。

将是日本企业适应中国经济"新常态"的必然选择。与以往的低劳动力成本优势相比，规模庞大的国内市场正逐渐成为中国新的竞争优势。市场规模的快速扩张将产生许多新需求，带来许多新机会。比如居民消费，既包括传统的衣食住行，也包括许多基于新技术的消费服务，拥有非常广阔的市场空间。要抓住新的市场需求，扩大对华直接投资，日本就必须更多地转向服务行业和高端制造业领域。据统计，2015年上半年日本对华直接投资中服务业的比重已经超过60%，对华投资结构的调整已初现端倪。

在日本对其他地区投资方面，随着中国企业在"一带一路"沿线各国对外投资的展开，日本企业可能面临来自中国企业的竞争。首先，从经济地理角度看，日本自身的海上商业贸易线是穿过马六甲海峡的"亚—非—欧"路线和直接穿过太平洋的"亚—美"路线，前者与中国推出的"21世纪海上丝绸之路"有所重合。其次，经过多年发展以及在研发上的高投入，中国在中端制造业领域（如电信设备、高铁设备、汽车、电气、太阳能等）已具有较高的发展水平，拥有一批处于国际领先地位的企业（如华为、联想、中车、海尔等），可能与日本在这些领域的海外投资形成一定程度的竞争。

3. 消费减速的影响

消费减速，将减少日本旅游产业的经济波及效应。近年来，受日元持续贬值、赴日签证放宽等积极因素的影响，中国居民访日人数急速增长。2004年中国内地赴日本旅游人数仅为61.6万，2008年突破100万，2012年达到142.5万，2014年则增加到240.9万，为历年来访日人数最多的一年。不仅如此，中国游客在日本也表现出十分强大的消费需求。有预测显示，2015年中国游客在日本的消费将达到9300亿日元，大约相当于日本GDP的0.19%。中国游客大规模的境外消费活动在很大程度上带动了当地零售、餐饮、住宿等相关行业的发展，产生了较强的经济波及效应，已经成为弥补日本内需不足的重要来源。

但是，随着中国经济增速放缓，人民币汇率贬值，房地产、股票等资产价格下跌所引起的财富效应减弱，以中国人为主的访日游客消费开始浮现减速风险。根据瑞穗证券高级经济学家北冈智哉估算，"日元对人民币每升值1%，访日游客人数将减少0.6%，人均消费将下滑0.8%"[①]。尽管2015年7月和8月访日游客同比增长率分别为105%和133%，但已明显低于6月份的167%，增速下滑已

---

① 《人民币贬值将如何影响日本》，日经中文网，2015年8月14日。

初现端倪。① 而且截至2015年10月,中国赴日旅游消费额与去年同期相比出现了0.6万亿日元的下降。② 未来中国赴日旅游消费存在下滑风险,③ 这无疑将影响日本旅游观光等相关产业的经营活动,降低其对日本经济的拉动效应。

(二)中国经济"新常态"带给日本的机遇

尽管中国经济增速放缓可能通过上述路径对日本经济造成不利影响,但短期内这种影响还比较有限。未来几年若中国经济依然能保持6%~8%的中高速增长,日本经济将不会受到特别严重的冲击。不仅如此,日本企业还将从"新常态"的经济调整中获得更多机遇。

1. 中国日益扩大的消费市场将使更多日本企业受益

中国经济"新常态"的一个重要特征是经济结构不断优化升级,在这一过程中,第三产业、消费需求将成为增长的主体。一方面,中国人均GDP从2008年的3400美元增长到2014年的7500美元,收入水平实现了倍增。国际货币基金组织(IMF)认为,到2020年中国人均GDP将增加到12000美元,接近高收入国家的边界值。④ 另一方面,随着居民收入水平的提高以及城市化进程的深度推进,中国中等收入群体有望持续扩大。据麦肯锡咨询公司的研究,2000年中国中产阶级仅占城市家庭的4%,2012年这一比例已上升至68%,到2022年,中产阶级的数量将达到6.3亿,占城市家庭的76%和总人口的45%,⑤ 在人口数量上相当于两个美国。中等收入群体在实现一定程度的财富积累后,通过消费改善生活品质的意愿更强,更愿意为产品品质支付溢价,将成为支撑中国向消费型经济转变的重要力量。

经过多年发展,日本企业在中国市场的经营活动不断细化,从汽车、家电等传统产品扩大至服装、饮料、日用品等生活用品。近期,许多日本服务业企业也开始把发展重点转向中国市场。2014年日本贸易振兴机构以日本服务业为对象进行了"服务产业的海外拓展实况调查",其中将中国作为目的地的企业所占比例为34.2%,占比最大。此外,随着中国基于互联网的消费业态的出现,许多

---

① 《日本担心中国游客减少是杞人忧天》,日经中文网,2015年9月30日。
② 《中国减速阴影落在日本》,日经中文网,2015年10月15日。
③ 受人民币贬值、中日间的价格差、日本的接待能力等多重因素影响。
④ 岳梁:《中国经济从投资向消费的结构转换》,日本政策投资银行,2015年6月18日。
⑤ 麦肯锡:《下一个十年的中国中产阶级——他们的面貌及其制约因素》,《中国发展研究基金会研究参考》2014年第179期,第1页。

日本企业也开始关注中国的网络销售市场,希望进一步提高在中国市场的销售份额。比如,日本大型生活用品生产销售商爱丽思欧亚玛公司计划投资数十亿日元增设苏州工厂,生产面向网络销售的生活用品。而随着中国"海淘族"规模的不断扩大,日本亚马逊也开始推出中文界面,希望更好地服务于中国市场。可以看出,中国日益扩大的消费市场正在为日本企业提供更多机遇。

2. 中国产业转型升级有望为日本企业提供重要机遇

在经济转入"新常态"的背景下,产业转型升级显得愈发重要。在这一过程中,日本企业如果能找到适合自身的领域,则可以获得中国产业转型带来的重要发展机遇。以工业机器人为例,工业机器人是高端装备制造业领域的重要组成部分,以其代替人工生产符合中国要素禀赋的变化趋势,对工业机器人的开发和产业化不仅有助于高端装备制造业的发展,而且能有效带动已有产能的转型升级,大大提高生产效率。

目前,中国对工业机器人的潜在需求非常大。根据国际机器人联合会(IFR)统计,2013年中国购买了占世界市场份额20%的工业用机器人,首次超过日本成为工业机器人的最大买家。然而,中国市场上的工业机器人密度还远远滞后于发达国家。以2012年数据看,中国制造业每万名工人仅对应23台机器人,而同时期美国、德国、日本及韩国市场的机器人密度分别为152台/万人、282台/万人、332台/万人和396台/万人。① 而且,国产机器人依然处于产业的低端,在单机及其核心零部件方面仍然落后于德、日等先进国家,未来中国工业机器人产业具有巨大的发展空间。

日本的机器人产业始于20世纪60年代,目前在机器人领域其技术已极为先进(参见表3-3),是名副其实的机器人大国。根据日本政府统计,日本工业机器人占有全球最大市场份额,约为60%。日本的发那科公司是世界上最大的机器人公司之一,安川电机公司生产的工业用机器人占全球机器人市场的24%。2015年初日本政府进一步推出《机器人新战略》,进一步强化了机器人产业的主导性地位。新战略提出日本要引领机器人革命,搭建从现实社会获取数据的平台,以赢得大数据时代的全球化竞争;通过机器人的广泛应用带动日本的产业优势,并向全世界推广。②

---

① 国际机器人联盟:《2017年中国将成全球最大机器人市场》,凤凰网,2015年2月7日。
② 王喜文:《日本机器人新战略(六)》,中国经济网,2015年3月5日。

表3-3 全球工业机器人主要技术的国别（地区）分布

主要技术	日本	韩国	欧洲	美国
机器人本体	极为突出	一般	很突出	一般
系统集成	极为突出	突出	一般	很突出
个人/家用机器人	极为突出	很突出	一般	一般
服务机器人	突出	很突出	突出	突出
医疗机器人	一般	一般	很突出	很突出
国防机器人	一般	不突出	突出	极为突出

资料来源：根据中国产业信息网相关资料整理。

在中国市场上，日本机器人制造商具有十分显著的竞争优势，2008年中国进口的工业机器人有55.7%来自日本，2011年该比例提高到了70.6%。不仅如此，2013年以后日本在机器人生产领域的对华直接投资不断增加。比如，日本企业川崎重工投资100亿日元在中国新建工业机器人的生产工厂，并在2015年4月投入使用；精工爱普生计划将"水平多关节机器人"等的生产从日本长野县工厂转移至深圳，并在两年时间内实现除了定制产品之外的所有机器人在中国生产。长期来看，日本企业如果能充分利用已经积累的技术、市场等优势，有望在中国市场取得更好的经济收益。

3. 中国节能环保高潮的到来为日本企业提供发展新空间

对中国来说，提高能源利用效率、减少污染物排放的压力仍然很大。虽然经济增速放缓，但中国依然是世界上最大的能源消费国。2014年，中国能源消费占全球消费总量的23%，而且与主要经济体相比，中国的单位GDP能耗也是最高的（参见表3-4）。2014年，中国单位GDP能耗近乎日本的三倍。此外，经济长期粗放式增长对环境造成了极大破坏，环境承载能力已接近上限。要摆脱经济增长的资源环境约束，除积极进行经济结构调整外，亟须大力促进节能环保产业的发展。2014年中国节能环保产业的总产值约为3.9万亿元，年度复合增长率达到30%，2015年预期将达到4.5万亿元，节能环保产业正在成为拉动中国经济新的增长点。但是中国在节能环保领域的发展尚处于初始阶段，无论是自身的产业规模和结构，还是技术水平和市场化程度均有待进一步提升。

表 3-4　各国单位 GDP 能源消耗量比较

单位：万吨油当量/亿美元

国家	2010 年	2011 年	2012 年	2013 年	2014 年
美国	1.53	1.46	1.37	1.35	1.32
日本	0.91	0.81	0.80	0.96	0.99
韩国	2.33	2.19	2.22	2.07	1.94
中国	4.03	3.49	3.23	3.05	2.87

资料来源：根据世界银行和 BP 统计数据计算。

与之相对，日本企业在节能环保领域已积累了相当丰富的技术经验，但其面临的最大难题是市场规模有限。"以资源循环行业为例，根据日本环境省预测，从 2008 年到 2020 年，整体市场规模仅增长 6%，细分行业中增长最快的是家电及电子回收行业，12 年时间也仅增长 25%，其他细分行业中部分甚至出现萎缩。"① 中国巨大的市场规模将有助于化解日本企业的这一难题。

随着中国经济"新常态"的到来，中国在节能环保领域将会有更大的投资需求，日本企业可以借助自身优势，将先进、成熟的节能环保技术投入中国市场，推动中国节能环保产业发展的同时，也为自身赢得更多的发展机会。② 两国在节能环保领域的技术互补、市场互补将为今后双方的深化合作奠定良好基础。

四　结语

中国经济已然转入"新常态"，这将给与之具有密切经贸往来的日本经济带来双重影响，既有贸易投资领域的新挑战，又有诸多产业发展上的新机遇。短期看，中国经济"新常态"会通过投资、消费等渠道给日本对华出口与投资格局带来一些挑战。①通过投资减速影响日本对华投资额、对华出口额，进而影响日本企业的经营业绩。②通过投资结构调整影响日本的海外投资，包括对华直接投资和对其他地区的直接投资。在对华投资方面，日本企业将调整对华投资结构，退出低端制造业，进一步转向高端制造业和服务业。在对其他地区投

---

① 野村总研：《日本环保产业对中国的启示》，2014 年 10 月 3 日，http://finance.sina.com.cn/zl/international/20141003/105720465425.shtml。

② 国务院发展研究中心对外经济研究部"中日韩产业合作研究"课题组：《中日韩能源合作前景与模式分析》，《发展研究》2012 年第 3 期，第 7 页。

资方面，日本企业可能面临中国企业在"一带一路"沿线各国的投资竞争。③通过消费减速，减少对日本旅游产业的经济波及效应。从中长期看，随着中国消费市场的不断扩大，产业结构的转型升级以及在节能环保领域投入的进一步增加，日本企业最终能够从中获得更多的发展机遇。在经济"新常态"背景下，中日两国都应进行适应性调整，以寻求双方互利共赢的新的增长点。

B.4
中国游客"爆买"对日本经济的影响及启示

侯珺然*

摘　要： 本文阐述了中国游客在日本"爆买"的金额和"爆买"商品的范围，然后从中、日两国内部去寻找中国游客在日本"爆买"的原因。中国游客在日本"爆买"，有助于日本经济走出低迷，增加就业机会，但会对旅馆、饭店造成一定压力。中国游客到日本"爆买"，说明中国经济本身存在问题。通过借鉴日本在产品质量与服务方面的成功经验，中国需要实施供给侧改革，打造高品质的民族品牌，提高商业服务水平，完善市场环境。

关键词： 中国游客　"爆买"　日本经济

日本经济多年内需不振、活力下降，但近两年外国游客尤其是中国游客赴日旅游并且"爆买"，给低迷的日本经济注入了新活力。因此，与中国游客在日本大量购物有关的"爆买"一词，获得了2015年日语年度流行语大奖；"爆买"的"爆"字还在由日本汉字能力检定协会组织投票、京都清水寺公布的反映2015年日本世态民情的"年度汉字"排名中位居第二。中国游客在日本"爆买"，不仅对日本经济产生了影响，也让国人开始深刻反思中国经济存在的问题。

一　中国游客"爆买"日本

（一）访日中国游客人数迅速增长

伴随着30多年的高速经济增长，近几年中国出国旅游人数呈急速增长态势。

---

* 侯珺然，河北大学日本研究所研究员，全国日本经济学会理事，主要研究领域：日本经济，世界经济。

据国家旅游局发布的数据,2013~2015年中国公民出境游人数分别为9818.52万、1.07亿和11.2亿人次,2015年中国出境游人数居世界第一。目前,日本已成为中国游客最喜欢的入境国家之一。大陆游客到日本旅游,除了传统的东京、大阪、京都、北海道以外,几乎遍及日本各地。

2004年,日本政府制定了"观光立国"战略,希望通过发展旅游业,尤其是吸引更多外国游客到日本旅游,以解决日本经济内需不足、活力下降问题。2011年东日本大地震后,日本再次明确了"观光立国"政策,并将中国定为日本"观光立国"政策的重点实施对象国。为此,日本观光厅制定了《外国游客倍增计划》,目标是到2016年将访日外国游客人数提高到1800万人。2014年,日本政府又提出到2020年使访日游客达到2000万人次的目标。

日本"观光立国"战略的大力实施,带来了外国游客人数的迅速增加。从2011年的621.9万人,增加到了2013年的1036.4万人和2014年的1341.3万人,连续两年创历史新高。2014年,赴日外国游客来源地排名中,排在前三位的分别是中国台湾、韩国和中国大陆。其中,中国台湾游客283万人,占21.1%;韩国游客276万人,占20.5%;中国大陆游客241万人,占18.0%。①2015年,访日外国游客已达1973.74万人,其中中国大陆游客499.37万人,同比增长107.3%,占25.3%,位列第一(参见表4-1)。可见,中国游客在日本的"爆买"是以访日中国游客人数的暴增为基础的。

表4-1 2014~2015年访日外国游客人数的变化

单位:人,%

国别或地区	2014年	2015年	增长率
中国大陆	2409158	4993689	107.3
韩 国	2755313	4002095	45.3
中国台湾	2829821	3677075	29.9

资料来源:日本观光厅(JNTO)推算、2015年12月16日。

据日本共同社2015年12月28日报道,截至12月19日的估算数据显示,2015年访日外国游客数已超过1900万人次。日本政府提出的到2020年使全年访

---

① 観光庁『観光白書』2015年版、http://www.mlit.go.jp/。

日游客达到 2000 万人次的目标，在 2016 年就有望实现。① 日本观光厅长官沟畑宏预计，到 2020 年中国大陆到日本旅游的游客将达到 600 万人次。日本的"观光立国"战略，离开中国大陆游客是很难成功的。

（二）在日"爆买"数额屡创新高

近几年，赴日外国游客人数激增，消费额也快速上涨，其中中国大陆游客是疯狂消费的典型，在日"爆买"数额屡创新高（参见表 4－2）。据 2015 年日本《观光白皮书》称，受东日本大地震影响，2011 年访日外国游客的消费额降至 8135 亿日元，此后三年迅速增长，2014 年达 2.0278 万亿日元，创历史最高水平。随着经济水平的提高，中国大陆赴日旅游购物的人数及人均消费逐年增多。2010 年以来，中国大陆游客在日本消费已连续五年位列第一，占比分别是 21.7%、24.1%、24.7%、19.5%、27.5%。2014 年中国大陆游客在日本消费了 5583 亿日元，占 27.5%；中国台湾游客消费 3544 亿日元，占 17.5%；韩国游客消费 2090 亿日元，占 10.3%。在访日中国游客的旅行支出中，有超过 50% 的份额用于购物，2014 年甚至高达 55%，远高于排在第二位的泰国（38.4%）。在人均购物方面，2014 年中国游客的人均消费额高达 127443 日元，越南游客人均消费额 88814 日元，排在第二位，俄罗斯游客人均消费额 63056 日元，位列第三。② 2015 年中国游客在日本的消费额又创新高，达 14174 亿日元，同比增长 153.9%，占访日外国人消费总额 34771 亿日元的 40.8%，可见其疯狂程度。③

表 4－2　2012～2015 年访日外国游客消费额的变动

单位：亿日元

国别或地区	2012 年	2013 年	2014 年	2015 年
中国大陆	2688	2759	5583	14174
中国台湾	1648	2475	3544	5207
韩　　国	1466	1978	2090	3008

资料来源：作者根据日本观光厅的《观光白皮书》（2013 年版、2014 年版、2015 年版）和《访日外国人消费动向调查》（2016 年 1 月 19 日发布）编制而成。

---

① 环球网，2015 年 12 月 3 日，http://www.huanqiu.com/。
② 観光庁『観光白書』2015 年版、http://www.mlit.go.jp/。
③ 観光庁『訪日外国人消費動向調査』2016 年 1 月 19 日、http://www.mlit.go.jp/。

（三）"爆买"商品的范围比较宽泛

2015年，在不断增长的外国游客中，中国游客独领风骚。他们在药妆店、电器量贩店、大型超市、百货店里，大量购买化妆品、医药品、食品、电子产品等，人均消费额不断攀升。如此"爆买"，震惊了日本社会。

在"爆买"中，中国游客最喜欢保温杯、陶瓷刀、马桶盖和电饭煲等日本产品。日本知名的消费类家用电器生产厂商象印，2015年的销售额和净利润均创下历史新高。中国游客对护肤化妆品、甜品等日本王牌产品也很钟情。此外，日本的一些生活用品、感冒药、止疼药、眼镜、眼罩、文具等物品也逐渐热销，奶粉、尿不湿等婴幼儿产品更是中国游客扫货的重点。2015年中国国庆黄金周，日本很多免税店的化妆品、药品等商品一经放货，就被中国大陆游客抢购一空。据日本媒体2016年1月4日报道，日本新年福袋也成了中国游客的"爆买"对象。

不仅是实物产品，日本的服务产品在中国大陆游客中也很受欢迎。2010年日本内阁通过决议，增设外国人"医疗签证"，促进"医疗观光"。很多旅行社和医疗机构携起手来，采取多种措施拓展医疗旅游项目。日本就医环境优越，医护人员服务态度良好。而且，不少医院临近商业街，游客等待检查结果时也可以在附近休闲和购物。

二 中国游客日本"爆买"的原因

（一）中国居民收入的持续增长带来了旺盛的消费需求

改革开放以来，中国经济实现了持续快速增长。2010年中国超过日本成为世界第二大经济体。2014年，中国经济总量达635910亿元，折合美元超过10万亿美元，占世界的份额超过13%；2014年末，外汇储备高达38430亿美元，连续九年世界第一；中国人均GDP从1979年的200多美元增加到2014年的7000多美元，已达到中上等收入国家水平；城镇化率迅速提高，2014年达到54.77%。① 人均可支配收入持续增长，1979年城镇居民人均可支配收入405元，

---

① 中华人民共和国国家统计局：《新常态 新战略 新发展——"十二五"时期我国经济社会发展成就斐然》，http：//www.stats.gov.cn/。

2014年提高到28844元，排在前三位的分别是：上海47710元、北京43910元、浙江40393元。① 从整体看，中国仍处于工业化从中期向后期发展阶段以及城镇化持续推进阶段。但是，在人类历史上，从未有一个国家，以如此快的速度，从落后水平一跃达到了中等收入水平。

经济增长和收入水平的提高，使中国人民的生活水平和生活质量得到改善，居民消费也步入快速转型升级的重要阶段，不仅有巨大的消费需求数量，也产生了众多个性化需求，旅游也已成为中国民众日常的刚性消费需求。

（二）中国供给与需求之间存在错配问题

中国社会主义初级阶段的主要矛盾，体现为人民群众日益增长的物质文化需要同落后的社会生产之间的矛盾。这一矛盾在当前表现为人民群众已经变化、升级了的需求结构与不相适应的供给结构之间的矛盾。一方面是钢铁、水泥等的生产能力大量过剩；另一方面是居民的基本需求，比如说品质较高的奶粉、舒适的马桶盖等，未能得到满足。中国在供给侧呈现出短缺与过剩并存的状态。

2008年国际金融危机爆发以后，我国政府实施了一系列的需求管理政策，频繁地刺激需求以拉动经济增长，如4万亿元的政府投资，但刺激效果甚微，经济增速逐年下滑，2015年GDP增长率只有6.9%。在这里，需求不足仅是表象，所以刺激需求的政策才收效甚微。在消费领域，一方面是国内消费增速下降，低端商品供应充足甚至过剩；另一方面是中国居民在海外疯狂购买，高端消费流向国外。据商务部统计，2005年至2014年，我国境外消费平均每年增长25.2%，是同期国内社会消费总额增速的两倍。2014年，中国境外消费规模高达1648亿美元，占全球境外消费市场份额的10%以上，连续三年位居世界第一。② 究其原因，是国内优质消费品的供给能力仍落后于居民的消费需求，供给和需求之间存在错配。这说明中国消费品在创新能力、更新换代速度以及满足消费者个性化需求方面，与发达国家仍有不小差距。尤其是在教育、医疗、旅游等服务领域，一方面是国内抱怨不断，另一方面是大批消费者源源不断地到国外消费，跨境出游持续高增长，这与国内服务业有效供给不足有关。

---

① 《2014年31省份人均收入排行公布》，《光明日报》2015年2月28日。
② 林文龙：《购物成中国公民出境游重要内容 境外消费年增25.2%》，《新京报》2015年4月16日。

（三）日本产品质量精良、服务一流

"日本制造"的质量一直是优质品质的代名词，是日本人的骄傲。20世纪80年代，日本产品曾享誉世界，尤其是电子产品无与伦比。《日经BP》杂志在2003年底曾刊登一篇题为《战胜"中国制造"——日本企业的五张王牌》的文章，认为"日本制造"战胜"中国制造"的第一张王牌就是质量，并提出"日本制造"的目标就是"世界最先进、质量最好"。近年来，尽管出现了一些大型日本企业相继召回不合格产品的事件，但日本公司仍然在很多高科技产品领域占据优势地位。日本商品从生活用品到化妆品，对中国大陆游客均有吸引力，根本原因就是日本产品质量优、工艺精、耗材少、外形美，且安全耐用，满足了中国游客多样化、个性化的需求。

日本拥有许多历史悠久的品牌，这些品牌积累了良好的口碑和人气，如日本最大的连锁药妆店松本清、日本花王株式会社旗下品牌"花王"纸尿裤等。此外，日本的商业服务精神世界一流，在日本旅游的游客满意度超过了98%。在"世界经济论坛"（WEF）公布的2015年观光竞争力排行榜中，日本的"服务待客"排名世界第一，其"顾客至上"的服务态度得到了高度赞扬。

中国游客访日"爆买"的过程，是亲自体验凝结在商品上的日本人虔诚敬业精神的过程，也是享受日本具有悠久美学传统的周到亲切、优美体贴的"款待之心"的过程，其潜移默化的收获或许超出商品的实际价值。饭店里穿着优美和服进行跪式服务的服务生，温泉中的绿水红枫，厨师刀下如花如画的生鱼片……日本提供了最完美的款待与服务。它是"款待之美"的形成、磨炼与完成的过程，是一种至高的行为艺术。①

（四）日元汇率贬值，免税商品范围扩大

日元在近两年加速贬值，人民币购买力增强，中国大陆游客到日本购物显得很实惠。此外，日本免税商品的范围扩大也是"爆买"产生的原因之一。从2014年10月1日起，日本退税商品从电器和服装扩展至食品、饮料、化妆品、医药品及香烟等，而这些都是赴日中国游客乐意购买的常规礼品。免税范围的扩大使得赴日游客的购物热情大涨。日本旅游签证办理方便也为"爆买"提供了便利。

---

① 张石：《日本为何没有抵制大陆游客运动》，《日本经济新闻》（中文版）2015年5月21日，http://cn.nikkei.com/。

三　中国游客"爆买"对日本经济的影响

2015年12月28日，日本内阁府公布了《日本经济2015~2016》，指出访日外国游客尤其是中国游客的激增，带动了日本国内消费，正在对日本社会产生越来越大的影响力。2020年东京将举办奥运会，访日游客数量今后仍会有很大的增长余地。虽然"爆买"现象不一定会持续，但长期稳定的旅游业发展将给日商提供更大的持续发展空间。

（一）有助于日本经济走出低迷

在过去的20年里，日本经济年均增长率只有0.3%。近两年，日本经济的表现也不尽如人意。2014年4月消费税率提高到8%的增税措施实施，导致日本经济出现了连续两个季度的负增长，2014年全年出现了0.9%的负增长。2015年第一季度虽有较快增长，但第二季度又陷入了折合年率0.7%的负增长，第三季度也是折合年率为0.8%的负增长。2015年11月，日本消费支出同比下降2.9%，消费者物价指数同比增长0.3%，未达到2%的预期目标。[1] 这些数据意味着日本经济再度陷入衰退的泥潭。

2014年访日外国游客的消费额相当于日本名义GDP的0.4%左右。在访日外国游客不断增加的利好下，日本旅游业在GDP中所占比重超过了汽车产业。可见，如果没有中国游客的"爆买"，日本经济下滑的速度会更快。正是中国游客的"爆买"行为，给低迷的日本经济注入了活力。近两年，中国游客对与烹饪、美容相关的家电以及纸尿裤等产品的需求旺盛，赴日旅游购物也带动了对日本观光巴士等产品的需求。

据2014年11月19日的《日本经济新闻》报道，2014年第三季度到日本旅行的外国游客平均每人消费158257日元。而根据日本总务省的调查，日本居民平均一年的消费额为123万日元。也就是说，约八个外国游客来日本旅游，就等于一个日本人一年的消费额。中国游客平均每人消费236353日元，即约5.2个中国人访日，其消费额就相当于一个日本人全年的消费。[2] 2015年，

---

[1] 日本統計局、http://www.stat.go.jp/。
[2] 张石：《中国游客访日，改变日本国会气氛》，《日本经济新闻》（中文版）2015年12月12日，http://cn.nikkei.com/。

估计有500万中国游客访日,且消费支出比上年有较大增长(2015年第三季度访日中国游客的人均支出为28万日元),这就等于一年给日本增加了100多万消费人口,而且这些游客不享受日本的福利,只为解决日本经济低迷的问题做贡献。

(二)增加就业机会

发展旅游业有利于带动其他相关产业发展,增加就业机会。2013年,日本旅游业消费总额为23.6万亿日元,对食品、零售、住宿、饮食、运输、旅行服务等行业的生产波及效果达48.8万亿日元,并创造出了419万个就业机会,占日本劳动人口总数的6.2%。创造这些旅游经济效益的主力,主要是日本的国内游客,其中仅有7%的旅游收入是外国游客的贡献,而中国游客的贡献约为1.2%。① 由此可推出,中国游客带来的就业机会不可高估。据世界旅游组织(UNWTO)2015年1月发布的数据,2013年日本接待外国游客人数1036万(世界排名第27位),排在前三位的法国、美国和西班牙分别接待了8301万、6977万、6066万;2013年日本获得国际旅游收入149亿美元(世界排名第21位)。② 这都说明日本还不是一个旅游大国,国外游客的"爆买"行为对日本增加就业的贡献还不够大。

(三)对旅馆、饭店造成一定压力

外国游客这一巨大的消费群体和消费潮流的到来,为日本的旅馆、饭店、百货店等非制造业带来利好影响,也形成了一定压力。据日本观光厅统计,截至2015年10月1日,访日游客购物时可免除消费税的免税店在日本全国已达29047家,较一年前的9361家增长了两倍多。日本旅游产业协会的报告也显示,中国访日游客的增多对日本经济增长起到了支撑作用。东京各大酒店因中国大陆游客大幅增多,客房入住率同比提高14.8%,达到了93.5%的较高水平。③ 目前,大阪及京都的酒店建设正在推进,以解决酒店数量明显不足的问题。

---

① 観光庁『観光白書』2015年版、http://www.mlit.go.jp/。其中,个别数据为作者计算所得。
② 観光庁『観光白書』2015年版、http://www.mlit.go.jp/。
③ 肖欢欢:《40万大陆客国庆期间赴日旅游,扫货1000亿日元》,《广州日报》2015年10月10日。

四 启示

(一)实施供给侧改革,打造高品质的民族品牌

习近平强调,供给侧结构性改革,重点是解放和发展社会生产力,用改革的办法推进结构调整,减少无效和低端供给,扩大有效和中高端供给,增强供给结构对需求变化的适应性和灵活性,提高全要素生产率。目前,供给侧改革已成为促进供求关系的调整与平衡、解决供需错配、实现中国经济转型升级的重要举措。

供给可以在更高的层面创造需求。实施供给侧改革的重心在于提升企业的活力,要依靠企业推动技术进步,打造高品质的民族品牌,走智能化、绿色化、服务化的转型升级之路,以实现中国制造向中国创造的转变,中国速度向中国质量的转变,提升中国制造的国际竞争力。当中国的企业能够提供像日本等发达国家那样优质高效、安全便利、价格合理且充满个性的产品时,中国人何必不远万里漂洋过海去境外"爆买"?

(二)提供人性化的商业服务,提高中国的服务水平

全心全意为顾客服务,友好和礼貌的殷勤接待,日本"顾客至上"的服务态度非常值得中国学习。面对经济社会发展和国际竞争大局,中国商业企业需要创新服务内容和方式,创建自己的服务品牌,提升服务品质,提高服务水平,为顾客提供人性化、舒适化和细节化的服务。这就需要深化改革创新,强化技能和服务培训,培养规模庞大的高素质的服务人员,以特色服务吸引消费者,为提高消费者福祉、促进和谐社会建设做贡献。

(三)完善国内市场环境

中国政府相关管理部门和企业还需共同努力,不断完善国内的商业与消费环境,规范市场竞争秩序,降低税负,让消费和旅游更加人性化。只有这样,国人才会信任国内消费,国外游客才可能被吸引到中国市场来消费。

正在走向富裕的中国人,心里依然积淀着对物质需求的高度渴望,以至于表现出对国外商品的"爆买"。旅游其实是一种综合体验,在对自然风光、历史遗产和生活风貌的观赏中,使个人的视野开阔,感悟身心的愉悦,享受美的历程,这才是旅游的真正魅力。

中日经贸关系现状与走势

The Status Quo and Prospect of Sino-Japanese Economic and Trade Relationship

B.5 2015年中日经贸关系回顾与2016年展望

吕克俭*

摘　要： 本文首先回顾了2015年中日关系和经贸合作现状，指出2015年中日关系虽有改善，但仍面临着复杂困难局面，经贸合作继续受到影响，双边贸易额明显下降，投资和技能实习生合作进一步减少。多层次、宽领域、互利互惠的中日经贸合作依然面临巨大挑战。其次，展望2016年中日经贸合作前景，认为双方应站在新的历史起点，着眼长远和大局，以更大的信心和决心，克服困难，排除干扰，在已有成果基础上，继续携手共进，推动两国关系和经贸合作尽早走向正确发展的轨道。

关键词： 中日经贸　逆流而上　互惠发展

---

* 吕克俭，原中国驻日本大使馆经济商务公使，原商务部亚洲司司长，全国日本经济学会副会长，主要研究领域：国际贸易、中日贸易。

2015年是中日关系走上改善进程的重要年份，各层级接触对话有所恢复，各领域务实交流稳步推进，国民感情逐渐出现回暖迹象。但双边关系仍处于邦交正常化以来最为复杂困难的时期，中日经贸合作遇到的困难和挑战前所未有。虽然双方不懈努力，但相互交流与合作仍受到了影响，双边贸易和相互投资转升为降，许多经济界人士对中日经贸合作的未来感到困惑和担忧。务实合作基础一再受挫，多层次、全方位、宽领域、互利互惠的中日经贸合作严重受损。

一 2015年中日经贸关系回顾

（一）中日贸易额由微增转为明显下降

进入2015年以来，世界经济复苏缺乏动力，全球经济收缩，国际市场需求减少，加之中日关系恶化，双边贸易发展面临政治、经济两个周期低谷叠加的困难，下行压力逐步加大。据中国海关统计，2015年中日进出口贸易额2786.7亿美元，同比下降10.8%，占我国外贸总额的7.0%。其中我国对日出口1356.8亿美元，同比下降9.2%，占我国出口总额的6.0%；我国自日进口1429.9亿美元，同比下降12.2%，占我国进口总额的8.5%。中方逆差73.1亿美元。日本仍居欧盟、美国、东盟、中国香港之后，为我国第五大贸易伙伴。按国别排名，日本是我国第二大贸易对象国，进口排在韩国、美国之后，出口排在美国之后。2015年，中国企业在日本承包工程新签合同额41295万美元，完成营业额44346万美元。此外，日本仍是我国国际服务的第四大发包市场。

据日本财务省统计，2015年，日中贸易总额32.65万亿日元，同比微增0.3%，占日本对外贸易的21.0%。其中从中国进口19.42万亿日元，同比增长1.3%；对中国出口13.23万亿日元，同比减少1.1%，时隔三年首次同比下滑。贸易逆差6.19万亿日元，增长6.8%，创历史新高。按美元计算，2015年1~6月，日中贸易总额为1480.46亿美元，同比减少12.1%。其中日本对华出口695.38亿美元，同比减少10.8%，占日本出口总额的18.3%；从中国进口785.77亿美元，同比减少13.1%，占日本进口总额的22.0%。日方逆差90.39亿美元，同比减少27.4%。尽管如此，中国仍是日本第一大贸易伙伴，第二大出口目的地和第一大进口来源地。

（二）日本对华投资继续下滑

2015年，在中国利用外资整体规模增长的背景下，日本企业对华投资继续下降。据中国商务部统计，2015年，日本企业对华投资项目数643个，同比下降1.5%，实际投资金额32.1亿美元，同比下降25.2%，占我国吸引外资总额的2.5%，连续三年下滑。除中国香港及自由港以外，日本排在新加坡和韩国之后，位居第三位。截至2015年底，日本累计在华设立企业项目数49840个，实际到位金额1018.2亿美元，占我国吸引外资总额的6.2%，在我国利用外资国别中排名第一。

日方统计，2015年1~6月，日本企业对华直接投资流量净值为45.05亿美元，占同期日本对外投资总额的5.6%，继续呈下降趋势。

日本企业对华投资持续下降，受到了日元贬值和对中国经济下行担心等因素的影响，但中日关系恶化也是其重要原因。尽管中日关系陷入困难局面、部分日本企业开始加速启动"中国＋1"战略，但多数日本企业仍看好中国市场。当前，中国经济发展进入新常态，短期看，经济下行压力确实较大，但中国经济社会保持稳定发展的态势并未改变，国内市场潜力巨大、产业配套能力完善，城镇化的深入推进、产业结构的优化升级、国民收入的快速提高，都将引发新的投资和消费增长点，这些对日本等外资企业依然有较大吸引力。近几年日本企业对华投资持续下降，后劲明显乏力，已开始影响今后的合作。可喜的是，许多日本企业看到了中国经济社会的发展前景，继续重视并加大在华的产品研发、健康养老、金融服务、环保、物流和人才交流等方面的投入，如丰田汽车、日本财险、瑞穗银行、三菱东京日联银行、商工中金、东芝、佳能、欧姆龙、富士通、日本邮船、山九、泰尔茂、YKK、川崎重工以及三菱商事、三井物产、住友商事、丸红和伊藤忠商事等。

（三）中日技能实习生合作人数递减，双向人员往来有增有减

日本是中国最大的海外劳务市场。近两年，中日技能实习生合作连续下滑。据商务部统计，2014年，中国向日派出技能实习生4.8万人，同比下降9.4%。2015年派出人数进一步减少，为4.2万人，同比下降12.6%。截至2015年底，中国在日本的技能实习生总数约15.4万人，同比下降2.4%，约占我国在外劳务人员总数的25.0%，主要分布在日本各地的中小企业，涉及制造业、农林牧渔业和建筑业等。

据日方统计，2015年1月至8月，日本接受中国技能实习生15980人，同比

减少16.0%。而同期接受越南、菲律宾、印度尼西亚等国的技能实习生人数持续增长。中国在日本外国人技能实习生总人数中所占比重也在持续下降。2012年9月以来，供需两方面均出现变化，日本企业对华新订单增长乏力，中国劳动力供给出现结构性不足，加之合作双方对中日关系的担忧，两国技能实习生合作面临更多挑战。

双方往来人数有所增加，但此升彼降。2015年，中国访日人数达499万人次，比上年增长107.1%。赴日中国游客数量从2013年9月开始恢复并出现正增长，之后连创新高。2014年中国赴日游客突破241万人次，同比增长80.8%。2015年又比上年大幅增长。受日元贬值和中日关系等影响，日本访华游客人数连续四年减少，2015年1月至7月日本访华游客人数152.1万人，同比减少7.1%。

（四）中国对日投资转增为降

中国企业对日"走出去"虽然起步较晚，规模不大，但近几年增长较快。据商务部统计，2014年，中国境内投资者对日本非金融类直接投资额为2.3亿美元，同比增长79.8%。2015年，我国对日非金融类直接投资额为21723万美元，同比下降7.0%。截至2015年底，累计直接投资额为17亿美元。中国企业对日投资项目以并购为主，集中在电子制造、信息软件、太阳能发电、进出口贸易和金融服务等领域。同时，有实力的中国企业看重日本市场和研发环境。例如，海尔集团和华为技术等中国企业在日本设立了研发中心，中国银行、工商银行、建设银行、交通银行和农业银行均在日本开设了分行及分支机构。上海电力在大阪和栃木县投资了太阳能发电项目，积极参与日本新能源建设。华为、中兴、百度等企业与日本运营商及生产商开展良好合作。在日中国企业协会和日本中华总商会热心为会员企业牵线搭桥，提供服务。在日中国企业努力融入日本社会，乐意聘用日籍员工，并更加重视履行企业社会责任。但中国企业对日投资能否保持增长，依然受到中日关系、两国经济金融形势等宏观环境的影响和制约。

（五）中日韩和东北亚合作步伐加快

中日韩三国互为近邻，都是世界经济和贸易大国，是东北亚区域经济的基础。三国的经济合作对于东北亚乃至全球范围都具有非常重要的影响。2012年5月，在北京举行的第五次中日韩领导人会议上，三国签署了投资协定。这是三国经济合作方面的一份重要文件，为扩大相互投资，创造稳定、公平和透明的环境提供了法律保障。三国领导人还达成了共识，同意2012年内启动三国自由贸易

协定谈判。同年11月,三国经贸部长在东亚峰会期间宣布启动中日韩自贸区谈判。2015年11月,中日韩三国领导人时隔三年半重启会议并发表联合宣言,重申将进一步努力,加速谈判,最终缔结全面、高水平和互惠的自贸协定。2016年1月,三方在日本东京进行了首席谈判代表第九轮谈判。中日韩人口占东亚的71%,世界的22%,经济总量占东亚的86%,世界的20%。商签中日韩自贸区协定,是三国乃至东北亚地区经贸关系发展中的一件大事,将进一步扩大相互贸易投资,提升贸易便利化水平,提高相互投资的可预见性和透明度,促进三国间货物、资本、人员等的自由流动,为业界创造更加便利、透明和公平的贸易与投资环境。将有利于深化经贸合作,为推动各国经济增长注入强劲动力,为三国互惠关系奠定坚实的共同利益基础,有利于东北亚地区的繁荣与发展。

(六)金融等服务贸易领域合作稳步推进

2011年底,中日两国领导人在北京就加强两国金融合作达成五点共识。2012年3月,中国批准日本购买650亿元人民币的中国国债。同年6月1日起,人民币与日元在东京和上海两国市场实现直接交易。这些成果使金融合作成为近年中日经贸合作的亮点。但受中日关系等影响,近几年总体进展不尽如人意,需继续努力。金融合作有利于两国实体经济的发展,也有利于贸易投资等经贸领域合作的拓展和提升。中国(上海)自由贸易试验区的设立以及在天津、广东和福建等地进一步的实施,特别是"一带一路"的建设,必将为中日两国在更高层次的贸易、投资和金融服务等领域的合作带来新的发展机遇。

2015年,中国相关部委和省市继续组派各类经贸代表团访日并与日本经济界进行了广泛交流,共论合作,共创商机。日中经济协会、日本国际贸促协会和日本经团联、日本贸易振兴机构等经济团体继续分别组团访华并出席在中国举办的博览会、展洽会等重要展会。通过双方的务实交流,拓展了两国在金融服务、节能环保、健康医疗、农业物流和信息电子等领域的互惠合作。

回首以往,在双方的共同努力下,中日经贸关系得到了长足发展。截至2003年,日本连续11年为中国第一大贸易伙伴。2004年被美国、欧盟超过,2011年被东盟超过,2012年被中国香港超过,现为中国第五大贸易伙伴。中日两国一直互为重要经贸合作伙伴,特别是中国改革开放以来,日本通过对华贸易、直接投资、开发援助、科技合作等方式对中国现代化建设给予了宝贵支持。同时,日本也获得了巨大市场,收获了丰厚利益。两国经贸关系的长足发展,为双方经济的发展和两国人民福祉的增进发挥了重要作用,也为本地区和世界经济的发展做出了积极贡献。但目前中日关系的困难局面,已影响了两国经贸关系的发展,这不符合世界和平、发展的潮流,也不符合两国和人民的共同利益。

二 2016年前景展望

2016年是中国实施"十三五"规划的开局之年。虽然世界经济整体表现欠佳,多数发达国家仍未摆脱金融危机的阴影,但是世界经济也出现了向好的迹象,包括中国在内的新兴大国的经济保持稳定增长。当前,中日关系虽已走上改善轨道,但势头仍较为缓慢,面临一些不确定因素。展望新的一年,中国将在未来五年实现全面建成小康社会的目标,日本也在推动经济成长战略。在此背景下,中日两国经济合作领域更加宽广。中国将继续坚持互利共赢的对外开放战略,加大改革力度,推进科技创新,转换经济发展动能。中国将按照创新、协调、绿色、开放、共享五个发展理念,着力实施创新驱动发展战略。中国有信心、有能力维持7%左右的中高速增长水平。中国仍是世界经济的重要动力源。中日同为世界主要经济体,互为发展机遇。保持两国关系长期稳定健康发展,符合两国人民根本利益。中日互为重要近邻,经济合作是两国关系重要的稳定器。双方应继续攻坚克难,发扬"以民促官、以经促政"的优良传统,提高务实交流与合作,努力推进两国关系尽快改善和健康发展,为互利合作和友好交流创造良好环境。2016年,双方应抓住机遇,发挥各自优势,创新合作模式,充实合作内容,推动以下领域的合作持续向前发展。

(一)抓住制造业升级改造的机遇,继续推进节能环保等合作

未来五年,中国产业将迈向中高端水平,制造业面临升级改造,需要大幅提升技术水平和满足节能环保需求,这意味着中国企业正在进入新一轮生产设备和工艺更新换代期。日本具有精密机床、仪器仪表、智能制造、清洁装备、系统成套设备等优势,可谓商机无限。节能环保产业合作是中日两国实现可持续发展的重要内容,有着巨大的市场和商机。日本在节能环保、绿色循环经济和高科技等领域不仅有着世界先进的节能环保技术,也有着成熟的生产和技术输出经验。对中日两国企业而言,发挥各自优势,实现绿色技术与市场资源有机结合,是拓展该领域合作的根本方向。

近几年,日本经团联、日中经济协会、日本国际贸促协会等团体持续派遣大规模经济界代表团访华,中国省市也派经贸代表团访日,双方就环保、节能、绿

色、低碳等产业务实合作进行交流。双方应利用中日节能环保综合论坛等平台，继续挖掘互补需求，不断把"现实需求"转化为"实际成果"，巩固节能环保在中日经贸合作中的排头兵作用。

（二）抓住高质量消费的机遇，拓展服务贸易领域的合作

2020年，中国中等收入群体人数有望达到4亿~5亿人，同时也开始步入老龄化社会。中国已开始实行"一对夫妇可生育两个孩子"的政策，据估算，到2050年前，20~60岁的劳动人口将增加3000万。这不但可以为人口红利提供后备军，还是现实的消费增长点。而且居民消费正从生存性消费向改善性、个性化、高质量消费转变。金融保险、医疗保险、教育培训、文化娱乐、旅游、物流、养老等多样性服务消费成了新的热点需求。

一是未来五年，中国出境游客将达到6亿人次。2015年到日本的中国游客接近500万，许多日本朋友已感受到了来自中国的购买力。二是中日两国都面临人口老龄化挑战。中国65岁以上人口已达1.3亿，占总人口的9.4%，中国是世界上唯一的老龄人口过亿的国家，市场需求和合作潜力巨大。而日本在老年护理服务和医疗保健技术与设备等领域处于世界领先水平，两国在养老产业的合作方兴未艾。三是金融合作方面，培育债券市场、相互增持国债等举措有助于提高金融市场的稳定与储备资产的安全，对持有巨额外汇储备的中日两国而言有积极意义，早实施，早受益。四是加大在云计算、物联网、数字设计、流程控制、市场营销等服务贸易领域的合作，将会进一步充实中日经贸合作内涵，提升互利合作水平。

（三）抓住城镇化机遇，加强新兴产业和地方间的合作

未来10~20年，中国城镇化率将达到70%，每年有超过1000万人进入城市。中国城镇人均公共基础设施资本存量不到发达国家的1/3，未来五年必将有大幅度的提升。中国正在实施地下管网建设，以及保障性住房、智能城市、无害化处理设施、城市综合交通网络等建设，同时在广大乡镇兴建公共服务设施。这些领域孕育着万亿量级的投资需求。日本已完成了城镇化进程，在节能环保、基础设施、市政管理和城市可持续发展等领域有着丰富的经验和技术，双方合作潜力巨大。双方应加强这些领域的合作，实现企业长期经营目标和两国经济社会发展，造福两国人民。

一是加大在华的研发投入。许多日本企业抓住了中国发展和市场机遇，加强

研发合作，提升产业创新能力。二是鼓励外国投资者投资中国中西部地区和东北老工业基地，投资高端制造业和战略性产业等。三是开展友城间的交流与合作。目前两国友好省县和城市达250余对，一些城市正在探讨建立经济合作伙伴关系，2016年仍需继续鼓励和支持中日地方间建立经济合作伙伴关系，探讨合作示范区，将两国经贸合作推向务实和深入。

（四）继续推进现代农业和物流合作

中国正在形成新型工业化、信息化、城镇化、农业现代化协调发展的新格局。"十三五"时期，中国将大力推进农村改革发展，中日两国在农业投资、贸易、动植物检疫等领域的合作有广阔的空间，中国企业愿与包括日本在内的外国企业开展多种形式的跨国经营、生物育种、智能农业、生态环保及农机装备、农产品加工、储运、贸易等合作。迄今，日本住友化学、伊藤忠、三菱、三井、丸红和住友商事等日本企业积极参与在华农业和物流合作。中日韩自贸区谈判进程的加快，将为双方增强农业发展竞争力带来契机，同时有望促进中日粮食和农产品贸易。中日两国均面临扩大内需和改善民生的重要课题，发展有机农业和绿色农业、加强农产品流通体系建设是实现这一目标的重要举措。一是探讨在农业领域开展标准化、品牌化、全产业链化的项目合作。二是加强沟通互鉴，促进域内物流体系的合理有序建立。三是加强食品安全等领域的信息沟通与合作，深挖潜力，推动两国农业和物流合作再上新台阶。

（五）推动中国企业对日投资和携手在第三国合作

近年来，中国企业"走出去"步伐明显加快，2015年对外投资和吸引外资基本持平。按照中方统计，目前，中国企业对日非金融类直接投资存量为17亿美元，仅占日本吸引外资的0.5%，但近年来增长迅速，2013年、2014年分别增长48%和80%。按日方统计，2014年中国对日直接投资净流量5.95亿美元，是上年的4.25倍，已成为日本第七大外资来源国。当前，日本政府和地方都在大力吸引外国投资。我们愿积极推动中国企业向日本投资，也期待日本经济向好的同时，从制度到商业习惯上都能进一步向海外开放市场，以利于中国企业对日投资。

此外，中日两国应共同面向全球，创造条件，拓展更广阔的空间。比如，积极推动两国企业携手在第三国的合作。事实上，两国企业携手开拓第三国市场已具备良好基础。今后应以推进"一带一路"建设为契机，加强在相关国家基础设施互联互通建设上的互利合作,探讨开展第三方国际产能合作等,为两国经贸合作开拓新的领域和途径。

(六)加强和拓展东亚等区域及多边领域的合作

随着经济全球化和社会信息化深入发展,中日经贸关系已经超越双边范畴,在地区乃至全球发挥着广泛影响。2012年11月中日韩自贸区谈判启动的同时,覆盖东盟十国与中国、日本、韩国、印度、澳大利亚、新西兰等16个国家的《区域全面经济伙伴关系协定》(RCEP)谈判也正式启动。东亚自贸安排积极互动,彼此促进,将有助于东亚区域合作的全面推进和东亚经济一体化的最终实现。推动中日韩三国自贸区尽快建立,将有助于实现资金、资源、技术和人才等生产要素在三国间充分流动,推动中日贸易投资合作实现新的发展。中日韩三方应在已有合作的基础上扎实推进有关谈判,携手共渡难关,早日使有关自贸安排惠及彼此经济社会发展。

此外,中国、日本、韩国、俄罗斯、朝鲜、蒙古等东北亚各国也正在以不同方式加强与邻国的合作,大图们江区域合作、泛黄海中日韩经济技术合作等区域和次区域合作迈出了实质性步伐。今后东北亚各国可以从经贸合作入手,逐步推进各领域互信互惠合作。中日作为本地区和世界负责任的国家,还应加强在G20和WTO等框架下重大经济贸易问题上的协调与沟通。

在新的一年里,中日双方应站在新的历史起点上,以更加开放的视野观察和拓展两国经贸关系。中日经贸合作发展到今天的规模和水平,是双方共同努力的结果,也是互惠、互利、合作的结果,来之不易,需要双方倍加珍惜。事实证明,中日"和则两利,斗则两伤"。未来,中日两国只有继续加强合作,促进经济持续稳定发展,不断改善民生,才是两国人民的福祉所在。我们期待与各界有识之士一道,抓住发展契机,努力排除干扰,克服困难,乘势而上,不断扩大和深化两国经贸合作,提高务实合作水平,推动中日关系长期稳定健康发展,实现两国和平友好和共同繁荣。

B.6 日中贸易投资关系的现状与展望

〔日〕真家阳一*

摘　要： JETRO 基于日本财务省统计和中国海关统计考察了 2015 年的日中贸易，双边贸易总额较上年减少 11.8%，为 3032.8609 亿美元，自 2009 年来六年首次出现了两位数的负增长。2015 年，日本对华直接投资大幅减少 25.2%，降至 32.1 亿美元，是诸如经济环境发生变化等多方面因素共同作用的结果。2015 年，不到四成的日本在华企业表示将继续扩大在华业务，但是不同行业和地域之间存在很大的差异。正确看待中国经济"新常态"并摸索商机，是日资企业拓展对华事业的关键。

关键词： 日中贸易　日本对华直接投资　新常态　事业环境的变化

一　2015年的日中贸易动向

JETRO 基于日本财务省贸易统计和中国海关统计，从双方进口的角度考察了 2015 年的日中贸易，总额较上年减少 11.8%，为 3032.8609 亿美元，自雷曼冲击后的 2009 年来六年首次出现两位数的负增长（参见表 6-1）。

其中，出口（中国的自日进口，下同）较上年减少 12.3%，为 1427.1566 亿美元，进口减少 11.3%，为 1605.7043 亿美元。结果导致日本对华贸易收支连续四年出现赤字。但是，由于出口的降幅态势虽然微弱但胜于进口，所以贸易赤字额较上年减少 2.7%，为 178.5477 亿美元。①

---

* 真家阳一，日本贸易振兴机构（JETRO）北京代表处副所长。本文中所论述的观点为笔者个人见解，不代表其所属机构。

① 这一分析中，日本对华出口是从中国方面的进口统计来认识的，即基于"双方进口"的角度。这是因为由于贸易统计时一般遵循"出口目的地主义、进口原产地主义"的（转下页注）

表6-1 日中贸易的变化

单位：1000美元，%

年份	出口额（日→中）	增长率	进口额（中→日）	增长率	贸易总额	增长率	贸易收支
2006年	115810926	15.3	118437018	9.1	234247944	12.1	-2626092
2007年	133903261	15.6	127843587	7.9	261746848	11.7	6059674
2008年	150634070	12.5	143657236	12.4	294291306	12.4	6976834
2009年	130748704	-13.2	122514501	-14.7	253263205	-13.9	8234203
2010年	176304026	34.8	153424723	25.2	329728749	30.2	22879303
2011年	194409771	10.3	184128640	20.0	378538411	14.8	10281131
2012年	177726830	-8.6	188450182	2.4	366177012	-3.3	-10723352
2013年	162219410	-8.7	180840622	-4.0	343060032	-6.3	-18621212
2014年	162685635	0.3	181038865	0.1	343724500	0.2	-18353230
2015年	142715663	-12.3	160570431	-11.3	303286094	-11.8	-17854768
2015年1月	10914730	-14.0	15053526	-18.2	25968256	-16.5	-4138796
2月	9435213	-15.1	13974583	20.0	23409796	2.9	-4539370
3月	12799299	-5.6	11457202	-31.5	24256501	-19.9	1342097
4月	13066542	-8.7	13373483	-12.1	26440025	-10.4	-306941
5月	10865589	-15.5	11949578	-14.4	22815167	-14.9	-1083989
6月	12456609	-7.5	12710346	-11.8	25166955	-9.7	-253737
7月	12654834	-13.6	13410673	-6.3	26065507	-10.0	-755839
8月	11410057	-14.1	12608633	-4.0	24018690	-9.1	-1198576
9月	12554529	-18.8	15369701	-9.6	27924230	-14.0	-2815172
10月	11451283	-14.8	14374863	-14.7	25826146	-14.7	-2923580
11月	11589350	-10.6	13461675	-10.5	25051025	-10.6	-1872325
12月	13517626	-9.2	12826168	-10.6	26343794	-9.9	691458

资料来源：Global Trade Atlasよりジェトロ作成。

（一）出口的特征

2015年，日本对华出口总额较2014年减少12.3%，为1427.1566亿美元，从上年的微增态势转为减少，而且降幅是受金融危机影响的2009年以来的最高

（接上页注①）原则，经由香港的日本对华出口（以香港为目的地的货物）在日本方面的统计中无法记入"对华出口"。而中国方面的进口统计，是将所有以日本为原产地的货物都纳入统计范畴，所以两国间的贸易以双方的进口统计数据更加接近实际状况。另外，中国方面的进口统计以美元计价，日本方面的进口统计则使用将 Global Trade Atlas 换算为美元的数值。

水平。在对华出口中占据前五位的产品分别是：①电气机械（396.0652亿美元，同比减少5.1%，所占比重为27.8%，贡献度为-1.3）；②一般机械（262.4846亿美元，同比减少13.5%，所占比重为18.4%，贡献度为-2.5）；③化学制品（216.0296亿美元，同比减少14.1%，所占比重为15.1%，贡献度为-2.2）；④原料类制品（185.7505亿美元，同比减少16.3%，所占比重为13.0%，贡献度为-2.2）；⑤运输机械（129.7898亿美元，同比减少21.5%，所占比重为9.1%，贡献度为-2.2）（参见表6-2）。

表6-2 2015年日本不同种类产品的对华出口

单位：1000美元，%

产品	金额	增长率	所占比重	贡献度
食品	512417	21.3	0.4	0.1
原材料	3771034	-19.9	2.6	-0.6
矿物燃料	910322	-37.6	0.6	-0.3
化学制品	21602965	-14.1	15.1	-2.2
有机化合物	6455915	-23.0	4.5	-1.2
医药品	847020	-1.3	0.6	-0.0
合成树脂	7873169	-12.9	5.5	-0.7
原料类制品	18575046	-16.3	13.0	-2.2
钢铁	5468270	-21.2	3.8	-0.9
有色金属	4220978	-14.2	3.0	-0.4
金属制品	2754235	-13.5	1.9	-0.3
织物用纱线及纺织产品	2280848	-12.0	1.6	-0.2
非金属矿物制品	2261156	-18.3	1.6	-0.3
橡胶制品	1021357	-10.4	0.7	-0.1
纸类及纸制品	491195	-13.5	0.3	-0.1
一般机械	26248462	-13.5	18.4	-2.5
发动机	2639829	-16.8	1.9	-0.3
计算机类（含配套设备）	1229153	17.0	0.9	0.1
计算机类零部件	2755971	-14.7	1.9	-0.3
金属加工机械	3033344	-23.0	2.1	-0.6
泵及离心分离机	2018462	-9.3	1.4	-0.1
建筑工地和矿山用机械	474405	-14.6	0.3	-0.1
装卸机械	755334	-26.0	0.5	-0.2
加热用及冷却用机械	490604	-29.1	0.3	-0.1
纺织机械	623741	-46.8	0.4	-0.3

续表

产品	金额	增长率	所占比重	贡献度
轴承	888904	-11.7	0.6	-0.1
电气机械	39606523	-5.1	27.8	-1.3
半导体等电子零部件	16916207	-1.0	11.9	-0.1
IC	12622762	3.5	8.8	0.3
光伏电池	2028118	-20.9	1.4	-0.3
影像机械	821714	-22.6	0.6	-0.2
影像录放机械	790116	-22.1	0.6	-0.1
电视接收器	31599	-33.8	0.0	-0.0
音响机械	90082	8.0	0.1	0.0
音响及影像机械零部件	1090629	-14.1	0.8	-0.1
重电机械	2828190	-14.8	2.0	-0.3
通信设备	3248130	16.3	2.3	0.3
电动测量仪器	530600	-23.1	0.4	-0.1
电路等机器	6431543	-9.3	4.5	-0.4
电池	989596	-14.0	0.7	-0.1
运输机械	12978985	-21.5	9.1	-2.2
汽车	6923341	-19.8	4.9	-1.1
乘用车	6884500	-19.9	4.8	-1.1
公交车及卡车	30709	-18.9	0.0	0.0
汽车零部件	5354235	-25.8	3.8	-1.1
二轮摩托车	8365	23.4	0.0	0.0
船舶	49017	-55.8	0.0	-0.0
其他	15446073	-6.6	10.8	-0.7
科学光学仪器	10502375	-10.5	7.4	-0.8
摄影用及摄像用材料	976331	-4.0	0.7	-0.0
存储介质（含存储后的）	248751	-17.8	0.2	-0.0
总　额	142715663	-12.3	100.0	-12.3

资料来源：Global Trade Atlasよりジェトロ作成。

从不同种类产品的特征来看，第一，电气机械领域，作为对中国产智能手机所需零部件的性能和价格日渐提高趋势的一种反映，通信设备（包括零部件）和IC的出口有所增加，但是插头等电路机器、重电机械等的出口均呈减少态势。

第二，一般机械领域，其主要产品之一即多工序自动数控机床（金属加工机械），受上年因智能手机特需而出现急剧增长的反弹影响，出口数量大幅减少三成左右，出口金额也有所减少。

第三，化学制品和钢铁等原料类制品领域，作为对市场状况的反映，几乎所有种类产品的价格都出现了下降，导致出口额减少。

第四，运输机械领域，乘用车的出口从上年超过两成的增长之势（包括数量和金额），转为数量减少一成、金额减少两成。但是，客货两用车表现良好（数量增长两成），其中2015年10月开始被归为减税措施实施对象的小型车的出口增长5.4倍，成为下半年出口的主要牵引力。

第五，食品领域，占比达三成的虾夷盘扇贝的出口急剧增长，其中数量增加1.9倍，金额增加五成。

（二）进口的特征

2015年，日本自华进口总额较2014年减少11.3%，为1605.7043亿美元，从上年的维持原状转为减少。在自华进口中占据前五位的产品分别是：①电气机械（467.3974亿美元，同比减少11.4%，所占比重为29.1%，贡献度为-3.3）；②一般机械（263.6725亿美元，同比减少14.8%，所占比重为16.4%，贡献度为-2.5）；③原料类制品（189.2036亿美元，同比减少10.5%，所占比重为11.8%，贡献度为-1.2）；④服装及同类附属产品（189.0617亿美元，同比减少13.1%，所占比重为11.8%，贡献度为-1.6）；⑤化学制品（92.6826亿美元，同比减少5.6%，所占比重为5.8%，贡献度为-0.3）（参见表6-3）。

表6-3 2015年日本不同种类产品的自华进口

单位：1000美元，%

产品	金额	增长率	所占比重	贡献度
食品	8056162	-8.7	5.0	-0.4
鱼贝类	2362646	-7.1	1.5	-0.1
虾	75186	-39.8	0.1	-0.0
肉类	977436	-20.3	0.6	-0.1
谷物类	333554	1.4	0.2	0.0
蔬菜	2324309	-5.4	1.5	-0.1
水果	683247	-6.6	0.4	-0.0
原材料	1814528	-14.5	1.1	-0.2
木材	195591	-23.1	0.1	-0.0
有色金属矿物	11852	-21.2	0.0	0.0
铁矿石	78	32.2	0.0	0.0

续表

产品	金额	增长率	所占比重	贡献度
大豆	35282	-10.2	0.0	0.0
矿物燃料	872842	-20.8	0.5	-0.1
原油及粗油	17506	—	0.0	0.0
石油制品	177085	-25.9	0.1	-0.0
汽油	38639	31.0	0.0	0.0
液化天然气	—	—	—	—
液化石油气	803	60.3	0.0	0.0
煤	185055	-25.5	0.1	-0.0
化学制品	9268264	-5.6	5.8	-0.3
有机化合物	2852748	-3.2	1.8	-0.1
医药品	742943	3.4	0.5	0.0
原料类制品	18920362	-10.5	11.8	-1.2
钢铁	1527856	-29.3	1.0	-0.4
有色金属	1703632	-13.8	1.1	-0.2
金属制品	5507059	-3.5	3.4	-0.1
织物用纱线及纺织产品	4532820	-8.8	2.8	-0.2
非金属矿物制品	2409004	-10.0	1.5	-0.2
木制品等(除家具)	1261584	-13.8	0.8	-0.1
一般机械	26367252	-14.8	16.4	-2.5
发动机	1248607	34.2	0.8	0.2
计算机类(含配套设备)	12296421	-21.1	7.7	-1.8
计算机类零部件	2818610	-13.8	1.8	-0.3
电气机械	46739740	-11.4	29.1	-3.3
半导体等电子零部件	5690795	-20.2	3.5	-0.8
IC	1205610	-7.0	0.8	-0.1
光伏电池	3717228	-24.3	2.3	-0.7
音响影像机械(含零部件)	5575280	-14.6	3.5	-0.5
影像录放机械	1260203	-14.3	0.8	-0.1
重电机械	2848528	-12.6	1.8	-0.2
通信设备	18788470	-8.7	11.7	-1.0
电子仪表仪器	1089325	-6.9	0.7	-0.0
运输机械	4029920	-8.3	2.5	-0.2
汽车	36535	-18.8	0.0	0.0
汽车零部件	2671601	-6.9	1.7	-0.1
飞机类	12103	18.2	0.0	0.0
其他	44501361	-10.9	27.7	-3.0
科学光学仪器	2858869	-6.0	1.8	-0.1
服装及同类附属产品	18906172	-13.1	11.8	-1.6
家具	3757993	-9.2	2.3	-0.2
包装类	2446062	-10.4	1.5	-0.2
总　额	160570431	-11.3	100.0	-11.3

资料来源：Global Trade Atlas よりジェトロ作成。

从不同种类产品的特征来看，第一，电气机械领域，虽然自9月以后智能手机等移动电话终端的进口从数量和金额上都较上半年有明显的增加，但从全年来看，其进口数量与上年基本持平，金额还减少了一成。上年进口金额增长了近六成的光伏电池，则受太阳光发电收购价格降低的影响而出现进口数量减少，进而导致进口金额减少了两成。

第二，一般机械领域，笔记本电脑和平板型终端等可移动自动数据处理机的进口，受2014年需求急剧扩大（提高消费税率和微软停止支持XP系统之前）的反弹影响，减少了两成多。

第三，服装及同类附属产品的进口延续上年的减少趋势，比上年减少一成。究其原因，主要是自越南、印度尼西亚、孟加拉国等亚洲新兴国家的进口增加，使之前集中于中国的生产进一步向外转移。

（三）中国在日本对外贸易中所占的比重

根据日本财务省的贸易统计，2015年，中国在日本对外贸易总额中所占的比重为21.2%，较2014年扩大了0.7个百分点（参见表6-4）。其中，出口下降了0.8个百分点为17.5%，进口增加了2.5个百分点，为24.8%。中国在日本对外贸易总额和自外进口中所占的比重都创历史新高，分别继续维持着日本贸易总额（自2007年来第9年）和进口总额第一（自2002年来第14年）的地位。就出口而言，则居于美国之后排名第二，对日本对外出口减少（9.5%）的贡献度最大（-2.5）。

表6-4 2015年日本贸易伙伴排名前五的国家和地区

单位：百万美元，%

国家或地区	金额	增长率	占比	贡献度
出 口				
美　　国	125825	-2.3	20.1	-0.4
中　　国	109286	-13.6	17.5	-2.5
韩　　国	44072	-14.5	7.1	-1.1
中国台湾	36948	-7.7	5.9	-0.4
中国香港	35010	-8.2	5.6	-0.5
欧　　盟	65989	-8.0	10.6	-0.8
东　　盟	95052	-9.2	15.2	-1.4
总　　额	625040	-9.5	100.0	-9.5

续表

国家或地区	金额	增长率	占比	贡献度
进 口				
中 国	160570	-11.3	24.8	-2.5
美 国	66537	-6.8	10.3	-0.6
澳大利亚	34874	-27.6	5.4	-1.6
韩 国	26816	-19.7	4.1	-0.8
沙特阿拉伯	25069	-47.3	3.9	-2.8
欧 盟	71221	-7.9	11.0	-0.8
东 盟	98211	-15.3	15.1	-2.2
总额	648596	-20.2	100.0	-20.2
合 计				
中 国	269856	-12.2	21.2	-2.5
美 国	192362	-3.9	15.1	-0.5
韩 国	70888	-16.6	5.6	-0.9
中国台湾	60215	-6.4	4.7	-0.3
泰 国	48414	-8.9	3.8	-0.3
欧 盟	137211	-8.0	10.8	-0.8
东 盟	193262	-12.4	15.2	-1.8
总 额	1273636	-15.3	100.0	-15.3

资料来源：Global Trade Atlasよりジェトロ作成。

二 2016年日中贸易的前景

（一）出口的前景

第一，电气机械领域，受智能手机市场增长放缓等的影响，不能期待半导体等电子零部件的出口有大幅增加，但是可以认为，随着产品性能的提高，每一单位产品的零部件数量增加和价格提高将带来一定的需求。

第二，一般机械领域，占比较高的多工序自动数控机床等智能手机制造相关设备将不会出现2014年那样的特需，但是引入智能手机新款产品时将催生需求。另外，中国存在推动工厂自动化和节省人工的要求，对机床的需求依然坚挺，需要自外部进口。

第三，化学制品和钢铁等原料类制品，不能期待因原油价格下跌、中国经济增长减速以及过剩生产等所导致的原材料市场很快转降为升，日本在该领域的出口将持续减少趋势。

第四，运输机械领域，虽然中国以小型车辆（对2015年下半年的乘用车出口微增做出贡献）为实施对象的减税措施将持续到2016年底，但是中国经济增长存在减速风险，业界对汽车销售前景的预测也仅止于一位数的增长，所以日本在该领域的出口也将仅仅维持微增。

（二）进口的前景

第一，服装及同类附属产品，因中国劳动成本上涨而出现的向低工资水平国家转移生产的倾向将进一步强化，来自中国的进口将继续维持减少趋势。

第二，2015年因为2014年特需消失而出现进口大幅减少的光伏电池，以及笔记本电脑和平板型终端等可移动自动数据处理机，和2015年相比进口需求将有所恢复。

第三，化学制品和钢铁等原料类制品，不能期待因原油价格下跌、中国经济增长减速以及过剩生产等导致下跌的进口价格很快出现反转，因此很难成为促成进口额增长的因素。

综合考虑上述情况可以认为，2016年日中贸易总额将继续维持减少倾向。自华进口超过对华出口的状况不会发生改变，日本对华贸易连续五年出现赤字的可能性很大。

三 日本对华直接投资的动向

根据2016年1月20日中国商务部公布的资料①，2015年的外国对华直接投资（不包括银行、证券和保险等领域），签订合同数为26575件，比2014年增加了11.8%，连续两年增长；实际使用资金额同比增长6.4%，达7812.5亿元人民币（折合美元为1262.7亿美元），连续三年呈增长态势（参见表6-5）。而且，根据联合国贸易和发展会议（UNCTAD）2016年1月20日发表的报告 *Global Investment Trends Monitor*，2015年中国吸收外部直接投资同比增长6%，达1360亿美元，全球排名第三。

---

① 本文中所采用的中国吸收的外国直接投资数据，基于中国商务部网站"中国投资指南"中的新统计基准。2009年8月以前的原有统计中，来自各国和地区的投资金额不包括经由"避税天堂"的资金，此后的新统计数据则包括这部分内容。

表6-5 不同国家和地区的对华直接投资

单位：百万美元，%

排名	2013年				2014年				2015年			
	国家或地区	实际使用资金额	占比	同比增长率	国家或地区	实际使用资金额	占比	同比增长率	国家或地区	实际使用资金额	占比	同比增长率
1	中国香港	78302	66.6	9.8	中国香港	85740	71.7	9.5	中国香港	92670	73.4	8.8
2	新加坡	7327	6.2	12.1	新加坡	5930	5.0	-19.1	新加坡	6970	5.5	17.5
3	日本	7064	6.0	-4.3	中国台湾	5180	4.3	-1.3	中国台湾	4410	3.5	-14.1
4	中国台湾	5246	4.5	-15.2	日本	4330	3.6	-38.8	韩国	4040	3.2	1.8
5	美国	3353	2.9	7.1	韩国	3970	3.3	29.8	日本	3210	2.5	-25.2
6	韩国	3059	2.6	-0.2	美国	2670	2.2	-20.4	美国	2590	2.1	-2.0
7	德国	2095	1.8	42.4	德国	2070	1.7	-1.2	德国	1560	1.2	-24.6
8	荷兰	1281	1.1	12.0	英国	1350	1.1	28.0	法国	1220	1.0	71.8
9	英国	1039	0.9	0.8	法国	710	0.6	-6.8	英国	1080	0.9	-20.0
10	法国	762	0.6	n.a.	荷兰	640	0.5	-50.1	中国澳门	890	0.7	53.4
	其他	8058	6.9	-16.1	其他	6970	5.8	-13.5	其他	7630	6.0	9.5
	全球合计	117586	100.0	5.3	全球合计	119560	100.0	1.7	全球合计	126270	100.0	6.4

注：由于2014年以后的数据是以1000万美元以上的单位公布的，所以存在占比和增长率与实际数值有差异的可能性。n.a.表示无数据。

资料来源：商務部「中国投资指南」ウェブサイトおよび2016年1月20日の商務部定例記者会見における発言を基に作成。

（一）不同国家或地区的动向

从不同的国家或地区来看，排名第一的是中国香港，对中国内地直接投资较上年增加了8.8%，为926.7亿美元，所占比重超过七成，达到73.4%。究其原因，主要是在日美等对华投资均呈减少态势之际，中国香港的实际使用资金额维持了增长态势。

第二位是新加坡，达到69.7亿美元，较上年增加了17.5%；第三位是中国台湾，同比减少14.1%，达44.1亿美元；第四位是韩国，同比增长1.8%，达40.4亿美元。日本对华直接投资连续两年出现了两位数的负增长，2015年较上年大幅减少25.2%，达32.1亿美元，其排名也从2014年的第四位降至第五位。

而按照日本财务省的国际收支统计，2015年的日本对华直接投资，较上年大幅增长48.5%，达10685亿日元，占比也从2014年的5.6%扩大至6.7%（按速报值计算）。另外，中国在日本对不同国家或地区直接投资中的排名也从上年的第四位上升至第三位（参见表6-6）。

表6-6 日本对不同国家或地区的直接投资变化

单位：亿日元，%

排名	2013年 国家或地区	金额	占比	同比增长率	2014年 国家或地区	金额	占比	同比增长率	2015年 国家或地区	金额	占比	同比增长率
1	美国	42964	32.4	67.8	美国	44912	35.2	n.a.	美国	53052	33.2	18.1
2	英国	13085	9.9	38.0	英国	9029	7.1	n.a.	英国	18918	11.8	109.5
3	泰国	10132	7.6	2083.6	新加坡	8121	6.4	n.a.	中国	10685	6.7	48.5
4	中国	8870	6.7	-17.6	中国	7194	5.6	n.a.	荷兰	10036	6.3	201.0
5	荷兰	8468	6.4	24.1	泰国	5505	4.3	n.a.	澳大利亚	9003	5.6	102.1
6	澳大利亚	5640	4.3	-35.1	印度尼西亚	4705	3.7	n.a.	新加坡	7915	5.0	-2.5
7	巴西	3932	3.0	19.7	澳大利亚	4454	3.5	n.a.	开曼群岛	5272	3.3	364.1
8	印度尼西亚	3821	2.9	25.7	巴西	3539	2.8	n.a.	泰国	4333	2.7	-21.3
9	新加坡	3550	2.7	176.7	韩国	3334	2.6	n.a.	印度尼西亚	4300	2.7	-8.6
10	韩国	3220	2.4	0.7	荷兰	3328	2.6	n.a.	卢森堡	3675	2.3	31.6
	东盟	23331	17.6	171.7	东盟	21770	17.1	n.a.	东盟	24137	15.1	10.9
	欧盟	30432	23.0	31.5	欧盟	26185	20.5	n.a.	欧盟	41386	25.9	58.1
	全球合计	132485	100.0	35.5	全球合计	127682	100.0	n.a.	全球合计	159884	100.0	25.2

注：1. 2015年的数据为速报值。n.a. 表示无数据。
2. 由于调整了国际收支统计的基准，2013年以前和2014年以后的数据不具有连续性。
资料来源：财务省「国際収支統計」を基に作成。

日本和中国的统计数据之所以出现如此大的差距，很大程度上是因为统计范围和统计方法有差异。一方面，日本方面的统计是以国际收支为基础进行的，直接投资包括：①"股票资本"（投资企业的股票、分店的出资份额、其他资本捐赠）；②"再投资收益"（投资企业未分配收益中，投资家根据出资比例所获部分，以及还未向投资家汇款的分店收益）；③"其他资本"（上述两项不包括的投资家与投资企业以及分店之间的资本交易，比如，母公司与子公司间的资金借贷以及股票以外的证券买卖等）。另一方面，中国方面的统计多以实际使用金额为基础进行，日本方面统计中所谓的股票资本部分所占比重有所提高。

根据日本方面的统计，日本对华直接投资有所增加，其主要原因在于，虽然新的投资很少，但是已进入中国市场的日资企业业绩表现出上升倾向，内部留存资金有所增加。实际上，2015年1~9月日本在华直接投资收益较上年同期急剧增长70.8%，达到了11159亿日元。①

（二）对华直接投资减少的原因

中国方面统计的日本对华直接投资之所以减少，除了成本上涨和中国经济增长减速等经济环境的变化以外，还存在对2011~2012年投资大幅增加的反弹的因素。根据中国商务部的统计，日本对华直接投资，在2011年同比急剧增长49.6%，达到63.48亿美元，2012年增长16.3%，达到73.8亿美元，创历史最高纪录。究其背景，包括：伴随日元升值出现本地生产对出口的替代，以及因为东日本大地震的发生导致供应链断裂而出现的以分散风险为目的的生产据点积极向中国转移等。

但是，2013年以后日元汇率转向贬值，与在中国投资进行本地生产相比，还是出口方式更为有利。另外，以人民币计价的话，投资成本较日元升值时更高，这也对日本对华直接投资造成了负面影响。而且，毋庸置疑，中日关系的恶化也造成了消极影响。总之，可以认为，日本对华直接投资的减少，是上述复合因素作用的结果。

根据中国商务部的统计，截至2015年底，日本累计在华设立企业已接近5万家，实际投入金额超过千亿美元，约1018.2亿美元，居中国吸收外资来源地的第三位。

---

① 直接投资收益由"出资收入"和"利息收入"构成，其中"出资收入"占大部分。"出资收入"可以进一步分为从海外分公司获得的"红利、分红后的分店收益"和投资地当地企业等的留存收益"再投资收益"。

四 日本对华事业的未来趋势

JETRO 为把握在亚洲和大洋洲地区的日资企业活动的实态,并广泛提供其调查结果,以在该区域共计 20 个国家和地区开展业务的日资企业为对象实施"亚洲、大洋洲日资企业实态调查",每年进行一次。2015 年度的调查于 2015 年 10~11 月进行,收回了共计 4635 家企业的有效回答问卷,其中,中国有 874 家企业。① 在此,以本次调查的结果为基础,对日资企业对华开展事业未来的方向进行验证。

(一)日资企业开展事业的方向

在"亚洲、大洋洲日资企业实态调查"中,当被问及"今后开展事业的方向"时,在中国的日资企业中,回答"扩大"的企业,在 2011 年度的调查中超过了六成,2012 年受涉日游行等的影响降至 52.3%,2013~2014 年度没有出现明显的回升,2015 年度更跌破四成,为 38.1%(参见图 6-1)。在华日资企业回答"扩大"的占比不到四成,这在 1998 年开启此项调查以来尚属首次。

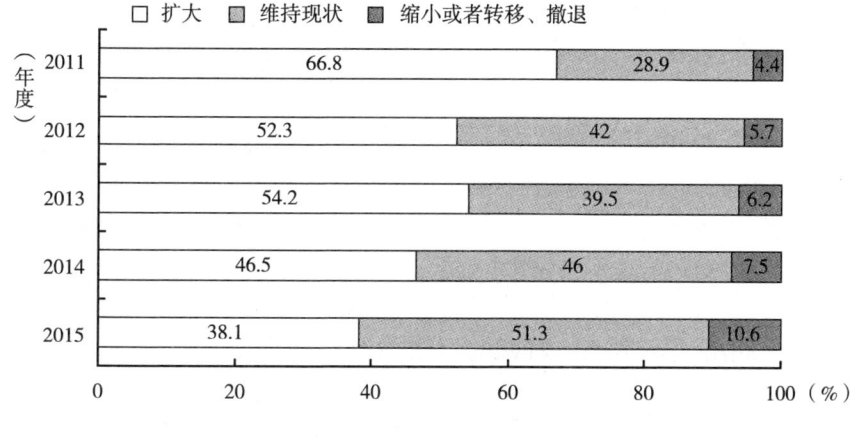

图 6-1 今后开展事业的方向

资料来源:JETRO「在アジア・オセアニア日系企业实态調查」、2015 年度調查。

---

① "亚洲、大洋洲日资企业实态调查"的结果参见:JETRO, http://www.jetro.go.jp/world/repotrts/2015/01/4be53510035c0688.html。

此外，回答"维持现状"的企业占比2015年较2014年增加了5.3个百分点，为51.3%，超过五成。回答"缩小或者转移、撤退"的企业占比为10.6%，较上年增加了3.1个百分点。虽然比例较低，但是回答"缩小或者转移、撤退"的企业存在逐年递增的迹象。

虽然占比有所下降，但是仍有接近四成的在华日资企业选择了"扩大"在中国的事业发展，当问及其理由时，回答"销售额增加"（81.3%）的企业最多，其次是"增长率、增长潜力高"（49.7%）的企业，可见对市场的期待成为日资企业扩大在华事业的主要理由（参见图6-2）。

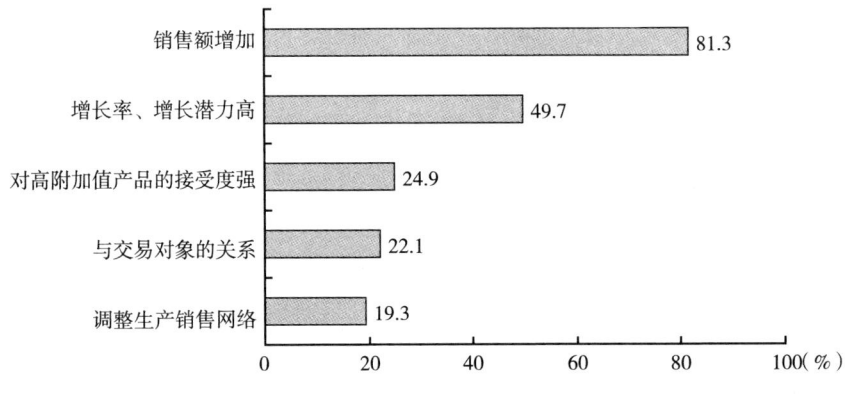

图6-2 扩大事业的理由

资料来源：JETRO「在アジア・オセアニア日系企業実態調査」、2015年度調査。

另外，针对回答"缩小或者转移、撤退"在华事业的日资企业，在问及理由时，回答"销售额减少"（67.1%）以及人工费用和筹措物资成本等"成本上涨"（63.6%）的企业增多（参见图6-3）。

（二）经济"新常态"时期的日资企业在华事业

进入中国市场的日资企业在被问及"今后开展事业的方向"时，回答"扩大"的企业占比在2015年首次跌破四成，达38.1%。但是，从不同行业和地域来看，其中也存在较大的差异。从不同行业来考察回答"扩大"的企业发现，非制造业企业的占比高于制造业企业。而且，制造业企业中的"食品"（52.4%）、"运输机械"（43.5%），以及非制造业中的"批发零售业"（50.9%）等内销型行业选择回答"扩大"的企业占比相对较高。一方面，出口型企业中

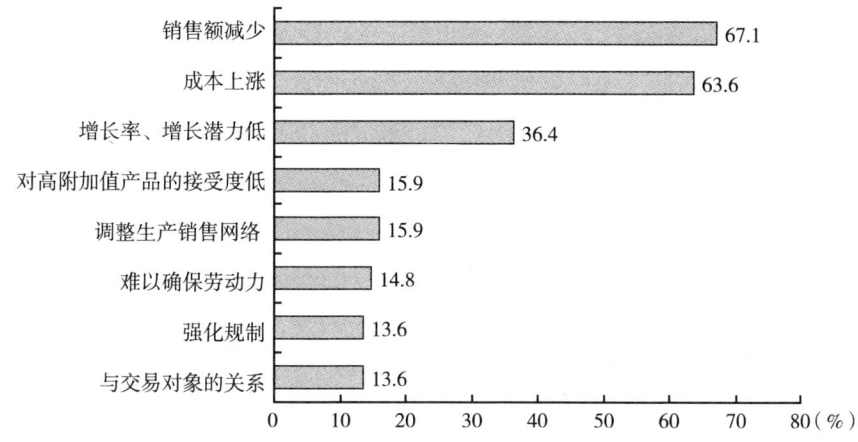

图6-3 缩小事业规模或转移、撤退的理由

资料来源：JETRO「在アジア・オセアニア日系企業実態調査」、2015年度調査。

的"纺织业"（19.2%）占比跌破两成。从不同地域来看，与大规模消费地上海邻近的"江苏省"（52.7%）、位于内地的"湖北省"（52.4%）等回答"扩大"的企业占比超过五成。另一方面，出口加工型企业较多的"山东省"（30.7%）、"辽宁省"（22.7%）表现出的拓展事业规模的意向相对较低。

经济"新常态"下的中国，一方面，存在集中对面向经济结构转型的基础设施和房地产、增强能力建设进行投资的倾向，出口也受全球经济复苏缓慢的影响而减速。另一方面，消费的增长稳定推进，电子商务也在不断扩大。对在中国发展事业的日资企业进行的问卷调查也表明，虽然日资企业也感受到了中国经济增长减速，但它们并不是一味地悲观，而是因为开展事业内容的不同而悲喜交加。日资企业也强调，"中国经济整体的红利蛋糕很大，增长率也比较高"，"需要注意不要因为经济增长率有一些减速就误判中国经济的走势"。

目前中国面临经济增长减速的问题，但是没有必要对中国经济前景过度悲观。虽然说中国经济增长存在减速倾向，但是中国政府制定的6%~7%的中高速增长率，即便在全球范围来看也还是属于高水平的，可以说，在中国推进经济增长模式转型的过程中，服务产业和消费逐渐成为新的经济增长点是很有希望的。

提及中国经济，虽然很容易强调其消极面，但是其中所体现出的积极的结构性变化也是很明显的。可以说，在不忽略这一点的基础上摸索商机，将是日资企业拓展经济"新常态"时期在华事业的关键。

（叶琳译　张季风校）

B.7
台日经贸关系：现状、课题与未来

任耀庭[*]

摘　要： 本文回顾二战后70年来台日经贸交流的发展，讨论台日经济产业关系的演变，并展望台日经贸合作的未来方向以供参考。通过台日贸易及直接投资讨论双方经贸交流的演变，并从台日间产品贸易结构探讨双方的经济产业关系，观察台日产业内贸易的进展与产业的互补性。从台日间国际收支状态考察二战后台日经济发展所形成的失衡关系及其意涵与问题。同时，还将探讨台日国际收支失衡与中国大陆的关系。

关键词： 台日贸易　台日直接投资　产业互补性　中国大陆　台日经济关系

第二次世界大战后，中国台湾地区（以下简称"台湾"）的出口导向型经济增长模式以及在此过程中借由贸易以及海外直接投资（Foreign Direct Investment, FDI）的国际上的经济资源转移及波及效果等实现的经济发展，印证了市场经济下现代经济成长（Modern Economic Growth, MEG）的可行性。台湾经济在二战后渐进式的自由化进程中与世界经济逐步接轨并获取了所谓的后发效应，造就了工业化经济发展的东亚范例。不仅是台湾地区，整个东亚经济，从日本开始，通过开放改革得以接收美欧的经济资源转移并由贸易获取经济发展的利益，呈雁行形态发展。东亚经济也成为现代经济发展理论特别是对外贸易、海外直接投资与经济发展相关理论的实证对象。

---

[*] 任耀庭，淡江大学亚洲研究所教授，主要研究领域：国际经济、投资、贸易等。

一 台日经贸合作的历史回顾

中国台湾地区（以下简称"台湾"）在二战后的经济发展，和其他东亚雁行形态发展的成员经历了相似的路径。1959 年之前，台湾曾经施行进口限制、复式汇率、政府补贴等幼稚产业保护政策措施，经历了二战后非耐用消费品的第一次进口替代型工业化过程。这种进口替代型工业化的保护措施导致了当时台湾经济的低效率性和通货膨胀。为脱离此困境并吸引国外的资本及技术，台湾于 1959 年制定了"19 条财经改革措施"，包括降低关税税率、放宽进口限制、进行单一汇率改革等，将经济发展策略调整转变为出口导向型政策。1960 年，台湾公布《鼓励投资条例》，实施租税减免政策以吸引外资，并开放部分资本市场，1966 年还开始在高雄设立出口加工区鼓励出口。可以说，台湾是东亚地区各经济体中较早开始实施自由化改革措施的。①

二战后台湾的出口导向型工业化发展过程中，出口增长带动经济成长，进口增长推动出口的扩张，形成了良性循环。在战后台湾经济的发展中，日本扮演了经济资源供给者、产品出口市场吸纳者等重要角色。本节将从直接投资及贸易、产品贸易结构来讨论二战后台日经贸交流的发展与演变以及双方的经济产业关系。

（一）台日间直接投资

在二战后台湾的经济发展及其与日本的经贸交流过程中，海外直接投资与技术的交流始终扮演关键的角色。作为东亚经济体工业化雁行发展的一环，台湾的经济发展受惠于美欧及日本的直接投资、技术转移及市场开放所带来的经济利益。

首先，1953～1968 年间规模达 40 亿美元的美国政府开发援助（Official Development Assistance, ODA）扮演了重要角色。其中，60% 属于军事援助，40% 为经济援助，经济援助主要用于 1954 年生效的《第 480 号公法》（PL-480）涉及的粮食援助及 1953～1960 年电力、运输、开矿等经济基础设施的整

---

① 相对于 20 世纪 80 年代 IMF 倡议、后来被称为"华盛顿共识"（Washington Consensus）的自由化改革，Ranis 称台湾 20 世纪 60 年代就开始的自由化改革为"台湾共识"（Taiwan Consensus）。Ranis Gustav, "Taiwan's success and vulnerability," Ash Robert and J. Megan Greene eds., *Taiwan in the 21th Century*, New York: Routledge, 2007, p. 41.

备。就 ODA 形式而言，90% 为无偿赠予，10% 为借款。

1965 年 6 月美国实质性停止对台经济援助。在此之前，① 日台于 1965 年 4 月 26 日签订协议，确定日本以 ODA 形式对台提供规模达 1.5 亿美元的首笔日元借款，主要用于 1965～1968 年台湾第四期经济建设计划中的产业机械设备进口。其后通过"台日技术合作计划"（1961～1976），日本累计派遣 380 名技术人员赴台协助开展教育培训。② 日本成为台湾主要的 ODA 供给国之一，日本的 ODA 发挥了促进日资企业对台实施 FDI 的催化剂功能，是日本对台湾二战后经济发展的衍生贡献。1966 年台湾推出出口工业区及出口退税等鼓励出口的相关措施，加上日本 ODA 日元借款的催化作用，吸引了当时苦于国内人工工资水平高涨的日本企业特别是家电、制药、纺织等产业的对台投资。

据统计，1952 年至 2014 年底，台湾吸收的外来直接投资累计达 1321.48 亿美元，其中来自亚洲地区的投资最多，占 29.28%，欧洲次之，为 25.83%，北美洲占 18.2%。其中，日本对台湾的直接投资累计 182.69 亿美元，共 8616 件，占台湾吸收外来直接投资总金额的 13.8%，投资件数总量（39711 件）的 21.7%。从投资金额而言，仅次于美国的 234.99 亿美元（占比为 17.8%）及荷兰的 207.04 亿美元（占比为 15.67%），但就投资件数而言则多过美国的 5586 件（14.1%）及荷兰的 565 件（1.4%）。从二战后台湾吸收外来直接投资金额排名来看，截至 20 世纪 90 年代美国一直居首，日本次之，2000 年以后荷兰急剧增加跃居第二位，日本则退居第三。

从表 7-1 可知，二战后日本制造业对台湾的直接投资，如前述肇始于 20 世纪 60 年代台湾转向出口导向型策略，推行鼓励出口政策，加上日本国内劳动力工资等生产成本上涨的影响及日本对台湾提供 ODA 日元借款，日本对台湾直接投资快速增加，70 年代中期后受国际石油价格高涨的成本推动型通膨所带动而增速加快。之后，1985 年 G5 "广场协议"（Plaza Accord）之后日元大幅升值，日本对台湾的直接投资呈现出了跳跃式增长。

"广场协议"后日元汇率从 1985 年的 1 美元兑 250 日元，大幅升至 1988 年的 1 美元兑 125 日元的水平，日本对台直接投资也明显快速增加。20 世纪 80 年代，日本对台直接投资金额为 25.67 亿美元，占同期台湾吸收外资总金额的 29.52%，

---

① 但是粮食的 PL480 援助仍然持续。
② 此计划累计派遣技术人员超过联合国的技术援助计划（1952～1971）的 348 名。同计划下日本亦协助台湾建立台湾南北两处的产业教育训练中心，并捐赠相关设备。

表7-1 日台直接投资

单位：件，1000美元，%

时期	日本对台湾直接投资					台湾对日本直接投资				
	项目总数	总金额	项目平均金额	项目总数占比	总金额占比	项目总数	总金额	项目平均金额	项目总数占比	总金额占比
1952~1959	19	4370	230	26.39	21.66	0	0	0	0.00	0.00
1960~1969	387	69032	178	36.48	17.25	0	0	0	0.00	0.00
1970~1979	480	342185	713	32.15	18.37	5	750	150	4.95	1.44
1980~1989	955	2567435	2688	35.57	29.52	15	6095	406	3.55	0.42
1990~1999	1615	5495636	3403	27.85	21.13	175	296001	1691	3.59	1.45
2000~2009	2654	7573155	2853	17.98	10.80	300	981657	3272	4.18	2.40
2010~2014	2506	2217138	885	18.10	8.86	153	2232863	14594	8.79	8.23
1952~2014	8616	18268951	2120	21.70	13.82	648	3517367	5428	1.63	2.66

资料来源：《核准华侨及外国人投资分地区统计》《核准对外投资分地区统计》，http://www.mceaic.gov.tw/system_external/ctlr?PRO=DownloadFile&t=4&id=772。

投资项目数为955件，占投资项目总数的35.57%，每一投资项目的平均金额从20世纪70年代的71.3万美元跃升至268.8万美元。另外，整个80年代，台湾平均每年吸收日本直接投资2.56亿美元，与70年代（0.34亿美元）相比增长了7.5倍，投资项目数每年平均96件，增长了2倍。其中，1980~1985年台湾平均每年吸收日本直接投资项目33件，1986~1989年增加至190件，年均吸收日本直接投资金额从1.27亿美元增加至4.5亿美元。进入20世纪90年代，台湾吸收日本直接投资继续增加，金额达54.96亿美元，占同期台湾吸收外来直接投资总金额的21.13%，投资项目数为1615件，占同期投资项目总数的27.85%，平均每一投资项目吸收的金额从80年代的268.8万美元跃升至340.3万美元，投资项目数每年平均162件，是80年代的1.7倍，合计而言，台湾平均每年吸收日本直接投资5.5亿美元，是80年代的2倍。2000~2009年，日本对台湾的投资持续增加，总金额达75.73亿美元，但因荷兰2005年后对台投资大幅增加，日本对台直接投资占台湾吸收外资金额的比重降至10.8%，投资项目数为2654件，占比17.98%，平均每件投资金额从20世纪90年代的340.3万美元降至285.3万美元。在这一时期，日本对台平均每年投资7.5亿美元，为90年代年均投资额的1.4倍，年均投资项目数为265件，是90年代的1.6倍。2010~2014年，日本对台直接投资金额增长幅度渐缓，计22.17亿美元，占台湾吸收外资总额的8.86%，投资项目数为2506件，占比18.1%，每一投资项目的金额进一步降至88.5万美元。2010~2014年,台湾平均每年吸收日本投资2.2万亿美元,仅相当于2000~2009年平均值的29.3%,年均投资项目数却占到2000~2009年平均值的95%,为251件。

从二战后日本对台湾直接投资金额的演变可看出,1985年"广场协议"后至1990年日本泡沫经济崩溃、1995年至1997年亚洲金融危机以及2007年国际金融危机爆发前的2002年至2006年是三个主要的增长阶段。就投资项目件数的演变而言,也经历了日本泡沫经济崩溃前的1989年、台湾加入WTO至世界金融风暴爆发前的2007年以及之后的2012~2013年三个波段的上升。其中,2000年后日本对台投资项目数的大幅增加及投资项目平均金额的减低,可以认为是日本中小企业投资的增加所导致的。原因有二:一是台湾产业升级吸引日本拥有独特竞争力的中小企业的核心技术转移;二是实现了特别是电子科技产业、流通服务业等供应链上的中下游产业,包含大中小型企业团队式对台投资的产业集聚效果。

20世纪90年代后,台湾的工资等生产成本开始高涨,劳动密集型制造业纷纷转移至中国大陆进行生产。此时期日本企业对台湾直接投资的增加,一方面是回应台湾经济服务化的发展所需,主要投资对象产业由制造业转向流通、零售等服务业;另一方面,制造业的投资配合了台湾产业技术的提升,投资由劳动密集型产业转向高科技高附加值型产业。

与此相对,台湾对日本的直接投资,1952年至2014年底累计35.17亿美元,占台湾对中国大陆以外的国家和地区直接投资总额的2.7%,投资项目数累计648件,占比1.6%。尤其是在2000年以后,台湾对日本的直接投资快速增长,2000~2014年投资金额达32.15亿美元,占二战后累计金额的91%,投资项目数为453件,占比70%。特别是2011年东日本大地震后配合日本国内供应链重建及产业结构重组过程的台湾直接投资,后者如2012年台湾鸿海对日本夏普(Sharp)的大型投资参与了日本TFT-LCD产业的重组,以及近年安倍新经济政策下日元大幅贬值吸引台湾投资的显著增长,都值得关注。2010~2014年,台湾对日本投资22.32亿美元,占台湾对中国大陆以外的国家和地区直接投资总额的8.23%,投资项目数为153件,占比8.8%,每一投资项目的平均金额为1459.4万美元,是二战后平均水平的2.69倍。

(二)台日间贸易

1. 二战后台日间贸易持续增长

二战后台日间进出口贸易的增长深受日本对台湾FDI进展的影响。日本对台

FDI 在帮助台湾推进进口替代型工业化发展的过程中,首先诱发台湾对日资本产品及零部件进口的增加,随着台湾投资企业经营效率、生产效率的提升及出口能力的增强,也带动了台湾对日本出口的增长。

台湾对日本的贸易额在 20 世纪 60 年代初期为 0.136 亿美元,中期增加到 3.75 亿美元,70 年代超过 70 亿美元,80 年代超过 200 亿美元,90 年代超过 400 亿美元,2005 年超过 600 亿美元,2010 年超过 700 亿美元。其中,台湾对日本的进口与出口均持续扩大。就自日进口而言,20 世纪 60 年代初期为 0.056 亿美元,中期增加到 2.17 亿美元,70 年代末超过 50 亿美元,80 年代末超过 150 亿美元,90 年代中期突破 280 亿美元,2000 年超过 350 亿美元,2005 年超过 400 亿美元,2010 年超过 500 亿美元。从对日出口来看,20 世纪 60 年代初期为 0.08 亿美元,中期增加到 1.57 亿美元,70 年代超过 20 亿美元,80 年代超过 80 亿美元,90 年代中期突破 140 亿美元,2005 年超过 180 亿美元,2010 年超过 230 亿美元。即便 20 世纪 90 年代以后日本经济长期景气不振,但是台湾对日本贸易尤其是进口仍然持续增长。(参见表 7-2)

表 7-2 台日贸易演变

单位:百万美元,%

年份	台湾对日出口	台湾自日进口	台湾对日贸易在日本对外贸易中占比		
			进出口	对日出口	自日进口
1961	8.03	5.64	2.61	3.99	1.75
1965	157.32	217.92	37.27	35.00	39.11
1970	250.76	700.42	32.18	17.56	45.85
1975	812.09	1823.97	23.41	15.32	30.61
1980	2293.37	5141.36	18.78	11.56	26.03
1985	3385.51	5021.43	16.51	11.00	24.95
1990	8541.15	15466.17	19.67	12.70	28.23
1995	14352.20	28918.89	19.98	12.70	27.93
2000	17900.51	35941.54	18.44	11.83	25.56
2005	18064.15	43578.16	16.18	9.10	23.86
2010	23125.12	52470.98	14.38	8.42	20.89
2014	24273.97	39959.02	10.93	7.74	14.58

注:1. 台湾对日出口比重:台湾对日出口金额占台湾出口总额的比重。
2. 台湾自日进口比重:台湾自日进口金额占台湾进口总额的比重。
3. 台湾对日贸易比重:台湾对日进出口金额占台湾进出口总额的比重。

2. 对日贸易在台湾经济的出口导向型增长中的重要性及演变

就台湾对日贸易而言，其占台湾对外贸易总额的比重，尤其是在20世纪90年代以后由于台湾对日贸易的增长低于台湾对世界贸易的增长，所以持续降低。台湾对日贸易占台湾对外贸易总额的比重在20世纪60年代最高，接近40%，其后随着台湾贸易对象特别是出口对象的多元化，对日贸易占比在70年代降至30%，80~90年代更跌至20%的水平，2000年后尤其是受台湾与中国大陆贸易激增的影响进一步降低，2010年降至14.3%，2014年为11%。其中，台湾的对日出口，虽然金额有所增加，但是所占比重从60年代的35%降至90年代的12%，2000年后台湾对大陆地区出口大幅增加，对日出口退居中国大陆、美国、中国香港、新加坡之后，所占比重更下降至10%以下，2014年仅为8%。此外，台湾自日进口在台湾进口总额中所占的比重，20世纪60年代高达40%以上，其后虽然也持续减低，但因对日进口金额比出口金额的增加幅度大，所以70年代下降至30%，80~90年代维持在25%~30%，2000年后才减低至20%~25%的水平，2014年日本在台湾进口对象排名中的龙头地位首次被中国大陆超越，所占比重降至14.6%，但日本仍是台湾极为重要的进口来源地。日本是二战后台湾资本产品、关键零部件的重要供给源，也是支撑台湾出口成长的支柱。

二 台日经贸合作的现状、特点分析

（一）台日间产品贸易结构

贸易结构与国内生产结构是经济的一体两面，产品贸易结构的变化反映国内生产结构的变化。以下将基于台日货物贸易品目结构来观察双方产业结构的关系演变。

由表7-3可知，台湾对日出口在20世纪60年代约80%集中于食品活畜，其后这一比例逐年降低，70年代约为40%、80年代约为30%、90年代为约20%。相对的，工业制品对日出口所占比重逐年上升，60年代为6%、70年代为45%、80年代为58%、90年代为73%，2000年后接近85%。

在台湾对日出口的食品活畜中，农渔畜产品结构也随着日本市场需求及台湾生产技术能力的提升而变化：60年代，香蕉蔬果占36%，砂糖占26%；70年代，蔬果罐头加工占15%，生鲜及加工鳗鱼、草虾、生鲜及冷藏鱼贝类等占

10%，砂糖占 5%，冷冻猪肉等占 4%；80 年代，生鲜及冷藏鱼贝类等占 16%，蔬果罐头加工占 8%，冷冻及加工猪肉等占 6%；90 年代，生鲜及冷藏鱼贝类等占 9.5%，冷冻及加工猪肉等占 8%，蔬果罐头加工占 2.6%。

而在对日工业制品出口中，20 世纪 70 年代，彰显台湾比较优势的劳动密集型生产原料制品及杂项制品开始抬头，各占对日出口总额的 14.76%、18.89%，80 年代各占 13.86%、26.41%，90 年代各占 14.23%、20.05%，皆为台湾对日工业制品出口的主力。90 年代，机械运输设备的办公资料处理机器及电机电子设备的对日出口也开始崛起，各占 12.0%、11.7%。2000 年以后，机械运输设备的出口占比近 50%，其中电机电子设备超过 30%，特别是关键零部件的热离子冷或光阴极管半导体发光二极管等，2000～2009 年的占比为 26%，2010～2014 年为 32%，资本技术密集型制品成为台湾对日本出口工业制品的主力。

从台湾自日进口来看，二战后台湾的自日进口集中在工业制品领域，比重超过 90%。其中，化工制品约占 15%，原料制品占二三成，机械运输设备占四五成，2000 年后，原料制品、机械运输设备在台湾自日进口中所占的比重呈现下降趋势。机械运输设备中的关键零部件——热离子冷或光阴极管半导体发光二极管等（776）的进口比重自 20 世纪 90 年代开始明显增加，占 12.95%，2000～2009 年为 11.26%，2010～2014 年为 13.64%，与特种产业机械（72）的资本技术密集型制品并列为台湾自日进口的主力。

2000 年后，日本对台湾出口中工业制品占 90%，对台湾进口中工业制品占 84%，其中机械运输设备都占 50%。在机械运输设备中，20 世纪 60～80 年代日本曾大量出口台湾的电讯音响机器及 1980～2009 年大量出口的办公资料处理机器，分别在 80 年代及 90 年代后变成台湾对日出口的新兴制品。日本对台出口逐渐集中于特种产业机械及电机电子设备，而台湾对日出口则集中在电机电子设备特别是电子零部件上，其中热离子冷或光阴极管半导体发光二极管等（776）在双方贸易中所占的比重都显著提高。

产品贸易结构的演变显示出，2000 年后台日贸易形态已经进化到产业内贸易以及零部件制品的贸易。产业内贸易的形态，即同一产业内不同技术层次、机能、品牌、价位的同类制品的交换形态。不仅是机械制品，台日间各种工业制品贸易在产业内贸易中所占的比重都有提升现象。① 其中有通过台日间 FDI 展开的制程及制品的国际垂直分工以及国际水平分工等产业分工形态所制造产品的

---

① 参见任耀庭《东亚区域的经济发展与日本》，《秀威信息科技》，2009，第 38 页。

交换。

表7-3 台湾对日产品贸易结构（SITCREV2）

单位：%

	1962~1969	1970~1979	1980~1989	1990~1999	2000~2009	2010~2014
出口	100.00	100.00	100.00	100.00	100.00	100.00
食品活畜(0)	78.73	40.89	31.89	21.16	5.35	3.24
非食用原材料(2)	13.50	10.33	6.71	3.38	2.37	3.05
矿物性燃料(3)	1.44	2.30	1.58	0.18	0.78	0.70
工业制品(5+6+7+8)	5.90	44.82	58.11	72.72	84.09	83.52
化工制品(5)	1.46	2.85	3.99	4.13	6.47	9.30
原料制品(6)	2.36	14.76	13.86	14.23	9.89	12.50
机械运输设备(7)	0.88	8.32	13.85	34.31	56.42	49.78
特种产业机械(72)	0.03	0.22	0.69	1.50	1.20	1.28
通用产业机器设备零件(74)	0.04	0.19	0.65	1.92	2.28	2.52
办公资料处理机器(75)	0.06	0.48	1.10	11.96	15.07	3.09
办公资料处理机器零组件(759)	0.00	0.46	0.47	3.99	7.07	1.88
电讯音响机器(76)	0.12	2.20	2.95	3.14	3.86	3.86
电讯设备(764)	0.06	1.08	1.42	2.23	3.00	3.17
电讯设备零组件(7649)	0.01	0.27	0.69	0.89	1.19	1.13
电机电子设备(77)	0.45	4.01	5.98	11.70	30.62	35.38
热离子冷或光阴极管半导体发光二极管等(776)	0.18	2.30	3.29	6.64	25.94	31.97
热离子冷或光阴极管等零件(77689)	0.00	0.02	0.35	0.32	0.29	0.53
陆用车辆(78)	0.01	0.10	0.47	2.45	2.40	2.35
陆用运输机械零件(784)	0.00	0.02	0.14	0.93	0.90	0.76
杂项制品(8)	0.12	18.89	26.41	20.05	11.31	11.94
其他商品(9)	0.32	1.45	1.55	2.49	7.35	9.35
进口	100.00	100.00	100.00	100.00	100.00	100.00
食品活畜(0)	1.53	2.04	1.93	0.94	0.70	0.90
非食用原材料(2)	5.20	5.01	2.44	1.32	1.22	1.24
矿物性燃料(3)	0.79	0.77	0.82	1.13	0.54	0.68
工业制品(5+6+7+8)	91.93	90.97	93.57	94.06	92.14	90.87

续表

	1962~1969	1970~1979	1980~1989	1990~1999	2000~2009	2010~2014
化工制品(5)	15.16	14.18	11.74	12.63	16.63	20.00
原料制品(6)	32.01	29.53	24.07	16.98	13.74	17.22
机械运输设备(7)	40.65	42.52	51.20	55.36	48.65	43.74
特种产业机械(72)	7.45	5.91	7.32	7.02	10.75	11.45
通用产业机器设备零件(74)	4.84	5.24	6.61	7.17	5.31	3.51
办公资料处理机器(75)	0.19	0.58	2.54	5.05	2.82	0.37
办公资料处理机器零组件(759)	0.00	0.28	0.84	2.62	1.63	0.16
电信音响机器(76)	3.97	6.60	5.16	2.57	1.64	0.75
电信设备(764)	2.03	3.71	4.06	1.58	0.99	0.44
电信设备零组件(7649)	0.28	1.23	3.25	0.79	0.67	0.37
电机电子设备(77)	6.80	10.95	17.33	21.86	19.56	19.31
热离子冷或光阴极管半导体发光二极管等(776)	1.00	4.02	8.00	12.95	11.26	13.64
热离子冷或光阴极管等零件(77689)	0.00	0.19	1.58	1.64	1.05	0.60
陆用车辆(78)	6.57	5.24	6.23	6.15	4.10	4.87
陆用运输机械零件(784)	2.82	1.70	3.28	3.52	1.93	1.54
杂项制品(8)	4.11	4.74	6.56	9.09	13.12	9.91
其他商品(9)	0.38	1.12	1.12	2.16	4.88	5.80

注：（）内数值是SITC2的品类编号。
资料来源：OECDDATASET. SITC2，作者自己计算。

2000年后的日台机械运输设备贸易中，日本对台湾的出口集中在制造设备、零部件特别是资通科技（Information Communication Technology，ICT）相关制品（HS 84，85，38，70，74，90）上，台湾对日本的出口也集中在ICT制品相关的零部件（HS 84，85，39，90）上。台日间从日本生产资本产品、零部件与台湾生产的最终消费产品的交换，提升到双方皆生产的零部件如记忆芯片（HS 854232）、其他集成电路（HS 854239）及相关制品的交换，即生产技术的提升带动贸易产品层次的提升，也增进了双方产业结构的互补性。比如，台湾是日本向世界出口记忆芯片（HS 854232）的第一大对象，也是日本自全球进口该记忆芯片的最大来源地，占比均达40%以上。可见，台日贸易中相关产业的相互依存度也随之升高。

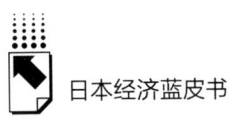

（二）台日贸易的相对重要性与失衡

1. 台日贸易结合度

下面从贸易结合度观察日台间贸易关系的进展对双方相对重要性的演变。出口结合度为出口国的出口比重对进口国进口的相对重要性，进口结合度为进口国的进口比重对出口国出口的相对重要性。计算式如表7-4注所示，贸易结合度越大于1，表示两国间贸易关系越趋紧密，对双方相对重要性愈高。

表7-4 台日贸易结合度

单位：百万美元，%

年份	台湾对日出口结合度	日本对台出口结合度	台湾对日进口结合度	日本对台进口结合度	中国对日出口结合度	中国对日进口结合度	台湾对日贸易收支	台日贸易收支/台日贸易总额
1961	0.9840	0.5918	0.5628	0.9350	0.0177	0.0473	2.39	17.48
1965	8.5445	9.2291	8.7823	8.1306	2.1402	2.4498	-60.60	-16.15
1970	3.0725	7.8420	7.5508	2.9584	1.9251	4.1115	-449.66	-47.27
1975	2.4111	4.9945	4.8090	2.3216	3.1389	4.4747	-1011.88	-38.39
1980	1.7105	4.1722	4.0906	1.6770	3.5350	4.0025	-2847.99	-38.31
1985	1.7081	2.8547	2.7683	1.6564	3.6814	3.2758	-1635.92	-19.46
1990	1.9477	3.5433	3.4318	1.8864	2.9629	1.3935	-6925.02	-28.85
1995	1.9785	3.2987	3.2621	1.9565	3.7731	1.9464	-14566.69	-33.66
2000	2.0738	3.5481	3.4403	2.0107	3.8770	1.8174	-18041.03	-33.51
2005	1.9019	4.3230	4.2126	1.8534	2.9744	2.1419	-25514.01	-41.39
2010	1.8710	4.1838	4.1517	1.8567	2.1574	2.1278	-29345.86	-38.82
2014	1.7869	4.0488	4.0523	1.7884	1.7873	1.7922	-15685.05	-24.42

注：1. A国对B国出口贸易结合度：X_{ab} 为A国对B国的出口，X_{aw} 为A国对世界的出口，M_{wb} 为B国对世界的进口，M_w 为世界进口总额。

2. B国对A国进口贸易结合度：M_{ba} 为B国对A国的进口，M_{bw} 为B国对世界的进口，X_{wa} 为A国对世界的出口，X_w 为世界出口总额。

3. 贸易结合度以1为基准，若大于1即表示两国间贸易相对紧密，年度比较亦相同。

4. 台湾对日贸易收支：台湾对日本出口金额-进口金额；台日贸易收支/贸易总额：台日贸易收支/（出口金额+进口金额）。

资料来源：OECD, International Trade by Commodiry Staistics Database, UNCTADSTAT, 2015。作者据此计算所得。

由表7-4可知，20世纪60年代中期以后，台日双方贸易结合度均大于1，显示台日贸易对双方的相对重要性。而双方贸易结合度数值的高点显示，60年代中期至70年代期间台日间贸易对双方贸易的发展具有特别重要的意义。其后，

80年代至2014年，台湾对日出口结合度几乎都在1.7~2.0区间波动。相对的，日本对台进口结合度也呈现了同水平的变化。而台湾对日进口结合度，则在2.7~4.5区间波动。相对的，日本对台出口结合度也呈现了同水平的变化。台日间贸易对二战后双方的经济贸易发展一直维持高水平的相对重要性，台湾对日进口的相对重要性始终高于台湾对日出口，相对的，日本对台出口的相对重要性也始终高于日本对台进口。这在彰显台湾自日进口特别是资本产品、零部件的进口对日本出口的重要性的同时，也显示出日本对台出口对台湾进口的意义。

接着比较中国大陆与日本贸易结合度的变化。由表7-4可知，中日贸易结合度也是在20世纪60年代中期上升至2以上，显示出中日贸易对双方相对重要性的提高。中国对日出口结合度，70年代中期后上升至3以上，2000年达到接近4的高峰状态后回降，2010年后在1.8~2.0区间波动。而中国对日进口结合度，70年代上升至4.0~4.5的二战后高峰水平，80年代下降，90年代中期开始在2.0水平上下波动。

此外，由双方贸易结合度比较可知，一方面，日本对台湾的出口对台湾进口的重要性大于日本对台湾的进口对台湾出口的重要性，而日本对中国的出口对中国进口的重要性则小于日本对中国的进口对中国出口的重要性。就中国大陆地区及台湾地区对日本贸易相对重要性的比较而言，日本对台湾的出口对台湾进口的重要性远大于日本对中国的出口对中国进口的重要性，相对的，台湾对日本的进口对日本出口的重要性大于中国对日本的进口对日本出口的重要性。另一方面，中国对日本的出口对日本进口的重要性大于台湾对日本的出口对日本进口的重要性。

总而言之，对于日本的出口，台湾的进口重要性大于中国大陆，而对日本的进口，中国大陆的出口重要性大于台湾。

2. 台日贸易收支失衡

同时由表7-4可知，台湾对日本的贸易自20世纪60年代中期以来就呈现逆差，截至2010年逆差金额持续性扩大。台日贸易逆差金额在90年代中期突破100亿美元，2000年后超过200亿美元，2010年接近300亿美元水平，随后开始下降，2014年回降至150亿美元水平。而台日贸易收支在贸易总额中所占的比重从60年代中期的16%急增至1970年的47%，其后减低至1985年的19.5%，进入90年代后再次扩大，2005年增至41%后减低，2010年降至38.8%，2014年进一步跌至24.4%。总而言之，二战后，随着经济的成长，自20世纪60年代以来台湾对日本持续呈现贸易逆差且扩大的状态，进入21世纪台日贸易逆差在双方贸易总额中所占的比重甚至曾经高达40%。

三 台日经济合作中存在的问题

（一）贸易失衡到知识产权摩擦

下面看一下，台日间国际收支，首先，台日间国际收支的经常账户反映出，日本对台湾不只是货物贸易收支顺差，服务收支进入2000年后也转变为顺差。在服务收支中，代表技术贸易的商标专利权使用费收支亦即技术贸易收支持续呈现顺差及扩大的状态，技术贸易顺差是日本对台服务贸易顺差的重要来源，占服务贸易顺差总额的25%~30%。而日本对台湾的所得收支，除2000年以外也是顺差状态，而且2010年后持续扩大。在所得收支中，直接投资所得收支亦即日资企业在台经营所得汇回款与日本台商经营所得汇出款的差额，除2000年外一直是顺差状态，是日本对台所得收支顺差的最主要来源。其次，资本账户下，日本对台湾投资收支的逆差反映出日本对台湾的资本流出。虽然台湾已有能力对日本进行直接投资或证券等的间接投资，但是就总体资本收支而言，日本对台湾仍呈现净流出状态。

日台间技术贸易收支的失衡，除了显示出二战后日本对台湾输出技术帮助台湾经济转型升级外，也暴露出了双方智财权摩擦的问题。特别是在电机电子机械领域的智财权摩擦。如2004年日本Sharp公司以智财权受到侵害为由，向东京法院提出诉讼，要求台湾东元电机公司的进口代理商三协公司停售东元电机使用台湾友达光电LCD面板制造外销日本的20寸TFT-LCD液晶电视机，并要求东京海关禁止其进口。遭受侵权指控的友达光电声明，其非自行研发技术均是以付费授权或合作方式从日本松下、富士通及IBM公司取得。同时，东元TFT-LCD液晶电视机的进口独家销售商日本大型零售店AEON集团JUSCO公司以Sharp的要求理由不足反而要求Sharp在JUSCO销售的产品下架，但因消费者抗议而作罢。

再如，日本LED大厂日亚化学公司在与LED制造相关的专利权保护的智财权策略上，一方面通过FDI对台湾的LED制造厂商光磊、群创公司进行投资结盟并授予专利权使用转移技术，另一方面对有专利侵权之嫌的亿光公司提出侵权赔偿诉讼。日亚化学公司1999年开始对亿光经销商，2004年开始在台湾对亿光，2010年开始在日、美、德对亿光提出近40件的全球性专利诉讼。2010年亿光在台湾胜诉，2015年亿光在日、美、德胜诉。[1] 台日经济的合作与竞争关系由货物贸易进入智财权的时代。

---

[1] 叶寅夫：《亿光"智"胜策略》，2015年9月25日，http://elite.ttd.com.tw/archives/20150925.pdf。

（二）台日经济互补性或日对日依赖性

总而言之，台日国际收支结构所呈现的台日经贸关系现状反映出，二战后台湾经济发展过程中借助日本资本（日本资本收支逆差）与技术（服务收支中日本商标专利权技术贸易收支顺差）以及日本资本产品、关键零部件（日本货物贸易收支顺差）的基本模式没有改变，① 只是自日本输入的技术由低阶往高阶发展，进口的生产设备、零部件由消费产品生产往资本产品、中间产品零部件生产的方向提升。台日间的此种经济产业关系，不但维持了日本对台湾货物贸易顺差的持续扩大，同时也促使了日本对台湾技术贸易顺差的持续扩大，以及台湾对日本投资收益即直接投资所得收支的顺差化及其扩大。

传统美欧工业发达国家的国际收支发展经验表明，通常货物贸易收支顺差在本国的出口竞争力减弱或进口国的竞争力提升后会转为逆差，而直接投资所得收支则逐渐由逆差转为顺差，在直接投资所得收支顺差大于货物贸易收支逆差下其经常收支仍得以维持顺差的水平。也就是说，一国的对外顺差来源由经济发展初期靠劳动赚取逐渐转为依靠经营海外资产的理财即脑力来赚取。但是，二战后台日间经常收支的发展显示出，日本不但维持了其对台湾的货物贸易顺差，更保持对台湾的技术贸易顺差扩大以及直接投资所得收支的顺差，形成日本对台湾经常收支顺差持续性扩大的现象。这表明，台日在经济竞争力主要来源的技术研发能力及成果方面存在差距，也显示出台湾经济、产业对日本技术、生产设备、零部件、新材料以及市场依赖程度的深化。

四 台日经贸关系的展望

（一）台日贸易收支失衡与中国的关系

2000年以来，台湾对日本的贸易收支、经常收支逆差持续扩大。而台湾整体经常收支能够维持顺差主要是因对中国大陆持续扩大的贸易收支顺差的填补。相对的，日本对台湾的贸易收支顺差的持续扩大，事实上也是在弥补其对中国大陆地区贸易收支的逆差。

---

① 日本对台湾的此国际收支结构过去40年没有重大结构性改变，参见任耀庭《东亚区域的经济发展与日本》，《秀威信息科技》，2009，第109~110页。

这是二战后东亚工业化的雁行发展历程所形成的东亚区域国际分工网络，以及由此造就的过去20年东亚区域内资本产品及中间产品集结中国生产、最终产品再出口区域内其他国家或域外美欧各国的三角贸易架构所使然。目前，东亚或者说亚洲已然形成日本与中国双核心的国际分工体系，现阶段东亚国际分工体系的交叉贸易造成台湾对中国大陆贸易顺差贴补其对日的逆差，日本对台贸易顺差贴补对其中国大陆的逆差。

日本是二战后东亚区域国际分工网络的缔造者之一。特别是1985年"广场协议"后，日本对东亚直接投资对象及产业快速扩大并多样化，伴随直接投资进行技术转移并带动与被投资国贸易的增长。在投资初期，日本出口所需机械及零部件等，协助被投资国建立生产基础或提升其生产能力及结构以满足其国内的需求，接着在提升生产效率及出口能力后开始出口第三国或返销日本。日本对东亚直接投资的贸易扩大效果是其特色之一，有别于日本对美国等发达国家直接投资的贸易替代效果。但投资初期的贸易形态依贸易产品性质，在生产设备及零部件的资本产品、中间产品上呈现日本出口特化状态，而在最终消费产品领域则呈现产业内贸易或日本进口特化状态。随着东亚国家工业化的进展，与日本间贸易形态亦产生变化，特别是产业内贸易程度会随之扩大。产业内贸易之所以会扩大，一方面是日本基于成本的考虑进口被投资国的制品，同时也出口其创新的同类或同质产品抑或是差异化产品。这是H－O理论或产品循环周期理论可以解释的。另一方面，也是东亚国家技术能力的提升使其生产多样化、差异化所导致，由于技术的进步，生产差异化进展的同时亦达成规模经济的效益，进而提升与日本产业内贸易的程度。

二战后通过投资、贸易发展起来的台日间经济关系与贸易现象同样发生在日本、中国台湾地区与其他吸收投资的东亚国家（或地区）间。台日经济贸易关系不单受双方经济影响，同时也受到其他东亚国家雁行发展演变的影响。东亚其他国家雁行发展的追赶会威胁替代日台在双方经济中的位置，进而影响双方的经济贸易关系，所以台日经贸产业的关系不能只在台湾地区和日本之间探讨，也需要从东亚或至少东北亚的角度探讨。

如台湾地区与日本的贸易和中国大陆与日本的贸易，特别是SITC7、SITC8类的工业制品都已进展到产业内贸易的形态。但是现阶段台湾地区与日本的贸易与中国大陆与日本的贸易结构不同的是，台湾地区与日本的贸易进化到中间产品零部件为主的产业内贸易，而中国大陆与日本的贸易仍主要是中国大陆的最终产品与日本的资本产品、中间产品的交换。而台湾与大陆间不同层次的产业内贸易则在中日贸易间产生辅助的功能，中国大陆与日本的产业内贸易的程度仍小于台湾地区与日本的贸易。这是生产技术结构层次的差异所造成的。

另外，台日间的中间产品零部件产业内贸易虽有进展，但是台湾制造中间产品所需的机械设备的资本产品仍主要是日本进口特化状态，所以如 IC 记忆芯片制品的出口越畅旺，对日的制造设备及其零部件的进口也就越多，对日货物贸易逆差及技术贸易逆差也就越大。台湾提升资本产品或关键零部件的技术及生产能力，发展日台更高层次产业内贸易的方向是解决台日贸易失衡的对策选项。

（二）签订台日 FTA/EPA 以提升台湾资本产品、关键零部件的技术及竞争力

总体而言，鉴于台日经济产业的互补性以及民间企业部门的友善关系，台日不仅相互保障投资及避免重复课税，更需要有一套前瞻性、广域性、深度性的制度性安排，缔结自由贸易协定或经济合作协定（FTA、EPA），以积极促进双方的贸易便捷化、知识产权保护、技术研发合作、企业策略联盟合作、投资经营环境改善。日台 EPA 的签订是因应 21 世纪东亚 FTA 新经济整合的潮流，布建双方的 FTA/EPA 网络，除了提高双方 FTA 的贸易涵盖率、实现 FTA 网络轴心（Spoke-hub）地位的最大效益外，更重要的是通过 FTA 的市场开放与经济、技术合作的双管齐下，达到产业技术升级、经济结构调整的效果。相较于其他东亚国家的企业，台湾企业基本上具有与日本企业在开展合作上的经济与非经济面的优势。[①] 而且台湾企业对海外直接投资等全球化经营的态度相对积极，不仅是生产力高的企业，在 FDI 成本较低的地区国家，即使生产力低的台湾企业也在非常积极地进行 FDI。[②] 台湾有关部门应该提供策略性援助措施帮助台湾企业与具备关键性技术或经营模式、独特竞争力的日本企业进行整合。策略性对象可以电机电子设备及相关零部件产业为首，并扩及其他制造业、服务业，特别是在供应链中拥有核心技术的中小企业。未来更应放眼东亚，通过策略合作与联盟进行整合，创造东亚的共赢。

[①] 中国市场において、「中国と日本の双方に対する理解が深い」という要素が台湾企業は他の NIES 企業以上に強い。"较之其他 NIEs 企业，台湾企业具有在中国市场上'对中日双方的理解较深'这一要素上的优势"，参见真家陽一「日台ビジネスアライアンスの新潮流」、ジェトロ・オンラインセミナー、日本貿易振興機構、2012 年 1 月 17 日、http：//www.jetro.go.jp/world/seminar/120101/speed/index.htm。

[②] Wakasugi Ryuhei and Takashi Natsuhara, "Productivity and FDI of Taiwan Firms a Review from a Nonparametric Approach," *RIETI Discussion Paper Series* 12 – E – 033, May 2012.

B.8 中日经贸合作的转型与升级

——机械制造业竞争力及其影响因素分析

丁红卫[*]

摘　要： 随着全球化进程的不断发展，以中日韩三国为主，东北亚地区已成为全球制造业极具活力的区域。以日本企业为主，跨国企业利用国家间的发展差距与各自的优势，建立了垂直产业分工布局，并在东北亚形成了将整体产品生产工序分割为多个中间产品制造与最终产品组装的细分化结构。中日两国的经贸投资合作也在这一进程中不断发展。如今，两国的国内制造业正进入调整时期，两国间的经贸合作面临调整、转型与升级的局面。

关键词： 机械制造业　产业分工　细分化　贸易竞争力指数　经贸合作

一　有关中日制造业发展的理论思考

亚洲与其他经济体的不同之处在于，以机械制造业为主的亚洲制造业实现了产业垂直分工，企业将其生产活动分解并配置到最合理的地区，实现了生产成本与服务衔接成本的降低，并推动了区域经济一体化进程。这种企业行为对东亚制造业格局影响甚大，企业对内部生产与外包、海外合资生产的决策是东亚制造业产业集聚形成的重要因素。企业将生产全过程分为多个中间产品的生产阶段和最终产品的组装阶段，并将其中劳动最为密集的部分转移到低工资的发展中国家。随之而来的是，连接各个生产区块的成本降低，以及区域范围内各生产基地产业集群的形成，并由此进一步促进了生产效率的提高。

---

[*] 丁红卫，经济学博士，北京外国语大学北京日本学研究中心副教授，全国日本经济学会理事，主要研究领域：日本经济、区域经济合作、环境经济。

1985年以来日元的大幅升值加速了日本的对外直接投资,日本企业开始在海外建立自己的生产基地,其最明显特征是将组装等劳动集约型工序向中国、东南亚等国家和地区转移,通过降低生产与贸易成本,实现了生产工序的分割。诸多研究表明,日本企业的工序分割从纺织、服装、轻工业产品不断向其他制造业领域扩展,并在东亚形成了将整体产品生产工序分割为多个中间产品制造与最终产品组装的过程。这一精细产业工序缩减了制造成本,使东北亚成为全球制造业基地,实现了产品向区域内外的出口增加。因此,明确东北亚中间产品与最终消费产品的生产贸易,可以更好地理解亚洲各国间贸易的具体状况及各国制造业在亚洲乃至全球的地位,为思考未来该地区贸易结构的调整与产业升级提供启示和参考。

　　日本学者赤松要的"雁行理论"对上述日本企业的发展及其在亚洲展开的对外直接投资进行了精辟的论述。但是,考虑日本以外其他东亚国家的产业发展时,仅仅依靠雁行模式发展理论无法明确其产业发展的具体状况与路径,因此有必要从理论上进一步详细分析东亚各国之间的贸易关系。基于这一思路,日本学者服部民夫通过研究日本与中韩的贸易关系提出了"工业化发展模式"的新理论,[①] 他认为发展中国家对工业化路径的选择决定了其发展模式,东北亚的后发工业化国家大多选择的是组装型工业化的路径(参见图8-1)。

　　该理论将产品与技术的关系进行了细化,把生产技术划分为组装技术与加工技术。组装生产需要更多的劳动力,但随着机械化、自动化的不断发展,部分产业可能引进更多的机械设备与零部件;而加工技术需要经验与生产、科学技术的积累。从生产阶段看,组装技术与加工技术分别和最终产品与中间产品对应。同时,在考虑工业化模式时,仅依据传统的技术水平加以判断并不充分,更应将技术水平具体化,即应考虑一国的生产技术处于尖端水平还是成熟水平。

　　基于以上思考,服部民夫认为可将东北亚国家的工业化模式纳入由以上四个要素组成的象限中进行考察,并对应勾画出各国制造业的发展模式。东北亚各个国家作为后发工业化国家均从"组装+成熟"技术阶段开始发展,日本从左下方象限向右上方发展,不断实现向尖端技术、加工技术的转化。韩国的工业化进程开始后,机械类产品的进口比例有所增加,其后由于工资水平急速上升,韩国企业为节省劳动力成本进行了大规模的设备投资,因此,其工业化路径未走向右侧的加工技术而是向左上方的"组装+尖端"技术发展。中国与日韩有所不同,

---

① 服部民夫『東アジアの経済発展と技術』、東京大学出版会、2007年。

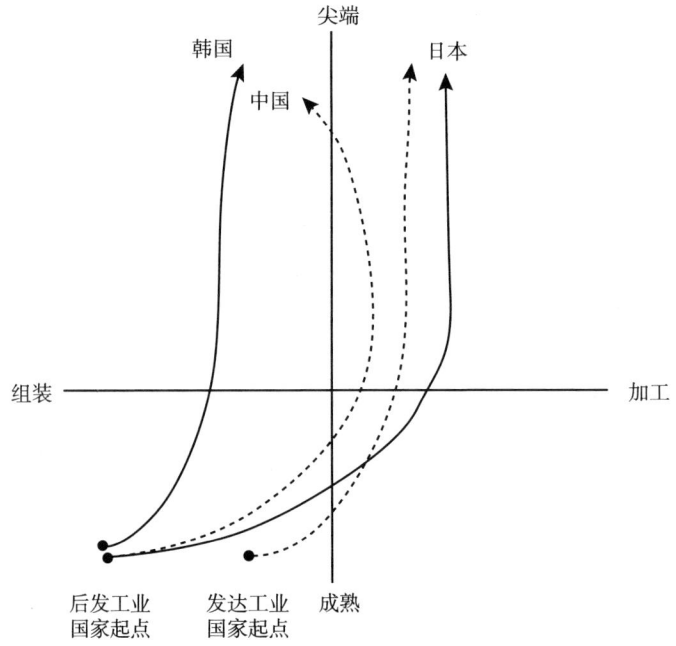

图 8-1 东北亚各国的工业化模式比较

资料来源：笔者根据服部民夫提出的理论进行整理。服部民夫『東アジアの経済発展と技術』、東京大学出版会、2007 年。

改革开放后中国工业化加速，发展路径向右上方的"加工 + 成熟"方向发展，后又向组装产业发展。今后，中国的产业发展能否走向尖端技术，能否拥有核心竞争力值得高度关注。

二 中日机械制造业经贸合作的特点

本文使用数据 RIETI-TID2013，其原始数据使用联合国 COMTRADE 的 SITC 数据库。该数据库根据 HS 进行产业分类并能够反映制造业所使用的原材料、制造流程、商品用途等的性质，适合对制造业生产流程不同阶段的产品进行分析研究。该数据库将各个产业分类细化为按照生产流程划分的原材料（Primary Goods）、中间产品（Intermediate Goods）和最终产品（Final Goods）。其中，中间产品包括加工产品与零部件，最终产品包括资本产品与消费产品。该数据库依据联合国 BEC（Broad Economic Categories）标准分类，并根据进出口产品的生产流程按照国民经济核算体系（SNA）标准进行如上分类。①

从贸易总量看，中国产品的整体出口自 2002 年开始超过日本，这一趋势持续至今。实际上，进入 20 世纪 90 年代后，除个别年份外，中日双边贸易中，中国出口日本产品的数额就已经开始超过日本。从产品结构看，机械制造业在两国出口以及双边贸易中所占的比重不断提高。2005 年前，日本机械产品的出口总额一直高于中国，2005 年以后中国超过日本；但在双边贸易中，日本对华机械类产品的出口额一直高于中国对日出口。

如表 8-1 与表 8-2 所示，一方面，中国出口总额中机械产品所占的比例自 20 世纪 80 年代末的不到 20% 不断上升，90 年代末达到 35% 左右，近年已经超过 50%。另一方面，长期以来机械产品是日本的主力出口产品，至 2007 年一直占其出口总额的 70% 以上，近年有所减少，在 65% 左右浮动。机械产品在两国双边贸易中所占的比重也不断提高，中国对日机械产品出口的占比由 80 年代末的 1.40% 增至 2013 年的 48% 以上，取得了飞跃性发展；日本对华机械产品出口的比例则一直高于 50%，2003 年达到最高值后有所降低，但仍超过 60%。

表 8-1　中日机械产品出口状况

单位：%

年份	中国机械产品出口			日本机械产品出口		
	占总出口之比	中间产品占比	最终产品占比	占总出口之比	中间产品占比	最终产品占比
1988	15.89	25.98	74.02	77.04	30.53	69.45
1999	35.39	37.03	62.97	75.43	42.13	57.85
2000	37.49	38.07	61.93	76.47	44.46	55.49
2001	38.50	38.43	61.57	75.00	44.13	55.80
2002	41.64	37.97	62.03	74.73	43.57	56.36
2003	44.68	37.69	62.31	75.08	43.44	56.49
2004	47.93	37.15	62.85	75.19	42.54	57.39
2005	48.94	37.40	62.60	73.56	43.63	56.33
2006	50.06	38.10	61.90	72.48	43.59	56.36
2007	47.95	36.38	63.61	70.29	40.59	59.37
2008	47.28	37.07	62.93	68.98	40.74	59.10
2009	49.85	35.69	64.31	66.15	45.70	54.08

---

① 日本经济产业研究所，http://www.rieti.go.jp/jp/database/index.html。

续表

年份	中国机械产品出口			日本机械产品出口		
	占总出口之比	中间产品占比	最终产品占比	占总出口之比	中间产品占比	最终产品占比
2010	51.85	36.91	63.08	66.61	45.29	54.56
2011	51.35	36.02	63.97	65.52	44.63	55.24
2012	52.78	35.65	64.34	66.48	44.84	54.99
2013	53.22	35.69	64.27	65.25	45.10	54.67

资料来源：RIETI - TID2013。

表8-2 中日机械产品双边贸易状况

单位：%

年份	中国对日机械产品出口			日本对华机械产品出口		
	占中国对日出口之比	中间产品占比	最终产品占比	占日本对华出口之比	中间产品占比	最终产品占比
1988	1.40	25.51	74.49	54.08	35.03	64.76
1999	23.96	47.31	52.69	56.66	62.11	37.56
2000	26.27	46.78	53.22	59.55	60.43	39.06
2001	28.79	44.70	55.30	61.21	59.61	39.93
2002	33.84	41.81	58.19	64.18	57.41	42.25
2003	37.62	39.86	60.14	67.94	56.16	43.42
2004	39.85	41.85	58.15	66.89	56.47	43.35
2005	41.28	42.72	57.28	64.56	59.38	40.59
2006	41.29	45.03	54.97	65.13	59.73	40.24
2007	39.20	43.96	56.04	63.21	58.15	41.82
2008	40.05	43.81	56.19	62.01	56.64	43.29
2009	40.28	38.27	61.73	61.93	59.25	40.23
2010	45.08	37.49	62.51	64.70	53.49	46.11
2011	43.79	34.57	65.43	65.02	51.88	47.67
2012	45.79	35.11	64.89	63.70	52.43	47.03
2013	48.04	35.06	64.94	61.50	53.55	46.05

资料来源：RIETI - TID2013。

除个别年份外，在两国面向全球的出口总额与双边贸易额中，日本的中间产品出口所占比例均高于中国，而中国的最终产品出口比例高于日本。长期以来，中国的对外贸易中，机械产业最终产品出口占比大大高于中间产品，其差距虽在不断缩小，但2013年仍分别为65%和36%。日本的对外贸易也呈现出了同样特点，但与中国相比，两者的差距较小，至2013年缩小至中间产品占45%、最终产品占55%左右。而在两国双边贸易中，日本中间产品的对华出口比例高于最终产品，2013年分别为54%和46%。

观察中日两国长期以来的双边贸易动向可以发现，早期从日本进口中间产品或资本、加工组装后销往欧美市场这一贸易模式较为常见。但近年，亚洲区域内贸易不断扩大，由产业间贸易为主的产业分工模式转变为了生产工序在多国间共有或以产品差别化为目的的多国产业分工模式，其中最为常见的是日本制造业企业将其生产工序分割为多个中间产品制造阶段与最终产品组装阶段进行海外投资，尤以对华投资的效果最为显著。①

产业内分工以零部件等中间产品数量较多的电子、运输等机械类产业为中心不断发展，这种产业内垂直分工模式又被称为产业分工的细分化（fragmentation）。②中日两国机械产业的发展与区域内产业分工的不断细分化极大地推动了东北亚制造业的出口，带动了整个区域的经济发展。机械产业的细分化源于发达国家的直接投资形成的生产工序的转移，亚洲生产工序的转移并非整体性转移，而是生产工序的部分性转移。③考虑到该地区的特点与数据的完整性，本文的研究设定在1988年至2013年期间。

三 中日机械制造业产业竞争力分析

鉴于机械产业在区域内外贸易中的重要地位并能够反映中日两国间的投资与经贸关系，本文将重点考察中日两国机械产业及其中间产品与最终产品的贸易状况，通过分析两国机械产业的贸易状况以及各类机械产品的贸易专业化指数（Trade Specialization Coefficient，TSC），进一步分析影响中日两国制造业发展的各种因素，明确中日之间制造业细分化的具体状况，考虑如何增强我国制造业竞争力，促进我国产业以及中日经贸合作的转型与升级。

"贸易专业化指数"，又称"贸易竞争优势指数"或"贸易竞争力指数"，是

---

① 日本貿易振興機構『ジェトロ貿易投資白書』、海外調査出版、2014年。
② 中田亮輔「機械産業におけるフラグメンテーションの進展と貿易コスト削減への政策的課題」、『JICAフィールドレポート』No.1、JICA Research Institute、2013年。
③ 丁红卫：《中日韩FTA对中日两国制造业发展的影响》，《日本经济与中日经贸关系发展报告（2013）》，社会科学文献出版社，2013。

指一国进出口贸易的差额占其进出口贸易总额的比重,系数越大表明该产业的竞争力越大。其结果取值在-1至1之间,若TSC大于0,表明该类商品具有国际竞争力,越接近于1,竞争力越强;TSC指数小于0,则表明该类商品不具有国际竞争力;TSC指数为0,表明此类商品为产业内贸易,竞争力与国际水平相当。按照国际分类惯例,本文将机械制造业划分为一般机械、电子机械、家电、运输机械、精密机械五个领域进行考察。

观察表8-3、表8-4可以发现,中国的机械制造业整体竞争力与日本尚有一定差距,日本机械制造业的竞争力一直高于国际水平,中国则相反。但长期来看,无论中间产品还是最终产品,两者的竞争力差距在不断缩小,中国制造业竞争力的提高与日本制造业竞争力的降低形成较为鲜明的对比。进入20世纪90年代后期,该趋势更加显著,这与日本企业对华投资、在华设立的生产基地不断增加密切相关。近年,中国制造业最终产品的竞争力已经接近国际水平。

表8-3 中日制造业的中间产品TSC

年份	制造业整体		一般机械		电子机械		家电		运输机械		精密机械	
	中国	日本	中国	日本	中国	日本	中国	日本	中国	日本	中国	日本
1988	-0.94	0.77	-0.97	0.82	-0.97	0.77	-0.84	0.49	-1.00	0.93	-0.92	0.83
1989	-0.66	0.71	-0.85	0.75	-0.60	0.72	-0.26	0.40	-0.93	0.90	-0.68	0.78
1990	-0.54	0.67	-0.71	0.72	-0.46	0.71	-0.15	0.31	-0.89	0.89	-0.48	0.74
1991	-0.68	0.65	-0.83	0.74	-0.74	0.66	-0.32	0.25	-0.93	0.88	-0.57	0.73
1992	-0.70	0.65	-0.83	0.79	-0.70	0.63	-0.30	0.23	-0.87	0.85	-0.79	0.76
1993	-0.69	0.66	-0.75	0.78	-0.74	0.59	-0.36	0.33	-0.85	0.85	-0.74	0.73
1994	-0.63	0.61	-0.70	0.71	-0.70	0.49	-0.38	0.30	-0.75	0.83	-0.64	0.69
1995	-0.54	0.54	-0.60	0.63	-0.57	0.36	-0.31	0.26	-0.55	0.74	-0.67	0.70
1996	-0.41	0.48	-0.40	0.51	-0.46	0.40	-0.23	0.18	-0.38	0.64	-0.57	0.65
1997	-0.33	0.43	-0.28	0.40	-0.44	0.42	-0.30	0.20	-0.13	0.49	-0.52	0.66
1998	-0.30	0.38	-0.33	0.36	-0.47	0.45	-0.17	0.03	-0.03	0.42	-0.50	0.63
1999	-0.35	0.42	-0.30	0.37	-0.47	0.48	-0.16	0.08	-0.38	0.53	-0.44	0.63
2000	-0.35	0.41	-0.16	0.26	-0.46	0.43	-0.23	0.12	-0.46	0.57	-0.45	0.65
2001	-0.34	0.38	-0.18	0.26	-0.43	0.39	-0.11	0.09	-0.52	0.57	-0.44	0.60
2002	-0.32	0.36	-0.19	0.22	-0.48	0.43	-0.01	0.03	-0.51	0.55	-0.39	0.55
2003	-0.36	0.38	-0.25	0.24	-0.53	0.45	0.08	0.02	-0.70	0.63	-0.41	0.54
2004	-0.35	0.34	-0.22	0.16	-0.52	0.42	0.15	-0.03	-0.70	0.61	-0.44	0.54
2005	-0.34	0.33	-0.14	0.13	-0.52	0.37	0.15	-0.01	-0.64	0.53	-0.54	0.62
2006	-0.33	0.34	-0.15	0.14	-0.52	0.35	0.08	0.11	-0.58	0.53	-0.49	0.58

续表

年份	制造业整体		一般机械		电子机械		家电		运输机械		精密机械	
	中国	日本	中国	日本	中国	日本	中国	日本	中国	日本	中国	日本
2007	-0.29	0.32	-0.15	0.09	-0.55	0.42	0.21	-0.02	-0.50	0.52	-0.50	0.57
2008	-0.27	0.28	-0.15	0.12	-0.50	0.40	0.27	-0.14	-0.45	0.50	-0.51	0.54
2009	-0.37	0.35	-0.27	0.26	-0.54	0.45	0.20	-0.24	-0.61	0.65	-0.62	0.64
2010	-0.37	0.32	-0.32	0.30	-0.52	0.41	0.17	-0.34	-0.57	0.61	-0.59	0.60
2011	-0.29	0.29	-0.32	0.30	-0.51	0.43	0.51	-0.46	-0.54	0.58	-0.56	0.60
2012	-0.23	0.22	-0.19	0.20	-0.52	0.40	0.57	-0.50	-0.48	0.46	-0.52	0.56
2013	-0.20	0.20	-0.16	0.18	-0.51	0.34	0.63	-0.55	-0.44	0.38	-0.51	0.63

资料来源：笔者根据 RIETI - TID2013 计算。

表 8-4　中日制造业的最终产品 TSC

年份	制造业整体		一般机械		电子机械		家电		运输机械		精密机械	
	中国	日本	中国	日本	中国	日本	中国	日本	中国	日本	中国	日本
1988	-0.91	0.71	-0.98	0.94	-0.97	0.79	-0.65	0.10	-1.00	0.80	-0.94	0.91
1989	-0.67	0.65	-0.85	0.94	-0.81	0.71	-0.28	-0.11	-0.88	0.85	-0.54	0.86
1990	-0.59	0.62	-0.74	0.91	-0.69	0.62	0.01	-0.07	-0.99	0.85	-0.56	0.81
1991	-0.62	0.64	-0.86	0.93	-0.70	0.63	-0.03	-0.06	-0.94	0.88	-0.57	0.81
1992	-0.58	0.62	-0.94	0.94	-0.34	0.45	-0.16	0.06	-0.94	0.89	-0.55	0.76
1993	-0.65	0.66	-0.96	0.95	-0.44	0.53	-0.32	0.09	-0.96	0.94	-0.59	0.80
1994	-0.58	0.64	-0.92	0.93	-0.29	0.49	-0.29	0.08	-0.94	0.90	-0.47	0.79
1995	-0.34	0.47	-0.85	0.88	-0.07	0.39	0.09	-0.22	-0.49	0.54	-0.36	0.76
1996	-0.16	0.35	-0.78	0.83	0.11	0.24	0.45	-0.44	-0.39	0.53	-0.18	0.58
1997	-0.07	0.25	-0.66	0.75	0.18	0.18	0.55	-0.49	-0.49	0.53	0.06	0.27
1998	-0.01	0.15	-0.66	0.60	0.15	0.01	0.60	-0.62	-0.25	0.59	0.12	0.17
1999	-0.01	0.10	-0.57	0.43	0.09	0.13	0.62	-0.58	-0.37	0.37	0.19	0.13
2000	-0.02	0.14	-0.50	0.43	0.08	0.18	0.65	-0.55	-0.32	0.54	0.01	0.27
2001	0.00	0.10	-0.41	0.38	0.05	0.09	0.75	-0.62	-0.26	0.31	-0.12	0.34
2002	-0.12	0.19	-0.30	0.32	-0.09	0.13	0.74	-0.55	-0.52	0.58	-0.42	0.46
2003	-0.19	0.23	-0.25	0.28	-0.14	0.23	0.66	-0.51	-0.56	0.59	-0.67	0.56
2004	-0.18	0.24	-0.24	0.31	0.02	0.21	0.62	-0.51	-0.55	0.61	-0.74	0.60
2005	-0.10	0.15	-0.11	0.20	0.13	0.15	0.59	-0.49	-0.37	0.51	-0.73	0.39
2006	-0.14	0.14	-0.11	0.23	0.14	0.10	0.49	-0.40	-0.47	0.56	-0.76	0.19
2007	-0.18	0.20	-0.17	0.30	0.14	0.06	0.47	-0.42	-0.54	0.69	-0.79	0.38
2008	-0.15	0.22	-0.13	0.27	0.17	0.00	0.49	-0.43	-0.52	0.71	-0.77	0.57
2009	-0.11	0.17	-0.04	0.18	0.18	-0.07	0.56	-0.52	-0.51	0.68	-0.77	0.57

续表

年份	制造业整体		一般机械		电子机械		家电		运输机械		精密机械	
	中国	日本	中国	日本	中国	日本	中国	日本	中国	日本	中国	日本
2010	-0.14	0.22	-0.20	0.34	0.23	-0.08	0.59	-0.61	-0.57	0.79	-0.77	0.65
2011	-0.15	0.17	-0.21	0.31	0.32	-0.19	0.53	-0.64	-0.63	0.75	-0.73	0.62
2012	-0.13	0.13	-0.09	0.17	0.38	-0.33	0.37	-0.53	-0.57	0.71	-0.72	0.62
2013	-0.13	0.09	-0.03	0.06	0.45	-0.40	0.36	-0.62	-0.65	0.74	-0.75	0.65

资料来源：笔者根据RIETI-TID2013计算。

从具体细分领域看，一方面，中国家电产业最终产品的竞争力较强，自1995年超过日本后一直保持较强竞争力，近几年虽有所降低，但仍具备较强的国际竞争力；中间产品竞争力自2003年开始也超过日本并不断提高。20世纪90年代后期开始，我国电子机械最终产品的竞争力超过日本，其后不断增强；而中间产品竞争力却没有明显提高。一般机械产业的发展与机械制造业整体的趋势一致，竞争力不断接近国际水平，且与日本的差距不断缩小。另一方面，日本在运输机械、精密机械产业的竞争力依然较强，我国在这两个领域的早期阶段依靠进口的情况明显，90年代中后期，我国的竞争力曾有所改善，但之后又呈减弱之势。与其他产业不同，我国运输机械与精密机械最终产品的竞争力低于中间产品。

通过上述分析可以发现，"组装""加工""成熟""尖端"的四象限理论能够较清楚地说明中日两国制造业的格局与变化趋势，随着亚洲制造业垂直产业内分工的不断发展，中日的制造业格局呈现出了不同特点。基于这一理论分析有以下3点。

第一，日元升值后，中日贸易发生了巨大变化，制造业的产业内垂直分工、细分化效果显著。日本在家电、一般机械领域的产业内垂直分工布局与细分化已基本完成，这带动了中国该产业的发展，也使其竞争力不断提高。在电子机械领域中，中国最终产品的竞争力不断提高，而中间产品竞争力依然较弱，说明就该产业而言，中国正处于在组装领域有比较优势的阶段，加工能力与产品的尖端化是重要课题。

第二，日本在运输机械与精密机械产业的竞争力长期以来维持较高水平，而中国运输机械中间产品在20世纪80年代基本依靠进口（TSC接近或等于-1），其后竞争力不断提高，但最终产品竞争力较弱；精密机械整体缺乏竞争力，依赖进口的情况亟待解决。中国在这两个产业领域如何从"组装+成熟"向"加工+尖端"发展，增强产业竞争力是关键。

第三，中日两国贸易产品中零部件与加工产品数量不断增加，近年区域内贸易增长主要缘于零部件特别是电子机械类零部件贸易的增加，即中间产品的贸易比重较大。这说明两国的经贸合作较为紧密。同时，最终产品的出口主要面向北美、欧盟等地区，两国贸易的对外依存度较高。就产业布局来看，两国的产业分工已发展到了细分化的程度，零部件集中到劳动力成本相对较低的中国进行组装，最终产品则出口世界各地。这一格局充分体现了中日不同生产工序的比较优势，也意味着实现了产品生产成本的最小化。①

四 关于中日制造业经贸关系的实证分析

为进一步明确中日产业格局形成的具体影响因素，本文将利用引力模型对中日贸易、中国中间产品进口与最终产品出口进行分析（参见表8-5）。可以发现，影响中日两国贸易总量的变量主要有日本的电力消耗量、代表中国教育水平的初中入学率以及中国的制造业关税，且均为负相关。①日本的电力价格上涨、电力消耗量下降可能使中日贸易量增加。由于中日间存在垂直产业分工，可以推测其主要方式是增加自中国的进口、满足国内需求。②中国劳动力接受教育水平的提高可能减少中日贸易量，因为教育水平的提高意味着工资水平的不断提高，并不利于以降低成本为目的的垂直产业分工的形成。③中国制造业产品关税的降低可能增加日本产品的对华出口，进而增加两国间的贸易总量。

表8-5 引力模型测算结果

	总量	中国中间产品进口	中国最终产品出口
截距	-0.4481** (5.0735)	-4.89059** (2.14867)	-3.48737* (18.66155)
中国GDP	-0.88233 (0.82305)	-0.31125** (0.13474)	0.188031 (0.11702)
日本GDP	0.134517 (0.92848)	0.172393 (0.44736)	-0.01339 (0.38854)

---

① 木村福成「東アジアにおけるフラグメンテーションのメカニズムとその政策的含意」、馬田啓一・浦田秀次郎・木村福成編著『日本通商政策論』、文真堂、2011年。

续表

	总量	中国中间产品进口	中国最终产品出口
中国总人口	-1088.08365 (1022.4546)	-226.10609 (404.51122)	-16.39563 (35.13244)
日本总人口	45808.78434 (48420.6801)	6072.21004 (20775.27370)	3387.59660 (1804.36515)
中国人均GDP	0.00013 (0.00017)	0.043331** (0.01895)	-0.02518* (0.01646)
日本人均GDP	-0.02084 (0.00117)	-0.002325 (0.00559)	0.002877 (0.00486)
中国外商直接投资	0.07284 (0.26617)	0.040906 (0.06129)	0.043346* (0.05323)
日本外商直接投资	-0.314025 (0.77275)	0.028211** (0.00999)	0.016477** (0.008597)
中国电力消耗量	0.05077 (0.03174)	0.122480 (0.06957)	0.00449099 (0.060424)
日本电力消耗量	-0.408076** (0.310689)	-0.11593* (0.06546)	-0.011866** (0.056855)
中国中学入学率	-0.4045298** (0.18315)	-0.21178 (2.40706)	-0.944660 (2.09056)
人民币官方汇率	-0.635095 (0.63176)	-0.03767 (0.40307)	0.090180 (0.35007)
日元官方汇率	-0.09764 (0.12114)	0.07348 (0.43961)	-0.013365 (0.038182)
GDP缺口	0.20453 (0.16791)	-1.01287* (0.066164)	-1.018608* (0.574640)
中国关税	-0.26143* (0.17510)	-0.06458* (0.461238)	0.3266343 (0.40059)

注：（ ）内为标准误差。*、** 分别为10%、5%有统计学意义。

中国自日本进口的中间产品受中国的人均GDP（负相关）、日本接受海外投资（正相关）等因素的影响较大。此外，日本电力消耗量、中日间的收入差距、中国制造业产品关税也在一定程度上影响日本中间产品的对华出口。这说明随着中国人均GDP的不断增加，中国进口日本中间产品的数量可能增加，但中日间收入差距的缩小也可能导致其减少，即随着中国的产业升级，中日之间可能会在部分产业产生竞争，从而减弱一直以来的互补关系。一方面，日本接受海外直接投资的不断增加，可能提高其中间产品的生产能力，但中国的制造业产品关税则可能使中间产品的进口减少。另一方面，中国最终产品的对日出口受日本接受海外直接投资、日本电力消耗量以及国外的对华直接投资、中国的人均GDP、中日两国收入差距的影响。两国接受更多的海外直接投资有利于国内生产的扩大，进而使贸易量扩大。

值得注意的是，汇率变动在模型中虽没有观察到显著作用，但笔者认为这主要是由中日贸易格局中形成的产业工序细分化导致的，即进出口数量受生产量的直接影响。20世纪80年代中后期的日元升值带动了日本的对外直接投资，日本企业在投资地进行生产与销售。近年来，由于日本企业在亚洲各国市场面临价格竞争压力，因此即使日元汇率有变动，企业仍会努力维持其产品在当地的销售价格，所以2000年以后汇率对日本贸易收支的改善并无明显效果。[1] 加之2008年金融危机后日元升值，日本企业再次强化其在亚洲生产的分工布局，当日元汇率2012年末降低时，日元贬值带动的工业产品出口增加同时伴随着企业自海外进口零部件等中间产品的增加。因此，日元贬值改善贸易收支的效果不再显著，而大量进口日本中间产品的中国则受到更大影响。[2] 与汇率相比，日本的贸易收支更容易受到发达国家经济的影响，而中国本土企业则更为敏感，同时受汇率变动与发达国家经济的影响。

五　结论与展望

本文利用服部民夫的"组装+加工""成熟+尖端"的四象限理论对中日制造业进行了具体分析，得出的结论如下。

第一，通过对不同产业领域的分析可以发现，日本在家电、一般机械领域的垂直分工布局已基本完成。就电子机械领域而言，中国正处于在组装领域有比较优势的阶段。今后，提高电子机械领域的中间产品加工能力，促进运输机械领域与精密机械领域整体增强产业竞争力，走向"尖端"是中国制造业发展的关键所在。

第二，中国人均GDP的增加与中日两国间收入差距的缩小可能使两国间的

---

[1] 清水順子・佐藤清隆「アベノミクスと円安、貿易赤字、日本の輸出競争力」、『REITI Discussion Paper Series』14－J－022、http://www.rieti.go.jp/jp/。
[2] 野村総合研究所『新興国の経済成長と我が国の経済・貿易構造に関する調査報告書』、http://www.mof.go.jp/procurement/approach/…/shinkoukoku_01.pdf。

贸易量以及日本中间产品的对华出口、中国最终产品的对日出口减少。同时，两国特别是日本接受海外直接投资更有利于两国的产品贸易以及各自比较优势的发挥，增加日本中间产品的对华出口以及中国最终产品的对日出口。

第三，这20多年间，中日两国的贸易大致呈两种形态，一种是进口中间产品、将最终产品出口到欧美的形态，如一般机械、家电等；另一种是在两国间调配中间产品并在组装地（中国）销售的形态，如电子机械、运输机械等。目前，中国已经成为前一形态的主力，而日本在后一形态的地位依然稳固。

第四，中间产品的进出口虽然是企业为实现其利润最大化的合理性决策结果，但该结果最终会带动产业、经济结构发生变化，并可能使生产要素与生产能力发生变化，进而影响收入分配与长期的经济增长。因此，明确分析中间产品与最终产品的进出口状况及其对产业结构的影响对国家间贸易与产业发展而言不仅是必要的，且将会成为制定产业与经贸政策的重要依据。

有关未来的中日经贸合作模式的转变，以下几点值得思考。

（1）区域经济合作的进展将改变中日经贸合作的模式。

长期以来，中日两国的贸易对外依存度均较高，2008年的金融危机后，对欧美出口大幅减少，区域内特别是中日韩三国间的经贸关系日趋密切。虽然日本已加入TPP，但从日本中间产品区域内贸易比重不断增加等情况看，东北亚区域内经贸合作以及中日韩FTA对日本而言仍具有重要意义。如果东北亚各国逐渐实现进一步的经贸自由化，区域内各个国家都将能够享受到经济成长带来的益处，实现共赢与各方的优势互补。

（2）汇率影响企业的海外直接投资与产品贸易，中国产业发展受其影响更大。

20世纪80年代以来，日元升值给中日乃至东亚贸易带来了巨大变化。东亚制造业的垂直产业分工效果显著，这带动了中国的经济发展与出口增加，同时也使中国的部分制造业竞争力有所增强。但2012年以来的日元贬值导致投资战略改变，部分日本企业回归日本国内。可以预见，已在海外投资的日本企业亦将改变其赢利模式，这将导致贸易双方企业交易条件发生变化。中间产品受生产量影响更大、受汇率影响较小，而最终产品贸易更容易受汇率差变动的影响，因此，最终产品出口贸易量较大的中国将更多地受到汇率的影响。

（3）不同产业的经贸合作模式不同，中日双方企业的升级转型势在必行。

日本一般机械、电子机械等产业至今仍以寻求低成本、销售市场为目的进行海外直接投资，而运输机械、精密机械产业的设备投资更多集中于日本国内，其目的在于增加出口欧美市场的生产。从产业内垂直分工的角度看，产业分工的细分化需要根据各工序生产要素的集约度、各国生产要素的赋存条件进行配置，其结果往往导致在产业分类中属于技术集约型产业的部分低端工序，如组装等工序向发展中国家转移，而需要高度技术水平的零部件制造工序等留在发达国家或较发达国家。因此，部分转移到发展中国家的工序，虽然从产业分类来看属于资本集约型产业，但其具体生产活动更具劳动集约型产业的性质。中国在电子机械、家电领域最终产品出口量的增加与竞争力的不断提高以及在运输机械、精密机械领域竞争力不足等研究结果正反映了东北亚产业格局变化的这一特征。笔者认为，今后应以形成区域内产品与服务网络、促进供给链的不断扩大为目标，使各国从区域经济合作中受益，最终使各个国家的制造业水平得以提高，促进各国的产业升级和转型。这一过程中，不应只是将眼光放在降低或取消部分关税等贸易壁垒，同时应注重构筑两国间的合作共赢关系。

（4）中国企业在加强中日经贸合作的同时应注重自身制造能力与竞争力的提高。

20多年以来，作为发展中国家，中国加入东北亚制造业产业链中，这一过程受日韩等发达国家的海外直接投资与跨国企业经营决策的影响，同时，也使东北亚区域内贸易的产业内贸易更加发达。从东北亚区域产业内的贸易结构看，依赖欧美市场的贸易模式虽然在20世纪90年代促进了中国与其他经济体产业内贸易结构的升级，但进入21世纪之后，却抑制了这一结构的进一步优化。今后，我国需要将东北亚区域贸易模式与国内经济结构结合起来，充分考虑不同产业接受技术转移的能力及路径的影响并做出相应的产业发展调整战略，寻求制造业竞争力的提升。

"一带一路"建设中的
中日经济合作与竞争

Sino-Japanese Economic Cooperation and Competition
under the Belt and Road Background

B.9 "一带一路"倡议与日本的作用

〔日〕吉崎达彦*

摘　要： 目前，日本对中国"一带一路"构想的关注度不高，其原因在于这一构想宏大而复杂，从日本人的视角来看，其目的并不清晰，即"一带一路"究竟是"国际公共产品"，还是追求中国国家利益的通道。若为前者，则日本或其他国家应立即参与"一带一路"建设，同时，通过亚洲开发银行与亚洲基础设施投资银行进行合作，并鼓励民间企业参与，日本应对"一带一路"构想发挥作用。

关键词： 一带一路　国际公共产品　亚洲基础设施投资银行

---

* 吉崎达彦，毕业于一桥大学社会学部，双日综合研究所首席经济学家，冈崎研究所理事，主要研究领域：日本经济、国际贸易、外交安全保障论、美国政治等。

一　日本对亚洲基础设施投资银行设立的认知与反应

2016年1月16日，亚洲基础设施投资银行（以下简称"亚投行"，AIIB）开业仪式在北京钓鱼台国宾馆举行，习近平主席在对57个成员国代表的致辞中表示，"倡议成立亚投行，就是中国承担更多国际责任、推动完善现有国际经济体系、提供国际公共产品的建设性举动"。

对此，日本各大主流新闻媒体争相报道，其标题也各具特色。如"新丝绸之路显商机，亚投行今日开业"（《日本经济新闻》）①，"AIIB逆风起航，中国经济减速却依然强调贡献"（《朝日新闻》）②，"中国加速基础设施出口，'一带一路'资金来源"（《每日新闻》）③，"中国主导运营AIIB，人才、技术诀窍等课题令人担忧"（《读卖新闻》）④，"亚投行开业，习主席挑战金融秩序"（《产经新闻》）⑤ 等。

总体来看，日本媒体对亚投行前景并不乐观，甚至充满警戒。在发达国家中，除美国、日本和加拿大以外，英国、法国、德国等57个国家均作为创始成员国加入亚投行。2015年春季，日本政界、商界讨论"日本是否应加入亚投行"的议题，鉴于安倍政府态度消极，日本谋求加入亚投行的声音不占主流。⑥

2015年，亚太地区由中国主导的多边开发银行（Multilateral Development Banks，MDBs）——亚投行，与美国主导的新自由贸易区（Free Trade Areas，FTAs）——TPP之间，在经济外交领域展开竞争。亚投行目前共57个国家如期加入，还有更多国家已表达了想要加入的愿望。2015年10月，参与TPP谈判的12个国家达成基本协议，今后将进入各自国会批准程序。日本对二者之间的竞争表示关切，2015年12月东洋经济新报社迅速出版了西村豪太撰写的《美中经济战争：AIIB对TPP》一书。⑦

但是本文认为，亚投行与TPP之间终究属于"经济竞争"而非"经济战

---

① 「新シルクロードに商機　アジア投資銀きょう開業」、『日本経済新聞』2016年1月16日。
② 「AIIB逆風下の船出　中国減速でも貢献強調」、『朝日新聞』2016年1月17日。
③ 「中国、インフラ輸出加速　『一帯一路』の資金源」、『毎日新聞』2016年1月17日。
④ 「AIIB　中国が運営主導　懸念　人材・ノウハウ課題」、『読売新聞』2016年1月17日。
⑤ 「インフラ銀開業　習氏、金融秩序に挑戦」、『産経新聞』2016年1月17日。
⑥ 2015年4月13日，日本放送协会（NHK）舆论调查结果显示，43%民众认为不加入亚投行是适当之举，11%认为不适当，31%认为无法判断。
⑦ 在本书的腰封中，写着"留给日本的大逆转的机会""把中国拉入TPP"等宣传文字。

争",前者表现为成立一家新的国际开发银行,后者是一种高级别自由贸易协定的尝试,彼此并不存在对立关系,甚至对于在亚洲从事经济活动的民间主体而言,两者并举成功更为所望。

令人遗憾的是,二者的存在被人们视为美中之间对立的象征。日本选择不加入亚投行而成为TPP阵营主要国家,其媒体报道也滋生了"反对AIIB、亲近TPP"的偏见,同时以"透明性及公司治理存在问题"等,对亚投行持否定态度成为主流。

其实,亚投行作为金融支持的一种途径,旨在实现"一带一路"这一中国提出的现代版丝绸之路经济圈构想。日本国内过度关注亚投行,反而忽视了其上位概念,即中国倡议的新的宏伟构想——"一带一路",这种认识亟须修正。

作为亚洲经济外交的看点,"AIIB对TPP"这一提法的确更易吸引"眼球",但是更为重要的,是日本在进行中的"一带一路"倡议中能发挥哪些作用,做出哪些贡献,这些问题值得进一步深入探讨。

本文首先梳理日本政界、经济界对"一带一路"倡议的认知,其次分析今后日本参与或合作的可能性。众所周知,日中之间经常发生"认知分歧",本文若能对减少分歧有所帮助,笔者将甚感欣慰。

二 "一带一路"倡议目的不易理解

目前,"一带一路"倡议正在逐步具体化,如航运领域大型国有企业——中国远洋海运集团(以下简称"中远集团",COSCO)① 计划收购希腊最大的港口比雷埃夫斯(Piraeus)港。② 2009年,中远集团已投入40亿欧元,获得比雷埃夫斯港35年码头经营权。此次计划再投资3亿至4亿欧元,购买希腊国营运营公司持有的51%的股份。

由于希腊陷入财政危机,作为接受欧盟追加金融援助的条件,希腊必须尽快出售国有、公有资产,或将其民营化。比雷埃夫斯港的出售,是这一曾经海运大国的标志性事件。中国企业的收购行为,对双方而言可以说是一种双赢(Win-win)结果。一方面,这一港口将成为中国"一带一路"的支点基地,来自中国

---

① 中国远洋运输集团总公司与中国海运集团总公司合并重组后成立中国远洋海运集团,并于2016年2月18日在上海正式挂牌。——译者注
② 「中国、ギリシャ最大港買収」、『日本経済新聞』2016年1月13日。

的出口产品集中于此地,再通过铁路运往中东欧,可以大幅缩短运输日程。

另一方面,比雷埃夫斯港也可用作军事基地。若将其作为中国海军在希腊的补给基地,成为中国在地中海地区的安全保障据点,则可能招致西方国家的警惕与戒备。

仅从上述一例尚无法得出结论,认为"一带一路"构想的目的在于"经济和安全保障"两方面。"一带一路"是一项宏大计划,具有复杂的多元化特征,兼具经济政策与外交政策,这一倡议不仅会对亚欧大陆整体起到推动作用,也与中国国家利益相契合。

2015年3月,中国国家发展改革委、外交部、商务部联合发布了《推动共建丝绸之路经济带和21世纪海上丝绸之路的愿景与行动》,从中可以看出"一带一路"倡议集中了中国宏观经济政策、外交政策和通商政策等目标,主要可以划分为以下四类。

一是经济政策。通过对陆海丝绸之路沿线地区公路、铁路及港湾等大规模基础设施建设,提高地区整体经济水平。同时通过交通运输网络建设和贸易畅通,推进区域经济一体化进程。第一,通过基础设施投资扩大需求,有助于刺激中国国内经济,化解过剩产能。第二,将中国国内成本较高的生产基地向周边国家转移,以增强制造业国际竞争力。第三,增加高铁等领域的出口,是培育、强化中国国内产业的手段。第四,增加对周边国家投资,既带动中国西部经济发展,又是一项对内政策。

二是外交政策。中国通过推进与沿线各国政府之间的合作,开展大型项目,加深区域合作与相互信赖。第一,倡导"尊重各国主权""互不侵犯""不干涉内政""和平共处""平等"等原则。第二,似乎也隐含对抗美国主导的TPP等超级FTA之意。

三是能源政策。通过陆路,中国可以直接进口中亚、俄罗斯等国家或地区的石油、天然气。通过海路,输气或输油管道从印度洋经由巴基斯坦或缅甸与中国内陆相连接,可以保障中国稳定的资源运输。第一,作为能源,石油、天然气等存在"运输本身也要消耗能源"的问题,因此,铺设管道,对中国内陆居民提供价格低廉的能源大有裨益。第二,伴随中国经济减速以及全球石油价格下跌,确保能源资源的紧迫性有所缓和。

四是汇率政策。中国通过对沿线国家投资、援助、贸易等方式,扩大区域内人民币的使用和流通,未来实现人民币基轴货币地位,与美元单极化体制相抗衡。伴随人民币国际化进展,目前处于休眠状态的外汇储备资金也能得到有效利用。

三 日本视角下"一带一路"问题点

中国政府对"一带一路"倡议满怀热情,并做好了长期实施的准备。对此,不仅是韩国企业,甚至欧洲企业也新设了"一带一路室",为中国这一倡议布阵。① 但是日本企业未采取同样举措,一方面因为日本并未列入"一带一路"构想中,另一方面,日本对"一带一路"也存在一些疑问。更进一步来看,如果这些疑问得以解决,日方应更易参与其中。

(一) 根本定位

"一带一路"是追求国际公共产品的"平台",还是确立中国战略优势的路径,这一点并不清晰。

若为前者,则全球任何国家均可自由地利用这一良机,如"横断欧亚大陆高铁"的建设,可以动员多国企业资本和技术,从而提升区域经济的带动效应,加深东西方相互信赖关系。但是若为后者,即中国将提升自身地位置于首位,若对东道国实施帮助之际提出附加条件,由指定的中国国有企业承包工程,则很难得到东道国感谢,日本等第三国也会对参与"一带一路"建设产生疑虑。因此本文期待"一带一路"由更多国家参与其中,并进行自由竞争。

(二) 收益性问题

一般来说,一个国家的基础设施,应由国家投入财政收入来完善。但是多数新兴国家储蓄率较低,国家财政并不充裕,因此不得不依赖国际金融机构或外资等投融资的支持。

从这点来看,每个项目的收益性变得越发重要。如在人口稀少地区投资,可能无法获得盈利。但是如果认为"即使不盈利,但满足中国国家利益即可",从而决定投资,其结果将可能导致整个欧亚大陆背负不良债务。

因此,为了促进丝绸之路经济圈持续、自律发展,参加"一带一路"倡议的企业必须重视收益性,运用市场机制。换言之,在"一带一路"建设中,应注意避免政府外交目的与民间企业经济目的之间的错位。

---

① 瀬口清之氏「中国ビジネス後記拡大にも、依然消極的な日本企業」、CIGC Highlight Vol.32 2016.01。

(三)人民币国际化

2015年11月,国际货币基金组织宣布将人民币纳入特别提款权(SDR)货币篮子中。目前全球支付货币市场中,美元约占60%,欧元约占30%。虽然日元一直作为SDR货币,但并不存在因此而惠及日本经济的现象。正如某位国际金融资深人士所言,"SDR类似于世界语",[①] 即虽有名却无实际内容。

纵观日本经验,20世纪90年代日元国际化进展缓慢的一个原因,在于日本长期处于贸易盈余状态。因此,作为拓宽人民币使用范围的重要举措,中国应在贸易赤字下,使非居民持有人民币,即对丝绸之路沿线地区保持进口大于出口的态势,但现实却与之相反。

四 日本可发挥的作用

在此,本文将探讨日本政府或日本企业究竟该如何参与"一带一路"倡议,能否有所作为。

一直以来,日本国内对"一带一路"倡议的关心度不高,其原因主要有三。一是日本并不属于"一带一路"对象国。二是除东南亚外,"一带一路"沿线大部分地区并非日本企业占据优势的市场,如对于中亚各国,日本运输物资便会产生巨额成本。三是近年来日中关系紧张,不少日本企业对中国的倡议心怀警戒。

尽管如此,仅从"一带一路"倡议带有"国际公共产品"的性质来看,日本不应存在犹豫不决的理由。此处所言的国际公共产品,是指类似于自由贸易制度、航海自由等,是对众多人开放的。国际公共产品为既有霸权国家支撑的,也有多国间合作、协商而产生的产品。可以说从古代到中世纪的丝绸之路本身,就是当时的国际公共产品。"一带一路"倡议作为现代版"丝绸之路",应寻求国际公共产品的性质。

具体来说,日本对"一带一路"倡议可发挥的作用主要表现为以下三方面。

(一)亚投行与亚洲开发银行(ADB)的合作

毋庸置疑,世界银行等多边开发银行属于国际公共产品,其中亚洲开发银行从1966年创立以来,由67个加盟成员综合开展对话,运营透明度高。虽然日本作为

---

① Finance Asia, http://www.financeasia.com/News/398418, rmb-inclusion-in-sdr-its-just-esperanto.aspx.

亚洲开发银行第一大股东,并为其输送历任行长,但并未因此而滥用职权。① 相反,作为战败国,日本非常小心,不让援助对象国感到其有高高在上的态度,这也体现在 ADB 总部没有设立在东京,而是在东南亚最发达的城市——马尼拉。

尽管如此,作为布雷顿森林体系的优等生,亚洲开发银行的运营也并未获得所有亚洲国家的信赖。与世界银行等其他多边金融机构类似,亚洲开发银行也具有官僚作风,比起借款国的具体情况,ADB 更重视发达国家非政府组织(NGO)的意见,存在不易利用等问题。如果亚洲开发银行能充分满足亚洲基础设施投资需求,也就不会出现数量众多的国家踊跃加入亚投行的局面了。

亚投行作为简单、低成本的组织,是一家迅速、灵活应对借款国需求的多边开发银行,与亚洲开发银行有全然不同的取向。日本与中国都经历了从多边开发银行借款,之后伴随经济发展演变为贷款方,并设立新型多边开发银行的罕有的经验,但由于国情不同,各自路径也不相同。② 亚洲开发银行与亚投行互为互补关系,有望共同对亚洲基础设施投资做出贡献。

2015 年 5 月,《人民日报》刊载文章,指出亚投行的"鲶鱼效应"以及其对 ADB 和世界银行的刺激作用。③ "鲶鱼效应"指在沙丁鱼群中放入一条鲶鱼,从而让沙丁鱼感到紧张,加速游动,以保持沙丁鱼鲜度。将亚投行的登场比作鲶鱼,可以给如同沙丁鱼一样的亚洲开发银行等多边开发银行带来改革契机。这种说法非常正确。因为世界需要竞争,亚投行作为"鲶鱼"出现,能够给现有多边开发银行的沙丁鱼群带来良性刺激。

此外,如表 9-1 所示,作为支持"一带一路"的金融机构,表现为多元化形态。其中亚投行与亚洲开发银行规模较大,有望发挥主导作用。

(二)民间企业参与

如果项目具有营利性,在选择项目主体时能够确保公平性和透明性,日本企业应会表现出参与"一带一路"的积极态度。例如,中国若完成泰国南部克拉地峡的运河开凿,包括日本、韩国在内的许多国家可以不通过马六甲海峡,从而减少风险,缩短航程,这也是一种体现国际公共产品的项目。由于工程建设成本

---

① 作者长期供职于日本商社,但从未听说有日本商社获得亚洲开发银行项目订单。
② 在日本,这也是支持参加亚投行的比例无法扩大的理由之一。
③ 人民網日本語版「AIIBの「ナマズ効果」、ADBと世界銀行にも刺激に」、2015 年 5 月 26 日、http://j.people.com.cn/n/2015/0526/c94476-8897758.html。

表9-1 为"一带一路"提供资金的金融机构一览

名　称	总部所在地	资金规模(亿美元)	中国占比(%)	成员数量(个)
亚投行	北　京	1000	26.1	57→超过70?
金砖国家新开发银行(BRICS)	上　海	500	20.0	5
丝路基金	北　京	400	100.0	1
亚洲开发银行	马尼拉	1638	6.5	67

此外,主权财富基金中的中国投资有限责任公司(CIC)、政策性银行中的中国进出口银行、国家开发银行等也可能提供资金。

资料来源:根据各机构资料由作者制作。

巨大,以运河航运收入形式回收很可能无法收回成本,因此在实施过程中,中国应希望包括日本在内的更多国家的企业参与建设。

(三)信息方面合作

对"一带一路"沿线国家投资及项目调查时,作为前期必要准备,首先应收集投资地区的信息,进行业务调查。日本一般通过经济产业省所属的日本贸易振兴机构(JETRO)收集海外地区信息,由财务省管辖的国际金融信息中心(JCIF)提供金融信息。中国与日本这些机构进行合作,对落实"一带一路"倡议将有所促进。

五　结语

13世纪威尼斯商人马可·波罗撰写了《东方见闻录》,将日本称为"黄金之国Zipangu"。① 虽然马可·波罗并未去过日本,但日本是丝绸之路东方站的终点。在日本奈良东大寺内的正仓院,至今仍收藏着通过丝绸之路来自古代波斯的珍贵物品。

但是日本人自身并未对此有强烈意识,虽然丝绸之路体现了古代文明的浪漫主义色彩,但现实中很难将其作为经济政策、外交政策的对象。"一带一路"作为重构现代丝绸之路的尝试,目前还很难说具备日本必须参加的必要条件,但是日本政府、日本企业合作、参与其中,必定会结出丰硕成果。

(刘瑞译,张季风校)

---

① 意大利语,马克·波罗在书中对日本的称呼。——译者注

B.10 "一带一路"框架下的中日经济博弈

苏 杭*

摘　要： 中国所倡导的"一带一路"倡议将为亚洲带来基础设施建设、经济发展以及财金合作等新机遇，无疑会成为亚洲乃至全球经济复苏进程中的重要引擎，将更好地造福亚洲各国并惠及世界发展。"一带一路"倡议所推动的亚洲互联互通不仅有利于中国经济发展，而且有助于日本的经济复苏和结构调整。如果日本能秉持开放包容的心态，中日两国无疑可以在"一带一路"倡议实施过程中实现更广阔的合作与发展。但在此过程中，日本也会通过多种手段加强与中国的竞争，从而导致中日两国在"一带一路"框架下的经济博弈呈现出合作与竞争并存的局面。

关键词： 一带一路　亚洲基础设施投资银行　经贸合作　中日博弈

"一带一路"倡议是经济"新常态"下中国优化经济发展空间格局的战略新举措，鉴于中国在整个亚洲经济中的地位和影响力，这一规划的实施必将给亚洲经济发展带来新的机遇和动力，同时也将推动亚洲经济格局的重塑。战后日本一直是亚洲经济实力最强的国家，在亚洲经济腾飞的过程中扮演了"领头雁"的角色，然而，随着中国经济规模的持续扩张，日本不仅在经济规模上被中国赶超，其对亚洲经济发展的引领能力也呈减弱态势。在中日两国围绕经济实力和对外影响力进行角力和博弈的过程中，中国所提出的"一带一路"倡议为亚洲经济勾勒出全新的发展愿景，吸引了区域内外国家的广泛关注和积极参与。"一带一路"倡议的落实将为中国经济发展注入新的动力并进一步提升中国的对外影

---

* 苏杭，经济学博士，东北财经大学副教授，全国日本经济学会理事，主要研究领域：日本经济、世界经济等。

响力,这无疑会给日本在亚洲经济格局中地位的变迁带来影响甚至是冲击,引发日本的担忧和排斥,日本拒绝成为亚洲基础设施投资银行的创始成员国即可被视为这种排斥心理的现实反映。

实际上,"一带一路"倡议倡导的是共商、共建、共享的合作理念,目标是为区域内的基础设施发展与经济合作搭建平台,包括日本在内的亚洲区域内外的国家均可在这一平台上寻找经济合作与发展的机遇,中日两国也可以在"一带一路"倡议实施过程中实现更广阔领域的经贸合作。然而,出于自身战略定位以及角色认知的局限,日本必然会在与中国开展经贸合作的同时,通过多种手段加强与中国的竞争,这必将导致中日两国在"一带一路"框架下的经济博弈呈现出合作与竞争并存的局面。

一 "一带一路"倡议的提出与亚洲经济发展新机遇

"一带一路"倡议以共迎挑战、共创繁荣为目标,顺应了全球金融危机后亚洲各国谋求经济转型与发展的需要,揭示了中国和亚洲经济合作进程中如何惠及其他地区、带动相关区域经济一体化进程的新思路,① 其将为整个亚洲经济的繁荣开辟广阔的合作空间,提供新的发展机遇。

(一)基础设施建设机遇

基础设施建设滞后是制约众多亚洲国家经济增长的主要瓶颈。以印尼为例,目前的公路、港口、发电设施建设远落后于经济增长的步伐,2004年至2009年,印尼建成的高速公路只有125千米。与此同时,印尼的港口目前也已处于饱和状态。据估计,未来7年,印尼最大的货运港丹戎不碌港的集装箱吞吐量至少需要增加两倍才能满足进出口贸易发展的需要。② 基础设施建设的落后不利于商品和要素的自由流动,增加了物流成本,进而削弱了相关国家的产品竞争力,降低了外国投资者的投资热情。为改善基础设施发展的落后局面,亚洲国家加大了资金投入,亚洲开发银行也启动了东盟基础设施基金,计划到2020年向成员国

---

① 《亚洲新未来:迈向命运共同体》,博鳌亚洲论坛,2015年3月28日,http://www.boaoforum.org/fltba/16347.jhtml。
② 《亚洲多国基础设施制约经济发展 加大投入促升级》,环球网,2012年5月27日,http://world.huanqiu.com/hot/2012-05/2762436.html。

提供40亿美元的贷款,并带动总额约为130亿美元的基础设施投资。然而,这些资金投入与亚洲基础设施建设所需的数千亿美元相比,缺口很大。

为缓解"一带一路"沿线国家基础设施建设所面临的资金短缺问题,中国发起建立了亚洲基础设施投资银行,亚洲基础设施投资银行的资本金为1000亿美元,宗旨是通过在基础设施及其他生产性领域的投资,促进亚洲经济可持续发展、创造财富并改善基础设施互联互通。亚洲基础设施投资银行的建立,有助于亚洲国家获得基础设施网络发展所需的资金,有利于夯实作为经济增长动力引擎的基础设施建设。与此同时,亚洲基础设施投资银行还可以通过发行长期债券或设立各种创新融资工具,动员更多的私人资本进入,为区域内全方位的互联互通建设提供长期资金支持。

(二)经济发展机遇

自20世纪90年代以来,亚洲经济保持了长期的快速增长,在取得经济增长巨大成就的同时,亚洲经济发展中的一些问题也开始显现。亚洲内部区域间发展失衡,交通基础设施互联互通不畅,给区域经济合作的深化增添了不少障碍。2008年全球金融危机后,面对全球贸易投资和能源格局的深刻变化,亚洲国家经济开始进入经济转型升级的关键阶段,既要适应经济变化,保持经济强劲和可持续增长,又要避免踏入"中等收入陷阱"。要实现上述目标,亚洲国家迫切需要寻找新的发展机遇。在这一过程中,亚洲国家意识到,加强亚洲国家间的区域合作、实现互惠互利的共同发展,是亚洲经济稳定增长的最可靠动力。目前,亚洲经济合作的领域与深度尚比较有限,仍有较大的提升空间。从紧迫性和可靠性来看,加强地区内的互联互通是当前亚洲地区经济合作的主要形式,有助于帮助各国从以单一的货物贸易为主向全方位合作拓展,特别是强化服务贸易、投资、金融等领域的合作,从而为各国经济增长释放出新动力,提升亚洲的整体竞争力。"一带一路"构想的实施将有助于推进亚洲内部的区域经济一体化,而区域经济一体化是亚洲各国的共同利益所在,以政策沟通、道路连通、贸易畅通、货币流通、民心相通为内涵的"五通"将大大提升亚洲区域内贸易自由化和投资便利化水平,在提升区域和次区域合作水平的同时为亚洲经济的包容性增长提供广阔的市场空间。

(三)财金合作机遇

虽然亚洲经济保持了持续蓬勃发展的态势,但亚洲地区金融合作总体滞后、与地区需求存在巨大落差的问题十分突出，亚洲国家在国际金融市场上的影响力与亚洲经济总量很不相称。实际上，亚洲各国发展层次不同，内需市场潜力巨大，同时亚洲拥有外汇储备充足、储蓄率高、财政状况相对健康、财富基金资源丰富等有利条件，完全可以将金融合作作为切入点，推动和激发亚洲地区的经济发展。中国所发起成立的亚洲基础设施投资银行和丝路基金在为亚洲基础设施发展和经济增长提供融资支持的同时，也将拉开亚洲国家间财金合作的序幕。除了亚洲基础设施投资银行和丝路基金这两大平台以外，为全面落实"一带一路"倡议，中国正加紧筹建"亚洲金融合作协会"。作为地区性的国际金融合作组织，亚洲金融合作协会的宗旨是推动亚洲金融互联互通合作的常态化，以此促进亚洲金融稳健发展，更好地服务于亚洲经济发展。随着金融自由化的发展，亚洲国家在金融领域的相互依存程度不断加深，"亚洲金融合作协会"的建立，将进一步深化亚洲国家间的金融合作，维护地区金融稳定，提升亚洲国家在国际金融市场上的话语权和影响力，进而推动全球金融治理体系的改革。

二 "一带一路"框架下的中日经贸合作与竞争

"一带一路"倡议勾画了亚洲经济发展的美好未来，作为亚洲第一大和第二大经济体，中国和日本注定会成为亚洲经济新发展的积极参与者，虽然相互合作符合双方的利益，但是，出于自身战略的考虑，日本必定会在深化与中国经贸交流与合作的同时，加大与中国竞争的力度。

（一）基础设施建设

在基础设施建设领域，中日两国都积累起了各自的竞争优势。面对极具潜力的亚洲基础设施建设市场，中日两国可以利用双方在资金、技术和设备上的互补性，积极开展在有关国家基础设施建设项目上的合作。据估算，从2010年到2020年，亚洲城市基础设施建设每年至少会产生600亿美元的资金缺口，而亚洲开发银行可以融资的额度仅为130亿美元。[1] 由中国发起成立的亚洲基础设施投资银行以推动亚洲基础设施发展为宗旨，中日两国可以通过推动两大开发性金

---

[1] 江原规由「21世紀海上シルクロート建設の意義とアジア太平洋地域の共同発展」、『季刊 国際貿易と投資』2015年4月号、第99卷、51～60頁。

融机构间的合作，①填补亚洲基础设施建设所面临的资金缺口。在2015年6月6日举行的中日财长对话会议上，两国就发挥亚洲开发银行和亚洲基础设施投资银行的作用、共同推进亚洲基础设施建设达成了共识。早在政府间协议达成以前，中日两国企业就已迈出了共同建设的步伐。日本丸红公司与中国石油化工集团旗下的中石化炼化工程公司共同获得哈萨克斯坦阿特劳（Atyrau）石油精炼厂的基础设施建设②订单，三井物产与神化集团共同推进在蒙古国的煤矿开发等，都是中日两国企业利用各自的技术优势，采取共同开发建设的方式，积极推进海外事业的代表性案例。

然而，在中国积极参与"一带一路"沿线基础设施建设的同时，日本也把目光锁定在了亚洲基础设施市场上。随着新兴市场国家制造业的兴起，日本制造业出口的重点已从家电、汽车等传统领域转向基础设施出口，并将其作为"经济成长战略"的重要支柱。安倍内阁上台后，日本政府专门制定了"基础设施出口战略"，提出要把日本基础设施的出口订单从2010年的10万亿日元增加至2020年的30万亿日元。③东南亚和南亚是"一带一路"沿线国家，同时也是日本以高铁为代表的基础设施出口的重点目标，2015年中日两国在印尼和印度高铁项目上的争夺凸显出了双方在这一领域竞争的激烈。为弥补日本企业在同中国基建企业竞争中的价格劣势，日本政府正在通过资金扶持、政府开发援助（ODA）、人才培养、设施配套等措施助力本国企业参与亚洲基础设施出口竞争。为获取印度高铁项目订单，日本政府不仅提供了贷款期限长达50年、总额为120亿美元的贷款，而且承诺为印度提供技术援助和人员培训。鉴于东南亚和南亚国家高铁项目数量的有限性，中日两国需要在基础设施领域谋求合作，而非一味地竞争，这样才能实现双方基础设施建设企业的共赢发展。

---

① 亚洲开发银行总裁、理事会议长中尾武彦在2015年3月的研讨会中指出，中国现在依然是继印度之后最大的贷款方，是12个理事国之一，亚洲开发银行6个副总裁中就有1人是中国国籍。即便是在亚洲基础设施投资银行成立以后，中国作为亚洲开发银行重要伙伴的地位也不会改变，亚洲开发银行依然会在环境保护和气候变化、上下水道建设等领域对中国持续投入资金并展开合作。日本经济产业研究所『アジア経済の見通しとADBの役割』、2015年3月25日、http：//www.rieti.go.jp/jp/events/bbl/15032501.html？styleshee。
② 阿特劳石油精炼厂是哈萨克斯坦国营企业KazMunayGas经营的哈萨克斯坦最大的石油精炼厂，此次中日企业获得的订单额为17亿美元，由中石化负责设备设计和资材调配、丸红负责物流调配、KazMunayGas负责现场施工，预计到2015年建设完毕。
③ 経済産業省『インフラシステム輸出戦略』、2015年6月2日、http：//www.meti.go.jp/report/whitepaper/mono/2015/honbun_html/020301.html。

(二)金融合作

作为东亚经济实力最强和外汇储备最多的国家,中日两国在金融领域的合作不仅事关亚洲金融秩序的稳定,而且有助于提升亚洲在全球金融治理中的地位和影响力。亚洲金融合作在1997年亚洲金融危机后开始起步,2008年全球金融危机爆发后得到加强。中日两国间的金融合作也随之加快,2011年12月,两国规划了促进人民币与日元在两国跨境交易中的使用、支持发展人民币与日元的直接交易市场、支持人民币和日元债券市场健康发展等合作内容。然而,两国间的金融合作很快因钓鱼岛冲突的爆发而减速,直至2015年6月,终止3年之久的中日财长对话会议在北京重启,两国财长才再次就深化中日金融合作达成共识,并就加强亚洲开发银行和亚洲基础设施投资银行间的合作等进行了对话和沟通。

2015年首个由中国倡议设立的多边国际金融机构——亚洲基础设施投资银行正式成立,这大大提升了中国在全球金融治理中的影响力。在"一带一路"框架下,亚洲基础设施投资银行将在亚洲互联互通建设中发挥重要推动作用,中日两国金融合作与角力的焦点也由此演化成为日本是否加入亚洲基础设施投资银行以及亚洲基础设施投资银行与亚洲开发银行这两大金融机构间的合作问题。对于中国借力亚洲基础设施投资银行全面参与亚洲基础设施发展的举措,日本一方面拒绝加入亚洲基础设施投资银行,另一方面通过亚洲开发银行等机构,在亚洲范围内投入1100亿美元,全力推进亚洲基础设施建设。日本首相安倍晋三更是在2015年5月21日的讲话中表示,"我们需要将创新带到亚洲的每一个角落,亚洲容不下廉价的、低质量的投资。"[①] 虽然安倍在讲话中对中国主导的亚洲基础设施投资银行只字未提,但此举仍被视为日本对中国在亚洲不断增强的影响力的一次回击。日本不愿加入亚洲基础设施投资银行而单方面在亚洲开发银行投入巨资的行为,一方面是为了缓解日本国内经济界要求加入亚洲基础设施投资银行的压力,与中国争夺市场,体现日本的经济影响力;另一方面,也是意图在政治上向美国表明立场,凸显日本在日美同盟中的价值。由此可见,中日两国在"一带一路"框架下的金融合作要取得实质性进展还需假以时日。

(三)角色身份

2009年奥巴马政府开始推行"重返亚太"战略,给亚洲国际关系格局和中

---

① 《为何日本是否加入亚投行引人关注》,人民网,2015年6月6日,http://finance.people.com.cn/n/2015/0606/c1004-27112838-4.html。

日关系带来冲击,面对中国日益增强的经济实力和国际影响力,日本开始寻求利用美国"重返亚太"战略,借力使力,来应对中国在亚洲地位的上升。在钓鱼岛争端和日本谋求出兵海外的过程中,美国政府在口头和行动上偏袒日方的态度也起到了推波助澜的作用,给权力结构变动中的中日关系造成了极大干扰。

中国提出"一带一路"倡议,尤其是发起成立亚洲基础设施投资银行之后,得到了域内外国家的积极响应,英国等西方国家纷纷加入,大大提升了中国在国际金融领域的影响力,同时也暴露出日本所主导的亚洲开发银行在亚洲基础设施建设领域作用的不充分。可以说,"一带一路"倡议的提出以及亚洲基础设施投资银行的设立是继中国经济规模赶超日本之后对日本在亚洲角色身份的又一次冲击,引发了日本的战略焦虑。因此,才有了日本在是否加入亚洲基础设施投资银行问题上的纠结态度。基于经济利益的考量,日本应选择加入并推动亚洲开发银行与亚洲基础设施投资银行间的合作,为日本企业进军亚洲基础设施市场创造条件,而出于战略考虑,日本又不愿意立即加入,避免给其他国家留下"屈从"中国领导的印象。自二战结束以来,日本通过在亚洲区域内主导"雁阵"分工的形式,扮演着亚洲经济腾飞的"领头雁"角色,然而,进入21世纪以来日本对亚洲经济的引领作用却日益受到中国的挑战,亚洲权力结构的变迁必然会改变包括日本和中国在内的亚洲主要国家的角色身份,对日本而言,要接受中国国际地位的上升并适应与中国合作引领亚洲经济发展的新角色,尚需要一个过程。因此,日本在看待"一带一路"框架下的中日合作时,战略利益可能会超越经济利益,影响日本相关政策的选择。

(四)议程设定

20世纪90年代以来亚洲开始进入地区机制建设的活跃期。东盟地区论坛、"10+1"、"10+3"、东亚峰会、六方会谈、亚太经合组织以及各种形式的自由贸易区都是亚洲区域治理的重要机制设计,然而从实际效果看,除了双边自由贸易区以外,其他机制大都面临着这样或那样的挑战。在亚洲域内各类机制不断涌现却又无法发挥实际效果的过程中,中国提出了"一带一路"倡议,以亚洲基础设施投资银行为突破口,将包容性发展、开放式合作的理念注入亚洲发展进程。西方及亚洲国家对亚洲基础设施投资银行的接受和认可反映了其对中国所设定的由基础设施建设带动亚洲互联互通发展议程的赞同,这是中国在地区乃至全球影响力上升的又一标志。

进入新世纪以来,国与国之间的竞争日益从传统的以实力竞争为主转变为话语权的争夺,为此,十八届五中全会公报明确提出要提高中国在全球经济治理中的制度性话语权。话语权在国际交往实践中常常表现为一国对地区乃至全球发展的理论贡献能力,或者叫"议程设定"能力。一国的"议程设定"能力越强,其对国际事务的影响力就越强。2015年博鳌亚洲论坛的主题是——"亚洲新未来:迈向命运共同体",亚洲命运共同体是中国所倡导的"一带一路"倡议共建共享理念的理论升华,也是中国为亚洲稳定与繁荣所贡献的新理念和新议程。中国全面参与亚洲发展议程设定的行为是中国作为地区负责任大国的积极举措,将在经济实力之外大大增强中国的国际话语权和软实力。中国所提出的命运共同体议程将推动亚洲国家经济的共同发展,这符合日本的经济利益,"一带一路"所带来的基础设施市场容量的扩大也为日本所乐见,然而,出于在议程设定上同中国相竞争的考虑,日本还是搬出了诸如监管标准等所谓国际标准,试图为自己与中国竞争的行为寻找借口。

三 "一带一路"框架下中日经济博弈的走向

亚洲是中日两国发展繁荣的共同家园。作为全球GDP排名第二和第三的经济大国,中日两国的经济总量占到整个世界的20%、东亚的80%,两国间经济合作与竞争的走向也将直接影响亚洲发展的前途和未来。自邦交正常化以来,中日经贸关系取得了突飞猛进的发展,双边贸易额已突破3000亿美元,中国已成为日本的第二大出口贸易伙伴。与此同时,随着中国参与全球价值链分工程度的加深,中国对外贸易的规模不断扩张,中国在全球价值链分工中的角色也呈现出了向价值链上游"攀升"的态势。在中日经贸合作中,日本作为中国不可或缺的贸易伙伴的角色正在发生变化。由于贸易伙伴国数量的增加,日本占中国进口总额的比例已经从1998年的20%降低到2014年的9.8%;中国出口总额中日本所占的比例更是从1998年的16.1%降低至2014年的7.4%。[①] 中日经济相互依存中双方角色地位的变化打破了中日经贸合作的传统格局,两国亟待寻找新的合作模式。在此过程中,作为美国"重返亚太"战略经济支点的《跨太平洋经济伙伴关系协定》(TPP)给中日间的经济博弈带来了新的变数。出于制衡中国以及跟美国"步调一致"的战略考虑,安倍政府积极谋求加入《跨太平洋经济伙

---

① 日本経済産業研究所『日中経済関係の課題と今後の展開』、2014年11月10日、http://www.rieti.go.jp/jp/events/14111001/summary.html?styl。

伴关系协定》，并将其视为安倍经济学的"东风"。为应对《跨太平洋经济伙伴关系协定》所带来的挑战，中国提出了"一带一路"倡议，通过加强与"一带一路"沿线国家间的合作为中国对外开放塑造新的空间格局。"一带一路"沿线国家蕴涵着巨大的市场机遇和发展空间，不仅会推动中国对外贸易和投资的持续发展，而且对处于产业转型和经济结构调整期的日本而言，同样具有极大的吸引力。因此，在同中国的经济博弈中，日本一方面积极参与美国主导的《跨太平洋经济伙伴关系协定》，扩大对TPP成员国的出口，另一方面也在密切关注"一带一路"倡议带来的发展新机遇。

实际上，"一带一路"倡议在给亚洲经济发展带来新机遇的同时也为中日两国经贸合作的深化提供了新的契机和途径，有利于推进双方的产业转型和经济结构调整。目前，中国正在大力实施节能减排，推动产业升级换代，重点向节能、环境保护、新能源利用、医药、医疗器材等产业和领域发展，而日本在上述诸多领域富有经验，双方合作潜力很大。不仅如此，"一带一路"倡议还为中日经贸合作的可持续发展提供了新的平台。"一带一路"不仅是贸易通道，还将是为地区繁荣创造新机遇、激发新活力的增长通道。这个通道不仅为中国经济增长服务，同时也向日本敞开，无论是在基础设施、节能环保，还是金融货币领域，两国都可以寻找到合作的公约数。因此，只要日本政府能够秉持开放包容的心态，积极参与"一带一路"建设，中日两国在"一带一路"框架下的经贸合作必将大有可为。

然而，安倍政府错误的历史观和安保政策恶化了中日经贸关系的政治氛围，同时美国奥巴马政府"重返亚太"的外交政策诱使日本偏离了与中国发展全面战略互惠关系的轨道，这些都导致日本，在参与中国所主导的亚洲发展议程上的观望、纠结以及在"一带一路"建设过程中与中国既合作又竞争的矛盾立场。鉴于日本的经济实力和影响力，纳入了日本的亚洲发展议程将更具推动力，而愈加发展和繁荣的亚洲经济也更有利于日本经济摆脱持续的低迷状态，因此，尽管日本与中国在亚洲基础设施投资银行等问题上不断进行角力和博弈，但是在未来，日本还是会成为亚洲发展议程积极的参与者。这是因为，"一带一路"倡议所倡导的共建、共享理念将把亚洲打造成一个命运共同体，而中国和日本都将在这一命运共同体中实现经济的长期可持续发展。

B.11
日本在"一带一路"沿线国家推介高铁项目，强化与中国竞争

陈 言*

摘　要： 对于中国的"一带一路"倡议，日本总体关心不足，合作更少。从铁路建设看，2015年中国在印度尼西亚获得高铁项目后，日本在印度拿下了建设高铁的意向，中日两国在亚洲国家高铁等基础设施建设方面处于对抗阶段。日本新干线（Shikansen）、中国高铁是各自国家外交及对外经济合作的重点内容，是各自在增加影响力的同时，能获得经济效益的亮点。两国今后的竞争重点将转移到越南、泰国、马来西亚、缅甸等国家。亚洲到2020年在铁路建设上的项目金额为390亿美元，这不是一个国家能垄断的业务。未来中日在亚洲铁路建设及其他基础设施的建设上有合作的可能。

关键词： 高速铁路　社会基础设施　中日合作

中国"一带一路"倡议的推进，在一定程度上与2010年到2020年亚洲社会基础设施巨大的市场需求有关。作为社会基础设施相关技术的大国，中日均将亚洲社会基础设施建设作为今后出口技术的重要外交及经济目标。目前两国在这个领域的竞争非常激烈，但展望未来，中日应具有合作的可能性。

在参与亚洲各国的经济发展方面，2015年前后几年是中日两国企业在相关项目上展开激烈竞争的阶段。随着亚洲潜力的逐步释放，中日将会走向在亚洲携手合作的新时期。高铁是社会基础设施中十分重要的一部分，对中日在亚洲高铁

---

* 陈言，经济学博士，日本企业（中国）研究院执行院长，全国日本经济学会理事，主要研究领域：日本经济，中日经济关系。

建设上的推进政策、企业技术特点、与亚洲各国的关系、今后的合作可能性等作出分析与判断，是研究"一带一路"政策与日本经济及中日经济关系的一个重要课题。

一 推进高铁出口成为日本国策

（一）基础设施成为日本出口新支柱

进入 21 世纪后，日本家电、汽车产业出口受到来自亚洲其他国家与地区的挑战越发强烈，日本政府开始把出口的重点放在社会基础设施上，以其作为替代传统出口产业的新产业。

在中国对外推行"一带一路"倡议之时，2012 年 12 月安倍内阁成立后，大力推进日本企业在社会基础设施方面的出口。① 尽管日本依旧保有先进的汽车及家电制造技术，日本企业仍具有品牌力量，但 2008 年雷曼危机以后，日本综合机电企业在经营上遭遇了重大困难，在财务赤字增加的背景下，机电企业不得不进行经营业务的转型。在家电出口方面，随着产业技术优势的逐渐削弱，其出口数量、金额等方面均呈减少趋势。日本财务省贸易统计显示，2006 年日本的家电出口总额为 3378 亿日元，但到了 2014 年，尽管有日元贬值等利好条件，出口总量也仅为 3042 亿日元，比 2006 年减少约 10%，且今后继续增加的可能性并不大。汽车出口也遭遇同样问题。2006 年，日本出口汽车总额为 16.61 万亿日元，但到了 2014 年仅为 5.31 万亿日元，下降幅度高达 68%。

迅速找到一个新的出口支柱产业，并使其维持长期盈利能力，成为安倍内阁的政策重点。政府把焦点对准基础设施方面，希望在高铁、发电站、城市交通、港口、航天、广播电视及通信等方面获得新的商机。

"要想富先修路"是中国民众对社会基础设施最直白的理解。实际上，一个社会的基础设施（infrastructure）主要指为社会生产和居民生活提供公共服务的物质工程设施。

从日本及中国的经验看，大幅增加社会基础设施建设，是亚洲取得经济发展

---

① 相关内容可以参考《日本经济新闻》（2016 年 1 月 24 日）"インフラ輸出、日本は何を売り込むか"等相关报道。《日本经济新闻》非常关注日本的社会基础设施的对外出口问题，有大量的相关报道。在过去几年里，和日本很多报纸一样，《日本经济新闻》特别强调与中国在社会基础设施方面的竞争，至于与中国的合作一事，几乎难以从该报的报道中找到相关内容。

的必要条件。表11-1具体展现了2010年到2020年8万亿美元亚洲基础设施的巨大市场（参见表11-1）。

表11-1 亚洲社会基础设施投资的市场需求（2010~2020）

单位：10亿美元

内容	新项目	更新项目	共计
能源(电力)	3176	912	4089
通信	325	730	1056
交通运输	1762	704	2466
机场	7	5	11
港口	50	25	46
铁路	3	36	39
公路	1702	638	2341
上下水·卫生设施	155	226	381
小计	5419	2573	7990

资料来源：笔者根据ADBI「INFRASTRUCTURE for a SEAMLESS ASIA」制作。

日本通常以铁路为突破口承包其他国家相关项目，2010年以后日本在铁路项目上表现得极为积极。今后数年正是亚洲各国铁路项目开发高峰期，其表现为规模大，如印度的高铁计划资金规模为1.8万亿日元（约150亿美元）。如果加上铁路沿线的房地产、各种工业设施建设等，总规模将更大（参见表11-2）。

表11-2 亚洲主要国家的铁路计划

国家	铁路内容	备注
越南	高铁计划	
	河内·胡志明市城铁计划	
泰国	高铁计划	680公里
	曼谷城铁计划	
印度尼西亚	雅加达城铁计划	
马来西亚	马来西亚·新加坡高铁整备计划	300~350公里，投资约1.3万亿日元
印度	高铁计划	505公里，投资约1.8万亿日元
	货物专用铁路计划	
缅甸	铁路现代化	

资料来源：笔者根据日本国土交通省及媒体的报道制作。

(二)日本政府推进出口铁路项目

日本在亚洲各国推销社会基础设施的举措远早于中国。笔者曾采访过日本经济产业省相关官员,得知进入21世纪以后,日本政府推进的主要项目有:以东盟为中心的亚洲综合开发计划(CADP)及东盟联合重点计划(MPAC),在越南等国的日本湄公河经济产业合作协议(MJ-CI),在印度尼西亚有印尼经济开发走廊(IEDC),印度有德里-孟买产业走廊(DMIC)等具体计划。2009年日本政府在亚洲投入政府开发援助(ODA)预算为2万亿日元,当时折合大约200亿美元。当然这个规模的资金远不能满足亚洲需求,日本民间资金也以PPP形式参与,同时国际协力银行(JBIC)、日本国际协力机构(JICA)等官方、半官方机构也积极参与其中。

从经济产业省获得的信息显示,日本通过参与建设高铁、高速公路、桥梁及输送电设施,建立了一套物流体制,企业在这个基础上从事生产活动,振兴地方经济。参与相关建设的主体主要是商社、社会基础设施相关机械类制造厂商、负责项目立案等工作的咨询公司等。其主要特点表现为不仅能够设计、采购相关设备,从事建设,而且能够参与运营及管理,提供一条龙服务。

在铁路建设方面,日本国土交通省有完整的推进体制。到2020年,日本目标是获得30万亿日元社会基础设施方面的项目,其中交通方面的为7万亿日元。国土交通省资料显示,日本向国外推荐高铁项目主要有以下几个步骤。第一,国家领导人直接推荐铁路技术,并保证在资金方面提供一定程度的支援[1]。国家首脑直接推销,在民主党当政时代就已经有过先例,当时执政的民主党政治家开始把国家首脑对外推荐日本高铁当成主要外交项目之一。安倍执政后,对高铁等社会基础设施的推介成为对亚洲各国开展外交的重要内容。第二,资金跟进。日本海外交通·都市开发事业支援机构(JOIN)、JICA及JBIC等机构,为日本海外建设高铁等提供资金及人力方面的支持。第三,在各种技术标准的制定上,尽可能让世界采用日本标准,为此积极向世界各国公开日本技术标准,争取制定出以日本技术为主要内容的标准,从制度上为导入日本技术做铺垫。第四,派遣日本的咨询企业参与国外高铁建设项目计划,尽早获取高铁技术方面的国外信息,为

---

[1] 在国土交通省主页上有大量大臣去国外推销日本高速铁路的相关记录。比如在2014年8月12日至17日,太田昭宏大臣去马来西亚政府推荐建设马来西亚、新加坡的铁路计划。他明确宣布不仅政府会支持这个计划,日本企业如JR东日本、住友商事、日立制作所及三菱重工也会加入进来共同参与。在印度他也反复向印度政府推荐日本社会基础设施建设技术。

日本企业参与相关项目做好充分的准备。

在将各国技术及行政人员"请进来"的同时，经济产业省还选择"走出去"，向新兴国家派遣技术专家推广日本技术。从2015年起培养约4000人，日本一改过去优柔寡断的行政特点，在资金和决策速度上做出很大改进，力图在国外人员培训上发挥日本优势。通过政府相关部门对国外铁路技术人员的培训，扩大国外对日本铁路技术的了解，这是日本在国外推广高铁技术的重要方法之一。[①]

在铁路运营方面，日本国内有资金和技术雄厚的东日本旅客铁道等JR集团7家铁路公司以及小田急等16家私营铁路公司。在高铁用车辆制造方面，尽管全世界市场大约一半为加拿大庞巴迪公司、法国阿尔斯通公司及德国西门子公司所占据，但日立、东芝、川崎重工业、三菱重工业等日本企业也具有相当的技术生产能力，特别是近年来日立公司将高铁设备与IT结合起来，异军突起，在国际社会获得了巨额的项目，让日本高铁技术越发为世界关注。[②]

国家高层推荐，政府机构、相关金融企业支援，同时在海外有一批对日本铁路技术有所了解的专家、政府工作人员，加之日本在1964年已经开始使用新干线，国内有一大批车辆、轨道、铁路信号、运营企业，日本力图今后大规模推介其铁路技术，在亚洲及世界各地迅速获得相关项目。

二 推介日本高铁技术的失败与成功

若只观察高速铁路的车辆开发和运营成绩，日本的新干线技术具有优于加拿大庞巴迪等企业的特点。毕竟世界上最先开发出高速铁路的是日本，在五十余年的运营中，尽管多次遭遇大地震等自然灾害，但无死亡事故，且准点率以秒来计算，可以说日本高铁的先进性毋庸置疑。

在较长时间努力下，日本在21世纪前后获得了一些海外铁路项目，其中包括2007年开通的台湾高速铁路。该铁路全长345公里，投资4806亿新台币（约

---

① 《朝日新闻》在2015年12月12日报道说："经济产业省为了能在印度等新兴国家获得铁路、发电厂等基础设施项目，准备用5年时间为当地培养6000名人才。日本今后去投标时，让他们对日本的铁路、发电厂有所了解。"

② 日立生产的机车在2015年4月已经开始在英国试运行。该公司在2012年7月获得了英国巨额订单。这包括到2027年为止的铁路车辆的制造与维修，2017年重新改建伦敦到威尔士的铁路，2018年改建英格兰铁路等内容。总金额超过1万亿日元。相关报道见2015年3月13日《朝日新闻》「日立の高速鉄道車両、イギリスに到着 4月から走行試験」等报道。

1.8万亿日元），是日本出口的第一条高铁。在台湾取得成功后，日立制作所在2012年还获得了英国铁路的改建及车辆方面的巨额订单。除了英国，今后日立等日本铁路技术可能将在欧洲获得较快较大进展。

但是，尽管日本在国外极力推介其新干线技术，但目前只有中国台湾全面引进了日本技术，包括中国大陆在内的其他国家和地区，大都只部分采用日本技术，在对该技术进行改进后，发展了自己的高铁技术，因此日本急需一个全面使用日本高铁技术的实例。

（一）在印尼的失败

日本是印度尼西亚最大的援助国家，也是最先向印尼提出铺设高铁的提案国，但最终日本并未获得其高铁项目。

从2008年开始，日本就不断向印尼推介新干线技术。到2013年为止，日本已经向该国提供了5万亿日元的低息贷款，在人才培养及社会基础设施的建设方面下了很大功夫。考虑到完全用民间力量建造一条高铁，在成本回收方面不确定因素太多，日本一直提议让印尼政府参加高铁建设项目。

日本方面的构想是建设一条从雅加达到爪哇的铁路，原因是此铁路沿线人口多，市民也比较富裕。但印尼急需让贫困地区与城市连接起来，通过铁路来解决贫困问题。虽然交通对印尼来说很重要，但更重要的是让铁路成为建设国民经济新体系的重要手段。由于铁路建设理念不同，日本2008年就开始在印尼推介的铁路项目，从初始的一路顺风，到2014年变为困难重重，2015年9月，日本与印尼的谈判基本处于中断状态。

日本政府内部对印尼铁路建设的看法不一致，也是最后让该项目不得不中断的原因之一。日本外务省是项目的主要推动部门，而真正能够号召企业去印尼投资的则是日本经济产业省。经产省分析台湾高铁的运营情况后，认为相比于台湾高铁，印尼高铁更加缺乏回收投资的能力。事实上，台湾高铁运营效果并不好，岛内不断传出高铁将破产的消息。经产省从回收投资的角度分析，认为印尼项目不具有较高的效益。①

---

① 相关信息日本本国披露的不多，从零星的报道可以看到日本政府内部意见的不同。见《东洋经济周刊》（2015年10月17日号）「インドネシア新幹線、真に敗れたのは誰か」。《日本经济新闻》认为，日本向印尼提出让政府做低息贷款的债务保证，印尼方面未同意，另外，印尼希望在现任总统任期内完工，日方觉得困难较大。这也是日本最终未能获得印尼铁路项目的原因。

日本本身的体验也让经济产业省对印尼项目狐疑。日本经历过"国铁"变革，在关闭负债累累的国铁后，成立了铁路集团，形成了7家企业竞争的格局。如果印尼只有一家铁路公司，维持一条高铁路线，经济产业省感觉"风险很大"。

但是后来中国企业拿到了印尼铁路的订单，日本舆论反应相当强烈。① 重新夺取在国外铁路建设上的主动权，在日本开始变得重要起来，因此安倍内阁亟须尽快扳回一局。

（二）在印度的成功

2015年12月安倍晋三首相出访印度，并与印度基本达成合意，引进日本技术建设印度高铁。

印度高铁计划将最大城市孟买与最大的工业城市艾哈迈达巴德连接起来，长度约500公里，最高时速320公里，跑完全程将从目前的8个小时缩短到2个小时，总投资额为9800亿卢比（约1.8万亿日元），项目预计2017年动工，2023年完成。日本为了夺取印度高铁，向印度方面提出了极有诱惑力的条件。从日本媒体透露的信息看，为了获取印度高铁项目，日本将向该国提供1万亿日元低息贷款，期限为50年。从总体看，高铁项目的主要资金来自日本。

成功获得印度的高铁项目，可以说是日本政府推介的一个成功范例。除了安倍晋三首相亲自推销外，从2011年开始，日本国土交通省就邀请了大量印度行政及技术人员到日本考察。在项目可行性调查方面，由实力强劲的JR东日本公司下属企业直接负责。尽管欧美其他公司也有意参加印度高铁建设，但目前孟买到艾哈迈达巴德的铁路，基本上除日本企业之外无其他企业能够插手。

从印度现有的民主主义制度、工业化需求及高铁长度、建设费用等方面看，印度高铁项目的风险应在印度尼西亚之上，回收投资的可能性更低，日本用来准备的时间更短。出于这些原因，日本国内原本应有人反对，但实际上人们在正式场合几乎未听到任何反对的声音。一个比较重要的原因在于要为丢掉印尼高铁项目"雪耻"②。

---

① 《读卖新闻》2015年10月7日发表社论呼吁："铁路事业是世界需求中最有希望的一部分，今后该在马来西亚、美国获得标的。本次败北应让日本尽快重新确定出口战略。"一些日本媒体更是把这次在印尼丢掉项目夸大成"奇耻大辱"。
② 《东洋经济周刊》在日本媒体中分析政府行为，对该行为做出自己评判的文章较多，但在印度高铁上，该刊也使用了"雪耻"一词。见该刊『インドで新幹線受注、「雪辱戦」の舞台裏』（2015年12月19日号）。

（三）一个未充分讨论的技术问题

日本在保有新干线技术的情况下，为何五十余年未能在世界推广这项技术？虽然日本钢铁业在20世纪70年代末，对韩国、中国进行了技术转让，家电业也在成熟后迅速转让了相关技术，但最能代表日本综合实力的高铁技术，在很长一段时间内并没有积极对外转让，而台湾的成功事例一直属于独例，不具有普遍性。

经营上的包袱一直是日本高铁技术转让时不能解决的问题。在铁路国有化的时代，新干线一直存在不能回收投资的问题。私营化以后，问题虽然得到了缓解，但并未彻底解决。国家向民众提供廉价的社会基础设施，通过产业的振兴来维持经济发展，这方面的问题在这里不做太多的讨论。不论是已经断念的印尼项目，还是今后推进的印度项目，都重蹈"国铁"覆辙，高铁经营困难重重，这将是日本今后在国外经营铁路时必然会出现的问题。

尽管日本对中国台湾实施了高铁技术的转让，而且在此前后，部分技术也转让给了中国，但真正将日本高铁技术拿到国外，需要政治家做出判断，这种判断较多地受到意识形态上对立的影响。特别是日本强调与中国的对立，并以此作为一个向外迅速推介高铁技术的重要口实。中日在高铁技术出口方面的对峙，成为2015年日本经济中一个令人关注的话题。

三 中日短时期在高铁技术出口上的竞争态势

2010年以后，中日同时把目光转向了西部，中国明确提出"一带一路"倡议，日本也拿出了较多与中国"一带一路"倡议区域重叠的各种计划。两国在相关地区、重要产业上的重叠，反映出中日在这个区域的对峙。两国表面上合作的部分不多，而意识形态、外交上的对立更加放大了对立面，反而让事实上的合作或本来应有的合作，很难为人所知。从2015年中日分别在印尼及印度获得高铁项目，以及两国继续在亚洲其他国家和地区进行的新角逐看，今后几年中日在高铁上的相互竞争可能要大于合作。

（1）从印尼项目来看，中国能在印尼获得项目的一个主要原因，首先在于中国与当地企业合资成立了新企业，由企业直接负责高铁的建设。其次，中国不仅有建设高铁的技术，而且能满足印尼提出的需求。而日本虽然能够为印尼提供建设高铁的技术，但在高铁建成后，如何用这条铁路为当地的经济振兴做出贡献，一直没有明确的答案。从印尼向中国的出口量上看，对华贸易要大大超过对日贸易，因此铁路的建成，能促进中国与印尼在贸易上的交流，这方面的要素对印尼判断该让哪个国家来建设高铁时，具有很重要的意义。再次，印尼在中国"一带一路"建设中具有重要的战略位置，只有首先在印尼占有一个桥头堡，才能保证海上丝绸之路能够继续向西延伸。在争取印尼项目上，中日付出的努力程度不同。①

正如中国高铁中使用了很多日本技术产品一样，印尼项目由中国企业来完成合同签约后，为中国企业提供零部件的日本企业同样是项目的受惠者。中国在国外获得的高铁项目越多，日企向中国企业提供配套零部件，有些甚至是关键零部件的概率也会越高，今后向中国企业转让技术、出口技术的可能性也越大。

（2）日本在印度的成功，在日本被认为对印尼项目的失败报了一箭之仇。日本媒体强烈批评中国政府用钱铺路拿下印尼项目，但到了印度项目基本上成为日本囊中之物后，却对日本政府使用政府开发援助（ODA）等持绝对支持的态度。日本媒体过分强调印尼项目失利的情况，而对印度的民主化特点、现有工业基础对高铁的配套能力、印度铁路建设特点、欧洲的加拿大等企业在印度与日本企业的竞争态势等几乎避而不谈。其实印度项目和日本媒体报道的印尼项目一样，存在相当多的不确定性，对这些不确定性估计、评价的不足，在今后项目实施推进过程中，将会影响印度高铁按计划完成。

日本国土交通省高官在谈到印度项目获得成功的原因时说："和造价相比，印度方面更重视的是安全性及准点率问题，日本这方面的技术获得了正当的评价。"在日本ODA全面支援的前提下，印度高价格的高铁项目能否建设起来，依然是个很大的问题。日本在高铁方面高成本的缺点无法克服，而印度比其他国家更需要造价低廉的高铁，日本在应对印度市场的需求上，还需要做相当大的努力。

日本新干线技术在过去50年中，除中国台湾引进一部分外，并没有全套出口到其他国家和地区的实绩。因此对日本来说，印度高铁最后选用日本技术，其

---

① 日本企业、媒体一直质疑中国能否快速建设好印尼高铁。较多的媒体，不谈日本最后放弃印尼高铁，而是花相当多的笔墨用来描述中国如何在印尼大把大把花钱运作项目。如《产经新闻》在印尼高铁上的一系列报道，见「敗因は中国のなりふりかまわぬ札束外交、資金繰りも工法もリスクだらけ」（2015年10月23日）。在高铁项目决定由中国、印尼合资企业实施后，日本媒体更多采用唱衰的方式报道项目进程，如2016年2月19日，《朝日新闻》发表文章说，2016年1月印尼高铁开工后，政府尚未正式通过该项目的实施。日本舆论不认为中国、印尼合资企业能按时完成铁路建设。从台湾的情况看，原定2005年运营，但结果也是拖延到了2007年才正式进入营业。日本媒体由此推论印尼项目也会延期。

最大的意义即在于此。日立在英国的项目也称不上全面引进日本高铁项目，而且今后几乎没有可能在欧洲普及全套的以新干线为基底的高铁技术。此外，中国的高铁建设在2008年后发生了巨大变化，高铁公里数迅速超越日本，建设速度快，除初期阶段发生了重大事故外，其后运营状况基本稳定，特别是在超过日本新干线时速的情况下，进行了多年的运行，积累了经验。这使国际市场上中日高铁技术的竞争变得更加激烈。现在印度正式全面引进新干线技术，对日本来说是"零的突破"。至于能否做到日本强调的高质量等，尚需用几年以至于十几年时间去验证。

在印度正式决定引进新干线技术时，日本的东日本旅客铁道（JR东日本）、川崎重工业、日立制作所将成立日本企业联合体，共同投标。在日本舆论看来，首相等政府高官推销，国家机关给予资金支持，民间企业合为一体共同推进，让日本有了一个推销成功的实例。

（3）目前，中日在亚洲国家高铁等基建方面存在竞争态势。日本新干线、中国高铁是各自国家外交及经济合作的重点内容，这些项目在各自增加本国影响力的同时，也使各自国家在经济上获得效益。两国今后的竞争重点将转移到越南、泰国、马来西亚、缅甸等国家。

从表11-1看，亚洲到2020年在铁路建设上的新建项目的金额为30亿美元，更新改造360亿美元，总额为390亿美元。通常在铁路之外还需要建设发电、通信、医院等配套设施，社会基础设施方面的项目巨大，这不是一个国家能垄断的业务。考虑到基础设施建设起来后，亚洲经济进入更快的发展阶段，更需要中日在亚洲地区进行合作。

"中国与日本是邻国，在政治、安全保障方面有时可能发生摩擦，但在贸易、投资、观光等经济方面相互依存，两国有必要进一步发展战略互惠关系，共同为亚洲及世界做出贡献，扩大彼此的共同利益。"这一观点十分值得关注。①中国出台"一带一路"倡议，日本向西推进各种社会基础设施，两国在相关领域存在竞争，但中日两国所处的经济发展阶段不同，在亚洲铁路建设方面能发挥的作用不尽相同，在第三国有条件进行合作。虽然目前处于较为激烈的竞争状态，但由于市场巨大、需求多样化，两国除了竞争之外，合作也是一种选择，而且是令亚洲经济发展有序化、利益最大化的一种选择。

---

① 筱田邦彦「新シルクロード構想（一带一路）とアジアインフラ投資銀行（AIIB）、『アジ研ワールド・トレンド』No.235、2015年5月、44頁。

B.12
"一带一路"建设中的国际刑事司法合作机制研究

朱 军*

摘 要： "一带一路"建设，是加速创建改革开放新格局的战略要求，是促进沿线国家和谐共荣的大国思维。"一带一路"倡议涉及多个国家和地区，分属不同法域，有着不同的法律传统和文化，各国制度的差异势必在司法保护问题上造成碰撞和冲突。在这种情况下，需要进一步拓宽"一带一路"区域内刑事司法合作的领域和范围，广泛缔结引渡条约，加快《国际刑事司法协助法》的立法进程，在保持我国司法制度独立性的前提下，在适度范围内加大与外国法院刑事判决的执行合作力度，为"一带一路"战略构想的全面实施在法治层面给予强力保障。

关键词： 一带一路 国际刑事司法 合作机制

"一带一路"是"丝绸之路经济带"与"21世纪海上丝绸之路"的合称。习近平主席于2013年9月首次提出构建"丝绸之路经济带"的设想，并于2013年10月出席APEC领导人非正式会议期间提出建设"21世纪海上丝绸之路"的提案。2013年11月，《中共中央关于全面深化改革若干重大问题的决定》中首次载入"一带一路"战略规划，并在2014年12月召开的中央经济工作会议上将其列为2015年经济工作的主要任务之一。1997年，日本前首相桥本龙太郎曾经提出"丝绸之路外交"政策，该政策将中亚及高加索八国所在地区称为"丝绸之路地区"，并将其置于日本外交战略中的重要地位。日本实施"丝绸之路外交"政策的主要

---

* 朱军，经济学博士，中国刑事警察学院经济犯罪侦查系副教授，全国日本经济学会理事，主要研究领域：知识产权犯罪、证券犯罪和中外经济犯罪比较研究。

意图在于，谋求在中亚和高加索这个战略要地建立势力范围，形成对中国一定程度的遏制。与此同时，日本还利用经济援助、项目合作等方式，拉近与"21世纪海上丝绸之路"沿线国家的关系，与我国展开针锋相对的经济竞争，对"一带一路"战略形成牵制干扰，降低我国对相关国家的影响力。日本等国实施的意图影响战略要地事务的外交政策，给我国的"一带一路"倡议带来了严峻的挑战。然而，"一带一路"建设对沿线各国经贸合作的重要性不言而喻，建设"一带一路"也是加强东西方文化、政治交流的绝佳机会，会给沿线各国人民带来实实在在的利益和好处。因此，将政治关系优势、地缘文化关系优势、经济协作关系优势转化为务实合作是大势所趋。但是，"一带一路"建设涉及多个国家和地区，分属不同法域，由于各国有着不同的法律传统和文化，制度的差异势必在司法保护问题上造成碰撞和冲突。在这种情况下，如何形成一个符合各方情况的刑事司法合作机制，合理地运用司法保护为"一带一路"战略保驾护航，是值得关注的问题。

一　国际刑事司法合作的主要方式

源于中世纪的国际刑事司法合作，当时是一种国与国之间以引渡为基础建立起来的刑事司法合作关系，后来这种合作模式日益完善，最终逐渐成为各国普遍认可的刑事司法惯例，并确认为国际公法。截至2014年底，我国已同41个国家缔结了双边引渡条约。目前，国际刑事司法合作的重要方式包括以下三种。

（一）传递司法文书和调查取证

协助请求国传递司法文书和调查取证是国际刑事司法合作中最为基本的合作方式，这种合作方式由于很少涉及双方利害关系，更易于为合作各方所接受。我国最高人民法院在《关于执行中外司法合作协定的通知》中规定：我国和缔结司法协助协定的国家在进行司法文书传递时，司法文书和附件可以在两国司法机关传递。在没有签订双边合作协议的情况下，传递司法文书和调查取证等协助事务，一般需要通过外交途径依照互利互惠原则协调。① 2007年12月中国和日本签订了《中日刑事司法协助条约》，其中就规定了代为送达文书、调取证据等协助内容。其中第十五条第一款中规定：被请求国应依据本国法律，而且基于诉求，传送请求国递交的刑事诉讼文书；第九条第一款规定：被请求国应调查并固

---

① 李启格：《中外反国际恐怖主义犯罪法律对策之研究》，大连海事大学博士论文，2003年。

定相关证据。如果确有必要采取刑事强制措施，而且请求书中包括依据被请求国法律有必要采取这些刑事强制措施的内容，被请求国应采取例如搜查或者扣押在内的刑事强制措施。此外，第五条规定：①被请求国应依照该条约的相关规定，及时执行协助内容，被请求国的管理机关应在其职权范围内采取一切可能的措施执行协助请求的内容；②协助请求应按照被请求国本国法律规定的方法或者程序加以执行，在不违背被请求国法律并且被请求国认为合适的范围内，应依照请求书中载明的方法或者特定的程序执行请求。

（二）引渡罪犯

根据国际刑事司法合作的实践，被请求国对于请求国的引渡请求采用双重审查制度，也就是说，被请求国一方面要由该国司法部门对涉案罪行的犯罪事实和违法性进行审查；另一方面由行政管理部门结合国家主权、合作条约义务以及对等原则进行职能性审查。通常情况下，只有该行为依据请求国和被请求国的实体法均构成犯罪才可以实施引渡。被请求国通常拒绝引渡本国公民，取而代之的是适用属人、属地原则行使本国管辖的优先权。① 根据"或引渡或起诉"原则，除了被请求国已经或正准备追诉或已经判决的罪犯外，对于请求国所请求的其他应当引渡的罪犯，应予以引渡。在引渡制度的建立和逐步完善过程中，基本形成了一个传统原则，也就是政治犯不引渡原则。此外，由于世界各国在法律制度、人权理念等方面尚存差异，这类差异也会造成不少国家对是否和我国签订引渡协议犹豫不决。例如，已经废除了死刑的国家往往不允许向尚未废除死刑的我国引渡犯罪嫌疑人。因此，在国际刑事司法合作中，中国与某些国家，特别是刑事交叉案件较多或者是境内携款在逃中国人较多的美国、加拿大、日本②等国和一些欧洲国家尚未签署引渡条约。即便双方已经签订了引渡协议，引渡执行过程中遇到的阻力仍然很大。

（三）承认与执行他国的刑事判决

承认和执行他国法院的刑事判决是双方基于共同签署的多边条约、双边协定或

---

① 托尔斯滕·施泰因：《国际恐怖主义和引渡权》，北京航空航天大学出版社，1992，第224页。
② 中日政府2008年5月通过首脑会谈，达成协议开始谈判缔结《引渡罪犯条约》，2010年举行了首次谈判。此后两国关系风波迭起，谈判中断。2015年6月4日中日两国政府在北京重启《引渡罪犯条约》的谈判。据透露，这次谈判，主要是中国外交部条约法律司参赞孙昂等与日本外务省亚太局审议官下川真树太率领的日方成员各自说明本国的刑事制度和司法手续等，并交换了意见，这次谈判是时隔五年恢复的有关谈判的第二轮。

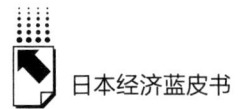

者本着互利互惠原则，被请求国根据他国的请求，代替他国执行其法院作出生效判决的刑事司法协助制度。一般国际法理论认为，由他国法院对在本国境内的本国公民执行判决，是违反刑事法律中的属人管辖原则的。但是，伴随国际刑事司法合作的加深，相互承认与执行对方法院判决的做法，已被越来越多的国家所接受。① 目前一般来说，各国对于外国法院刑事判决的适用条件限定为：①被执行人是被请求国公民；②被执行人的行为依照双方实体法律都属犯罪行为；③在执行过程中，不会违反被请求国种族、宗教或者政治等方面的根本利益。在我国现行立法中，具有不承认外国法院刑事判决效力的相关内容，因此根据司法合作协议中的互惠原则，国外司法机关也很难通过承认我国刑事判决的方式，协助完成相关执法任务。

二 "一带一路"构想中的国际刑事司法合作问题

在"一带一路"构想涉及的区域内，未来的经济活动会更加频繁，人力资源流动速度会不断加快，不可避免地会出现各种刑事违法犯罪活动。同时，由于所涉区域文化、法律制度、政治体制的巨大差异，国内刑法的域外适用势必与域内国主权的行使发生冲突，这就对国际刑事司法合作提出了新要求。

在我国，《刑事诉讼法》第十七条规定：我国司法机关和他国司法机关可以依照相互缔结或者共同参加的国际条约，或者根据互利互惠原则，解决刑事司法合作问题。2000 年，我国颁布了《引渡法》，其中规定了引渡案件审查制度，依照该制度，在引渡案件的处理上可以实现职责分工明确；2007 年，《反洗钱法》的施行也进一步促进了反洗钱领域的国际刑事司法合作，为我国与他国共同打击洗钱犯罪建立了坚实的司法协助的法律基础。中国司法部最新数据显示，截至 2014 年末，中国对外缔结 130 余项双边司法协助类条约，签署了 30 余项涵盖司法协助、引渡和被判刑人移管条款以及打击"三股势力"等内容的多边公约。其中，依照签署的《联合国反腐败公约》《联合国打击跨国有组织犯罪公约》等多边合作公约，我国现在可以同世界上的绝大多数国家或地区开展刑事司法合作，但这并不意味着可以根据以上公约在未来解决"一带一路"区域内的所有涉外犯罪的问题，实际上还有许多未解难题。根据我国司法部司法协助与外事司的统计，2003 年到 2013 年的十年间，他国向我国提出的刑事司法协助案件数量

---

① 张红虹：《国际刑事司法合作中的几个问题》，法律出版社，1990，第 146 页。

达到 1200 余件，反观我国向他国提出的刑事司法协助案件数量却不足 100 件。这种国际刑事司法合作条约利用率不高是由多方面因素造成的。从自身角度来看，一是办案机关起草的刑事司法协助请求文书不规范；二是过分依赖执法合作或警务合作，对执法合作的局限性缺乏认识；三是国内公检法各部门的协调和配合不够，省级以下办案机关的参与度不够。[1]

涉外犯罪打击难，是当今国际社会面临的共同问题之一，据统计，在各国普遍存在的涉外诈骗案件中，严格按照司法程序进行有效处理的不足 10%。[2] "一带一路"倡议区域内未来的问题将更为严峻，这是因为，该区域民族众多，宗教各异，地缘复杂，从目前投入警力和经费上看，尚不足以对该区域的涉外犯罪案件实施有效的侦查取证。再加上，由于司法合作机制的阙如，势必使得各种司法手段的跨国实施难以明显奏效。此外，目前我国还没有建立一套体系健全和内容详尽的国际刑事司法合作法律法规，这就使得司法机关在对外寻求国际合作时缺少国内立法支持，与此同时，在他国向我国寻求刑事司法合作的情况下，也缺乏对相对应法律规范的遵从。因此，增强"一带一路"构想实施过程中的法治保障，不断完善国际刑事司法合作机制，严格规范我国的刑事司法协助行为，迫在眉睫。

三 "一带一路"构想中的国际刑事司法合作机制的完善

解决"一带一路"构想中国际刑事司法合作问题的主要举措有：进一步加强区域内各国在司法领域内的紧密合作，扩大国际刑事司法合作的范围，提升我国刑法的区域内适用效力。

（一）加强多边国际刑事司法合作，扩大双边合作的领域和范围

多边国际公约的调整对象是严重危害国际社会共同利益的国际犯罪行为，"一带一路"区域内涉及共同利益的犯罪行为，完全可以基于各国签署的多边公约予以规制和协调。但是多边公约对我国刑法管辖范围内的普通涉外刑事犯罪问题涉及较少，而属于刑法管辖范围内的涉外犯罪的管辖和权利分配主要通过双边

---

[1] 黄风：《建立境外追逃追赃长效机制的几个法律问题》，《法学》2015 年第 3 期。
[2] 杨忠孝：《论跨国犯罪的原因》，《刑事法学》2007 年第 6 期。

条约或者协定来协调。"一带一路"区域内国家之间的双边条约秉承平等互利原则，基于此，一般来说，双方通过增加互信和磋商，可以充分地阐述两国间合作的领域、程序和方法，对打击涉及两国区域的跨国犯罪活动具有很强的针对性和可操作性。①尽管目前我国已经与区域内一些国家签订了有关刑事司法合作方面的条约协定，但还未大范围涵盖，这势必会造成区域内双边司法合作的范围相对狭窄。对于未来涉及两国区域的涉外犯罪活动，会因得不到相关国家的积极配合，而无法行使有效管辖。进一步扩大域内双边刑事司法协助的合作范围，是发挥我国刑法"一带一路"区域内适用效力，提高司法效率，有效解决"一带一路"区域内涉外犯罪行为的现实选择。

（二）广泛缔结引渡条约

引渡是国际刑事司法协助最直接、最有效的方式。目前英国与115国缔结了该条约，法国与96国缔结了该条约，美国与69国缔结了该条约。中国与他国签订的第一个引渡条约是在1994年与泰国签订的。2000年12月28日，我国通过了《引渡法》。2006年4月29日，中国首次与西方国家西班牙签订了引渡条约。近年来，我国相继加入了《联合国打击跨国有组织犯罪公约》《联合国反腐败公约》等含有具体引渡条款的多边条约，表明我国已经接受了引渡这一特定的国际司法合作方式，但是由于过去签署的双边刑事司法合作条约很多情况下并未提及引渡问题，因此，在海外追逃和追赃问题上遇到许多困难。特别是中国目前与作为逃匿目标地的"一带一路"区域内国家签订的引渡条约少，给我国的海外追逃造成了巨大障碍。为此，应以"一带一路"战略为契机，进一步与区域内国家缔结引渡协议，扩大条约的适用范围，为引渡实践提供有力的法律保障。

（三）适度扩大执行外国法院判决

近年来，承认和执行外国法院判决在国际刑事司法合作实践中不断发展起来。这种方式一方面有利于犯罪嫌疑人在其国籍所在处受到刑事处罚，充分起到震慑犯罪分子的作用；另一方面也有利于减少合作双方由此所产生的"司法交易费用"。目前，我国在立法层面还没有执行外国刑事判决的先例，但是，在与外国签署的司法合作协定中，一般都存在相互承认与执行各自民事判决的条约。我国《民事诉讼法》第二百六十六条规定：如果诉讼被执行人或其财产不在我

---

① 任艳:《我国开展国际刑事合作存在的障碍与对策研究》,《法制与经济》2009年第7期。

国境内，诉讼当事人要求执行判决的，法院可以依据两国司法协助协定，请求国外法院认可和执行；同时第二百六十八条规定：国外法院作出的民事判决或者裁定，请求我国法院认可和执行的，依据两国司法协助协定，或者按照互利互惠原则，在不违反我国法律基本原则，不损害国家和社会利益的基础上，可以裁定承认其效力。与"一带一路"区域内各国签署相互承认和执行对方刑事判决的协定，是打击和防范域内各种涉外犯罪的有力措施。此外，还应当加快《国际刑事司法协助法》的立法进程，为"一带一路"区域内国际刑事司法合作奠定坚实的法治基础，树立我国在刑事司法合作中良好的国际形象。

日本经验对"一带一路"建设的启示

Japanese Experience and Enlightenment to
the Belt and Road Construction

B.13
日本企业"走出去"的历史、经验和教训

马淑萍*

摘　要： 二战前的电力开发经验和战后对东南亚地区的战争经济赔偿计划，为日本企业20世纪60年代"走出去"奠定了基础。日本企业"走出去"经历了五个发展阶段，其特点是：渐进式发展，促进了日本产业结构调整；企业国际竞争能力直接影响其国际化水平；市场决定了企业国际化发展方向。日本企业"走出去"的经验可概括为：政府为企业创造"走出去"的市场环境；建立了有效的"走出去"协调机制；坚持行业自律共同发展原则；企业自身持续创新，不断提升国际竞争力。同时"走

---

* 马淑萍，国务院发展研究中心企业研究所研究员、中小企业研究室副主任，全日本经济学会理事，主要研究领域：中日产业政策、国企改革、中小企业等。本文系国家社科基金项目"日本企业'走出去'战略中的协同支持体系研究"（项目编号：15BGJ061）的阶段性成果。

出去"也有教训：海外投资过于谨慎造成机会损失；国际研究开发体制不够开放；对外投资失衡带来国内产业空心化。

关键词： 日本企业"走出去" 日本经验 协调机制

日本企业"走出去"①已进入全球化发展阶段，并形成了一批具有国际竞争力和影响力的跨国公司。二战前日本在东北亚地区积累了丰富的电力基础设施开发经验，二战后对东南亚国家实施了大规模战争经济赔偿计划（以政府无偿援助形式帮助受害国建设基础设施），为日本企业20世纪60年代"走出去"奠定了基础。日本企业"走出去"经历了五个发展阶段，政府在各阶段发挥了不同的作用，政府与企业形成了良好的协作关系。目前，我国只有少数企业进入了跨国经营阶段，多数企业仍处于国际化发展初期阶段，正面临全球市场的"碎片化"和新一轮贸易保护主义的抬头等挑战。因此，吸取日本企业"走出去"的经验和教训，对我国实施"一带一路"战略具有借鉴意义。

一 日本企业"走出去"发展的历史

20世纪60年代末，日本开始真正地"走出去"。20世纪日本对外投资经历了三次浪潮，第一次浪潮是20世纪60年代末期到第一次石油危机时期（1973年），第二次浪潮是第二次石油危机（1978年）到1984年，第三次浪潮是从1986年到1989年期间（泡沫经济期）。三次浪潮的对外投资累计额分别是83亿美元、492亿美元和1702亿美元②。进入21世纪以后，伴随着中国经济的高速发展，日本出现了第四次对外投资浪潮，对外投资年均额接近第三次浪潮的累计额，如2013年对外投资额为1350亿美元。

日本企业"走出去"的特点：一是渐进式发展，对外投资遵循了国际化发展的一般规律，反映了日本工业化进程，促进了国内产业结构调整；二是企业自身能力决定了企业国际化的水平，日本企业依靠经营管理和技术水平的提高而"走出去"；三是市场决定了日本企业国际化发展方向，企业战略为市场服务。

---

① 本报告中的企业"走出去"主要指对外投资活动，包括收购兼并行为。
② 山崎清、竹田志郎『国際経営』（新版）、有斐閣、1996年、14頁。

第三个特点在日本企业国际化发展初期和中期表现格外突出。因此，日本企业减少了"走出去"的盲目性。

（一）20世纪日本企业"走出去"发展的历程

1. 出口导向（20世纪60年代）

20世纪60年代初期和中期，日本主要向技术落后、劳动力成本低的东南亚和拉丁美洲国家出口。直到20世纪60年代后期，即日本经济高速增长时期，才开始真正意义上的对外投资。日本企业为了维护现有出口市场，被迫将"最后生产工序转移到当地生产"，并意识到了培育跨国公司的重要性。日本的投资领域集中在纤维、电子产品等劳动密集型产业，代表性企业如东丽、松下电器。"走出去"初期投资金额小，平均每笔投资仅100万美元。

该时期日本政府开始致力于建立企业"走出去"的投融资保障体制，如建立政策性出口银行和政府投融资制度，以确保振兴出口所需资金。此外，政府致力于提高日本企业的国际竞争力，制定产业政策促进本国产业结构的合理化，并对政府希望重点发展的产业，通过立法和"支持计划"进行特殊扶持。

2. 国际化企业井喷式发展（20世纪70年代至80年代初期）

日元飙升和对外投资额限制的取消是加快日本企业大举"走出去"的两个重要原因，但最终起决定性作用的是日本企业国际竞争力的大幅提升。该时期出现了两次对外投资浪潮，第一次浪潮（1969～1973年）中，仅1973年一年的对外投资额就相当于日本50～60年代全部的对外投资额，第二次浪潮（1978～1984年）的对外投资总额是第一次浪潮的6倍多。

该阶段日本出现了大批国际化企业，经营活动在多个国家开展，实现了原进口产品向本地化生产或本地化产品向第三方出口的转型。该阶段由于与欧美贸易摩擦加剧迫使日本采取出口"自主"限制政策，以及国内人工成本接近欧美等原因，倒逼日本企业走进这些发达地区。同时，"日本式管理"初露端倪，也为日本企业"走出去"建立了信心。70年代初期，日本对欧美投资额不大，以组装厂为主，随着管理经验的积累，投资额不断加大。日本继续利用比较优势，在中国台湾、中国香港、新加坡、韩国等亚洲新兴工业国家及地区（NICS地区）投资劳动密集型产业，产品返销欧美和日本市场，这与以上国家及地区实行出口导向政策[①]有

---

① 出口导向工业化政策是利用先进国家的资本和技术，与当地丰富的、优质的劳动力资源相结合，扩大出口，达到工业化目的的产业政策。

关。另外，金融保险业增长较快。

日本政府继续实施结构调整政策，引导企业向高科技产业发展。采取了出口限制等防止贸易摩擦的政策，并将全面推进日本企业"走出去"作为对外投资政策重点，同时制定日本版海外投资行动指针，加强对"走出去"企业的自律管理，进一步完善"走出去"的保障措施，如建立海外投资保险和担保制度，建立对外投资服务体系等。

3. 跨国企业经营（20世纪80年代中后期）

日本对外投资的第三次浪潮（1986~1989年）是日本泡沫经济时期。该时期的对外投资额是第一次石油危机时期的20倍[1]。日元飙升[2]和企业国际化水平的提高，以及1986年实施的国际分工产业政策起到了很大促进作用。

该时期形成了一批在全球进行产业布局和分工的跨国企业。投资规模大型化，本田、丰田汽车在美国建立了大型一体化生产工厂，对欧美发达地区的投资占近70%。墨西哥、巴西等中南美新兴市场国家实施了保税和自贸区政策，也吸引了日立、日产等大企业投资。泰国、马来西亚等东盟（ASEAN）国家成为日本出口加工转移的新基地。日本企业开始尝试利用并购手段进行海外扩张，金融、房地产服务业投资激增。

4. 全球化战略发展（1990~2000年）

90年代以后中国逐渐成为日本对外投资的重点地区。1992年邓小平南方谈话明确中国改革开放政策后，中国巨大的消费市场和廉价的优秀劳动力资源吸引了大批日本企业来华投资。1999年日本对外投资额为7.5万亿日元。

（二）21世纪全球化发展新阶段

从对外投资规模和企业国际化水平看，21世纪日本企业进入了全球化发展新阶段。近些年，日本对外投资始终保持两位数增长，2014年对外投资规模达到12.77万亿日元，为世界第三大对外投资国。日本各类海外当地法人约2.4万家，海外雇员552万人，其中制造业海外法人占国内全部法人数的22.9%；海外设备投资比例29.4%，海外当地法人的研发费占比为4.7%[3]；2014年制造业海外销售收入、利润、生产的比例分别达到37.5%、34.3%和35.2%[4]；海外当地

---

[1] 日本1973年对外投资额35亿美元，1989年增加到675亿美元。
[2] 日本贸易黑字（国际贸易顺差）1986年比1976年扩大了34倍。
[3] 日本経済産業省『第44回海外事業活動基本調査結果概要－平成25（2013）年度実績－』。
[4] 日本国際協力銀行『わが国製造業企業の海外事業展開に関する調査報告 2015年度海外直接投資アンケート結果（第27回）』、2015年12月。

法人中外籍社长占25%①。

日本企业全球化发展的新趋势：

第一，投资重点转向非制造业。2013年非制造业占比达到55.9%。据日本国际协力银行预计，日本制造业海外生产比例还会继续提高，2018年将达到40%左右。安倍政府将基础设施出口作为增长战略核心，积极支持日本企业到海外投资核电、高铁。

第二，投资地区向新兴国家发展。从现地法人数看，2013年日本在亚洲的海外现地法人占比（66.3%）比2004年高出10个百分点，这主要是中国贡献的。但近两年由于中日关系恶化以及中国劳动力成本上升等原因，日本的对华投资大幅下降，日本开始转向越南、缅甸等新兴亚洲国家投资②。日本在中国、东盟五国（泰国、印尼、菲律宾、马来西亚、新加坡）的生产和销售类法人居多，而在欧洲的研发法人较多，北美则两类兼而有之③，由此可看出日本企业在全球的产业分工和布局。日本海外子公司的作用在发生变化，从生产、销售单一功能向服务、研发综合功能转变。但从对外直接投资额看，美国、英国是日本最大的投资对象国。

第三，中小企业全球化发展快。日本经济产业研究所2012年对663家优秀NT型（在细分市场产品领先企业）中小企业问卷调查显示④，越来越多的独立于大企业的中小企业隐形冠军成为日本对外投资主体（参见表13-1）。

表13-1 日本NT型企业海外投资情况

	NT型企业	其中:全球化的NT型企业
问卷企业数(家)	663	112
海外销售收入占比10%以上(%)	30.6	54.9
在美国拥有生产基地(%)	14.9	13.5
在中国拥有生产基地(%)	65.2	67.6

注：全球化NT型企业是指拥有多个细分市场领先产品，其中至少有一种产品在海外也拥有市场占有率的企业。

资料来源：日本经济产业省『第44回海外事业活动基本调查结果概要－平成25（2013）年度实绩－』。

---

① 日本在外企业协会「足取りが鈍い経営のグローバル化」、『グローバル経営』2015年3月号。调查对象为全部产业，包括非制造业。
② 日本经济产业省『第44回海外事业活动基本调查结果概要－平成25（2013）年度实绩－』。
③ 日本国际协力银行『わが国製造業企業の海外事業展開に関する調査報告 2015年度海外直接投資アンケート結果（第27回）』。
④ 细谷裕二『グローバル・ニッチトップ企業論』、白桃書房、2015年、132頁。

第四,经营本土化。日本在外企业协会通过四个指标说明日本企业本土化经营进程。一是海外公司日本人的派遣比例,从1996年的2.7%下降到了2014年的1.4%,非制造业比制造业派遣比例高;二是海外公司外籍社长的比例,从2012年的22%上升到2014年的25%,发达国家和地区的本土化水平高于发展中国家和地区;三是海外法人在母公司股东中的比例,反映本土经营者在母公司中的地位及合作的紧密程度,如2014年90%以上的海外现地法人负责人是母公司董事会成员(含执行董事),其中22%的企业为外籍人士;四是母公司外籍员工的雇佣比例,90%以上的企业母公司雇佣外籍员工,主要以留学生为主①。

第五,并购成为重要的投资方式。2011年海外并购达到457件,金额为6.3万亿日元。亚洲、太平洋地区增长较快,并购领域从制造业向服务业拓展,但不如欧美国家活跃。

第六,对外投资合作模式由"单边""双边"合作向"多边"合作转变。在海外资源开发及综合基础设施建设上,在第三国与多个国外跨国公司组成联合项目公司已成为趋势。还有以战略联盟形式共同投资第三国企业,如伊藤忠商事公司联合泰国正大集团参股中国中信集团母公司。该种模式利于优势互补,降低投资风险,是落实中国"一带一路"国家战略的新模式。

二 日本企业"走出去"的经验

(一)政府为企业创造"走出去"的市场环境

日本制定对外投资政策始于20世纪70年代,过去以支持大企业"走出去"为主,现在转向支持中小企业"走出去"。

1. 从提高企业国际竞争力入手

首先,利用国家产业培育政策和中小企业政策提高产业竞争力。通过对重点产业的特别扶持和保护,缩小行业中大企业和中小企业的差距来提高整个产业的发展水平,从而提高企业的国际竞争力。但随着贸易自由化和经济全球化的发展,其促进对外投资的间接作用逐渐减弱。其次,实施过渡性外资引进政策。如1950年日本制定的《外汇与贸易管制法》,尽管受到了欧美国家的指责,但客观

---

① 日本在外企业協会「足取りが鈍い経営のグローバル化」、『グローバル経営』2015年3月号。

上保护了当时的国内产业。

2. 建立对外投资保障机制

日本不断改善对外投资环境，完善对外投资法律和政策。二战结束后，通过开展经济外交，与亚洲国家恢复和建立良好关系。积极加入国际组织，开展和签订双边和多边贸易协定。不断改进和完善对外投资合作服务体系，形成了官民合作的多层次、全方位的服务模式。日本形成了对外投资政策决策的制衡机制，经济产业省制定的对外投资法规政策，受到国会和财务省的监督与制约，后两者对海外投资和吸引外资往往采取消极态度（参见表13-2）。

表13-2 日本海外投资支持体系

管理单位		职能
政府机构	国会	审核法案、监督实施
	财务省	审核对外投资预算
	经济产业省	制定对外投资政策，中小企业对外投资支持政策
特殊法人	日本贸易振兴机构	提供海外投资咨询、信息服务
	日本贸易保险	提供海外投资保险
	国际协力银行	提供进出口、海外投资的中长期融资和担保
	日本国际协力机构	组织政府开发援助（ODA）项目
民间机构	行业协会等	提供各行业海外投资咨询和信息服务

资料来源：根据机构网站资料整理。

3. 与时俱进动态调整政策

如日本政府针对中韩企业的崛起，对特定高科技领域实施了海外投资限制性政策，以防止技术泄露。再如为解决中小企业产品在国内市场萎缩的问题，近年来日本开始积极支持中小企业"走出去"等。

（二）建立了有效的"走出去"协调机制

首先，日本经过多年发展，形成了"协调型"的政企关系。政府与产业界合作相对紧密，对外投资政策的目标是政治家、官僚、财界三方博弈的结果。企业"走出去"充分自主，政府依法行政，不直接干预企业投资行为，政府更多地发挥服务和市场引导作用。近几年，随着资源开发和基础设施领域国际竞争的加剧，政企合作的愿望变得更加强烈。

其次，中间组织的"润滑"作用。政府通过审议会和行业组织等中间组织加强与企业沟通。同时,行业组织也是政府对外投资政策的实施平台。经济团体联合会(简称"经团联")对政策的影响力极大。

再次,大企业集团的产业组织协调作用。在日本大企业与小企业、大企业与大企业之间,形成了垂直一体化和横向的合作关系。由财阀发展而来的综合商社类集团,通过主银行制度,建立了很强的横向协作关系;战后发展起来的独立型集团,如丰田汽车,以特定产业为纽带,通过内部化(系列化)或部分内部化,实现了产业上下游的战略协同。这类企业"走出去",会带动一批配套企业"走出去"。

(三)坚持行业自律共同发展原则

一是制定自律规范提升国际形象。20世纪70年代初期,贸易摩擦不断升级,日企投资行为的负面报道增加,为改变现状,在日本政府推动和支持下,由行业组织发起并制定了《对发展中国家投资行动指针》。政府开始通过使馆和贸易振兴机构对日企进行规范化行为指导。1987年进一步对行动指针进行修改,制定了面向全世界的《海外投资行动指针》,2014年参照联合国和OECD(经济合作与发展组织)标准,制定了升级版的《企业全球化行动指针》。

二是建立专门统筹管理海外日企的组织机构。1974年以泰国、印尼反日运动为契机,由经济团体发起,成立了日本在外企业协会,旨在帮助海外日企顺利地开展海外经营活动。

三是主动解决投资贸易摩擦问题。如签订贸易协定开放国内市场,创造内外公平竞争环境。采取一定刺激政策扩大内需等。另外,从长远考虑,下决心、下大力气调整结构。

四是企业内部建立了危机管理机制。为了与当地政府和社会建立良好的关系,应对知识产权纠纷和劳务诉讼等问题,日本企业内部设立了危机管理部门,主动做好投资事前事后风险的防范和处理。

(四)企业持续创新提升国际竞争力

首先,不断完善全球化公司治理结构。根据海外业务的发展情况,调整海外经营组织形式,不同行业采取不同海外管控模式。如食品、家电等一般消费品行业,多采取母公司集管理、企划和产品开发权于一身的模式,汽车、软件行业则采取相对放权模式。

其次,利用全球资源开展国际研发。在20世纪80年代中期前,日本企业主要以国际委托研究为主,如与国外大企业合作,或委托国外大学研究机构进行研究①。80年代后期,开始在美、英、德等先进国家设立海外研发机构,如日本电气股份有限公司(NEC)1988年在美国新泽西州建立基础研究基地,利用该地区大学以及研究机构的丰富资源进行前沿技术探索,1991年和1994年又分别在美国和德国新设立了两家研究机构,通过研究成果共享和研究人员的交流合作,实现全球研究资源有效利用,同时解除所在国家对知识产权保护的顾虑。21世纪以后开始在中国等发展中国家设立研发机构。目前,一些大型跨国公司已形成全球化研发体制。另外,90年代以后,通过收购、投资高科技型企业来填补某项技术或新产品的研发能力空白成为潮流。日本企业与美国生物医药技术、IT企业的合作较活跃。

最后,有计划、有组织地培养国际化人才。按照不同的目标和要求进行培养:要求最高经营责任者和经营决策层具有海外工作或学习的经历;要求事业部长级干部在全球一体化市场对各国、各区域业务单元的经营资源进行最有效的分配和整合;要求海外子公司经营者不仅要掌握专门业务技能,还要深入了解当地文化习俗,利用好当地经营资源,为当地做贡献。日本重视在实践中培养复合型人才,一般通过轮岗有计划地开发干部在各种岗位的综合能力,海外工作是培养的重要手段。

三 日本企业"走出去"的教训

(一)海外投资过于谨慎造成机会损失

日本海外资源开发企业为了防止由于经济周期波动而造成的投资损失,在投资方式上采取了参股、长协等谨慎做法,取得了成功。但一些行业和企业由于对市场前景判断的失误和对政治风险的过度考虑,也错失了开拓新市场的机会。也有一些日本企业经历了投资扩张失败的教训后,对海外投资态度更加谨慎。日本钢铁企业是典型的代表,由于20世纪70年代产能过剩的惨痛教训,建立了全球柔性化生产体制,钢铁产能始终控制在1亿吨左右。但其错过了21世纪全球化发展的机会,而中国、韩国钢铁企业趁势发展起来。为了改变世界钢铁竞争格局,新日铁住金、日本钢铁工程控股公司(JFE)不得不重新调整海外投资战

---

① 日本综合研究开发机构编《事典:90年代日本的课题》,经济管理出版社,2011,第284页。

略，拟加快东南亚地区的高炉投资计划，并希望通过开发优质低价的中低端产品满足新兴市场需求，确保日本钢铁生产保持一定的规模。

（二）国际研究开发体制不够开放

20世纪80年代后期，日本进入了自主研发成熟阶段，除部分领域外，其技术水平已与欧美并驾齐驱，甚至一些领域的核心技术超过了欧美。一些企业的研发体制变得开放，通过跨组织活动、紧密合作及技术互动实现了技术整合。如东丽成立了技术中心，将全球研究、开发、生产和工程部门整合在一起，作为公司的技术开发总部和国际研发总部。但多数企业仍面临新产品、新技术的开发和新市场开拓的挑战。一方面，在母公司高度集权的研发体制下，研发的标准化产品已不能满足海外市场的个性化需求及变化速度，这一点日本企业在发展中国家市场感悟最深；另一方面，日本过度内部化的研发体制显然不利于跨界跨行业的技术融合和创新，需要向分散、流动式开放性研发方式转变。

另外，近些年来一些企业的"始创新"[①]能力下降。由于经营者着眼于短期利益，重视"流创新"，也就是把研发重点放在了开发细分（新兴国家）市场产品、降低生产成本、增加供应链效益上，结果导致研发人员只重视能减少浪费和提高效率的技术，而轻视新产品和新技术开发，即"源创新"和"始创新"，造成日本企业缺少颠覆性产品。一些企业将成功率作为重要的业绩评价标准，不容忍失败的企业文化也影响着创新。

（三）内外投资结构的失衡

与制造业发达的德国、美国、韩国相比，日本国内投资严重滞后于海外投资增长速度，造成国内生产和就业长期负增长。近些年来，日本政府为了平衡内外经济关系，已将吸引外资作为重要任务，但成效不显著。对外投资可以加快国内产业结构调整，但是如果处理不好进口替代效果、出口诱发效果（诱发向海外出口设备和零部件）、返进口效果（产品返销国内）三者间的平衡关系，无法合理地利用好外资，将带来国内产业的空心化。

---

① 根据美国斯坦福大学谢德苏教授的研究，创新可以分为科学创新和商业创新。科学创新是指原始的发明创造，即始创新。商业创新是指创造价值。商业创新可分为流创新和源创新。流创新是指改变现有产品的价值，其着眼点在产品上，通过降低生产成本、增加供应链效益、提高产品质量、创造产品差异化等改变价值。源创新是指组合现有资源创造新价值理念，其着眼点是创造新价值来开拓市场，是"无中生有"地建立新生态系统，系统内成员通过相互网络连接提升各自价值。

B.14 日本企业"走出去"的协同支持体系研究

程永明*

摘　要： 日本企业自20世纪60年代开始走出国门向海外发展，不仅成就了无数的知名跨国公司，也带动了一大批中小企业向海外发展。在此过程中，政府、政策实施机构、金融机构、各类服务咨询机构等提供了各种形式的支持，而大型跨国集团、中小企业、综合商社等也相互合作、协同发展，共同构建起了一套完善的协同支持体系。探讨日本企业的海外发展模式，对于推进我国"一带一路"建设以及中国企业"走出去"战略具有一定的启迪意义。

关键词： 日本企业　走出去　海外发展战略　协同支持体系

企业"走出去"，是指企业充分利用国际国内两个市场，通过跨国经营配置优势资源，拓展生存与发展空间的一种经营活动。企业突破国家边界开展跨国经营，是企业依靠比较优势增强国际竞争力的重要途径。但随着国际分工的进一步细化以及竞争方式的转变等，仅凭企业的"单打独斗"已无法应对，需要通过构建一定的关系网络来实现。长期以来，日本围绕企业"走出去"形成了一套较为系统的模式，该发展模式无论是对我国"一带一路"建设，还是对中国企业"走出去"战略的实施都有可资借鉴之处。

---

* 程永明，历史学博士，天津社会科学院日本研究所所长、研究员，全国日本经济学会常务理事，主要研究领域：日本企业经营、日本企业政策、中日经贸关系史等。本文系2015年国家社科基金年度项目"日本企业'走出去'战略中的协同支持体系研究"（编号：15BGJ061）的阶段性成果。

一 企业"走出去"的影响因素及支持体系

企业是否"走出去"向海外发展,企业的实力与能力(如资金、产品、技术、海外经营管理能力以及相应的海外发展所需的人才等)以及企业自身的发展战略规划固然重要,但还需考量企业所面临的影响因素。企业"走出去"时面临的影响因素主要来自三个方面:宏观环境因素、母国因素以及东道国因素(参见图14-1)。

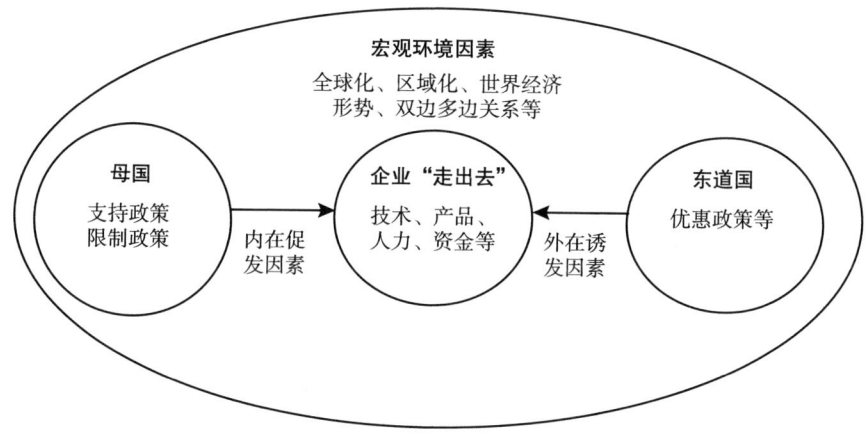

图14-1 企业"走出去"的影响因素

宏观环境因素主要涉及全球化的时代背景、区域化的进程、世界经济形势的变化以及多边和双边关系的影响等,这些因素将从整体上对日本企业是否"走出去"以及如何"走出去"开展经营活动产生影响。东道国(即日本企业"走出去"的目的国)因素,属于外在诱发因素,如东道国与日本的关系、东道国的优惠政策、基础设施环境、人力资源成本、市场规模、合作方等,都将对日本企业的区域选择、进入方式、投资模式等产生影响。而母国(即日本)因素属于内在促发因素,主要包括两个方面。其一是母国的限制政策,如母国对高耗能产业施以一定限制政策,将令相关产业和企业被迫转移海外。如根据1971年日本通产省发布的指导方针,被定位为夕阳产业的污染大、能耗高的重化工业被迫转往海外。[①] 其二是有利于企业"走出去"的支持和鼓励政策,例如日本政府往往通过税收、金融等

---

① 金仁淑:《投资大国的兴衰——日本对外直接投资模式及效用研究》,吉林人民出版社,2002,第91页。

政策作为撬动杠杆为企业"走出去"提供便利等。宏观环境影响因素、东道国因素（外在诱发因素）以及母国因素（内在促发因素）三者对企业"走出去"发挥着复合式的影响作用。

宏观环境影响因素与东道国因素是各国企业"走出去"时所共同面对的，但母国政府是否采取以及如何采取支持和鼓励的方式却存在明显差异。日本对外直接投资从20世纪60年代发展至今的60余年间，日本政府及相关机构构建的协同支持体系有力地支持了日本企业的海外发展（参见图14-2）。

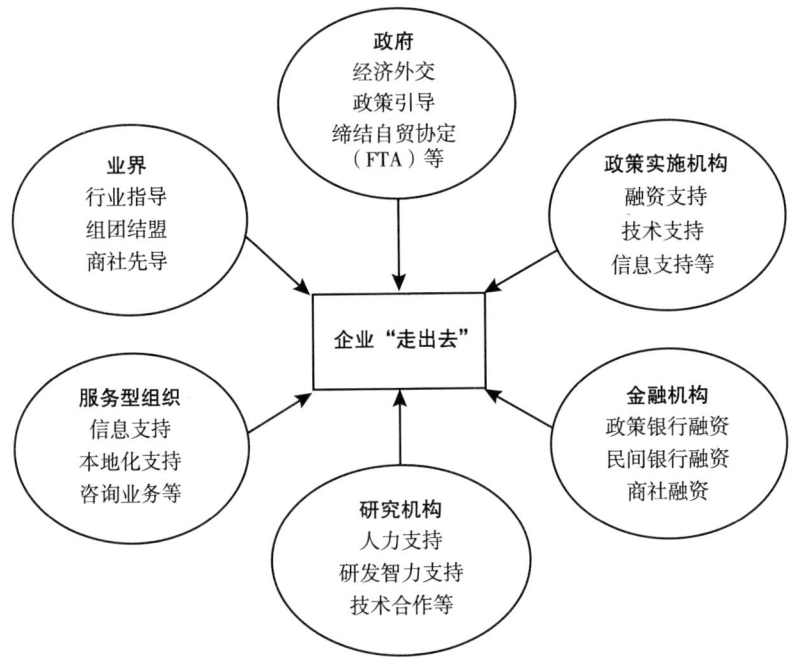

图14-2　日本企业"走出去"的支持体系

从支持企业"走出去"的主体来看，有日本政府及相关各省厅（如经济产业省、外务省、财务省等）、各地方自治体、各类政策实施机构［如日本贸易振兴机构（JETRO）、石油天然气·金属矿物资源机构（JOGMEC）以及国际协力机构（JICA）等］、经济团体（如经济团体联合会等）、相关行业协会、各类金融机构以及高校和智库等研究机构。从支持企业"走出去"的层面来看，各类组织机构分别从政策、资金、保险、信息、技术、人才等不同层面予以支持。从支持企业"走出去"的阶段来看，从企业拓展海外事业的准备阶段直至缔结合同，都有不同组织机构通过不同方式给予"一条龙"式的全程支持。

二 政府的导向型制度安排

政府与国民经济活动之间的关系，可能是政治经济学研究当中最悠久、最基本的问题。① 长期以来，日本政府采取积极的导向型制度安排，有力地保证了企业海外发展战略的实施。

第一，政策支持。如《新成长战略》（2011年6月）在下调法人税率的同时还决定为日本向海外发展基础设施建设业务的企业提供372.6亿日元的资金支持。② 又如更早的2010年6月18日《新成长战略》中确定了包括"亚洲经济战略"在内的七大新成长战略，明确提出要推进一揽子型基础设施建设的海外展开，并指出要策定、推进作为自治体的水道局等公益事业体积极向海外发展。③

第二，相关省厅在政府导向型制度安排下出台配套的支持政策。如经产省为开创日本品牌和支持向海外拓展业务的中小企业，于2011年6月制定了"中小企业海外发展支援大纲"。④ 国土交通省、厚生劳动省、经济产业省、环境省、外务省、总务省等相关省厅还与地方公共团体、国际协力机构、日本下水道事业团等于2010年6月共同发起成立了"海外水设施PPP公私合作协议会"，在利用人造卫星进行水治理、下水淤泥的能源转换技术以及下水道膜处理技术等方面予以协同联动支持。⑤

第三，日本各地方自治体在信息服务、融资、人才培养等方面予以支持。如兵库县制定了"中小企业日元升值对策资金融资制度"，就贷款条件、资金用途、贷款利率、额度及还款期限等作了详尽的规定，对本地区中小企业的海外发展进行融资支持。⑥ 又如北九州市于2010年8月31日成立了官民协同组织——

---

① 〔美〕查默斯·约翰逊：《通产省与日本奇迹——产业政策的成长（1925～1975）》，金毅、徐洪艳、唐吉洪译，吉林出版集团有限责任公司，2010，"前言"，第1页。
② 経済産業省『「新成長戦略」実現に向けて（これまでの進展と、今後の課題）』、2011年1月、http://www.meti.go.jp/topic/data/growth_strategy/pdf/progress2011jan.pdf。
③ 経済産業省『新成長戦略—「元気な日本」復活のシナリオ—』、2010年6月18日、http://www.kantei.go.jp/jp/sinseichousenryaku/sinseichou01.pdf。
④ 国土交通副大臣三日月大造「世界の水問題と日本の貢献—官民連携による海外展開—」、http://www.asahi.com/eco/sympo2010/program/pdf/presentation_of_mikazuki.pdf。
⑤ 程永明：《近年来日本企业海外发展动向及新特征》，《日本学刊》2013年第3期。
⑥ 兵庫県「円高対策資金融資制度」、http://web.pref.hyogo.lg.jp/ie04/documents/sienseido.pdf。

"北九州市海外水务推进协议会",其中"民"的协同主要在于咨询、素材提供、成套设备建设、金融支援等,而"官"则在政策立案、运作技巧等方面予以支援。①

第四,搭建不同层次的政府与民间的合作平台。日本政府成立各种相关的审议会,对各种问题进行审议,并为制定具体政策提供建议。其审议委员会成员通常由官僚、企业界、学界等构成。审议会是体现日本政府与企业关系的一大特征,"是政府与企业的纽带"。② 近年来安倍内阁积极通过设置官民合作基金来作为实现经济增长的措施之一,目前已设立有产业革新机构、海外需要开拓支援机构、海外交通·都市开发事业支援机构等近十个官民基金。"官民基金"是日本政府干预经济的主要手段之一,其核心是实现企业与政府的互动以及经济利益与产业利益的互动,该模式将对引导产业结构调整、推动产业升级和整合、创造新的产业发挥作用。

第五,日本政府通过多层面、多形式的经济外交强化与投资对象国之间的关系。正如安倍在2013年4月发表的"增长战略演说"中提及的那样,"与基础设施及制度相关的商业,在很多国家都处于政府的控制之下。毕竟,这是一个首脑外交'至关重要'的世界"。③ 为强化官民一体机制,甚至规定以内阁总理大臣为首的阁僚进行首脑外交的次数每年应在十次以上。④ 日本通过积极的经济外交,与相关国家或地区建立良好关系或签订国家层面的合作协议,为日本企业进入创造条件。

总之,在政府主导下,官方机构、半官方机构、金融机构和企业商社紧密互动,形成"宏—中—微"一体化合作机制⑤,共同为企业"走出去"构建起系统的支持体系。

---

① 国土交通省『第2回「海外水インフラPPP協議会」の開催結果概要及び資料の公表について・資料5 日本の上下水道技術［3］』、2011年2月16日、http://www.mlit.go.jp/common/000135518.pdf、2015-07-20。
② 山之内靖·J.V.コシュマン·成田龍一『総力戦と現代化』、柏書房、1995年、207頁。
③ 安倍晋三「成長戦略スピーチ」、2013年4月19日、http://www.kantei.go.jp/jp/96_abe/statement/2013/0419speech.html。
④ 首相官邸『日本再興戦略-JAPAN is BACK-』、2013年6月14日、https://www.kantei.go.jp/jp/singi/keizaisaisei/pdf/saikou_jpn.pdf。
⑤ 邵学峰、李翔宇:《矿产资源开发利用国际化战略:日本的经验与启示》,《现代日本经济》2015年第4期。

三 政策实施机构的独特功能

日本产业社会存在"市场"与"组织"间的渗透形态,即所谓"中间组织"(如企业集团、民间经济团体、系列承包等),使日本经济社会兼有市场机制和组织化两方面的特点,从而具有更强的应变能力和活力。[①] 这类以政策实施为主要职责的组织机构对于日本企业"走出去"发挥了重要的助推作用,其特点如下:

(一)多数为独立行政法人性质

日本的独立行政法人制度始于1997年桥本龙太郎内阁时期进行的行政改革,即把原来政府内从事公共事务的一些组织机构予以剥离,以"独立行政法人"的形式运营。如独立行政法人国际协力机构就是在1974年8月设立的国际协力事业团和1961年3月设立的海外经济协力基金基础上设立的。独立行政法人的财源基本来自国家。日本的《独立行政法人通则法》第四十六条规定,"政府在预算范围内,对独立行政法人交付其充作业务财源的必要金额的全部或部分金额。"[②]

(二)针对主体明确

日本的政府实施机构区别于一般政府机构的是,多按照行业或领域设置,极具可操作性。如日本贸易振兴机构专门服务于日本中小企业并提供庞大的信息咨询服务,海外需要开拓支援机构(简称"酷日本机构")是专门为推广日本文化产业、饮食文化等专门组建的,而海外交通·都市开发事业支援机构(JOIN)则是专门为海外基础设施建设、城市开发而设立的施策机构。

(三)功能与职责的多元性

日本的政策实施机构以国家政策的实施为职责,在支持功能和职责发挥方面

---

① 陈建安等:《产业结构调整与政府的经济政策——战后日本产业结构调整的政策研究》,上海财经大学出版社,2002,第211~212页。
② 電子政府の総合窓口(e-Gov)『独立行政法人通則法』、(平成11年7月16日法律第103号)、http://law.e-gov.go.jp/htmldata/H11/H11HO103.html。

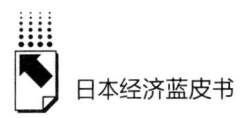

均有所侧重，有的机构主要是为企业海外发展提供投资、融资、担保等资金层面的支持，有的机构侧重于技术合作、人员培训和研修，而有的机构则通过海量的信息系统为企业的海外发展提供咨询业务等，从而在不同层面为企业的海外发展构建起较为完善的支持体系。

日本的此类政策实施机构，使部分政府职能企业化，下放了必要的权限，提高了政府的工作效率，同时在政府与企业之间搭建了一种政策执行的桥梁，其职能行使更贴近市场，贴近政策的实施主体——企业，有效地理顺了政府和企业的关系。

四　搭建多层次的融资平台

企业的海外发展往往遇到最大的问题是融资困难，日本不仅有诸多的政府系银行与民间金融机构为企业的海外发展提供融资支持，一些施策机构也在融资、贷款、保险等方面予以积极的支持。

日本银行为应对日元升值多次召开金融工作会议，出台了诸多相关政策。比如2012年3月的会议提出，为希望向发展海外业务的企业进行融资的金融机构提供1万亿日元规模的美元贷款，金融机构以国债为担保，每一机构贷款的上限为10亿美元。①

除日本银行外，国际协力银行作为日本政府100%出资的政策性金融机构，其职能有：（1）对日本企业海外生产基地的建设及增设等海外事业的展开进行长期的融资；（2）对日本企业的海外并购行为给予金融支持；（3）充分利用日本民间银行广泛的网络优势，将国际协力银行的资金经由民间银行向发展海外事业的中坚企业及中小企业进行融资等。国际协力银行以补充民间金融机构的贷款不足为宗旨，在出口信贷、投资金融、事业开发金融、直接出资、贷款担保以及搭桥贷款等方面为海外发展的企业提供金融服务，是解决日本企业海外业务融资问题的重要机构。此外，国际协力机构作为日本政府开发援助（ODA）的执行机构，还常常通过提供无偿或有偿的资金来为日本企业的进入提供服务。

此外，日本企业的海外发展事业，还得到了包括三大金融集团（三菱日联、三井住友、瑞穗）以及地方银行在内的民间金融机构的大力支持。由于历史上

---

① 「日銀緩和　市場は催促：政策決定会合　金融政策を維持」、『朝日新聞』2012年4月11日。

传统的"主银行制",许多企业与民间金融机构建立有长期而稳定的借贷关系,这种关系随着企业海外业务的拓展,民间银行的金融业务也随之发展到了海外。它们还经常以"组合融资"的方式对企业进行共同融资,分散风险的同时也实现了利益均沾。

此外,拥有雄厚资金实力的综合商社也是企业融资的来源之一。除直接向企业提供资金外,商社还以"间接金融"的方式与众多企业建立信贷关系。综合商社的信贷功能解决了不少企业资金周转的困难。①

五 企业间的多元化合作

日本企业向来有协同发展的传统,往往以战略联盟的方式主动、有序地融入海外市场,通过优势互补,共同获利。据统计,"全球500强"中有60%的企业采用了战略联盟的形式,而这一数字在日本是69%,而且这一比例还在以一定的速率增长。②

究其原因,首先在于日本的"财阀→企业集团"发展模式。二战结束后,通过"解散财阀"等措施,从机制而言,旧有的财阀体制被瓦解,但其经营传统却延续下来。战后不久,以一些战前的旧财阀中的银行为中心,又联合原系统各大企业的经理陆续组成经理会,到20世纪70年代初逐渐又聚合成了新的垄断资本集团。其共同特点包括:企业集团内的成员间相互"环状"持股,由于企业之间相互持股形成了资本的结合关系,因而在一定程度上能够结成风险共担、利益均沾的"命运共同体",这既有利于经济的稳定发展,又有利于联合起来与国外对手竞争③;集团内的经理会发挥大股东会的作用;本集团内的金融机构(信托银行、保险公司等)对集团成员企业进行系列贷款,在一定程度上解决了一些中小企业融资难的问题;以综合商社为集团内的先导与交易媒介,开展集团内成员间交易的同时也开展新的事业领域等。

其次在于日本的系列制企业。日本以重工业、电子工业、化学工业领域为中心,形成配套企业系列。大型制造企业"走出去",必然牵动为之配套的

---

① 王键:《日本企业集团的形成与发展》,中国社会科学出版社,2001,第171页。
② 郭劲光、高静美:《网络、资源与竞争优势:一个企业社会学视角下的观点》,《中国工业经济》2003年第3期。
③ 陈建安等:《产业结构调整与政府的经济政策——战后日本产业结构调整的政策研究》,2000,第213~214页。

众多中小企业纷纷向海外发展，复制其在国内的系列制模式，完成其海外布局。因此，在向海外"走出去"时，往往是大型制造业企业、零部件配套企业、财团、商社、银行等多种不同功能的主体结盟发展。这种联合舰队式的海外发展模式，一方面通过结盟使彼此在产品制造、原材料及零部件采购、物流、销售、融资等方面的不同功能都可在系统内完成，形成较为完善的产业链条，实现优势互补。这在争取一些大型项目或具有综合性、系统性的项目时优势更为明显。例如印度德里至孟买间的四处"智能电网"等基建工程，就是由东芝、三菱重工、日立、日挥等四家公司各自牵头的企业联合体承建的。另一方面，彼此间相互合作，实现利益均沾的同时，也分散了企业有可能遇到的风险。

另外值得注意的是，不可小视综合商社在日本企业"走出去"中所发挥的重要作用。首先，综合商社由于其"贸易起家"的传统，在海外构建了庞大的销售网络和信息网络，而这些优势常常能为"后走出去"的企业发挥"先锋军"的作用，许多日本企业在"走出去"时都是通过综合商社的"斡旋""中介"开始向海外发展的。其次，日本的综合商社涉及领域众多，除贸易这一传统职能外，近些年来还涉及信息业、制造业、物流业、金融业甚至农业等领域。

六 辅助机构的全方位服务网络

日本在海外有着数量众多的海外派驻机构，共同构建起了一个庞大的信息支持系统。

以日本贸易振兴机构为例，JETRO 除东京的综合本部外，在日本各地设立有 45 个办事处，以处理各地方自治体企业方面的咨询。此外，其在全世界 56 个国家建立有 76 个事务所，将从各处搜集来的信息进行分析、判断，然后提供给日本国内的有关部门及企业，JETRO 的支持体系参见表 14-1。日本政府在多项政策中都强调要充分利用日本贸易振兴机构的信息网络优势了解海外的合作企业、当地国的国情等，为企业提供必要的信息服务。

此外，日本分布在世界各地的驻外机构、咨询公司、综合商社的办事处、当地商会都在协调政企及企业间关系、商务咨询、信息提供、寻找合作伙伴等方面积极地发挥作用。

表 14 – 1 JETRO 支持体系一览表

领域	支持服务	领域	支持服务
洽谈接待	进出口、海外发展实务洽谈	实施海外调查	海外小型调查服务
	农林水产品、食品出口洽谈		
	制造业、服务业领域海外展开洽谈	海外商务的展开、扩大	展示会、洽谈会的出展支持
	就出口可能性与海外当地专家洽谈		出口有望项目的支援服务
	仿制品、盗版被害洽谈窗口		以海外展开为目的的海外商品展示会个别出展支持
特定领域支持	服务产业个别企业支持		
	日用品、生活杂货等海外销路开拓支援		以海外展开为目的的专家利用资助事业
	知识产权活用商务支持	出差支持	海外简报服务
	非洲商务支援		商务委任取得服务
	基础设施系统出口促进服务	面向海外发展企业的支援	海外投资咨询洽谈服务
知识产权保护	海外知识产权侵害调查		中小企业海外展开现地支持
	仿制品、盗版被害洽谈窗口		商务支持中心
	中小企业商标注册先行调查、洽谈事业		投资中国企业支出中心
	海外卷入知识产权纠纷时的费用资助	人才培养	国际即战力育成实习
			贸易实务在线讲座
	出国申请费用资助（中小企业等赴国外支援事业）	吸引外国企业	面向外国、外资企业的支援服务

资料来源：日本贸易振興機構『ジェトロの支援サービス一覧』、https://www.jetro.go.jp/services/advice/、2015 – 12 – 29。

七　科研部门的智力支持

日本政府在组织联合科研、集体攻关，为企业提供智力支持方面发挥了重要的组织者作用。日本的"官、产、学、研"协同体制一直是其他国家经常研究的课题之一，日本依据部分修订后的《独立行政法人通则法》（2014 年法律第 66 号）以及单独的《国立研究开发法人机构法》，于 2015 年 4 月 1 日将原来以研究开发为主的部分独立行政法人改组为国立研究开发法人机构，如新能源·产业技术综合开发机构（NEDO）、科学技术振兴机构（JST）、日本医疗研究开发机构（AMED）等。国立研究开发法人其自由度高于原来的独立行政法人[1]，其

---

[1] 「（社説）独立法人改革　省庁の別動隊では困る」、『朝日新聞 朝刊』2015 年 2 月 5 日、第 14 版。

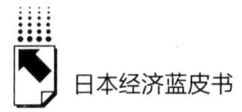

研究开发注重长期性、不确切性、预见不可能性以及专业性等①，以"研究开发成果最大化"为第一目的，以进行科学技术创新、增强国际竞争力，将日本发展成为世界高水平的研究据点为目标。其研究开发涉及的领域主要在于强化产业竞争力的研究开发，或者是在认为各大学、民间企业中资源缺乏的领域中，通过国内外研究者的先端研究、与民间企业的紧密合作，使研究成果向市场转化。此外，日本的众多智库也在产业分析预测、市场调研、接受政府委托课题等方面积极为企业的海外发展提供智力支持。

八 结语

综上所述，对于企业"走出去"，日本从不同主体、不同层面、不同阶段，系统地为之提供了"一条龙"式的全程支持。在"一带一路"建设的大背景下，将会有更多的中国企业"走出去"参与海外经营活动，日本的相关措施可以为我们提供一些有益的经验。

（一）转变政府职能，强化政策的协调职能与诱导功能

首先，需要政府通过详细的调查研究，结合中国企业海外发展的实际情况和需求，在金融、税收乃至对外经济政策等方面制定有针对性的政策措施，为企业"走出去"提供政策保障，创造良好的海外发展条件。

其次，相关部门及地方政府作为政策的实施主体，其职能重心应放在协调与政策执行上。政策在实施过程中"走样"，其问题在于政策实施部门的职能错位，其职能重心应调整到如何"助推"政策的执行上来，而不是一味地进行"管理"和"约束"。政策实施主体的协调职能分为政策协调、部门协调与行动协调三个方面，各部门应理顺关系、明确职能定位，共同推进政策的有效执行。

（二）强化官民协同体制

在日本的海外发展模式中，其政策的推行一直都在强调"官民一体"观念。其主要表现方式有：政策制定前，通过审议会等积极征求不同意见；政策推行过

---

① 文部科学省科学技術・学術政策局『国立研究開発法人審議会（仮称）について』、2015年2月3日、http://www.mext.go.jp/b_menu/shingi/dokuritu/005/005f/siryo/__icsFiles/afieldfile/2015/02/20/1354976_8.pdf、2015年4月1日。

程中，通过协议会等搭建官民协同平台；在融资方面，积极以 PPP 等模式带动更多社会资本参与投资；在海外推广时，政府营销与企业的拓展实践互动进行；在实施海外项目时，政府与企业相互合作，共同参与。上述官民一体的协作模式，从政府层面而言，创新了介入方式和投融资体制，在一些仅靠企业难以达成的大型项目上发挥了助推作用；从企业层面而言，政府的间接推动或直接介入，降低了企业的投资风险，增强了企业参与的积极性和活力。

（三）成立专门的政策实施机构

在日本海外发展模式中，多个政策实施机构以实施国家政策为宗旨，按照政府的要求和职责分担，积极从人员、技术、资金以及信息等方面予以支持。建议中国能够新组建或改组成立类似的机构，其职责并不在于直接参与海外投资等经营活动，而是作为政府与实体企业之间的协调机构存在，为海外发展的企业提供协调、支持功能。这既是政府简政放权的表现，又能够充分发挥其作为中介的协调功能，保证政策实施的贯彻力和有效性。

（四）构建完善的海外发展体系

构建完善的海外发展体系包括两个方面，一是完善企业海外投资服务体系的构建。企业的海外发展，不仅需要国家在政策层面予以支持，而且需要银行、行业协会、保险甚至地方政府等为其提供融资、信息、保险、人才等方面的协调和支持。二是构建完善的产业发展链。从日本海外发展模式来看，实行的就是链条发展模式。将资源、产业、融资、服务等不同环节的企业联系起来，形成产业链、利益链，既可化解单打独斗带来的风险，也能够增强企业海外发展的竞争力和生存能力。

B.15
日本制造业海外转移对"一带一路"建设的启示

马文秀 乔敏健*

摘　要： 20世纪50年代以来，日本根据不同时期国民经济发展和产业结构调整的需要，动态调整了制造业海外转移策略，借助产业海外转移实现了从制造大国向制造强国的转变。日本制造业对外产业转移的经验教训，对"一带一路"建设中中国制造业的海外转移具有现实指导价值。日本制造业海外产业转移模式的突出特点表现在：边际产业转移和优势产业交叠并进的产业选择模式，由低成本策略到市场指向策略，再到全球生产网络策略的交叠演进的区位选择模式，"产商融"三位一体、大中小企业结合并进的投资主体结构，逐步从新建投资为主转变为跨国并购为主的进入模式，政府全方位的对外产业转移支持与引导策略体系。

关键词： 日本制造业　海外转移　"产商融"三位一体

2015年，我国的"一带一路"倡议进入实质性推进阶段，《关于推进国际产能和装备制造合作的指导意见》和《中国制造2025》的实施，将我国制造业对外产业转移正式提上重要日程。如何借力"一带一路"建设，加快制造业海外

---

* 马文秀，经济学博士，教授，博士生导师，河北大学日本研究所副所长，主要研究领域：日本经济、中日经贸关系、中美经贸关系；乔敏健，河北大学经济学院世界经济专业研究生。本文是2015年河北省社会科学基金项目（项目名称：河北省优势产业"走出去"发展路径与推进策略研究，项目编号：HB15YJ107）阶段性研究成果；2013年教育部社科规划项目（项目名称：外向直接投资带动国内产业结构升级研究——从日本实践谈起，项目编号：13YJAGJW005）阶段性研究成果。

转移，推动"中国制造"全球布局，是当前亟待解决的课题。20世纪50年代以来，日本根据不同时期国民经济发展和产业结构调整需要，动态调整了制造业海外转移策略，借助产业海外转移实现了从制造大国向制造强国的转变。日本制造业海外转移的经验教训值得借鉴。

一 日本制造业海外转移历程

第二次世界大战结束后，为从废墟中崛起，日本于1949年12月公布了《外汇和外贸管理法》，允许企业对外直接投资。但是，由于当时日本国际收支处于逆差状态，日本企业对外直接投资数量很小，1951~1960年十年间，日本对外直接投资只有2.8亿美元。直到20世纪60年代中期，日本政府才开始放松对企业对外直接投资的约束。20世纪70年代，日本制造业对外直接投资进入实质性发展阶段。经过40多年的发展，2014年在日本对外直接投资总额下降的情况下，日本制造业对外直接投资同比增长28.59%，达到546.16亿美元的历史次高点（参见图15-1）。

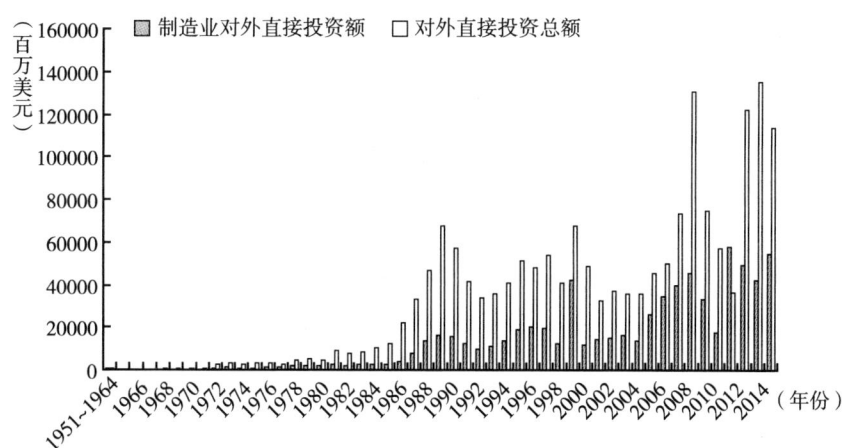

图15-1 日本制造业对外直接投资流量变化

资料来源：笔者制作，数据来自日本银行「国際収支統計」、财务省「対外及び対内直接投資状況」。

本文将二战后日本制造业对外直接投资分为起步、快速发展、大规模扩张、调整蓄势、强力拉升与高位震荡五个阶段。

1. 起步阶段（1951~1970年）

第二次世界大战结束后，日本为了恢复经济，大力发展纺织业和食品等劳动密集型轻工业。1955年，轻工业产值占制造业总产值的54.5%，其中纺织业占比高达25.91%，出现了严重的产能过剩。为了维持纺织等劳动密集型产业的国际竞争力，日本开始将木材、造纸、纺织等劳动密集型产业逐渐向东南亚等廉价劳动力地区转移，且规模不断扩大。但是，在1951年至1970年的20年间，日本制造业海外投资仅为9.29亿美元，这一时期日本对外直接投资总额为35.8亿美元，主要集中在能源开发行业。

2. 快速发展阶段（1971~1980年）

1971~1980年，日本制造业对外直接投资总额为116.43亿美元，占对外直接投资总额比重为35.37%。其中化学、钢铁和有色金属、电气机械、纺织的投资金额分别为25.76亿美元、24.81亿美元、15.06亿美元、14.48亿美元，占制造业投资总额比重分别为22.13%、21.32%、12.94%、12.44%（参见表15-1）。与上一阶段相比，化学和电气机械增长最为迅速。

3. 大规模扩张阶段（1981~1990年）

20世纪80年代日本对外直接投资开始向全方位国际化方向发展，其中，制造业海外投资也呈现快速增长之势。1981~1990年制造业对外直接投资总额为690.39亿美元，占对外直接投资总额的25.17%。1987年日本制造业对外直接投资比1986年增长了105.79%；1988年制造业对外直接投资突破100亿美元，达到138.05亿美元；1989年高达162.84亿美元，比1971~1980年的10年总额高出39.86%。在此阶段，日本制造业对外直接投资的主要部门是电气机械和运输机械，对外直接投资额分别为187.8亿美元和99.02亿美元，占制造业投资总额比重分别为27.2%和14.3%；而70年代占比最大的化学工业和纺织业占比大幅下降。

4. 调整蓄势阶段（1991~2004年）

20世纪90年代日本制造业对外直接投资呈现波动调整特征。1991~2004年，日本制造业对外直接投资总额为2311.50亿美元，所占比重达到38.22%。在制造业投资中，电气机械和运输机械对外投资金额分别为535.65亿美元和232.07亿美元，二者占制造业投资总额比重达45.91%，而纺织业占比继续下降。

表15-1 日本制造业对外直接投资产业分布情况

单位：%

年度	1951~1970	1971~1980	1981~1990	1991~2004	2005~2014
食品	5.49	4.59	5.07	10.57	15.59
纺织品	20.34	12.44	3.42	2.77	1.44
木制品	22.82	4.70	3.20	2.00	2.38
化学制品	5.38	22.13	12.04	14.19	18.65
钢铁和有色金属	14.85	21.32	11.14	6.99	8.62
一般机械	7.32	7.10	10.20	7.59	10.00
电气机械	7.86	12.94	27.20	28.45	11.99
运输机械	9.36	7.66	14.34	17.46	17.14
其他	6.57	7.15	13.39	9.97	14.19
合计	100	100	100	100	100

资料来源：笔者自己计算制作，数据来自财务省「対外及び対内直接投资状况」。

5. 强劲拉升与高位震荡阶段（2005~2014年）

2005年日本对外直接投资总额强劲拉升，其中制造业也加快了对外转移的步伐，2005~2014年日本制造业对外直接投资占其对外直接投资总额的比重上升至43.89%。日本制造业对外直接投资从2005年起连续四年保持强劲增长，增速分别为90.16%、30.00%、14.49%和14.56%。2008年创下452.68亿美元的历史峰值后，受美国次贷危机和日本大地震海啸的影响，连续两年出现下滑，2010年回落到178.03亿美元。但2011年又创历史新高，达到579.52亿美元，同比增长225.52%。此后2012年和2013年受全球经济的影响有所下降，但仍处于492.50亿美元和424.73亿美元的高位。2014年在日本对外直接投资总额下降的情况下，制造业对外直接投资同比仍然增长28.59%，达到546.16亿美元，为历史次高点。其中，食品对外投资增加迅速，占制造业对外直接投资总额比重达到15.59%，化学、运输机械和电器机械所占比重分别为18.65%、17.14%和11.99%。

二 日本制造业海外转移策略体系

（一）产业选择策略：边际产业转移和优势产业扩张交织并进

日本从国内经济发展和产业战略调整的需要出发，制造业对外直接投资采取了边际产业转移和优势产业扩张交织并举的产业选择策略,经历了从劳动密集型产业到资本密集型产业、从低技术密集型产业到高技术密集型产业的有序转移路径。20世纪50年代,日本把纺织业等劳动密集型制造业转移到了具有劳动力优势的发展中国家和地区。20世纪60~70年代,日本将基础化学、钢铁等资本密集型制造业对外转移。20世纪80年代,日本加大了家电、汽车等资本技术密集型制造业向新兴工业国家的对外转移,同时,为了化解对外贸易摩擦,增加了对美欧等发达国家的直接投资。进入20世纪90年代以来,在全球制造业中,日本国内主要从事研发等高新技术活动,低端的技术密集型制造业成为其对外直接投资的重点;同时,增加了对美欧等发达国家高技术制造业的直接投资。

(二)区位选择策略:低成本战略→市场指向战略→全球生产网络策略

战后日本制造业对外转移区位选择策略经历了由低成本策略到市场指向策略,再到全球生产网络策略的交叠演进,日本制造业对外直接投资的区位聚集经历了先亚洲、后欧美、再亚洲的发展过程。

20世纪60年代和70年代,日本制造业海外转移的区位选择为低成本指向型,即通过获取低成本的劳动力等生产要素和有效利用生产要素,扩大其产品在国际市场上的占有率。此阶段对外投资重点在亚洲,以建立生产据点为主,利用当地比较优势,实施产业梯度转移,将劳动密集型产业和资本密集型产业成功地转移到亚洲"四小龙"(即中国香港、新加坡、韩国、中国台湾)和东盟四国(印度尼西亚、马来西亚、泰国、菲律宾)。同时,为了减少与欧美之间的贸易摩擦,增加了对美国和欧洲的投资,并以建立销售据点为主。

在20世纪80年代和90年代前期,日本制造业对外直接投资的主要对象转向欧美发达国家,主要目的是绕开贸易壁垒、缓解贸易摩擦、占领欧美市场。

20世纪90年代后期以来,日本制造业对外转移的重点又转回亚洲,最初的对象是"亚洲四小龙",后来随着中国经济的发展,日本制造业对外直接投资的重心移向中国东部沿海地区。日本制造业对外直接投资在欧洲、北美洲和亚洲的份额变化参见图15-2。

特别需要指出的是,1985年日元大幅升值以后,日本制造业对外直接投资的区位选择不再仅局限于当地生产、销售和第三国贸易,而是以日本本土为中

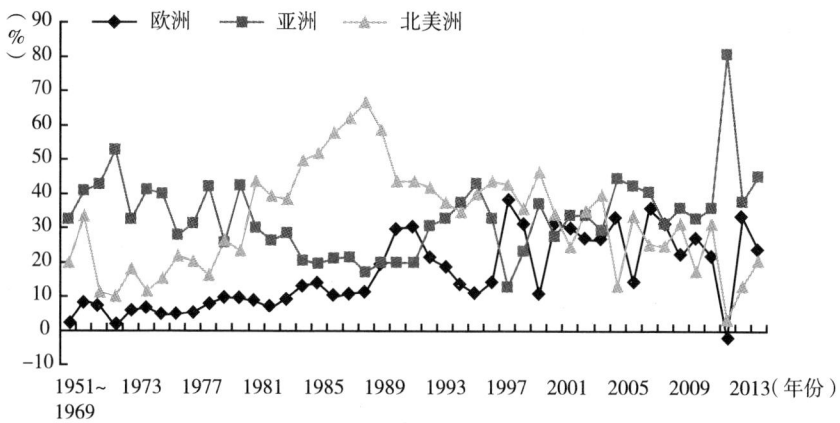

图15-2 1951~2013年日本制造业对外直接投资的区域分布

资料来源：笔者根据财务省『财政金融統計月報』数据计算整理而成。

心，构筑全球性的生产销售网络，整合全球资源，实现生产和经营的全球化，以维持日本跨国企业在全球市场的核心竞争力。

（三）投资主体选择策略："产商融"三位一体、大中小企业结合并进

日本对外直接投资主体选择策略是"产商融"三位一体、大中小企业结合并进。20世纪50年代到70年代，日本对外直接投资的主体是大型跨国公司，主要是资源类投资，但在制造业对外直接投资中，中小企业项目比较多，主要投向亚洲、中南美等发展中国家劳动密集型产业。20世纪80年代中期以后，在对欧美等发达国家的直接投资中，日本以大企业集团为特征的系列制企业的产业组织形式优势凸显。丰田和本田等日本大企业集团积极推进产业组织全球化。这些大企业集团以产业为纽带，通过业务外包、技术合作、人才交流等形式与中小企业形成了长期稳定的合作关系。作为龙头企业的丰田和本田等大企业集团带动了一批产业配套的中小企业跟进投资。

20世纪80年代中期以后为了适应国际竞争需要，日本政府大力支持商业资本、金融资本和产业资本相互帮助与合作，逐渐形成了"产商融"三位一体而又自成体系的对外投资与经营主体，即综合商社型跨国公司。综合商社、大型制造业集团（如丰田汽车集团、日立集团、东芝集团、松下集团等）和跨国银行集团构成了日本对外产业转移的投资主体。当日本制造业企业准备海外投资之

际,银行为其提供充分的征信调查与投资风险评估乃至长期融资,综合商社为其提供详细的市场情报。这样日本制造业企业就能制订出周密的经营计划,稳健地开展对外直接投资,大大提高了海外进军的成功率。

(四)进入模式选择策略:从新建投资为主转变为跨国并购为主

日本制造业对外直接投资在不同时期针对不同类型国家采取了不同的进入模式和股权参与方式,逐步从新建投资为主转变为跨国并购为主。在20世纪80年代中期以前,投资方式以新建投资为主;20世纪80年代后期,投资方式以购并为主,曾一度出现过并购美国企业的高潮。与欧美企业对外投资不同,无论新建投资还是并购,日本企业不强求一步到位掌握控制权,往往是以少数出资、对等出资的方式进入,逐渐转向多数出资和独资。

(五)支持策略:政府全方位的对外产业转移引导与支持策略

20世纪70年代以后,日本政府制定了全方位的对外产业转移引导与支持策略体系,主要包括:高效率的对外投资行政管理体系,健全的对外直接投资法律体系提供制度保障,以经济援助和首脑"高层营销"为对外投资"铺路搭桥",建立海外投资保险支持制度提供"风险保障",通过国内政策性金融公库和商业银行为企业海外投资提供长期有效的贷款支持,通过税收减免、税收饶让、税收延付、亏损纳税冲减和海外投资亏损准备金制度提供税收优惠,设立专门的信息服务机构为海外投资企业提供信息和技术支持等。

三 对中国"一带一路"倡议下制造业对外产业转移的启示

中国制造业目前的发展现状与日本20世纪七八十年代的制造业产业升级与海外转移时期有很多相似之处,日本制造业对外产业转移的模式和做法,对"一带一路"倡议下的中国制造业对外产业转移具有现实参考价值。

(一)政府要为制造业对外产业转移创造良好的环境

日本的经验表明,政府的制度安排是制造业成功海外转移的关键因素之一。我国应该加强顶层设计,为"一带一路"倡议下企业对外直接投资创造良好的环境。目前主要应从以下几方面着手:健全对外直接投资相关的法律体系,完善对外直接投资行政管理体系，高度重视对外经济援助和"首脑外交"、以经济援助为企业对外直接投资"铺路搭桥"，加大财政金融扶持力度，健全对外投资保险支持体系，完善信息和人才服务支持体系。

（二）对外直接投资的产业选择、区位选择要与时俱进并因国而异

借鉴日本边际产业转移的经验，现阶段我国制造业对外转移重点应该放在纺织、服装、家电、机械等生产能力过剩、拥有成熟的适用技术或小规模生产技术的制造业上；投资的区位选择重点应该是东南亚、非洲、南美、俄罗斯等独联体国家和东欧等发展中国家。同时，要将在发达国家有着旺盛需求的家电、纺织服装等制造业适当向欧美等发达国家转移，通过对发达国家的对外直接投资，绕开贸易壁垒，减少贸易摩擦，扩大市场占有率。

（三）构建"产商融结合"对外投资主体结构，充分发挥企业群体的力量

我国应借鉴日本"产商融"三位一体的对外投资主体模式，努力构建"产商融"高度结合的对外投资主体结构。通过大力培育综合性的制造业集团，积极引导制造业、商业、金融业之间的联合与协调，加强国有企业与民营企业的融合、大型企业与中小企业的协作，充分发挥企业群体的力量。通过商业资本、金融资本与产业资本的联合作战，有力推动我国制造业的海外转移，促进产能的国际合作。

（四）对外直接投资方式要绿地投资与并购投资相结合

日本在不同时期针对不同类型国家采取了不同的对外投资方式。借鉴日本的做法，"一带一路"倡议下我国制造业对外直接投资进入方式的选择也要因国而异，一方面要谨慎地进行绿地投资，我国可以选择对社会环境、政治环境稳定的"一带一路"沿线的发展中国家进行绿地投资，因为绿地投资会直接促进这些国家的经济发展，是一种比较受欢迎的直接投资方式。另一方面，对发达国家直接投资可以选择并购进入，以便直接学习其先进的管理技术、管理经验和经营理念。

B.16
日本对亚洲开发援助的实践经验与中国"一带一路"建设

崔 岩*

摘　要： 近年来，中国政府提出了"一带一路"倡议，以其作为中国对外经济的新战略，大力推进相关区域内各国间的经济合作。尽管中国在对外援助与经济合作方面有了快速发展，但是在政策、体制以及具体实施方面仍需要大力加强。日本以政府开发援助（ODA）为核心的对亚经济合作，对亚洲的经济发展发挥了重要的促进作用，有许多经验值得借鉴。本文在整理日本对亚洲ODA历史演变基础上，分析中国政府提出的"一带一路"倡议、筹建亚洲基础设施投资银行的意义，从而在比较分析的基础上论述日本经验对中国的启示及借鉴。

关键词： 政府开发援助　一带一路　亚洲开发银行　亚洲基础设施投资银行

在急剧变化的当今世界，促进发展中国家的经济繁荣和社会发展，仍然是国际社会面临的重要课题之一。只有清楚地把握经济发展与开发援助、国际合作的历史脉络及其面临的现实课题，才能选择正确的开发合作对策。日本作为亚洲唯一的发达国家，在二战后一直积极开展开发援助，曾一度成为世界最大的政府开发援助（ODA）国家。其以亚洲地区为主且以贷款为主要援助方式的ODA，对亚洲的经济发展发挥了重要的促进作用。中国在"一带一路"倡议下，展开大规模国际经济合作时，除需发展自身特色的对外援助和经济合作之外，还需要学习和借鉴发达国家的经验。

---

* 崔岩，经济学博士，辽宁大学日本研究所教授，全国日本经济学会副秘书长、常务理事，主要研究领域：日本经济及亚洲经济关系。

一 开发援助概要：发展历史与援助方式

二战后在美国主导下建立了西方世界的国际经济体制，为促进战后欧洲及日本的经济复兴，以美国为主导的国际机构为其提供了大量经济援助，这是战后开发援助的原型。其后开发援助转向了对发展中国家经济发展的支持，从而成为真正意义上的开发援助。

开发援助的手段包括物资、行为和资金等多种形态，但是通常将其核算为货币量，并以发达国家流向发展中国家的资金流的类型，来划分开发援助和其他经济合作的类型及其构成。以资金流向概括的广义经济合作，既包括公共资金，也包括民间资金，具体构成如图16-1所示。

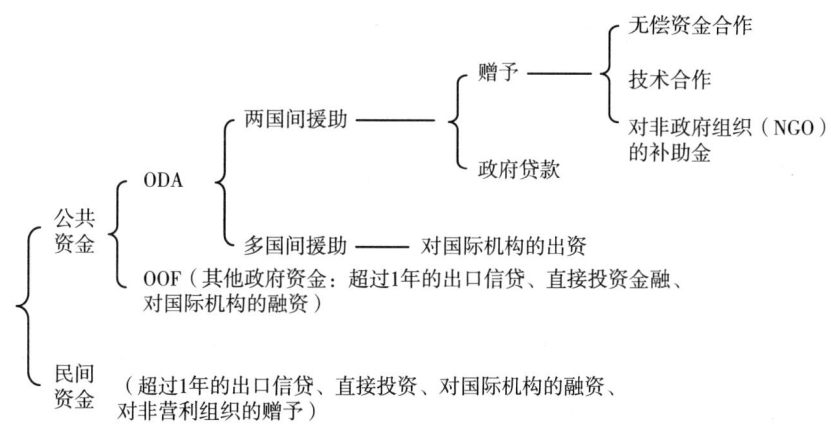

图 16-1 发达国家向发展中国家的资金流动

资料来源：小浜裕久：『ODAの経済学』、日本評論社、1998年、第12頁。

在发达国家流向发展中国家的资金中，公共资金包括政府开发援助和其他政府资金。ODA可细分为两大类，一是两国间的双边援助，包括无偿援助（无偿资金合作、技术合作以及对非营利机构的补助金等）和有偿援助（政府贷款）；二是多国间援助，主要是通过对世界银行、地区开发金融机构等国际机构的出资、捐助，实现多边援助。

从国际上资金流向的构成看，民间资金是其主要组成部分。但是民间资金以获取利润为目的，可以将其视为国际经济合作的组成部分。尽管民间企业的生产经营行为对发展中国家的经济发展做出了贡献，但它不属于开发援助的范畴，公

共资金特别是ODA是开发援助的主体。

ODA通常是指发达国家政府为促进发展中国家经济发展和福利水平提高而对其实施的经济社会援助。在议论ODA时通常是以两国间的ODA为主要对象，但实际上，国际机构在实施ODA中也发挥着重要的作用。国际机构进行的多边开发援助，是以解决两国间难以完成且具有普遍性问题为目的的，援助资金也由成员国政府出资。参与开发援助的国际机构可以分为两大类：一是国际开发金融机构，包括世界银行集团和地区开发银行，世界银行集团是面向世界范围实施开发援助的机构，而地区开发银行则以特定地区为援助重点，主要有亚洲开发银行（ADB）、美洲开发银行（IADB）、非洲开放银行（AFDB）及欧洲复兴开发银行（EBRD）等；二是联合国下属的与援助相关的专业机构，如联合国开发计划署（UNDP）、联合国工业开发组织（UNIDO）、联合国环境规划署（UNEP）等。

其他政府资金（OFF）的优惠条件介于ODA和民间资金中间，对借方的优惠较小，主要倾向于帮助本国企业开展与发展中国家的经济活动，其公共性表现在对重大项目（如成套设备出口等）的扶持和优惠高于民间资金等方面。

二　六十年来日本对亚ODA发展轨迹

在20世纪50年代中期，日本开始对外开展政府开发援助，至今已经过了六十年的时间。在这六十年历史进程中，国际社会及各个国家、地区都发生了巨大进步和结构变化，日本的ODA也是随着内外部的环境条件及供求结构的变化而变化。

（一）日本对亚ODA的起步（20世纪50年代至60年代前期）

20世纪50年代中期，日本在国际援助下实现了经济快速复兴，于是日本在接受国际援助的同时，也作为援助国开始对外援助历程。日本最初的ODA是从对亚洲受害国进行战争赔偿及准赔偿的一环展开的，即与东南亚战争受害国签订战争赔偿协议的同时，也签订经济合作协议，明确在进行战争赔偿的同时也展开各种形式的开发援助。1954年日本加入"科伦坡计划"，标志着其具有了对外援助国的身份，其后与缅甸等东南亚国家相继签署了战争赔偿和经济合作协定。1958年日本对非战争赔偿国家——印度实施的协议日元贷款，是日本真正意义上的ODA的起点。

20世纪50年代中期，日本经济结束了战后恢复期并进入了高速经济增长阶段。日本自身经济实力的增强和对国际社会的回归，使其对外经济合作的能力和需求进一步增大。这一时期，日本政府陆续建立和完善了ODA的实施体制和政策，并在多方面开始实施ODA。1960年日本国会通过了《海外经济协力基金法》，其目的主要是在东南亚等地区开展经济合作。1961年3月，日本成立了日元贷款的实施机构——海外经济协力基金（OECF）。该基金成立初期，主要面向日本企业投融资，但是从1966年开始实施日元贷款。1962年日本外务省设立经济协力局，负责制定和实施ODA政策，1964年经济协力局与亚洲局的赔偿部合并。

技术合作是日本早期ODA的重要内容之一。1954年日本成为科伦坡计划成员国，科伦坡计划发起于1950年，是以促进南亚和东南亚经济社会发展为目的的国际援助计划。日本成为会员国后即作为国际援助国开展了与发展中国家的技术合作。1955年开始实施接受研修生、派遣技术合作专家等业务。1957年引进了"技术合作项目"方式，即为提高发展中国家的专业能力，在项目调查计划、实施、评价等各阶段进行技术转移，在一定期限内对业务运行给予合作，最后由发展中国家承接。1962年日本建立海外技术协力事业团（OTCA）作为国际技术合作的实施机构。

日本不仅积极开展双边ODA，而且通过与联合国、世界银行等国际机构合作，积极推进多边ODA活动，同时积极组建区域开发金融机构。1966年，日本与美国主导建立了亚洲开发银行（ADB），开始展开对亚太地区发展中国家的多边开发金融活动。日本作为最大出资国一直发挥着主导作用，历届ADB行长均由日本财务省原官员担任。

（二）日本对亚ODA的扩充与多样化（20世纪60年代后期至80年代）

20世纪60年代中期起，日本经济进入高速增长的鼎盛期。1964年日本正式加入经合组织（OECD），进入了发达国家行列。经济实力的增强以及出于成为世界经济大国的需要，使得日本的对外援助发生了根本性的改变，这主要表现在日本对外援助的数量大幅度增加和质量多样化两个方面。

1964年日本对世界的ODA金额为1.16亿美元，在经合组织发展援助委员会（DAC）成员国的ODA总额中所占比例仅为2.0%，1965年该数据就分别上升为

2.44亿美元和3.8%，1976年日本的ODA总额提高到11.05亿美元，占比为7.9%。在十余年的时间里日本的ODA金额增加了近9倍。①

在援助形式上，从技术合作、无偿资金援助到有偿资金合作等多方面呈现多样化发展。1965年日本建立青年海外协力队，向发展中国家派遣年轻的开发合作人员。1968年开始实施粮食援助，1969年实施一般无偿资金合作，以一般项目无偿合作为主，向医疗保健、教育研究、农业、民生环境保护、通信运输等准公共部门投入必要资金。对于后发展中国家，这一援助也用于道路、桥梁等经济基础设施的建设。1973年日本开始实施救助自然灾害和战争等人为灾害的灾害紧急援助，以及与水产项目相关的水产无偿援助，1975年以后开始实施文化无偿资金援助、粮食增产援助等。

日元贷款是以项目贷款为核心展开的。1966年开始了两阶段贷款方式，即以受援国的金融机构为中介，对发展中国家的中小企业、农户、合作社等实施金融援助。1968年引进了商品贷款方式，即给予发展中国家的贷款用于进口指定的商品，贷款期限约为2年，短于项目贷款期限。1975年明确了海外经济协力基金和日本输出入银行的业务分担，赠予比例在25%以上的软贷款由海外经济协力基金负责，低于25%的由日本输出入银行负责。

从20世纪70年代后期开始，日本进入ODA大幅扩充期，特别是在20世纪80年代后期速度增长极快。从1977年开始，日本相继制订了多个ODA中期实施计划，而20世纪80年代后期ODA数额的快速增加，与日本实施的"黑字还流"政策有关。1985年日本经常收支顺差突破500亿美元，因此日本政府约定从1986年开始3年间通过国际机构对发展中国家实施100亿美元的"黑字还流"，第二年出台的应对日元升值危机的紧急经济对策，决定以非约束条件向发展中国家追加提供200亿美元的官方及民间资金。1989年日本宣布将原来的"3年还流300亿美元以上"的措施修改为"在包括此前的3年在内的5年期间还流650亿美元"的新目标，1992年6月还流资金达672亿美元，实现了上述目标。

20世纪80年代日本ODA不仅实现了快速增长，而且在质量方面也发生了很大的改变，一个重要表现就是日元贷款由此前的约束性贷款开始变为非约束性贷款。之前，在日本ODA总额中占八成的日元贷款，通常是以购买日本商品和

---

① 李建权：《政府开发援助与日本经济外交》，《山西高等学校社会科学学报》2003年第11期，第36页。

服务为条件的约束性贷款,因此日本的ODA也被看作是出口振兴政策,这同DAC倡导的非约束性援助原则是不相符的。80年代后,日本成为世界经济大国和经常收支盈余大国,因此需要在国际上承担经济大国的应有责任。正是因为如此,从这一时期开始日本ODA中期政策将援助目的定位为"承担我国(日本)应有的国际责任"。

20世纪80年代也是日本ODA政策从经济至上转向发挥经济大国综合性国际作用的时期。70年代末开始,日本政界就开始研究将综合安全保障战略与政府开发援助结合起来,主张以经济力量为武器构筑国际安全保障体系。1981年外务省发表的报告《经济援助的理念——为何实施政府开发援助》中明确指出,"把政府开发援助作为构筑旨在确保综合安全保障的国际秩序的成本"。其后日本实施的增加对东南亚的ODA及援助范围扩展至索马里、苏丹等国家,都被认为具有安全保障对策性质。①

尽管日本ODA的实施区域实现了向世界范围的扩展,但是由于历史和地缘的关系,亚洲一直是其占比最高的主要援助地区。1975年,日本ODA中75%是提供给亚洲各国的,1980年该比例下降至70.5%,80年代后期大致在60%左右。日本历来自称其ODA的主要特征之一是通过援助激发受援国发展的自主努力,因此在ODA的构成中,以日元贷款为主的有偿援助所占比重一直高于无偿援助。1988年ODA贷款占比近55%,无偿援助占比为45%。从日元贷款的内部构成看,项目援助贷款占绝对优势,但是在80年代末有所下降,而非项目贷款的比重有了明显的上升,其中传统的商品贷款比例下降,而地区方案援助贷款出现明显增长。②

以低收入国家为主要援助对象是ODA的基本特征,因此,随着受援国经济发展水平的提高,ODA呈现出向低收入国转变的动态特征。这一点在日本ODA中表现得十分明显,在亚洲地区内的变化尤为突出。原为日本ODA主要援助对象的韩国等亚洲四小龙,在80年代末已经边缘化了。在70年代前半期,以接受的ODA金额计,韩国在日本ODA受援国中排名第二,到1980年退居第8位。1989年日本对包括亚洲四小龙在内的10个新兴国家、地区的援助比例仅为2.5%。③

---

① 朱凤岚:《对外经济援助在战后日本国家发展中的地位》,《世界历史》2003年第2期,第38~29页。
② 杨巍巍、张义:《日本ODA的结构和指标分析》,《现代日本经济》1991年第4期,第22~23页。
③ 日本海外経済協力基金『海外経済協力便覧』、1990年、第18頁。

（三）世界最大开发援助国的援助努力及其转型（20世纪90年代以来）

20世纪90年代初期冷战格局的终结和快速的全球化等国际政治经济结构的重大变化，极大地改变了西方国家对发展中国家的ODA政策。在新的国际背景下，此前主要出于政治原因应对东西方冷战的政府开发援助一度放缓，开发援助的重点转向解决建立和平体制、推进民主化、改善治理结构和消除贫困等一系列新课题。日本ODA延续了80年代末的援助规模，在整个90年代成为世界最大的ODA国家。

日本政府依靠其援助大国的地位，积极推动国际ODA的扩展和深化。首先，在国内，日本在1992年首次制定了规划中长期综合性援助政策的"政府开发援助（ODA）大纲"，其中明确了日本援助的基本理念，即基于人道主义的援助、加强相互依存关系、环境保护和对发展中国家实现起飞的自主努力的支援等，同时也确定了要关注对象国军事支出、民主化以及基本的人权保障状况的ODA实施方针。① 到20世纪末期，日本政府开始强调扩大ODA与NGO、大学、地方自治体等的合作，发挥多种力量在开发合作方面的作用。其次，在国际上，日本积极扩展ODA的领域和促进新潮流的形成，力图在国际上发挥主导作用。如1993年在日本主导下召开了第一届"非洲开发会议（TICAD）"，此后TICAD成为扩展对非洲ODA的重要机制。1997年亚洲货币危机发生，日本实施了积极的援助。后冷战时期解决全球性问题成为ODA的重要课题，日本的ODA也积极致力于在解决环境、人口、传染病等全球性课题方面发挥主导作用，如1997年在京都召开的《联合国气候变化框架公约》缔约方第三次会议上达成了《京都议定书》，等等。

近年来，日本较大幅度地调整了ODA战略，战略方向的重要转变是在政府财力有限的情况下，加强民间合作，发动民间力量更多地参与同发展中国家的国际合作，并进一步提高ODA及经济合作的质量。作为一个国际合作大国，日本的对外合作一方面要同国际开发援助的潮流与方向相一致，致力于解决当今世界发展中国家面临的共同难题，如削减贫困、缩小收入差别和实现可持续发展，还有全球性的问题，如气候问题、安全保障等。

尽管日本ODA已经扩展到世界所有的发展中国家和地区，但是亚洲仍然是

---

① 日本外务省『政府開発援助大綱』（旧ODA大綱）、http://www.mofa.go.jp。

其重点。对于亚洲的发展滞后地区,加强基础设施建设是日本 ODA 的中心任务。在亚洲东部,湄公河地区是欠发达地区,通过基础设施建设提高经济发展水平,从而降低区域内部收入差距,是日本援助工作的重点内容。就整个东盟地区而言,日本的支援重点则放在了促进东盟加快一体化进程,即东盟经济共同体的形成上面。南亚面临着更为艰巨的发展任务。这主要表现在南亚地区道路、通信等基础设施匮乏,教育水平落后,水、卫生设施及医疗保健制度不完备,特别是有着近5亿的贫困人口。日本对这一地区援助的重点是激发该地区经济发展潜力的同时,缩小正在扩大的贫富差距,大力支援经济社会基础设施建设。日本与印度达成了"特别战略性全球化伙伴关系",以此为基础,以德里至孟买间产业大动脉构想为核心,实施货物专用铁道建设计划等经济合作,推进在政治、安全保障、经济、学校交流等广泛领域的合作。印度是日元贷款的最大受援国,日本对印度电力、运输等经济基础设施建设给予了大力支援。对中亚各国的援助,主要表现为日本支持其向市场经济转型,重点包括三个方面:一是进行法律治理、医疗保健制度等社会体制建设,二是建设有利于经济发展的基础设施,三是培育市场经济人才。

三 推进"一带一路"建设与日本 ODA 经验

在中国经济崛起的大背景下,中国政府提出了新的对外发展战略构想,即"丝绸之路经济带"和"21世纪海上丝绸之路",简称为"一带一路"倡议,有学者将其统称为"中国现代丝绸之路战略"[1],它构成了中国对外经济合作新战略的主体内容。

中国之所以要提出一个全新的具有更高层次的对外经济合作倡议,其根本原因在于中国成为世界上仅次于美国的第二大经济体,随着其经济规模增大和实力的进一步增强,需要一个有效的外部战略空间和内外部互动关系作为载体,来支撑作为开放型大国的对外交流和经济运行。在当今世界,传统的美、日、欧三极结构依然存续,但是这一世界经济的主导结构正在悄然发生变化。在经济全球化条件下,新兴大国的崛起和发展中国家的快速发展表明,发展中国家和地区存在巨大的发展潜力。泛欧亚大陆及相关海域就是这样一个重要地区,且与中国在历史和地缘关系上有着紧密联系。因此,中国政府将着眼点放在了以欧亚大陆为中心

---

[1] 邢广程:《理解中国现代丝绸之路战略:中国与世界深度互动的新型链接范式》,《世界经济与政治》2014年第12期,第4~26页。

的地区，提出了"一带一路"的新型对外经济合作倡议，通过和相关地区国家间的政治经济合作，最终实现欧亚大陆及相邻海域国家间系统性的深度整合。

"一带一路"倡议的基本构想，是以相关国家和地区间的双边和多边的经济交流和合作，推动地区的共同发展，最终形成政治互信和以此为基础的区域制度合作架构。也就是说，在新战略的长期实施过程中，以经济合作为主导手段，通过经济和政治互动，达成最终的战略目标。2015年3月28日，国家发改委等部委经国务院授权发布了《推动共建丝绸之路经济带和21世纪海上丝绸之路的愿景与行动》（以下简称"愿景与行动"）的报告，系统勾勒出了"一带一路"路线图，标志着"一带一路"步入全面推进阶段。以互联互通为抓手，以金融合作为前导，激发大市场活力，共享发展新成果。① 近十年来，随着中国经济的持续高速增长和企业实力的增强，中国企业开始大规模走出国门，对外直接投资快速增长，尤其是对发展中国家的投资。在这一过程中，中国政府也在加强对发展中国家的经济援助。"一带一路"倡议的核心是同周边发展中国家形成"命运共同体"，谋求共同发展。其具体的实现方式是在建立政治互信的基础上大力展开经济合作。

改革开放以来，中国政府对对外援助政策、体制进行了重大的改革：在政策方面，中国对外援助始终坚持帮助受援国提高自主发展能力、不附带任何经济条件，坚持平等互利、共同发展等原则。在体制方面，从20世纪80年代开始，注重援助的经济效益和长期效果，采取了代管经营、租赁经营、合资经营等方式。90年代以后，设立了援外合资合作项目基金，1995年开始通过中国进出口银行向发展中国家提供具有政府援助性质的中长期低息优惠贷款。进入21世纪以来，中国对外援助资金保持快速增长，2010年至2012年对外援助金额为893.4亿元，其中无偿援助、无息贷款和优惠贷款所占份额分别为36.2%、8.1%和55.7%。② "一带一路"是一项全方位的国际经济合作，但是对外援助在其中占有核心地位并发挥先导作用。在对外方面实现政策沟通、以基础设施建设为中心的互联互通、通过文化交流实现民心相通等将发挥重要的作用，在对内将以官民合作方式发挥推动民间企业及其他主体参与国际合作的组织和引导作用。

---

① 国家发展改革委、外交部、商务部：《推动共建丝绸之路经济带和21世纪海上丝绸之路的愿景与行动》，中国商务部网站，http://www.mofcom.gov.cn，最后访问日期：2015年12月28日。
② 《中国的对外援助（2014）》白皮书，中国商务部网站，http://www.mofcom.gov.cn，最后访问日期：2015年12月28日。

尽管中国近年来的国际经济合作进展迅速,但是我们作为新的参与者在体制上还不成熟,在具体实践方面还缺少经验,需要学习和借鉴发达国家开发合作的经验。从上述日本ODA的历史演变和对亚合作的现实情况可以看出,日本作为当今世界的开发援助大国和对外经济合作大国,有着成熟的体制和系统的经验,并取得了很大的成效。尽管我们不能照搬他国的做法,但是很多经验对我们有很大的启发。

第一,国家及政府层面上建立政治互信是展开国际经济合作的前提,在此基础上,政府间的合作不仅能为民间国际合作的开展奠定重要基础,同时也能够以其较强的公益性,即通过经济社会基础设施的建设,实现"民心相通"的目标。

以往我国学界对日本ODA的研究,更多地注重其作为经济外交的手段,认为其目的或是从中获取经济利益,如支持企业扩大对外出口和投资,或是以此为手段建立良好的外交关系,获取更大的国际利益。很多研究者对这些目的在很大程度上是持批判态度的。实际上,日本对亚洲经济合作,不仅重塑了自身形象,实现了重返亚洲的目的,而且在亚洲发展中发挥了积极的作用,从而获得了经济与政治等综合性国家利益。这一点是值得我们深思的。日本与亚洲的经济合作其经济目的是不可否定的,但是随着其经济实力的增强,其援助目的从经济扩展到社会多个领域,作为一个援助大国在给予的同时获得了远超出经济利益的更多利益。

我们在实施"一带一路"战略中,也应该合理处理短期利益和长期利益之间的关系,将一定的力量,即政府对外援助放在改善欠发达国家社会发展条件和增进文化交流等具有长远利益的项目上。这是与"一带一路"区域相关国家达成"命运共同体"、实现共同发展的基础。同时,政府援助要注重推进受援国治理结构的改善和法治化等社会基础设施的进步。

第二,政府间合作在注重长期目标和综合利益的同时,要以经济手段来实现促进发展中国家的经济增长和改善社会福利水平,这是对外援助的核心内涵。但是采用的方式不同,也会有不同的效果。

发达国家的ODA在坚持上述理念和援助原则的同时,采取了不同的方式,效果也不尽相同。与欧美国家坚持大量的无偿援助不同,日本ODA主要采取了贷款这一有偿援助方式,大力支持发展中国家的经济基础设施建设。有偿援助一方面可以激发发展中国家自主努力,另一方面以经济基础设施建设为主,可以带动产业发展,从而达到实现经济增长、提高收入水平、改善生活条件等效果,比单纯的赠予在消除贫困等方面有更大的效果。

在中国传统的对外援助中,曾有不计利益地向友好国家给予大量无偿援助,

结果遭到重大损失的案例。在今后"一带一路"建设中,对外援助必将大规模增加,因此必须采取合理方式,确定关联效应大、经济效果好的项目,坚持以优惠贷款为主的有偿援助方式,并配以技术合作、无偿援助等其他方式,以实现援助的经济及社会效果的最大化。

第三,加强与民间力量的深入合作,引领包括企业、非政府组织等更多民间主体参与到国际开发合作之中。

政府援助在社会基础设施和经济基础设施建设方面发挥着积极作用,其本身就为企业在合作国家开展经济活动创造条件。但是,在政府财力有限以及民间主体实力增强的情况下,政府的作用不仅仅表现为上述间接作用,而应以其有限的财力采取具体政策措施,加强对企业及民间组织的激励,引导其参与国际开发活动。日本制定了很多政策鼓励中小企业、NGO 等参与开发合作活动。对于中国而言,政府还要发挥对本国企业海外经济活动行为习惯的培养、引导和管理作用,首先要了解和遵守对象国家的社会、文化、法律以及民俗习惯等,其次要注重环境保护,实现可持续发展,不能只追求眼前利益而不顾及长远发展目标。

第四,在坚持双边合作的同时,积极参与国际机构的多边援助活动,以解决地区国家面临的共同问题。

日本在很早就积极参与国际机构和地区开发金融机构的多边援助。1966 年在日本积极倡导并主导下,成立了亚洲开发银行(ADB)这一区域性金融开发机构。区域金融开发机构可以吸收区域内外国家的资金及管理方式,参与到地区基础设施建设和其他发展项目的援助中。当前日本的国际经济合作可以说是一个大融合、大合作的局面,即在政府和区域金融开发机构的主导下,与政府金融机构、民间金融机构以及非金融企业开展广泛的合作,从而获得更多的资源开展国际开发合作活动。

中国主导下建立的亚洲基础设施投资银行(AIIB)已经成立,有数十个国家作为成员参加。AIIB 与 ADB 一样,作为地区开发金融机构主要为其发展成员国的经济开发提供金融支持。不同的是,AIIB 是由中国这一发展中国家主导成立的,标志着当前国际开发合作和开发金融领域出现的重大变化。尽管中国在 AIIB 治理中占有重要的地位,但是,首先它作为准商业性的开发金融机构,依然要遵守成员国协商一致、符合经济原则的运营规则;其次,与双边援助及广义的国际经济合作一样,我们依然缺少经验,在对发展中国家开展具体融资业务时,需要学习成熟的开发金融机构的经验,并开展广泛的合作。

"一带一路"建设对日本经济的影响

The Impact of the Belt and Road on Japan's Economy

B.17 "文明冲突"还是"文明共生":"一带一路"背景下的中日战略博弈

刘 轩[*]

摘　要： "一带一路"建设倡议激发了亚洲基础设施投资热潮，引起了中日两国在亚洲地区的全方位公开竞争，并推动国际政治经济秩序走向重构。针对中国提出的"一带一路"建设倡议，日本继续沿袭"文明冲突"理念下的冷战思维，利用各种手段对中国进行遏制、围堵和搅局。对此，我国应该秉持信息时代"文明共生"的发展理念，充分发挥亚投行的诱导作用，促进亚洲基础设施投资，潜心打造"一带一路"建设的发展支点，努力实现内陆经济与"一带一路"建设的实质性对接，通过构建陆权、海权并重的战略格局，为亚洲地区

---

[*] 刘轩，历史学博士，南开大学日本研究院副教授，主要研究领域：日本经济、产业政策研究。

的和平与发展创造条件，推动"文明共生"理念下的国际秩序重构。

关键词： "一带一路"倡议　亚投行　文明冲突　文明共生　遏制政策

中国政府提出的"一带一路"和亚洲基础设施投资银行的建设倡议，不仅得到了周边亚洲国家的积极响应和广泛参与，也极大牵动了发达国家的战略神经。英国、法国、德国、意大利等西方国家的加入，严重冲击了国际政治经济的旧有秩序，宣告了工业化时代"文明冲突"理念的穷途末路，预示着"文明共生"互利共赢时代的来临。①

一　"文明冲突""文明共生"与国际秩序重构

20世纪90年代，基于"文明冲突"的理念，亨廷顿提出国际秩序重构理论，曾经深刻影响了美国等西方国家的全球战略和世界地区安全。该理论是在默认西方文明与非西方文明的差异、矛盾和冲突的基础上，试图构建以西方文明的先进性、普适性为前提的国际政治经济新秩序。按照亨廷顿的"文明冲突"逻辑，未来的世界可以划分为几个相互冲突的文明，而伊斯兰文明和中华文明将对西方文明构成重要威胁。②

亨廷顿的"文明冲突"理论虽然并不排除人类群体、民族、国家之间的合作和结盟，但这种合作和结盟是以对付共同敌人和获得共同利益为目的，而且时刻伴随着大规模的组织对抗、民族对立和国家冲突。"文明冲突"的逻辑常常是以牺牲他人或组织的利益为前提，是典型的零和博弈或负和博弈，其结果往往是发达国家借助自己的人才、资金、技术等国力优势，凭借既定的世界体系、制度模式、交易框架甚至价值观念或意识形态等手段，使落后国家遭受变相掠夺、奴

---

① 葛剑雄、胡鞍钢、林毅夫等：《改变世界经济地理的"一带一路"》，上海交通大学出版社，2015，第42~44页。
② 〔美〕赛缪尔·亨廷顿：《文明的冲突与世界秩序的重建》，周琦、刘绯、张立平、王园译，新华出版社，1998。

役甚至屠杀,使发展中国家最终难以摆脱贫穷和落后。

亨廷顿的"文明冲突"理论过分夸大了人类之间的对立、冲突,过分强调了民族、国家和文明之间的矛盾和利益纷争,未能全面认识文明之间的交流历史和融合现实,未能准确判断信息化时代人类社会演进的潮流和趋势,特别是没有认识到信息化对人际关系、组织关系、国家关系等带来的重大冲击,以及由此引发的思想变化、社会变革与文明融合。进入21世纪以后,美国全球战略的不断失败,恐怖主义的全球蔓延,中东战火的连绵不断,多边谈判机制的长期停滞等,足以说明西方国家主导的国际旧秩序已经遭遇了严峻挑战。在经济全球化、区域自由化的大趋势下,伴随着以中国为首的发展中国家的不断进步,由西方发达国家主导的国际金融体制、国际贸易体制已经难以适应时代发展要求,基于"文明冲突"逻辑的国际秩序日益走向穷途末路。

基于人类文明进步的时代特点,我们可以将世界文明史划分为文明孤立的农业时代、文明冲突的工业时代和文明共生的信息时代。基于信息时代的"文明共生",是指各个国家、地区、民族、社区、部落之间,在尊重彼此文化传统和文明习惯基础上的文化交流、文明融合和互利共赢。[1] 信息化时代的文明共生以广域的、即时化的人际交流和信息沟通为前提,是人类社会全面发展的必然产物。相比于工业化时代,人际距离和信息不对称将大幅缩小。人类交流信息的互联互通、即时化、大众化极大地消除了工业化时代形成的组织壁垒,大大促进了地区、民族、国家和文明之间的沟通、交流、合作和创新。[2]

"文明共生"的发展逻辑是对工业化时代"文明冲突"逻辑下的国际旧秩序的否定和重构。在"文明共生"的发展逻辑下,并不排除某些文明冲突的现实存在,但这些冲突是在承认人群、民族、国家等差异的前提下,对现实认知的反应。"文明共生"理念的根本点在于,在承认差异、对立和冲突的前提下,寻找大家可以共同接受的联络点、合作点和发展点。[3] 文明共生是一种帕累托最优,它不是零和博弈,而是一种互利双赢的正和博弈。

伴随着信息化时代的到来和发展,人群之间、民族之间、国家之间存在的最广泛的经济合作、人际往来和文化交流必将成为维系国际秩序的主体。作为构建

---

[1] 苏国勋:《全球化背景下的文化冲突与共生》(上、下),《国外社会科学》2003年第3、4期。
[2] 〔法〕阿芒·马特拉:《世界传播与文化霸权——思想与战略的历史》,陈卫星译,中央编译出版社,2005。
[3] 〔德〕哈拉尔德·米勒:《文明的共存——对赛缪尔·亨廷顿"文明冲突论"的批判》,郦红、那滨译,新华出版社,2002。

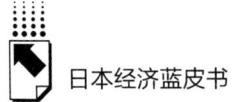

未来国际秩序的重要支柱和途径的，将是建立在信息化基础上的海陆交错的互联互通。① 如果说工业革命开始于蒸汽时代的铁路建设，后工业化时代得益于航海技术、汽车技术和航空技术的大发展，那么信息时代的高速铁路技术则可能成为沟通陆路国家"文明共生"桥梁、化解"文明冲突"的重要生命脉络。

2013年，中国政府秉持"和平合作、开放包容、互学互鉴、互利共赢"的理念，提出了"一带一路"的共建倡议，旨在通过全方位推进务实合作，打造政治互信、经济融合、文化包容的利益共同体、命运共同体和责任共同体。② "一带一路"建设不同于过去发达国家依据自身的价值判断而设计的"支援"模式，它是真正反映发展中国家、亚洲国家现实需求的协商合作模式，不附加任何政治要求和价值判断，通过各参与主体之间的共商、共建、共享，促进地区间国家的共同发展，打造人类发展的"文明共生"模式。③

二 "一带一路"背景下的中日关系新常态

20世纪90年代以来，马来西亚、日本、韩国、中国等都曾经努力推动东亚地区的区域合作，并形成了一系列强化区域合作的协议和机制。然而，直至今日，亚洲地区始终未能真正建立起稳定的区域性合作组织。究其根本原因，在于美国和日本。美日两国基于自身利益和冷战思维，长期推动亚洲地区的零和博弈。中国提出的"一带一路"建设倡议或许可以成为化解亚洲地区零和博弈的破局之策。

"一带一路"和亚洲基础设施投资银行的倡议得到了世界各国的广泛认同和支持。然而，与英、法、德等欧洲国家的积极参与不同，曾经长期充当亚洲领头雁的日本，虽然深知扩大亚洲基础设施投资的必要性，却对中国提出的"一带一路"、亚投行建设倡议反应冷淡，充满质疑，并主动放弃了参与创建亚投行的机会。与此同时，日本自己另起炉灶，积极利用亚洲开发银行、国际协力机构（JICA）以及政府开发援助（ODA）等形式，摆开了与亚投行公开对阵的架势。在"一带一路"建设的大背景下，中日关系正在全面进入新的历史时代。

第一，从经济格局上看，2010年，中国GDP超过日本，成为世界第二经济

---

① 〔美〕托马斯·弗里德曼：《世界是平的：21世纪简史》，何帆、肖莹莹、郝正非译，湖南科学技术出版社，2006，第1~4页。
② 财新传媒编辑部选编《"一带一路"引领中国》，中国文史出版社，2015，第1~12页。
③ 王义桅：《"一带一路"：机遇与挑战》，人民出版社，2015，第18~22页。

大国。经过五年发展,到2015年中国经济规模已经达到日本的两倍。然而,在工业技术水平、产业结构布局和市场成熟度等方面,中国与日本相比依然存在较大差距。中日经济具有较大的互补性,中日企业之间存在广泛的合作空间,同时中日两国在国际市场已经开始了激烈竞争。

第二,从对外关系角度看,经历了30年左右的中日友好时代后,进入21世纪,中日之间的矛盾和冲突不断加剧,中日关系由于历史问题、钓鱼岛问题等曾一度降到冰点,大有擦枪走火之势。近年来,中日关系虽然有所缓和,实现了首脑会晤和高层互访。然而,导致中日关系紧张的各种症结依然存在,许多问题难以在短期内获得根本性解决。因此,中日之间可能长期处于貌合而神离的对峙状态。

第三,中国提出的"一带一路"建设倡议,具有从陆权到海权两个角度全方位开展包容性对外合作的特点,这对于一直自视为亚洲经济的领头雁,且仅具有海洋优势的日本来说,无异于如鲠在喉。日本既希望通过广泛参与亚洲开发,充分开拓海外市场,又十分担心陷入中国主导的合作格局之中。为此,日本一方面大力展开东南亚外交,极力挑拨中国同周边的关系;另一方面又积极推动《跨太平洋伙伴关系协定》(TPP)谈判,借此冲淡和牵制中国的"一带一路"建设,搅局中国的发展战略。

"一带一路"建设是在"文明共生"理念基础上对国际秩序重构的一种积极探索。这种探索从理论上势必挑战西方倡导的"文明冲突"模式,从现实上则将威胁美日长期主宰的亚洲旧秩序,由此必然引发中国与美国、日本之间的矛盾和冲突。事实上,由中国牵头的亚投行建设和"一带一路"建设的顺利推进,在一定程度上已经打破了美、日、欧主宰国际金融体系的传统格局。在未来一段时期内,如果中日之间的国际经济合作不能取得实质性进展,那么,亚洲将可能迎来一个中日各自主导、欧美选择性参与、亚洲其他诸国渔翁得利的全面竞争时代。

三 "文明冲突"逻辑下的日本战略定位

面对信息化时代国际秩序的历史转变,基于"文明冲突"逻辑的外交战略日益走向穷途末路,必将代之以"文明共生"逻辑下的协商、合作和共赢。然而,对于中国提出的"一带一路"建设和亚投行建设的倡议,作为东亚大国和世界经济强国的日本,却异常地表现出亢奋、焦躁和狐疑。经过日本政府及企业之间的内部博弈,日本最后的外交战略定位是:坚定背靠美国,全方位针对中国,全力争夺亚洲市场。

(一)主动放弃亚投行

2013年,中国提出亚投行建设倡议后,曾经向日本抛出了热诚的邀请。但是,日本政府对此抱以长期的冷漠甚至敌视。安倍政权高度质疑亚投行的透明性和治理模式,强调"从恶劣的高利贷处借钱的企业最终将失去未来",日本不会在还留有疑问的情况下加入亚投行。亚洲开发银行总裁中尾武彦则主张对"中国主导的投资银行可以置之不理"。日本内阁官房参与饭岛勋更直接指出:"亚洲基础设施投资银行是中国的圈套。"然而,亚投行筹备的顺利推进大大超出了日本的预判。截至2015年4月15日,共有57个国家正式成为亚投行意向创始成员国。英国、法国、德国、意大利、韩国、俄罗斯、澳大利亚等国的先后加入,使亚投行涵盖了除美国、日本、加拿大之外的主要西方国家。

关于日本最终放弃成为亚投行创始国,一些媒体解读为日本政府的情报纰漏和形势误判。事实上,对于日本来说,其最大顾虑在于中国在亚投行中的主导权问题。作为百年来一直傲居亚洲第一的日本,虽然深知中国经济潜力和中国崛起的不可阻挡,深知中日关系发展的重要性,却难以简单地接受中国崛起的事实,难以自我消除被中国超越的内心纠结。应该说,日本始终没有做好加入中国主导的国际机构的心理准备。因此,日本选择不加入亚投行,并不是简单的情报纰漏和形势误判,而是基于地缘政治和日美同盟关系基础的不作为的战略选择。这在一定程度上反映了日本当局对世界局势发展的认知能力和传统冷战思维下的保守心态。日本不能承受中国的和平崛起,更拒绝接受中国对国际事务的领导。

(二)独立推进亚洲投资计划

对于亚投行的建设,虽然日本政府和财界态度冷淡和消极,但日本产业界出于拓展海外市场的需要,则迫切希望分享"一带一路"建设的发展红利,因而猛烈抨击日本政府的亚投行政策。为了平息社会各界的质疑,确保日本在亚洲的竞争优势,增强日本对亚洲事务的发言权,2015年5月21日,安倍政府宣布:五年内向亚洲地区提供1100亿美元的"高质量基础设施投资"。日本政府计划通过亚洲开发银行、国际协力银行(JBIC)、JICA及其与民间企业的合作,动员各种经济支持工具,包括无偿技术支持、无偿资金援助等模式,迅速加大对亚洲基础设施的投资规模。与此同时,安倍政府高调主张"高质量亚洲基础设施建设",并一再声称"买便宜货等于扔钱",不失时机地夸耀日本产品的技术和质量优势。

这里日本所谓1100亿美元并非全部是新增投资,而是在原有日本对外投资基础上大幅增加30%的结果。这些资金将通过日本传统的对外投资渠道,如亚洲开发银行、JBIC、JICA以及与民间企业合作等渠道加以落实。其中包括向日本主导的亚洲开发银行投资530亿美元,向JBIC和JICA分别增资200亿美元和335亿美元,并大幅增加ODA低息融资和无偿援助资金。

日本一方面放弃成为亚投行创始国,另一方面又突然加大亚洲基础设施投资,独自撑起亚洲基础设施投资的大旗,并全然忘记其一直强调的投资风险,一再降低贷款利息,甚至提供零利率支持,承诺放弃知识产权要求、无偿提供技术支持等,其用意十分明显,即全面针对亚投行。日本试图通过加压中国及中国主导的亚投行,增加亚投行的投资风险,激化亚投行的内部矛盾,其搅局心理和故意刺激成分昭然若揭。

日本放弃加入亚投行和独立大幅增加亚洲基础设施投资表明,日本已经全面拉开了与中国正面角逐的架势,即中日之间过去那种"友好"名目下的合作模式已经不复存在,而代之以公开竞争对手间的全方位博弈。未来的亚洲地区,将成为中日激烈角逐的主战场。为了保持对中国竞争的质量优势、技术优势、资金优势和管理优势,日本将不惜以牺牲自己的局部利益为代价,全面冲击中国的产品、项目和合作。日本试图利用亚洲基础设施投资带动地缘政治性投资,通过恶意竞争压制中国,牵制中国的"一带一路"建设和亚投行的未来运营。

(三)全面围堵中国的遏制外交

近年来,中日之间围绕历史问题、靖国神社问题和钓鱼岛问题等矛盾和冲突不断加剧。日本政府不断渲染中国威胁,挑拨中国与周边国家的关系。日本积极拉拢越南、菲律宾等国家在南海地区选边站队,制造混乱,搅局中国。围绕高铁线路建设和其他基础设施项目,中日之间展开了针锋相对的激烈竞争。在东亚区域合作方面,日本消极对待中日韩自由贸易协定(FTA)谈判,并将中国置于FTA谈判末位。与此同时,日本政府积极推进TPP谈判,借此削弱和抑制中国的"一带一路"建设。

为孤立中国,日本在中国周边地区大力推动"价值观外交",即联络东南亚、中亚、中欧、东欧等具有相同"价值观或意识形态"的国家,倡议建立"自由与繁荣之弧",形成对中国的包围圈,进而拓宽日本外交地平面。在日本的"价值观外交"遭到冷遇和挫折后,2013年,安倍政府又提出了所谓的"积极的和平主义",强调整合日本外交和国家安全战略,"从基于国际协调的积极和平主义立场出发,更进一步参与到世界和平、稳定和繁荣"。其根本目的在于,借助参与国际协调行动的名义,摆脱战后体制的束缚,彻底修改和平宪法,谋求成为军事大国。①

此外,日本出台了一系列湄公河流域行动计划和战略。2015年7月4日,日本与湄公河流域国家举行了首脑峰会,通过了《2015年新东京战略》,强调"日本与湄公河流域国家将合作实现该区域'高质量发展',以应对该区域内庞大的基建要求,强化区域内外联系,完善投资环境等",宣布三年内向湄公河流域提供7500亿日元ODA。

日本加强与中国周边国家的经济合作与交流,增加对湄公河流域基础设施投资,本无可非议,事实上对亚洲地区发展也具有一定的促进作用。然而,日本对中国周边国家的投资和援助背后,都必然要掺入某些直接针对中国的成分,以实现其遏制、围堵和搅局中国的战略意图。在《2015年新东京战略》中,日本坚持加入针对中国南海的词句:"与会国注意到了对可能使局势更加复杂,损伤信赖和信用,损害区域和平、安全与稳定的南海近期动向的关切。"

(四)"文明冲突"理念下的零和博弈

作为亚洲第一个成功实现了近代化转型,并创造了战后经济奇迹的发达国家,日本社会形成了强烈的民族优越感和自豪感。长期以来,日本一直梦想成为政治大国、文化大国,然而,岛国情结下的战略短视和文化狭隘极大地束缚了日本人的视野和行动,导致日本的战略目标与时代需求充满矛盾和冲突,有时甚至背道而驰。日本一方面希望通过维护日美同盟关系,借助美国敲打和遏制中国;另一方面又试图借助日中关系紧张,突破集体自卫权,修改宪法,进而摆脱美国的控制,实现正常国家的梦想。日本一方面将对外战略的基点孤注于美国,另一方面却又将经济利益的焦点聚集于中国或者说亚洲。日本既希望获得中国的市场利益,又不时对中国加以严格的技术封锁,既要分享中国经济高速增长的现实利益,又想尽量遏制中国的发展,搅局中国的行动。

日本希望自己一直是引领亚洲潮流的领头雁,而其他国家则只能充当雁行阵

---

① 冯并:《"一带一路":全球发展的中国逻辑》,中国民主法制出版社,2015,第144~162页。

式的侧翼和尾雁。近年来,伴随着中国的和平崛起,日本越来越感到局促不安,并深陷丧失亚洲领导地位的惶恐之中。面对"一带一路"建设的超级市场,面对亚洲基础设施开发的广袤空间,日本无视日中经济之间的巨大互补性和广阔发展前景,不仅拒绝与中国一起共同探索互利共赢的合作途径,而且还将中国视为其获取亚洲利益的最大假想敌,全方位开展对中国的零和博弈、负和博弈。如果说美国对华战略的立足点在于"不损害美国利益",那么,日本对华战略的出发点则在于"不扩大中国利益"。为此,日本甚至不惜牺牲自己的局部利益。日本之所以对中国的和平崛起如此惶恐、愤恨和妒忌,之所以对"一带一路"建设如此冷漠、怀疑和焦虑,根本原因在于:日本一直无法忘记高速增长成就带来的辉煌和骄傲,一直不能摆脱工业化时代养成的冷战思维,一直迷恋和执着于"文明冲突"的行动逻辑,一直不能正视"文明共生"的时代趋势,一直难以接受"互利共赢"的时代精神。

四 "文明共生"理念上的"一带一路"

2010年是中国超越日本成为世界第二大经济体的元年。21世纪前十年,不仅成为中日历史关系进入"新常态"的开端,也将成为国际社会走向"新常态"、新秩序的起点。为了继续维持其对中国的绝对竞争优势,日本采取了全方位围堵、遏制和刺激中国的外交战略。未来中日之间的激烈竞争虽然不可避免,但是,在"一带一路"建设过程中,我们应该冷静判断亚洲地区的现实需求,既要把握大局,稳步推进,又要充分开展市场竞争,努力强化团结合作,积极探索互利共赢的发展新模式。①

(一)充分发挥亚投行的诱导作用

亚投行建设从倡议到签约,正在由梦想变为现实。伴随着亚投行的成立,中国将在亚投行中担负发起国、最大股东、核心成员的责任和义务。能否实现亚投行有效治理和高效运转,既是中国"一带一路"建设的战略性尝试,又是对中国牵引亚洲发展能力和力量的考验。在亚投行建设中,中国应该基于"新常态"下的战略思维,在合作中学习,在学习中合作,努力构建公开透明的治理机制,有效调整利益各方的合理诉求,借此提高中国主导国际合作的领导力、政策力和

---

① 王立新:《蹒跚的霸权:美国获得世界领导地位的曲折历程》,《美国研究》2015年第1期。

操控力。

亚投行成立的形式意义远大于其实质意义，亚投行的战略发展价值远大于现实经济利益。鉴于亚洲国家的复杂权力结构以及来自欧洲、日本、印度等的反制因素，中国对亚投行的运行绩效不要期望过高。努力发挥亚投行的资金诱导作用和现实协调作用，将其置于中国探寻国际沟通渠道、合作途径和建立互信平台的地位，可能是我国对亚投行建设的现实目标追求。亚投行应该是中国实现自身战略布局的重要途径，而不是布局本身。

伴随着国际经济形势的发展和国际政治走向的变动，未来日本可能会申请加入亚投行，并希望借助日中合作形式踏上"一带一路"建设这条船，以实现其在陆权和海权上的同时"出海"。对此，中国应该进行充分的调查和论证。对于未来"一带一路"建设的具体合作项目，应该提前制定相关预案，充分评估日本政府、日本企业参与"一带一路"建设的现实途径和战略价值，制定相应的投资、技术、市场对策。

（二）打造"一带一路"的发展支点

"一带一路"建设是一个跨越多个国家、多个民族的长期发展规划，是在"文明冲突"逻辑遭遇严峻挑战条件下，基于"文明共生"的发展理念而对"互利共赢"的合作模式的积极探索。"一带一路"建设是一个宏大的文明发展工程，短期内难以取得立竿见影的明显效果。因此，中国应积极倡导"一带一路"建设的战略构想，谋划未来中国的发展路径和推进方略，同时也要谨慎布局，认真探寻"一带一路"建设的战略支点，并根据"一带一路"的建设情况和未来走向，逐步落实各种跟进项目。

对于中国来说，"一带一路"建设的首要任务是确立战略支点，而不是急于确立发展脉络，更不在于与日本去争夺具体线路和"城池"。近十年内，"一带一路"建设的关键在于筹划线路，确立支点。首先是构建通向东南亚、西亚和欧亚大陆的战略支点，特别是在巴基斯坦、东南亚地区建立适当的发展支点。只有重点打造出几个关键的辐射点和试验区，才能为顺利推动"一带一路"建设提供合作模板和发展平台。对于"一带一路"建设的沿线国家，不能搞全线出击，而必须是选择好合作对象、合作空间，并紧密配合国内产业发展和区域均衡的战略布局。

（三）构建陆权、海权并重的发展格局

亚投行作为中国倡议成立，并有部分发达国家参与的国际金融组织，是

"一带一路"建设的先行者和战略尝试。57个创始成员国之间的签字本身说明，西方世界主宰的国际金融秩序开始瓦解，中国已经开始踏入国际金融话语权国家的行列，同时也侧面印证了"一带一路"建设的广阔发展空间。

"一带一路"作为贯通亚欧大陆乃至联通世界的战略布局和发展愿景，其真正建成需要多个国家的长期协调努力。现阶段的主要着力点在于倡导、推动和支持。伴随着亚欧大陆桥建设、高铁建设、能源通道建设和海上丝绸之路建设的不断深入，未来中国的战略环境必将大为改观，由此可能真正诱发中国内陆与沿海地区的联动效应。对于亚洲地区来说，不管这些投资来自亚投行的支持，还是日本或亚洲开发银行的支持，事实上都可以纳入"一带一路"建设的宏伟蓝图之中，都会给亚洲地区带来广泛的经济合作、人文交流和发展机遇。①

对于中国来说，"一带一路"建设的重要作用在于推动中国经济转型升级和内陆地区的均衡发展。依靠"一带一路"建设，可以一定程度上化解过剩产能，拉动内陆地区的开放步伐。未来中国战略的重心应该聚焦于开发大西北和打通陆上能源通道，形成陆权、海权并重的战略格局。只有真正实现了中国国家战略的陆权回归，实现了在大陆根基之上的海洋战略，才能最后改变百年以来中国的海权被动。一旦这种陆权、海权全面贯通的战略格局形成，必将极大增强中国的战略对话能力，进而增强"一带一路"建设的"文明共生"能力。

五 借助"一带一路"建设，探索"文明共生"的国际秩序重构

在亚洲地区，中国与日本、美国、印度等大国之间的竞争是长期的、战略性的，是难以短期发生根本性转变的。中日之间的矛盾和冲突，并不是简单用道歉、领导人见面、正式会谈，或者签订战略伙伴关系协定等所能解决的。虽然这些矛盾和冲突未必会直接引发战争，任何一方也都未必希望发生正面冲突，都可能会在一定限度内保持克制，但是中日两国内部激进的民族主义情绪可能会深刻影响中日双方的战略决策。

伴随着中国经济的长期高速增长，中日经济关系的历史性逆转，日本经济近20年的长期低迷，使日本社会弥漫着一种难以言表的焦虑、惶恐和不安。日本

---

① 王玉主：《"一带一路"：与亚洲一体化模式的重构》，社会科学文献出版社，2015。

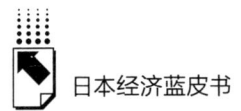

主要媒体迎合日本社会的焦躁心理,在中日关系问题上大做文章,并一直扮演着极不光彩的教唆角色。近年来,日本社会对中国的整体好感大幅下降,厌恶和敌视情绪在不断上升,日本社会出现了一定程度的右倾化趋势。因此,要充分认识现实中日关系的复杂性、长期性和历史根源性。中日关系不可能依靠一朝一夕的会谈、政策、合作而全面解决,而只能待以时日。各种现实矛盾、冲突和斗争可能会以不同形式表现出来,对此,中国应该有充分的心理准备和理性认知。即使将来中国经济大大超过日本之后,中日之间的各种问题也不可能一下子迎刃而解,中日之间的民族情结也只能通过草根之间的交流、沟通而逐渐消融,而不要过高地寄希望于表面上的握手言和。

围绕亚洲基础设施投资和中国提出的"一带一路"建设,中日两国已经形成公开对垒之势,而这势必演变为双方的长期战略博弈。中日两国在亚洲地区的过度竞争,使中间国家坐收渔翁之利。对于亚洲地区来说,不管由谁投资,只要是投资于亚洲地区的基础设施,都会大大改善当地的经济环境,提升发展潜力。对于中国来说,中日之间如果能够达成某种战略默契,充分发挥各自的资源、技术、专利、人才等优势,形成优势互补,则必然会带来一个互利共赢的正和博弈。[1]

然而,对于当今的日本政府和大多数日本政治家来说,背负百年傲视亚洲的独尊心理,执着于"文明冲突"下的零和博弈格局,根本难以承受中国的和平崛起,更不可能接受中国主导下的秩序重构。因此,在一个较长的时期内,中日之间恐怕难以达成合作共赢的"文明共生"格局。但是,不管怎样,亚洲基础设施的改善将有助于改变中国的外围发展空间,有利于亚洲地区的和平稳定。因此,中国应努力讲好"一带一路"的故事,让中国和世界充分了解"一带一路",动用各种有限力量积极参与"一带一路"建设,尤其要动员和引导发达国家大力投资亚洲基础设施建设,借助"一带一路"建设,真正实现"文明共生"理念下的国际秩序重建。

---

[1] 李向阳:《"一带一路":定位、内涵及需要优先处理的关系》,社会科学文献出版社,2015。

B.18
"一带一路"倡议对日本区域经济战略的冲击及中日合作

金仁淑*

摘　要： 长期以来日本实施了主导亚洲经济一体化的区域经济战略，先后推出了"环太平洋经济圈""环日本海经济圈"以及各种多边和双边的经济伙伴协定/自由贸易协定（EPA/FTA）等战略，并积极推动区域全面经济伙伴关系（RCEP）。然而，近年来中日经济实力的反转及中国"一带一路"倡议的实施，冲击了日本在亚洲区域经济一体化中的核心地位，迫使日本改变了区域经济一体化战略。日本应摈弃对中国"一带一路"倡议的偏见，发挥日本企业的技术优势，加强中日经济合作，共同推动亚洲区域经济一体化，从而提升海外经济利益，促进国内经济结构的转型，实现双赢。

关键词： "一带一路"倡议　日本区域经济战略　中日合作

近年来区域经济一体化成为经济全球化的主要推动力量，尤其是欧盟和北美自贸区的发展更是成为区域经济一体化的典范。然而，在亚洲地区，由于各国经济发展的不平衡，迄今也未能形成能与欧美相抗衡的区域经济一体化组织，而中日之间经济实力的反转，更使亚洲区域经济一体化进程呈现出复杂多变的格局。即从20世纪60年代末开始的以日本为主导的亚洲区域经济一体化到如今中国"一带一路"框架下的横跨欧亚非的全方位的经济一体化，其核心力量和主导权发生了重要的转变。显然，中国"一带一路"倡议的提出，不仅极大地推动着

---

* 金仁淑，经济学博士，中国政法大学商学院世界经济专业教授，主要研究领域：日本经济、国际金融。

亚洲经济一体化进程，也给日本区域经济战略带来了新的挑战和机遇，日本应及时调整对外经济合作模式和战略，加强日中合作，既要实现国内经济结构的调整，也要共同推动亚洲乃至亚太区域经济合作，实现共赢。

一 日本主导的区域经济战略演变及特征

众所周知，二战后，日本通过政府主导的强制性制度变迁，制定"贸易立国"战略，在亚洲率先创造了经济高速增长的奇迹，于1968年成为仅次于美国的资本主义世界经济大国。然而，作为资源极其贫乏的岛国，要实现经济的持续发展，需要更加稳定的海外市场和合作伙伴，由此日本不断推出各种版本的对外经济合作构想和区域经济战略，从而也推动了亚太区域经济一体化的发展。

（一）确立"雁行模式"下的"环太平洋经济圈"构想

随着20世纪60年代日本经济高速增长及其在世界经济中地位的不断上升，日本逐步调整了对外经济战略，开始谋求发挥区域经济和世界经济大国的作用。1966年日本著名学者小岛清提出了"环太平洋经济圈"的构想。[①] 可以说"环太平洋经济圈"构想中，虽然日美是核心，但日本的真实意图为发挥日本技术和资金优势，在以东盟为首的亚洲，即"西太平洋经济圈"里通过对外直接投资构筑以日本为领头雁的"雁行模式"，把美加等国变成主要贸易输出国，以此推动"环太平洋经济圈"的建立，最后构建有利于日本经济发展的新的国际分工格局和对外发展战略。

（二）推动以日本为主导的"环日本海经济圈"构想

日本提出的"环太平洋经济圈"构想，由于成员国社会经济体制各异、经济发展水平参差不齐、"东太平洋经济圈"和"西太平洋经济圈"的经济实力悬殊等原因，最终未能形成，这也迫使日本缩小范围，继而提出了"环日本海经济圈"的新的区域经济合作构想，进一步明确了日本主导区域经济一体化的战

---

① 详见〔日〕小岛清《肯尼迪回合与太平洋自由贸易区设想》，《世界经济评论》1966年1月号；〔日〕小岛清：《太平洋经济圈与亚洲发展中国家——开发、援助、特惠》，《世界经济评论》1969年2月号。

略意图。① 日本推动"环日本海经济圈"的最终目的为：在东北亚建立以日本和韩国技术为基础、以苏联能源资源为保障、由中国和朝鲜丰富且廉价的劳动力构成的区域经济合作圈，从而解决日本的资源短缺问题，扩大海外投资市场，实现由外需向内需为主的经济结构的转型。然而，世事难料，20世纪80年代末冷战终结，苏联的解体、朝鲜半岛局势的紧张，摧毁了日本拟建立"环日本海经济圈"的梦想，致使日本主导区域经济合作的战略再次落空。

（三）实施双边、多边并重的合作模式

20世纪90年代以来，伴随着泡沫经济的崩溃，日本经济陷入了长期的衰退。为了摆脱经济低迷，日本历届政府推行了经济结构改革。尤其是进入21世纪以后，日本在总结"环太平洋经济圈""环日本海经济圈"合作构想的经验和教训的基础上，以更加便利的双边EPA/FTA为突破口，先后与13个亚洲区域内外的国家和东盟（ASEAN）签订了EPA/FTA②，并以东盟为主导，积极推动"10+6"经济合作模式。经过东盟和中日韩之间多次讨论和协商，2012年11月东亚系列峰会上，正式宣布启动RCEP谈判。至此，包括东盟和中日韩印14个亚洲国家和澳大利亚、新西兰两个大洋洲国家的横跨亚洲、大洋洲的区域经济一体化组织正式启动。

显然，与"环太平洋经济圈""环日本海经济圈"构想中以日本为主导的区域经济战略相比，RCEP则是以东盟为核心的开放性一体化组织，这体现了日本对外经济战略的调整。不仅如此，为了遏制中国崛起，日本还积极参与美国主导的《跨太平洋伙伴关系协定》（TPP），以高标准、高准入来牵制中国扩大亚太地区经济的影响力。

纵观日本近半个世纪以来的亚洲区域经济合作战略，经历了由日本主导的"环太平洋经济圈""环日本海经济圈"，到积极签订双边EPA/FTA、推动以东盟为主导的RCEP及参与以美国为主导的TPP的几个阶段，其战略重点为：发挥日本经济技术优势，掌握亚洲区域经济合作主导权，保障日本稳定的海外贸易和投资市场，为国内产业结构的优化和经济复苏等国家利益服务。

---

① 1987年早稻田大学教授西川润在《经济学人》杂志上发表了《关于发展日本海经济合作的建议》，之后小川和男和金森久雄等学者进一步丰富了"环日本海经济圈"的远景规划和实施方案等具体蓝图。

② 这些国家和组织为：新加坡、墨西哥、马来西亚、智利、泰国、印尼、文莱、菲律宾、东盟（ASEAN）、瑞士、越南、印度、秘鲁、澳大利亚。

二 影响日本区域经济战略调整的因素

二战后,随着欧共体的发展,区域经济一体化成为新的潮流。作为亚洲地区最大的经济体,日本顺应这一发展趋势,长期以来一直谋求亚洲区域经济合作的主导权,并及时制定和调整了区域经济发展战略。影响日本区域经济发展战略的国内因素主要有以下三个方面:

(一)雄厚的经济实力为基础

欧盟、北美自由贸易区等区域经济一体化成功的经验说明,区域经济一体化组织的发展需要区域内成员国政治、经济制度的一致性和社会、文化、意识形态等的趋同性,而且还需要具有1~2个以雄厚的经济实力为基础的核心国家发挥主导区域经济一体化的作用。毫无疑问,在亚洲,日本是最早具备这些条件的国家。因为20世纪60年代日本以10%以上的高速增长率在亚洲率先实现了"日本奇迹",并于1968年明治维新100周年之际成为仅次于美国的资本主义世界第二经济大国,亦成为亚洲国家经济腾飞的典范。然而,资源缺乏、市场狭小的先天不足,阻碍着以重化工业为主的日本经济的持续发展。因此,日本需要开拓更加广阔的海外市场,以此保障不断扩大的资源需求和出口基地。可见,日本要依靠本国丰富的资本实力和先进的技术,在亚洲通过出口、投资等途径,把亚洲"四小龙"、东盟纳入日本产业链和供应链中,构建起以日本为核心的国际分工体系,成为亚洲经济的领头雁。而"环太平洋经济圈""环日本海经济圈"构想正是希望通过日本主导亚洲区域经济一体化,构筑为日本提供资源和海外市场的生产和贸易网络。

(二)出口导向型经济发展战略

根据国际贸易理论,后发展国家在发展初期一般采取两种贸易战略:其一为进口替代型发展战略;其二为出口导向型发展战略。经过二战后的经济复苏,根据日本经济特殊的自然禀赋和国际经济条件,20世纪60年代日本政府选择了出口导向型的"贸易立国"战略:日本一方面从东南亚进口大量廉价的矿产资源;另一方面向欧美和亚洲出口重化工业产品,实现了经济的高速增长,使亚太国家和地区成为日本重要的贸易伙伴。进入70年代以后,随着日本经济进入低速增长的新阶段,日本又开始提出"投资立国"战略,致使80年代中期以后日本的对外直接投资迅猛扩大。为了继续保障稳定的进口资源,进一步增加海外出口基地和投资场所,日本先后提出了"环太平洋经济圈"和"环日本海经济圈"等构想,其主要目的为:在亚太地区建设更加稳定的自由贸易区,实现从高速增长向低速增长方式的转变。

(三)争夺区域经济合作主导权

如前所述,在区域经济一体化中,具有强大经济实力的国家才能成为主导本地区经济一体化的核心国家。而根据几百年来大国的兴衰及世界经济发展不平衡的规律来看,主导国家地位也并非一成不变。随着日本经济陷入长期的衰退、中国经济的崛起,中日在亚洲乃至世界经济中的地位和作用发生了深刻的变化。尤其是2010年日本世界第二的经济地位被中国超过,中国成为亚洲最大的经济体,政治、经济影响力不断上升。中日之间经济实力的反转导致亚洲区域经济一体化发展更加艰难和复杂,其主要分歧在于由谁来主导亚洲区域一体化。实际上,亚洲可以借鉴欧盟的经验,由中日共同主导亚洲区域经济一体化,但是中日之间的历史、领土纠纷,还有日美同盟下美国"重返亚洲"战略等因素,导致亚洲区域经济一体化难有进展,如"10+3"模式、中日韩FTA模式等都无法实现日本主导的梦想,联合与日本保持密切贸易和投资关系的东盟、中韩,金砖国家印度,大洋洲的发达国家澳大利亚、新西兰等(详见图18-1、图18-2)的RCEP合作模式成为实现中日政治经济利益的最佳模式,也成为日本新的跨亚洲区域经济合作战略。而日本加入美国主导的TPP的目的为牵制中国在亚洲区域经济合作中的影响,争夺其实际主导权。

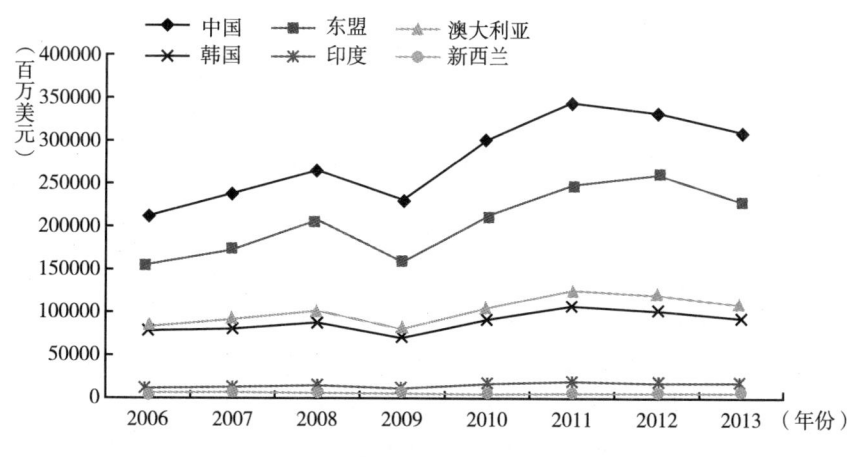

图18-1 日本与RCEP成员进出口总额

资料来源:日本贸易振兴机构(JETRO),http://www.jetro.go.jp/world/gtir.html。

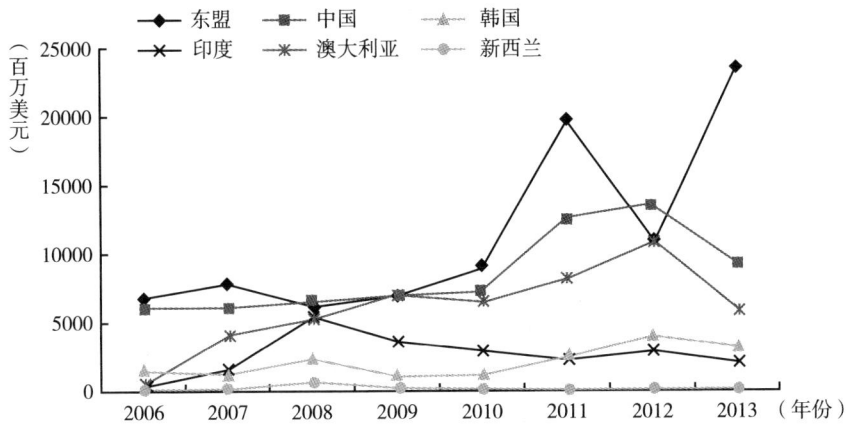

图 18-2 日本对 RCEP 成员直接投资额（流量）

资料来源：日本贸易振兴机构（JETRO），http：//www.jetro.go.jp/world/gtir.html。

三 "一带一路"倡议对日本区域经济战略的冲击

毫无疑问，根据目前亚洲地区复杂的政治经济社会环境以及中日经济实力的反转，在亚洲短期内难以构建如欧盟一样以法德为主导的"欧洲模式"、如北美自由贸易区一样以美国为主导的"美国模式"，故亚洲区域经济一体化的形势和发展将有别于传统的模式。而中国提出的"一带一路"倡议将为亚洲区域合作提供新的动力，也将冲击日本对外经济战略和区域经济合作模式，迫使日本调整其对外经济战略。

（一）打破日本掌握亚洲区域经济一体化主导权的旧格局

"一带一路"倡议为中国对外开放战略的创新，中国主导的亚投行、丝路基金、金砖国家开发银行等机构的设置和开启，向全世界展现了中国积极参与国际经济、金融秩序的决心，标志着中国将在推动亚太自由贸易区建设方面扮演重要角色。毋庸置疑，中国拟构建的"丝绸之路经济带"和"21世纪海上丝绸之路"虽然没有直接涵盖日本，但与日本有着千丝万缕的联系，即东亚和东南亚地区为日本长期的贸易伙伴和投资基地（详见表 18-1 和表 18-2），尤其是日本和东盟国家缔结了 EPA，其经济联系密切；西亚为日本重要的石油供应基地；而日本在哈萨克斯坦、乌克兰等国家进行着开采石油、天然气、核能等能源的投资。中国实施"一带一路"建设倡议,可以通过"政策沟通、道路联通、贸易畅通、货币流通、民心相通"等五个互联互通,加强亚欧非之间的经济联系和合作,不仅会提升中国在目前世界经济秩序中的地位及亚太地区的地缘政治影响力,而且也会进一步削弱日本在亚洲区域经济一体化中的主导作用,与日本要掌握亚洲区域经济一体化主导权的发展模式不相符,将可能损害日本在亚洲地区的战略利益。因此,日本方面认为"中国通过'一带一路'倡议有意通过在邻近各国开展基础设施建设来消化中国国内的过剩产能,从而形成中国经济圈"[1],损害日本的利益。

表 18-1　2013 年 RCEP 成员双边贸易额占各方贸易总额比重

单位:%

	东盟	印度	韩国	日本	中国	澳大利亚	新西兰
东　　盟	24.56	2.84	5.32	10.66	13.05	2.80	0.38
印　　度	9.67		2.28	2.45	8.77	1.97	0.14
韩　　国	12.24	1.76		9.94	20.30	3.01	0.26
日　　本	15.33	1.04	6.05		19.73	4.44	0.3
中　　国	10.33	1.72	6.57	8.51		3.01	0.25
澳大利亚	14.62	2.92	5.96	13.34	23.63		2.98
新 西 兰	11.85	1.41	3.58	6.71	15.68	18.08	

注:数据为行国家与列国家的双边贸易总额占行国家贸易总额的比重。
资料来源:根据 IMF Directions of Trade Statistics 计算所得。

表 18-2　2013 年 RCEP 成员之间 FDI 占各方流入 FDI 总额的比重

单位:%

	东盟	印度	韩国	日本	中国	澳大利亚	新西兰
东　　盟		5.1	3.35	7.05	26.70	7	0.82
印　　度	27.45		0.7	0.04	0.39	0.77	0.06
韩　　国	39.54	1.5		2.2	28	3.56	0.57
日　　本	17.33	1.6	2.4		6.7	4.3	2.6
中　　国	6.29	13.78	0.25	0.4		3.2	0.18
澳大利亚	3.2	0.3	0.57	0.08	0.08		6
新 西 兰	10.7	0.1	1.42	1.89	0.36	54	

注:数据为行国家对列国家的对外直接投资占行国家对外直接投资总额的比例。
资料来源:根据 IMF Coordinated Direct Investment Survey (CDIS) 计算所得。

---

[1] 〔日〕《每日新闻》,2015 年 3 月 9 日报道。

（二）加剧中日在 RCEP 中的博弈

作为世界经济中最有活力的地区，亚洲也承担着推动经济全球化的重任。然而，亚洲地区的区域经济一体化进程却远远落后于欧盟和北美。而在亚洲区域内部，各国经济发展阶段不同、经济合作较少、交通等基础设施落后等亦制约着亚洲区域经济一体化的发展。目前，RCEP 表面上确立了东盟在该组织中的核心地位，但由于中日两国拥有巨大的经济实力，使东盟的主导地位名不副实，中日之间的竞合决定着 RCEP 的具体进展及作用。作为东盟最大的邻国，中国一方面积极推动 RCEP 达成；另一方面基于开放包容的态度，倡议"一带一路"宏伟蓝图，进一步推动亚太自贸区的建设。而日本作为长期以来东盟最大的贸易和投资伙伴国家，以其先进的技术与雄厚的资金为基础，也积极推动 RCEP 的发展，尤其是安倍首相重新上台后，在亚洲区域经济一体化战略中也渗透其所谓的"价值观外交"，即在推行 RCEP 中强调"自由、民主主义、基本人权、法治、市场经济"等所谓的"普遍价值观"，并将此外交战略视为防范甚至遏制中国的一种手段，通过拉拢印度、澳大利亚、新西兰等非东亚和东南亚国家加入，"稀释"中国在亚太地区不断增强的区域影响力。①

然而，如表 18-1 所示，中国无论与东盟、韩国，还是与印度、澳大利亚、新西兰之间，其双边贸易额占该地区和国家贸易总额的比重均超过了日本在这些国家和地区双边贸易额中的占比，尤其是中印、中澳、中新之间的双边贸易比例均约为或大于日印、日澳、日新的两倍；而如表 18-2 所示，中国对东盟、韩国、印度的 FDI 占该地区和国家流入 FDI 的比重均大于日本，只有在新西兰，这一比例日本约为中国的 5 倍（在澳大利亚两国均为 0.08%）。2015 年 7～9 月在由日本国际协力银行实施的有关日企对海外投资的相关调查中，印度成为"最有潜力的海外投资目的地"，表明日本将加快对印度的投资。显然，伴随着国际贸易、投资、能源环境的巨变，亚洲地区也正面临着加强区域经济合作的关键时刻。而中国的"一带一路"倡议将进一步连接东南亚、南亚、西亚以及部分欧洲国家，加强基础设施建设和经济合作，推动亚洲整体的发展和区域经济一体化进程，进一步提升中国在连接欧亚非大陆的更加开放的经济合作中的主导地位和作用，也将进一步加剧 RCEP 中中日之间的竞争和博弈。

---

① 贺平：《从 CEPEA 到 RCEP：日本对亚太区域经济合作的战略转向》，《日本学刊》2013 年第 2 期，第 76 页。

（三）失去日本海外的既得利益

中国"一带一路"倡议将连接全世界最有活力的亚太经济圈和发达的欧洲经济圈，无论从涵盖的国家、人口还是经济总量上看，均成为世界上最大、最有发展潜力的经济大走廊，[①] 将深刻改变现有的世界经济格局与各国的利益分配。同时，中日之间也将不可避免地爆发围绕亚太地区贸易、投资和能源的利益冲突。由于"一带一路"倡议涵盖了亚欧非，其开放力度前所未有，合作前景广阔，因此也引起了日本海外企业的浓厚兴趣。然而，目前日本政府对"一带一路"以及亚投行等中国倡议的新的区域经济合作模式却表现出了谨慎的态度，主要担心中国的"一带一路"及亚投行的基础设施开发的主要目的为"借此壮大中国影响力，有利于获得资源，为中国企业进军当地市场创造条件"，争夺日本对欧亚不发达国家和地区基础设施市场的投资，使日本失去既得利益。如表18-3所示，除独联体国家之外，日本与东盟和俄罗斯的双边贸易额占东盟和俄罗斯贸易总额的比重大于中国所占比重；而如表18-4所示，日本对东盟、独联体国家和俄罗斯的FDI占东盟、独联体国家和俄罗斯流入FDI总额的比重均明显大于中国的占比，显示目前日本与东盟、俄罗斯、独联体之间的经贸合作在一定程度上大于中国与这些国家和地区之间的合作。

表18-3　2013年中国、日本对东盟和独联体国家的双边贸易额占东盟和独联体国家贸易总额的比重

单位：%

	中国	日本
东　盟	10.33	15.33
独联体国家（除俄罗斯）	0.94	0.09
俄罗斯	0.54	1.57

来源：笔者根据IMF Directions of Trade Statistics计算所得。

[①] 目前中国提出的"一带一路"倡议所涉及的沿线国家有65个，包含44亿人口，占全球的六成三；其中，这些国家的GDP总值超过22万亿美元，占全球的两成九。

表 18-4　2013 年中国、日本对东盟和独联体国家的 FDI 占东盟和
独联体国家流入 FDI 总额的比重

单位：%

	中国	日本
东盟	6.29	17.33
独联体国家（除俄罗斯）	1.07	3.06
俄罗斯	0.95	1.25

数据来源：笔者根据 IMF Coordinated Direct Investment Survey（CDIS）计算所得。

毫无疑问，中国的"一带一路"倡议将要触及日本在该地区的经济利益：一方面在陆地丝绸之路经济带建设中，中国将以云南昆明为起点，通过建设高速铁路网，连接老挝、越南、柬埔寨、泰国、缅甸、马来西亚和新加坡等东盟国家，不仅要大大缩减中国与东盟之间的交通距离和运输成本，更是要通过这些基础设施的建设，进一步提高中国与东盟之间的货物、人员流通和投资，在东盟共同体的建设中发挥重要的作用，争夺日本在东盟的经济利益；另一方面稀释日本在中亚地区的经济利益。随着中国高铁建设的突飞猛进和技术的快速提升，中日之间围绕高铁项目的海外竞争更加激烈，中国正在挑战日本在高铁技术领域长期以来的世界领先地位，如中国利用"一带一路"倡议，与白俄罗斯等独联体国家进行高铁建设项目，[1] 加上中国与哈萨克斯坦等国家进行能源合作项目，削弱了日本在高铁建设、能源开发等领域的比较优势，冲击着日本在独联体国家中的投资利益。而为了对抗中国通过"一带一路"倡议来占领亚洲地区的基础设施建设项目，日本还推出了 1100 亿美元的亚洲基础设施建设资助计划，以此争夺亚洲市场。

四　"一带一路"倡议下中日合作新思路

如上所述，二战后日本虽然一直致力于为掌握亚洲区域经济一体化主导权的努力，但中日经济实力的反转及中国"一带一路"倡议的实施，迫使日本调整其区域经济战略。日本应加强与中国的经济合作，不仅能推动日本国内产业经济结构的调整，而且也可以增加日本海外经济利益，共同促进亚洲区域经济一体化发展。

---

[1] 根据财政部消息，"白俄罗斯铁路公司和中国进出口银行签订了关于开展长期全面合作促进白俄罗斯铁路发展的框架性协议，中方将在白俄罗斯政府担保下提供最多 5 亿美元贷款用于实施投资项目"。

(一)加强中日经济合作，共同推动亚太区域经济一体化

毋庸置疑，与前述的日本倡导的"环太平洋经济圈""环日本海经济圈"以及目前所推动的 RCEP 相比较，中国推出的"一带一路"倡议有望形成继欧盟、北美自贸区之后以亚欧为核心的全球第三个跨区域的贸易轴心，通过亚欧跨地区之间双边和多边贸易和投资体系建设，将建设为全球最大的自贸区。可见，它比以往任何自贸区、经济合作模式更开放，更有利于参与国国内经济的发展，将加快实现全球经济一体化。虽然中国经济和贸易总量已经超过了日本，但经济质量方面与日本还有很大距离，中日经济结构仍然存在互补的关系。因此，在"一带一路"倡议下，在欧亚基础设施的建设、贸易和投资合作方面，中日还有很多合作的空间，可以实现共赢。目前，日本为了保持在亚太地区的主导地位，正积极强化与东盟、印度、大洋洲国家的关系，而对中国的"一带一路"则保持谨慎消极的态度。日本应以开放、包容、互利互惠的态度，积极参与各种双边、多边以及"一带一路"倡议下的新的经济合作模式，发挥日本企业技术和品牌优势，开拓更加广泛的欧亚市场，共同参与各项基础设施建设和开发，以此带动国内经济结构的调整，实现经济的稳定发展。

(二)中日优势互补，实现双赢

中国提出的"一带一路"倡议为开放性的区域经济发展战略，不仅为沿线的国家和地区提供了进行基础设施建设的机会，而且也为不在沿线的国家和企业提供了通过竞争而获得投资的机会。日本经济经历"失去的二十年"后，虽然总体经济实力下降，但仍然拥有如三菱、索尼、日立、住友等闻名世界的跨国公司，在能源开发和制造业领域的技术水平和品质远远超过中国的很多企业。在"丝绸之路经济带"的开发上，日本企业具有独特的竞争力。目前日本拥有全球最先进的作业技术，尤其三菱重工、川崎重工等企业在建筑业、道路建设、能源开发所需的机械装备设备和技术等方面闻名全球。日本企业应发挥在建筑业、能源等领域的产业优势和道路建设等机械装备制造业优势，积极进入中国西部和"一带一路"沿线地区，占领商业先机，为今后日本企业大量进入联通欧亚非大陆的"丝绸之路经济带"奠定良好的物质基础。目前，日本三菱重工、日立建机已经调整了以中国东部作为主要市场的销售战略，逐步把新疆、甘肃等西部地区作为设备销售的主要市场，其中三菱重工提供发展"丝绸之路经济带"所需要的道路建设、能源开发等重工业方面的机械装备，而日立建机则把挖掘机等建

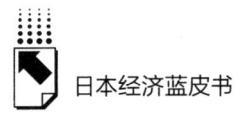

筑设备销售转向中国新疆等西部地区,并已经取得了骄人的销售业绩。① 日本企业应以此为契机,利用先进的技术和设备,积极参与对"丝绸之路经济带"和"21世纪海上丝绸之路"的沿线国家的基础设施建设和能源开发项目等,为日本企业寻找更多的投资机会,并与中国的价格、高效等竞争优势相结合,共同参与和开发"一带一路"沿线国家基础设施建设和能源开发建设,实现互利互赢。

(三)利用互联互通,提升日本海外投资利益

日本作为资源极其缺乏的岛国,为了满足20世纪经济高速增长所需要的矿产资源,从50年代开始,日本进行对东亚的投资,尤其是对矿产资源、能源开发等领域的投资由来已久。日本也已进入哈萨克斯坦等能源资源丰富的中亚国家,积累了丰富的融入东道国的政治、经济、法律方面的成功经验和人才,这些"软实力"将成为日本发挥自身优势,开辟西部经济带的重要资源。中国的"一带一路"倡议通过互联互通,连接欧亚非大陆,这将有利于降低日本在海外投资领域的运输成本。如截至2014年10月,日本在哈萨克斯坦投资的企业数有43家,主要从事石油开发、汽车电子零部件等的运输、仓储业的投资②,而中国与哈萨克斯坦启动"一带一路"合作,建立物流基地,其货物有三成是来自日本的汽车零部件和电子元件,而日本到哈萨克斯坦的运输时间将会从三周缩短到五天以内,③ 其对日本企业降低运输成本,提升利润空间,拓宽中亚市场均有促进作用。因此,日本应摈弃观望、谨慎的消极态度,积极推动和参与中国与中亚国家之间的基础设施建设,既能发挥技术优势,也可以降低更多的交易成本,提高海外的投资收益,促进日本经济的复苏和持续发展。

---

① http://product.21-sun.com/products/prolist.jsp?factory=184&catalog=101001.
② JETRO「ロシア・CIS カザフスタン」、https://www.jetro.go.jp/world/russia_cis/kz.
③ 张银:《"亚投行"和"一带一路"为何让日本抓狂?》,《重庆青年报》2015年4月9日。

B.19
日本参与"一带一路"倡议趋势分析
——以与韩国的比较为中心

杜 颖*

摘　要： "一带一路"倡议是新时期中国面向未来经济发展所做出的战略性安排。基于我国的综合国力和地缘政治现实，该倡议势必经历一个先从中国周边做起，进而推而广之的过程。日本和韩国作为东北亚地区与中国隔海相望的周边国家，它们的参与对"一带一路"建设尤为重要。韩国作为意向创始成员国适时加入亚洲基础设施投资银行、中韩自由贸易协定的签署，使韩国搭上了"一带一路"的顺风车。而日本依然徘徊在"一带一路"建设之外。未来，日本参与的不确定因素依然较多，但日本恢复经济的现实需求和韩国实际参与的促动，将使其向参与方向转变。

关键词： 一带一路　亚投行　日本　韩国

"一带一路"倡议提出两年多来，受到了世界各国的热议。作为东北亚地区与中国隔海相望的周边国家，日本的参与也备受关注。在"一带一路"提出之初，特别是亚洲基础设施投资银行（以下简称"亚投行"）筹建过程中，日本陷入既希望加入进来获得利益，又要平衡日美关系的矛盾纠结之中。在这一点上，韩日的情况比较相似。但所不同的是，韩国较好地平衡了各种关系，做出了自己的选择，而日本则依然徘徊在"一带一路"之外。

---

* 杜颖，黑龙江省社会科学院东北亚所副研究员、日本研究室主任，全国日本经济学会理事，主要研究领域：日本问题、中日关系及东北亚区域合作。

一 日本参与"一带一路"倡议现状

中国国家主席习近平提出"一带一路"倡议后,特别是作为"一带一路"配套设施的亚投行建立后,近邻日本和韩国都给予了较多关注。

(一)韩国的态度与路线选择

1. 韩国对"一带一路"倡议的态度

韩国是对"一带一路"倡议较早表现出兴趣的国家之一。首先,针对"一带一路",韩国精英界多给予了积极评价。韩国汉阳大学学者文兴镐认为,"一带一路"将为中国经济增长提供新动力,也有助于中国扩大影响力。同时,可以使韩国有机会与中国一起参与东南亚、中亚、中东等地区的经济开发,共建地区和平与繁荣。韩国贸易投资振兴公社中国事业团朴汉真表示,通过参与"一带一路",韩国企业可以在社会间接资本市场建设上发挥作用,不仅可以参与建筑领域,还有望进军运输、旅游和物流等领域。韩国国立外交院亚太部教授金汉权指出,在"一带一路"建设中,中国提出与周边国家构建"命运共同体",其核心是互联互通,即通过连接公路、铁路、港口,与周边国家构建产业基础,扩大经济合作。在这一过程中,韩中在基建领域加强合作对两国都有好处。韩国东亚大学教授袁东旭表示,现在要好好考虑如何将韩国政府推进的"欧亚倡议"和中国"一带一路"建设连接在一起。朴槿惠总统 2013 年提出的"欧亚倡议"是构建连接韩国釜山、朝鲜、俄罗斯、中国、中亚、欧洲的丝绸之路快速铁路,在欧亚构建电力、天然气和输油管线等能源网络。"一带一路"建设助力新亚欧大陆桥的迅速推进,韩国因此多了一个通往欧洲的新选择,无疑是利好。① 东北亚历史财团秘书长、原韩国驻华大使馆首席(政务)公使石东演就此评价说,"这是和平时代追求双赢的卓越战略设想,这种远大战略甚至在推进世界史方面都具有重要意义"。与此同时,韩国国内也不无反对的声音,如一些人认为,"一带一路"风险太高,对实施的可行性抱有疑虑,并且警告:尽管"一带一路"被描述为经济事务,但它也反映了中国的重要地缘政治战略。也有人认为,韩国使用中国"一带一路"所提供的公共产品,也要付出相应的成本,并担心

---

① 陈尚文:《"一带一路"建设带给韩国机遇》,http://world.people.com.cn/n/2015/0604/c1002-27101000.html。

韩国不能获得较多的经济利益。

2. 韩国参与"一带一路"建设的路线选择

一是适时加入亚投行。由于国内态度不一,韩国政府对是否加入亚投行一度迟疑不决。但在法国、德国、意大利紧随英国加入亚投行后,韩国政府权衡利弊,及时调整了策略。2015年3月26日,韩国企划财政部发布公报,公布了韩国加入亚投行的决定。由此,韩国保留了创始成员国资格,搭上了"一带一路"的快车,为大项目建设融资创造了条件。

二是推动中韩自贸协定(FTA)的谈判进程。"一带一路"倡议特别提出将"贸易畅通"作为国际合作愿景,而自贸区建设正是"贸易畅通"的关键。韩国政府积极推动中韩FTA谈判进程。2015年2月,韩国政府同中国完成了中韩FTA全部文本的草签及对协定内容的确认,6月中韩自贸协定正式签署,12月20日正式生效。这一进程使中韩关系进一步密切。

三是将"欧亚倡议"与"一带一路"的对接有机结合。自2013年10月韩国总统朴槿惠提出"欧亚倡议"的经济外交构想以来,韩国政府一直努力推动落实"欧亚倡议",促进建设"欧亚倡议"核心内容之一的"丝绸之路快车"。2014年7月,朴槿惠总统在与到访的中国国家主席习近平一道出席"韩中经济通商合作论坛"并发表演说时指出,需要考虑将韩国的"欧亚倡议"和中国的"丝绸之路经济带"倡议结合起来。2014年10月,朴槿惠在第十届亚欧首脑会议(ASEM)的发言中还为此提出过要研究欧亚复合交通物流网络的可行性。2015年初,双方智库决定把韩国总统朴槿惠提出的"欧亚倡议"与习近平主席提出的"一带一路"倡议作为共同研究课题。

四是以创始成员国身份同中方开展交流与合作。2015年以来,中韩两国在政治、经济、文化等各个领域交流不断,中韩合作不断取得新进展。5月韩国大企业聚集成都,参与"2015世界知识论坛·中韩企业家高峰论坛",以"同一个亚洲·同一个梦想"为主题,与中国企业共议"一带一路"下中国西部的机遇。同月,"共建丝绸之路经济带中国西部—韩国经济合作洽谈会"在西安曲江国际会议中心召开。12月,由韩国中国商会、中国国际贸易促进委员会驻韩国代表处、韩国FTA产业协会主办的"2015中韩企业家FTA联合论坛"在首尔举行。2015年1月,韩国外交部与韩国铁道公社(KORAIL)签署合作协议,商定共同推进"欧亚丝绸之路友谊项目"。中韩自贸协定正式签署后,中韩盐城产业园被确定为中国方面的重点对韩合作园区,被写入中韩自贸协定及相关文件。

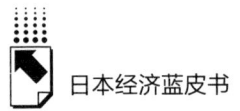

（二）日本的态度及路线选择

1. 日本对"一带一路"倡议的态度

同韩国的积极态度形成鲜明对照的是，在"一带一路"倡议提出之初，日本对"一带一路"兴趣不大，反应冷淡，在精英界尚未形成针对这一议题的讨论氛围。第一，在多数日本人看来，中国并未将日本纳入"一带一路"范围内，日本和"一带一路"关系不大。第二，日本认为，中国的"一带一路"会与自己形成竞争之势。第三，日本已经宣布加入美国主导的《跨太平洋伙伴关系协定》（TPP），日美同盟关系促使其选择同美国站在一起，采取牵制、遏制中国的做法。随着"一带一路"配套设施——亚投行的筹建，日本国内舆论的焦点开始转到"日本是否参加亚投行"这一话题上来。2015 年 2 月，日本财务省声称中国主导的亚投行解决不了组织管理的问题，在国际上难成气候。日本还与美国合作，游说韩国和澳大利亚不加入亚投行。日本外务省在呈递首相官邸的报告中认为，中国的亚投行构想不会在国际上得到主要大国的支持。2015 年 3 月，作为美国亲密盟友的英国突然宣布加入，以及随后德、法、意等多个欧洲国家相继加入，促使一些日本人的态度发生了转变。日本国内主张日本政府应权衡利弊，积极参加亚投行的声音增多。富士通总研发表文章认为"一带一路"是"与世界接轨的"加速与升级，"与世界的发展方向是一致的"。① 日本知名学者、佳能全球战略研究所研究主任濑口清之曾表示，中国建设"一带一路"的思路，与全新设立的亚投行一脉相承。日本三井住友资产管理公司在日前发布的一份研究报告中写道，中国设立亚投行，实际上是为推动"一带一路"而准备的配套设施，可以为"一带一路"沿线周边国家和地区提供基础设施建设资金支持，对"一带一路"战略构想给予了积极评价。日本自民党石原派会长石原伸晃认为，日本必须在外交上灵活应对，也应该在亚投行成立时加入，"必须看到中国是邻国，也是全球第二经济大国这一事实"。其中也不乏对中国积极的开放战略持谨慎和警戒态度者。如有人认为中国联合陆上与海上两重力量，将改变地缘政治格局，有牵制日本的实际效果。

从安倍政府的表现看，虽然其并未直接表态拒绝加入亚投行，但对是否参与"一带一路"倡议始终没有做出回应。2015 年 4 月 22 日，中国国家主席习近平在雅加达应约会见日本首相安倍晋三时，特别谈到中国建设"一带一路"和筹

---

① 《日本怎么看待中国"一带一路"》，http：//www.yicai.com/news/2015/08/4667855.html。

建亚投行的倡议获得国际社会普遍欢迎的现状，以及希望日本同中国一道沿着和平发展的道路走下去，共同为国际和地区和平、稳定、繁荣做出更大贡献等内容，安倍晋三首相不置可否。

2. 日本参与"一带一路"建设的路线选择

一是放弃加入亚投行。在中国敞开大门、世界各国纷纷加入"一带一路"之际，日本政府不顾国内产业界和企业界的意愿和需求，主动放弃了加入亚投行的机会。不仅如此，2015年5月21日，在中国亚投行会议于新加坡举行筹备会议之际，安倍首相宣布了投资1100亿美元用于亚洲基础设施建设的计划。这一举动被媒体称之为与中国亚投行的对抗做法。

二是徘徊在《跨太平洋伙伴关系协定》与中日韩FTA之间。出于巩固日美同盟、争取国际规则制定的话语权等因素的考虑，2013年7月，日本正式加入TPP谈判，积极致力于推动美国主导的TPP谈判进程，但对美一边倒政策使日本对中日韩FTA谈判并不积极。在中韩FTA正式签署后，日本将重心用在加速推进TPP谈判上，在一定程度上影响了有中国参与的中日韩FTA谈判进程。

三是在"一带一路"之外与中国展开竞争。"一带一路"的推行加剧了日本的危机感，因而，日本加快了对"一带一路"沿线国家的出访和合作，在亚投行和基础设施建设项目上加强了与中国的竞争。在被视为中国新丝绸之路倡议下基础设施建设全球攻势一部分的印尼高铁项目的落实过程中，"日本一直恶意诋毁中方建造的高铁的质量问题。但在印尼的基础设施建设上，鉴于中方在竞争中的明显优势，中方赢得了合同。印尼高铁项目是日本政府推荐后才开始进行调查的，日方曾经认为该项目一定会是日本拿到，可是在迂回曲折之后，却没有成功"。[1] 对此，日本首相安倍晋三在2015年11月22日访问马来西亚时，对印尼总统佐科表达了不满。此外，在中国积极争取马来西亚与新加坡的新隆高铁项目过程中，日本也不甘落后，与中国展开争夺。住友商事、东日本旅客铁道（JR东日本）和三菱重工等日本企业联手通过当地研讨会等一直在马来西亚宣传新干线技术。11月21日，安倍又提出，日本国际协力银行将通过亚洲开发银行（ADB）新设信托基金的方式，在今后5年内实现最高额为15亿美元的投融资目标。[2]

综上，通过日韩两国对"一带一路"认知及选择路径的比较可以看出，韩

---

[1] 《外媒：日本"拼上国家颜面"与中国争夺印尼高铁项目》，http://world.cankaoxiaoxi.com/bd/20150831/923 879.shtml。

[2] 外務省「質の高いインフラ投資のためのADBとの連携」，http://www.mofa.go.jp/mofaj/press/release/press3_000169.html。

国在加入"一带一路"的同时,巧妙地平衡了与美国等西方国家的关系,为今后的合作发展奠定了基础。而日本一开始就主动放弃了亚投行,然而,亚投行筹建的顺利推进大大超出了日本的预判,迫使其不得不做出调整。但日本并不是向加入其没有及时加入的亚投行的方向努力,而是通过倒向美国显示其存在感。日本所选择的道路有悖于合作共赢的理念,既不利于中国的"一带一路"建设,也不利于其自身的发展。日本在印度尼西亚高铁项目争夺中的失败便是例证。

二 日本参与"一带一路"建设的主要影响因素

从日本参与"一带一路"倡议的状况可以看出,与英、法、德等欧洲国家及沿线主要国家不同,在是否参加中国的"一带一路"建设方面,日本同韩国一样最初都曾犹疑不决,不同之处是韩国很好地利用了中国外交布局调整的机会,积极参与了"一带一路"和亚投行等倡议。[1] 而日本方面仍停留于意愿表达,无实际行动,甚至走向了其反面。这说明中日两国间存在许多障碍,具体体现在以下几个方面。

(一)中日之间缺乏必要的信任

安倍第二次内阁成立后,在国内处心积虑地想要"修宪",解禁集体自卫权,对外大搞所谓的"积极的和平外交",特别是在领土问题、历史认识上不断挑战中国的底线,使中日关系陷入邦交正常化以来的最低点。[2] 政治关系的不稳定,势必折射到经济合作中来。在这一背景下,中国实施的"一带一路"构想,在日本被一些人看成中国拉拢沿线国家,以形成以中国为主导的经济体系的举措,而亚投行则是与亚开行的对立存在。日本不参与亚投行既是确保自己在亚开行中的主导地位,也是出于确保亚开行在世界中的影响力的考量。另外,出于同中国竞争的考虑,日本还搬出了诸如监管标准等所谓国际标准,试图为自己拒绝加入亚投行的短视行为寻找借口。相比之下,中韩之间不存在上述历史认识问题,因此,两国间政治关系良好,经济合作易于达成共识。

(二)美国的介入

奥巴马执政以后,美国高调重返亚太,在经济上推动和主导了TPP,并极力

---

[1] 董向荣:《"一带一路"与韩国:双边合作如何更上层楼?》,http://www.huanqiu.com/r/MV8wXzg0NT cxNjNfMTY0OV8xNDUzODY5NjYw。
[2] 张季风:《"安倍经济学"的挫败与日本经济走势分析》,《日本学刊》2015年第1期。

拉拢日本等国家和地区加入，也使得日本徘徊在 TPP 和中日韩 FTA 之间。迫于美国的压力，日本采取对美一边倒的政策。当然，日本作为全球经济大国之一，也希望通过强化日美关系，保持自己在亚洲地区的重要地位。安倍上台后日本在历史问题上的偏颇，不仅遭到亚洲人民的批评，也引起了美国社会的不满。日本在参与"一带一路"倡议中不明确表态或拖延参与时间，其主要目的是引起美国对日本战略的重视。

对于韩国而言，美国是其亲密的政治经济盟友，在加入亚投行事宜上不能不考虑美国的意见。但韩国也试图发挥自己的中等国家优势，在中美之间发挥平衡作用，并在此过程中争取最大的国家利益。随着英、法、德等欧洲国家纷纷加入，韩国的外交负担变小，这也在一定程度上促成了韩国的选择。但不容否认的是，美国的压力是导致韩国加入亚投行的时间延后的主要原因。

（三）经济利益诉求有所差异

近年来，受国际金融危机快速蔓延和世界经济增长明显减速的影响，日韩两国的经济下行压力增大，亟待改变内需不足等问题，扩大出口。由于"安倍经济学"短期效应结束，刺激经济复苏的动力不再，日本国内经济呈进一步恶化趋势。日本国内许多企业表达了搭上中国经济发展快车、加强与中国的经济合作的意愿和需求。2014 年 11 月，中日之间实现了领导人会面，而日本经济界也感受到中日之间逐步缓和的政治关系和中国政府对日采取的政经分离政策，很多了解中国的日本企业开始积极对中国投资。但日本在看待"一带一路"框架下的中日合作时，战略利益超越了经济利益，从而影响了其对"一带一路"及其配套设施——亚投行的选择。

从韩国方面看，朴槿惠上台后，韩国政府在内政、外交、经济以及社会发展等各领域取得了一定的成就，但无法摆脱国内经济萎靡不振的困境。积极参与"一带一路"共建可为韩国经济发展带来活力，保持其经济可持续增长。韩国在产业结构上与日本存在同构性。韩国市值前 100 位的企业中，IT 电子和汽车产业销售额占总规模的 40.8%，而日本为 40.4%。韩国对 IT 电子和汽车产业的依赖更大，其营业利润占总利润的 61.1%，而日本仅为 40.8%。韩日两国产业结构均偏重 IT 电子和汽车产业，产业结构重合导致两国在国际市场的竞争难以避免。韩国在制造业上落后于日本，加之日元贬值有利于日本扩大出口，韩国难以避免受日冲击。① 因此，对韩国来

---

① 《日韩产业结构重合　韩恐受日冲击》，http://www.mofcom.gov.cn/article/i/jyjl/j/201509/20150901120360.shtml。

讲,"一带一路"建设无疑是天赐良机。

可见,在分析日本参与"一带一路"的影响因素时,除了考虑经济需求、外部因素干扰,不容忽视的还有两国政治关系。如何处理好政治关系,无疑是双边及多边合作能否顺利进行的关键。在当今国际化大潮下,双边及多边合作出现多头并进、圈中有圈的态势,这些使包括"一带一路"倡议在内的区域合作推进面临较多课题。

三 日本参与"一带一路"倡议的未来走势

(一)日本短期内加入"一带一路"建设的障碍因素依然较多

首先,政治因素的干扰。有学者认为,虽然中日间的沟通与交流开始转暖,但是改善的势头仍很脆弱,中日关系的不确定因素依然存在。安倍本人对华政策上具有两面性,在安保法已经通过的前提下,安倍对华关系可能会有一些动作,但近期内中日关系难有根本性改善。

其次,日本方面仍对"一带一路"抱有疑虑。如日本认为,作为"一带一路"配套设施的亚投行机制还有待于完善。2013年10月2日亚投行筹建以来逐步推进,但有关事项还需要进一步落实。此外,中韩FTA虽然已经签署并正式生效,但双边贸易往来尚未全面展开。有关"中韩贸易在各自贸易中的比重较低,短期内不会有大规模的贸易往来,特别是与日本有着竞争关系的韩国汽车不在自由化范围之内,中韩FTA对日本的影响有限"[1] 的认识,不时反映在日本政界有关"一带一路"的言论和主张中。

最后,美国因素仍然是日本必须予以顾及的方面。出于国家宏观战略考虑,日本在一段时期内还会坚持对美一边倒的做法。重视美国、强化日美同盟关系,也是日本全球战略的重要一环。

从以上分析和实际发展情况看,在一段时期内日本对"一带一路"倡议仍会抱有怀疑、不信任,这种怀疑态度会通过其出台的政策及政治、外交、军事等有所体现。基于日本的认知和反应,以及最近日本政府的表现不难看出,日本近期加入"一带一路"建设的条件尚不成熟。

---

[1] 高橋洋一「中国とFTA結んだ韓国は安全保障と自由貿易で股裂き、日本への影響は限定的」、http://www.zakzak.co.jp/society/domestic/news/20150606/dms1506061000003-n1.htm。

（二）从长远发展来看，日本参与"一带一路"建设的可能性最大

日本对丝绸之路文化拥有浓厚的兴趣，也是冷战后最早发现丝绸之路商机的国家。特别是，在"一带一路"建设背景下，中日合作空间巨大。我们可以乐观地预见，当这一倡议变得越来越重要时，日本也会参与进来。

其一，中韩 FTA 正式签署及正式生效，将促使双边贸易的便利化，随之而来的贸易规模的扩大、中韩部分产品的进出口关税的降低，将不断给日本以触动。日本是外向型经济国家，最大贸易伙伴是中国。若中日间没有降低关税等措施，[1] 20 年后日本生产产品对华出口的加权平均关税较韩国将高出 4%，必将影响日本的对华出口。其中因关税影响对华出口产品极可能减少的主要有液晶显示器以及相关的中间产品、化工产品等。[2] 这是日本所不愿看到的。尽管日本研究机构做出了目前中韩 FTA 签署和生效对日本影响不大的判断，但随着时间的推移，中韩 FTA 对日本的影响将随之显现。

其二，日本国内经济发展的现实需求。韩国加入"一带一路"以后，通过中国横跨铁路，在中亚和东欧打开了新的市场。如韩国货物通过中国的连云港中转可运抵中亚和东欧，而来自哈萨克斯坦的货物也可通过此方式运往韩国。2015 年中韩交流全面升级，中韩两国在文化、经济、政治、体育等各个方面都进行了密切合作。出于复苏日本国内经济的考虑，日本不会忽视中国市场的魅力，随着中国"一带一路"建设的不断实施，日本会直接或间接地参与进来，这不仅仅是因为中国会扎实推进"一带一路"建设，还因为日本无论是在地缘政治上，还是在劳动力、资金及物资方面都不占优势。[3] 通过加入 TPP 谈判，日本可谓在这个扩大版的自由贸易圈中，向前迈出了一步。但是，TPP 带有许多不确定性。中日经贸结构存在互补性，此外，包括旅游在内的中国需求对日本经济的拉动作用十分突出。2015 年 10 月，安倍出访蒙古、土耳其等中国"一带一路"沿线国家，显示出了日本对中国经济圈的关注。

其三，美日两国政局变化的影响。安倍二次上台以来，在政治、经济、外交上带有明显的安倍色彩，但并未将主要精力放在发展经济方面。最近，安倍政府

---

[1] みずほ総合研究所「中韓 FTA の日台への中長期的影響」、2015 年 7 月 17 日。
[2] 丁红卫：《中日经贸合作的转型与升级——制造业竞争力及其影响因素》，全国日本经济学会论文集，第 165 页。
[3] 「『一带一路』と日本、対抗か参与か」、http://japanese.china.org.cn/jp/txt/2016-01/07/content_37483405.htm。

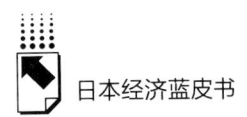

通过参加美国主导的TPP，不断发声，显示其优越感。但不容否认，奥巴马卸任在即，奥巴马下台后美国政局如何演变、新一届政府是否会延续现有政策、TPP相关条款能否得到落实，都存在诸多变数。另外，日本加入被称为亚太区域经济合作典范的TPP，主要是基于日美同盟的结果，政治意义大于经济意义。实际上，在是否加入TPP问题上，有关农业开放的议题一直遭到国内农业团体的反对。韩国在加入"一带一路"的同时，巧妙地平衡了与美国等西方国家的关系的做法，不能不给日本各界以较大触动。未来，日本国内也将面临新的政权更迭，届时也不排除日本外交政策会有一个新的调整和转变，安倍下台或将成为日本参与"一带一路"建设的突破口。

法国前总理德维尔潘认为，"世界一体化是将来的发展方向，没有任何一个国家能够说完全不参加任何其他国家的活动。将来'一带一路'会是一个联系世界的路线，随着时间的推进以及其重要性的推广，大势所趋，美国、日本一定会参加到这个项目中。"① 未来，也许已经同中国签订FTA的韩国，会将精力较多地用在加入TPP的谈判中，对"一带一路"建设表现得不那么积极，而日本则刚好相反，在TPP谈判目标达成后，会将关注焦点转移到中日韩FTA谈判中来，对中国的"一带一路"建设显示出积极姿态。但也必须注意，日本积极推动其"战略外交"，可能会对中国推动建设的"一带一路"构想和周边依托带形成冲击和干扰。

四 促进日本参与"一带一路"建设的对策建议

通过与中国签订中韩自贸协定、适时加入亚投行，推动"欧亚倡议"与"一带一路"对接，韩国积极参与了中国的"一带一路"建设，这为日本未来的参与，起到了很好的示范作用。

（一）客观看待日本各界对"一带一路"的认知和反应，完善体制机制，优化合作环境

对于一个全新的"一带一路"倡议，日本方面有赞同，有担忧，实属正常，我们应客观看待，静观其发展。同时，针对目前日本各方面的认识和反应，我们必须高度重视。首先，在推进"一带一路"建设中，中国绝不会忘记"加强基

---

① 参见《"一带一路"将重构国际秩序》，http://money.163.com/15/0526/10/AQHKR7K500253B0H.html。

础设施建设,促进相互连通"的宗旨,完善体制机制,提高市场化水平。通过促进相互连通,实现互利共赢的目标。其次,积极鼓励日本企业扩大投资,进行技术和资金合作,加速"一带一路"的建设进程。

(二)积极宣传"一带一路"构想的相乘效应,促进"利益共有"概念的形成

针对日本对参与"一带一路"倡议的担忧,要积极宣传引导。中国政府在制定"十三五"规划时,提出"要加强在全球经济发展中的发言权,构筑广泛的利益共同体",显示出了在金融、商贸物流领域的积极参与姿态。同时,作为地区大国,中国也将加强其在近60个创始成员国加入的国际金融机构亚投行中的主导作用。

"'一带一路'是以一种非常积极的方式面向未来,是一个建设性的、开放的未来版图,将给世界的重要地区带来更多的安全、稳定和发展。"[①] 中国是日韩两国经济发展不可或缺的存在。中国是日本的第二大出口贸易伙伴,是韩国的最大贸易伙伴、最大出口市场、最大进口来源国与最大海外投资对象国。中国与日韩的经贸合作以互补性合作作为基础。日韩两国参与"一带一路"建设与其同中国的经贸合作有着根本的一致性,日韩的参与将使其获得通常经贸合作无法分享到的利好。因此,要积极向日韩等国宣传参与"一带一路"倡议的相乘效应,促进"利益共有"概念的形成,促使日韩两国将本国利益具体化,将政策和利益融合进中国的这个提议中。

(三)加强对日信息沟通与合作

自"一带一路"倡议提出以来,从日本使领馆相关人员、研究机构及企业界人士的来访及调查活动中了解到,日本对反映"一带一路"建立、实施及最新进展状况的信息有着强烈的需求。因此,中日双方有必要就"一带一路"展开信息合作。中方可在确保国家信息安全的情况下,与日本经济产业省下属机构、负责海外信息收集的日本贸易振兴机构,以及财务省下属机构、负责提供金融信息的国际金融信息中心(JCIF)机构有效联合,这无疑有利于我们扩大宣传,促使日本早日参与到"一带一路"的建设中来。[②]

[①] 参见《"一带一路"将重构国际秩序》,http://money.163.com/15/0526/10/AQHKR7K500253B0H.html。
[②] 吉崎達彦「特集:『一带一路』構想と日本の対応」,『溜池通信』第581卷、2015年12月18日。

（四）促进日本民间企业的积极参与

通过调查了解到，日本企业对参与基础设施建设有着浓厚兴趣和迫切需求，但对"中国确保亚投行的运营实现公正性和透明性"及"缺乏收支核算意识"等抱有担忧，这些在一定程度上影响了日本企业的合作意愿。今后，中日两国应在日本民间企业感兴趣的领域加强合作。如在位于泰国南部的克拉运河开通的过程中，日本企业曾多次主动提出各种避开马六甲的建议，希望得到其他国家的积极回应。中国一直在努力构建一个符合中国利益的东亚自由贸易区，包括与日本和韩国就中日韩自由贸易协定进行谈判，以及积极参与由东盟发起的区域全面经济伙伴关系（RCEP）的谈判。通过由地区大国中国参与的多边协商，无疑可加速实现其绕开马六甲海峡、降低风险、缩短航期的目标，使日本获得更大的利益。中国企业应在多边框架下，积极探讨同日本民间企业进行合作的可能性。

（五）加速推进中日韩自贸区谈判进程

日本对华出口的七成、对韩出口的六成都存在关税问题，严重制约着中日和日韩的经贸合作。中韩自贸区正式生效后，未来20年内中韩双方将逐步取消90%的商品的关税，日方压力增大。日本将在汽车、电子及家电产品等方面面临与韩国的激烈竞争。中韩自贸区战略为尽早形成中日韩自由贸易区提供了先期模板和重要经验。中韩谈判的达成和正式生效为完善中日韩自贸区的外部环境创造了良好的条件。目前，中国（包括香港地区）、日本和韩国人口占世界总人口的23.9%，三国的GDP占世界总量的20.6%，进出口贸易额分别占16.7%和13%，外汇储备占36.8%，能源消费占19.3%。如果三国建立自贸区，不仅将有效促进中日、中韩合作，还将极大地促动日本参与"一带一路"建设。我们应抓住这一有利时机，加快推进中日韩自贸区谈判，争取早日取得突破。

日本应对"一带一路"建设的经贸布局

Japan's Economy and Trade Pattern Deal with the Belt and Road

B.20 "一带一路"与日本基础设施出口战略新布局

刘 瑞[*]

摘　要： 在"一带一路"倡议推进过程中，中国将基础设施建设互联互通作为"走出去"战略的优先领域，不断扩大与"一带一路"沿线国家共同推动基础设施建设的合作空间。针对中国对外投资布局，日本进一步强化了基础设施出口战略，其布局体现了对外经济战略的常规特点，同时从项目标准、区域布局、金融支持等方面强化竞争态势。中日两国在基础设施建设领域各有优势，中国一方面应认真研究、借鉴日本经验，另一方面须冷静应对日本在"一带一路"沿线基础设施建设中的竞争。

关键词： 一带一路　基础设施出口　战略布局　高质量　竞争

---

[*] 刘瑞，经济学博士，中国社会科学院日本研究所副研究员，全国日本经济学会副秘书长，主要研究领域：日本金融、中日金融制度比较等。

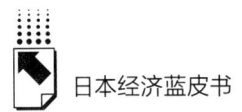

2010年6月,日本政府首次将基础设施出口提升为国家战略重大项目,并建立相应组织,提出具体目标和实施框架,以扩大基础设施出口规模。近年来,日本基础设施出口战略不断强化,政策支持力度持续增加。

一 日本基础设施出口战略演进历程

20世纪70年代起,日本通过政府开发援助(ODA)参与发展中国家基础设施项目,积极推广日本设备和技术。随着海外基础设施建设需求增加,加之日本国内经济低迷、人口老龄化、少子化导致内需市场饱和,因此日本基础设施亟须进一步对外扩张,在以新兴国家为主的海外市场寻求商机。

(一)麻生内阁"增长战略"

2009年6月,麻生内阁通过了《经济财政改革基本方针》,指出金融危机后日本经济面临短期危机和结构性危机。其中提到,为提升产业结构,改革雇佣结构,日本应转变过度依存外需的经济增长方式,采用以内需与外需"双引擎"牵引的新的可持续性发展模式。在基础设施领域,为解决以亚洲为代表的全球在资源、环境和基础设施调整等方面存在的课题,日本应发挥先进的制造能力和技术能力优势,获得世界经济增长的成果。①

具体政策上,麻生内阁在"增长战略"中提出了"低碳革命"目标,在全球以最快速度研发和普及低碳交通工具、改善低碳交通基础设施、向海外出口高铁系统等。作为"为亚洲、世界可持续发展做贡献"的举措,日本采用了在亚洲各国扩大物流网络,强化与中东、中南美洲、非洲等新兴国家、资源国家的产业合作,促进农业海外投资等方式。

(二)菅内阁"产业结构愿景2010"及"新增长战略"

2009年8月,日本民主党上台执政。2009年12月,内阁通过了《新增长战略基本方针》。作为其具体措施,2010年6月,菅直人政府先后出台"产业结构愿景2010"(以下简称"愿景")、"新增长战略",将基础设施海外投资作为重要战略领域。

---

① 首相官邸「経済財政改革の基本方針2009について」、2009年6月23日閣僚決定、http://www.kantei.go.jp/jp/singi/keizai/kakugi/090623kettei.pdf。

日本政府在"愿景"里勾画出五大战略产业,①并对列居五大战略产业首位的基础设施相关产业的海外输出做出了进一步规划。在其后推出的"新增长战略"中,日本政府推出七大领域增长战略,并进一步选定了 21 个对经济增长贡献度高的具体举措,将其作为国家战略项目。其中,在亚洲经济战略中,打包型(package)基础设施海外出口作为一项国家战略项目,旨在将日本的技术、经验作为亚洲可持续发展的增长引擎,以"一个声音,一个整体"(one voice, one package)的形式支持基础设施领域的民间企业对外投资。其具体形式为通过官民合作体制,为新干线、城市交通、水、能源等基础设施整备以及环境共生型城市开发提供援助。其政策目标为,至 2020 年亚洲基础设施出口达 19.7 万亿日元,以此确立基础设施大国地位。②可以看出,菅内阁首次将基础设施海外出口战略上升为重要的国家战略项目,并建立了相应组织和实施框架。

(三)安倍第二次内阁"日本再兴战略"

2012 年 12 月,安倍第二次内阁成立后,进一步强化了基础设施出口战略。2013 年 1 月,安倍首相在日本内阁下设的经济再生本部会议中,提出了"基础设施系统出口"构想,旨在推动居世界领先水平的日本基础设施的出口,确保日本获取更多能源、矿产资源的海外权益。同年 3 月,日本政府设立"经济协作基础设施战略会议"(以下简称"经协会议"),作为促进日本基础设施出口的最高机构,由内阁长官为议长,财务省、外务省、经产省等相关部门大臣为成员,综合规划和指导日本基础设施出口政策、对外经济合作等相关重要事项。可以说,经协会议是日本基础设施出口战略的"司令塔",全面统筹和协调推进基础设施建设工作。

1. 基础设施系统出口战略

2013 年 5 月,经协会议第四次会议提出"基础设施系统出口战略",指出日本企业不仅要出口基础设施设备,还要出口包含设计、建设、运营和管理等基础设施的全套"系统",扩大在东道国的事业投资。其战略目标为截至 2020 年,

---

① 経済産業省「産業構造ビジョン2010」、2010 年 6 月 3 日、http://www.meti.go.jp/committee/summary/0004660/。
② 首相官邸「新成長戦略—『元気な日本』復活のシナリオ」、2010 年 6 月 18 日閣僚決定、http://www.kantei.go.jp/jp/sinseichousenryaku/sinseichou01.pdf。

日本企业基础设施出口订单规模从2010年的10万亿日元增加至30万亿日元（参见表20-1）。

表20-1 日本企业在基础设施系统出口主要领域的海外订单规模预测

单位：亿日元

主要领域		2010年(现状)	2020年(预测)
能源	电力	22000	90000
	核能	3000	
	石油、天然气公司	5000	
	智能社区	8000	
	小计	38000	
交通	铁道	1000	70000
	新一代汽车	10	
	先进安全汽车	—	
	公路	2000	
	海港	1000	
	航空	501	
	小计	4511	
信息通信	信息通信	40000	60000
基础整备	工业园区	100	20000
	建筑业	10000	
	小计	10100	
生活环境	水	2000	10000
	再循环	1000	
	小计	3000	
新领域	医疗	5000	50000
	农业、食品	1000	
	航空航天	200	
	海洋基础设施、船舶	1000	
	邮政	150	
	小计	7350	
合计		102961	300000

资料来源：作者自行整理制作，数据参见「インフラシステム輸出戦略（平成26年度改定版）」(2014年6月3日)。

在地域划分上，基础设施系统出口战略将开展海外基础设施建设的东道国，分为"发达国家＋新兴国家及欠发达国家"等不同区域，其中发达国家经济成熟，对基础设施质量要求较高，其需求主要在于基础设施的改善、更新等。对于新兴国家及欠发达国家，根据企业投资情况，分为三大战略区域。一是"东盟"区。日本在这一区域形成了相当规模的产业集群，在贸易投资和基础设施出口方面，日本将其视为"绝对不能失去也不能输掉的市场"，因此在所有领域不仅扩大基础设施出口规模，还通过强化供应链，加强对日本企业的支持力度，促进更多产业投资。关键词为"全面出动"。二是"南亚、西亚、中东、俄罗斯及独联体、中南美"区。由于地理和文化等原因，日本企业在这一区域贸易投资和基础设施投资相对落后，其战略指向为"提升数量"（critical mass），获得相应市场份额，在基础设施领域应抢先获得重要项目订单。三是"非洲"区。日本企业在此区域投资缓慢，因此处于"不战而败"状态。为确保资源，通过政府开发援助（ODA）等方式，努力营造"哪怕一个成功的事例"。

2. 国际开拓战略："日本再兴战略"行动计划

2013 年 6 月，作为"安倍经济学"的重要组成部分，安倍内阁通过了新的经济增长战略，即《"日本再兴战略"——Japan is Back》（以下简称"再兴战略"）。"再兴战略"是 2010 年营内阁"新增长战略"以及 2012 年野田内阁"日本再生战略"的延续，也是安倍内阁首次提出中长期经济发展目标。其主要由三项行动计划构成，即日本产业再兴计划、战略市场创造计划和国际开拓战略，其中，基础设施系统出口作为国际开拓战略的重要一环，成为国家一项重要的对外经济政策。①

2015 年 5 月，在东京都召开的"第 21 届国际交流会议——亚洲的未来"中，安倍首相发表题为"高质量基础设施合作伙伴关系：面向亚洲未来的投资"的讲话，提出要加强与亚洲开发银行（ADB）的合作，在今后五年，即 2016 年至 2020 年对亚洲地区高质量基础设施投资增加 30%，达到 1100 亿美元，并以此为平台，吸引和动员各国民间资金及技术，在质与量两方面推动基础设施投资。②

---

① 首相官邸「日本再興戦略—JAPAN is BACK—」、2013 年 6 月 14 日、http://www.kantei.go.jp/jp/singi/keizaisaisei/pdf/saikou_jpn.pdf。
② 外務省・財務省・経済産業省・国土交通省「質の高いインフラパートナーシップ—アジアの未来への投資—」、2015 年 5 月 21 日、http://www.meti.go.jp/press/2015/05/20150521003/20150521003 - 1.pdf。

二 日本基础设施出口战略特点

(一)官民一体化特征明显

作为企业寻求海外投资收益的经营行为,基础设施出口投资的主体为民间企业。但是由于基础设施开发具有初期投资规模大、回收期间长、经营风险高、受东道国政府影响等特点,长期以来日本政府一直大力支持企业"走出去"。随着基础设施领域国际竞争的加剧,日本政府通过强化官民一体化运作模式,为企业提供了综合性、立体性、全方位的政策支持。

第一,顶层推动,加大首脑推销力度。安倍第二次内阁成立后,以东盟、中东、北美、非洲、印度等国家和地区为中心,大幅提升首脑推销(top sales)的频率和力度。2013年首相、大臣及副大臣、政务官等出访121次,2014年为127次,远高于2012年的48次。其中经济团体同行出访次数增加,2012年仅为5次,2013年至2014年分别为20次和27次。同时,日本政府也加大了外国政要访日时的首脑推销力度,2012年日本政府利用外国政要访日之机,通过宣传基础设施项目、邀请体验相关设施等方式推销日本产品的次数仅有58次,2013年达到148次,2014年为90次。

第二,机制整合,强化"产、官、学"内外协调机制。对内,在经协会议部署下,日本政府相关部门在基础设施项目的立项、开发、实施、推进及后期管理等各方面相互协作,与企业及相关专业机构形成合力,加强政府、企业和相关机构信息整合与对话沟通能力,形成统筹协调、资源整合的工作机制。对外,为帮助企业在东道国顺利开展业务,日本强化了海外信息收集与战略说明功能,外务省在重点国家使领馆专门设置基础设施项目专员,对企业进行指导。截至2014年3月,共在50个国家的58个使领馆设置了127名专员。[1] 同时,政府部门与驻外使领馆、国际协力机构、日本贸易振兴机构、日本国际协力银行、日本经团联、日本商工会等专业机构形成了定期政策对话机制,全方位支持企业基础设施对外投资。

第三,资金支持,强化金融保障力度。基础设施项目融资具有资金规模大、

---

[1] 外务省「応援します!日本企業の海外展開」、2014年3月、http://www.mofa.go.jp/mofaj/p_pd/dpr/page1w_000069.html。

回收周期长、投资风险高等特点，为弥补民间资本供给缺口，提高企业投资信心，降低投资风险，日本政府通过三种融资工具为海外基础设施项目提供金融支持。一是政府开发援助。日本以 JICA 为主体，通过 ODA 框架下的技术合作、无偿资金援助和日元贷款等方式，为发展中国家提供日本先进技术和经验，旨在有效发挥官民合作整体优势。二是投融资。2014 年 6 月，为减少日本企业汇率风险，进一步完善 JICA 海外投融资机制，在日元计价基础上，增加了以投资国货币计价融资安排；2014 年 10 月，日本成立了"海外交通与城市开发事业支援机构"（JOIN），主要为东南亚市场基础设施提供资金支持；2015 年 3 月日本修订《贸易保险法》，扩充企业海外交易时所适用的日本贸易保险（NEXI）功能；2015 年 7 月，日本政府进一步放松了 JBIC 对新兴国家的投资风险标准；2015 年 11 月，日本政府与企业合资成立了"海外通信、放送、邮政事业支援机构"（JICT），为相关企业提供投资帮助等。三是公私合作模式（PPP）。首先形成由日本综合商社、制造商、咨询公司、建筑企业及地方政府等组成的专业团队，在东道国设计开发 PPP 项目，通过股权融资、日元贷款、可行性缺口补助（Viability Gap Funding）等方式提供资金支持，以吸引更多民间资本参与。

（二）强调高质量公共产品的优势

在基础设施方面，日本企业在能源加工、交通信息、生活环境等领域的产品和要素技术均保持世界先进水平，因此日本政府将高质量作为其海外投资的比较优势，宣传"高质量基础设施投资""高质量基础设施投资伙伴关系"等概念。第一，利用国际场合，推销政策理念。高质量基础设施具备经济性、安全性、强韧性等特点，同时兼顾环境友好型以及带动当地经济、社会发展等特征。安倍首相在二十国集团、亚太经济合作组织等国际舞台中，多次强调这一概念，并制作了日、英两种版本的《高质量基础设施投资事例集》，向国际社会说明日本取得的相关进展。第二，普及日本模式，确定国际标准。在节能环保、火力发电、低碳城市、信息通信等优势领域，日本将其技术、制度和经验等统称为"日本模式"，并致力于将其作为国际公认的行业标准和认证基础。第三，支持新兴、尖端产业基础设施投资。如出口医疗技术、医疗器械；利用海洋基础设施技术，开发海洋矿物资源和可再生能源；对外投资高效的农业基础设施系统等。第四，培育亲日人才，维护公共产品形象。在基础设施领域，培育在世界有影响力的跨国公司，在培养日本企业国际化人才的同时，完善与东道国共同构建人才网络的环境。同时利用日本海外技术者研修协会（AOTS）、泰日工业大学等亲日组织，为外国研修生提供赴日学习、了解日本品牌的机会,通过传播日本传统文化、职业观念、价值理念等软实力,培养亲日派、知日派人士。

(三)强化"打包型系统出口"方式

在以往的基建项目中,日本企业主要以大型成套设备出口为主,供应链条单一,收益性和产业外溢效果不足,日本企业基建输出主要以企业单打独斗参与竞标为主,其主体为综合商社和跨国企业,承担风险能力有限。从业务种类看,主要集中在项目的设计(engineering)、采购(procurement)、建设(construction)等一次性生产活动中(EPC)。而欧美等国均为一体化方式,既包括处于产品上游的项目开发、土木工程,又包括设备运营、维修保养、服务管理等下游产出,延伸了产品和服务的价值链。据统计,EPC项目的市场规模与其他上下游产品规模持平,如2013年全世界上下水道相关投资为50.3万亿日元,其中维护、运营管理费就高达30.9万亿日元。另据测算,2015年至2017年铁路市场规模将达14.35万亿日元,其中车辆及信号系统的EPC与维护管理等下游业务规模各占一半左右。①

在基础设施对外出口的激烈竞争中,虽然日本产品技术水平领先,但与欧美相比,存在价格较高、市场管理及品牌经营能力不足等劣势,而中韩企业也以成本低的优势发展迅速。面对这种困境,日本开始注重基础设施的系统性打包输出,并从政府层面进行了推进。2013年6月出台的《基础设施系统出口战略》中,日本政府首次明确提出了"从上游到下游,对基础设施项目进行全面支持",内容包括含有资金合作在内的一揽子提案、对下游企业的公共融资、公共部门对整体订单的综合推动等。2015年6月,在该战略的修订版中,日本政府进一步强化从中长期视野采取的全方位综合措施,官民一体化推进企业海外业务的整体输出。

三 战略布局新动向:针对中国的竞争意图

面对中国"一带一路"倡议以及随之推进的一系列政策实践,出于自身战略定位考量,日本在基础设施出口方面与中国竞争加剧,同时在对中国周边国家

---

① 宫澤元「アジアの『成長』を取り込むインフラ輸出戦略」、みずほ総合研究所、2015年8月7日。

的基础设施投资中，日本也会掺入某些针对中国的因素，凸显抑制、防范中国"一带一路"倡议的意图。

第一，从综合性能看，与日本相比，中国在海外基础设施建设中具备资金雄厚、造价低廉、建设速度快、工人经验丰富、管理效率高等优势，在"一带一路"倡议推动下，中国在公路、铁路、电站等基础设施领域进展顺利。对此，日本倡导"高质量基础设施投资"，主要强调两个要点，一是看似初期费用较高，但耐用性强，若将售后维修和管理计算在内，总体价格合理；二是环境负荷小，抗灾能力强。2015年7月，安倍首相在日本与湄公河流域国家首脑峰会上，宣布将在"质量和数量"两方面为湄公河地区基础设施开发做出贡献，承诺未来三年将向湄公河流域五国（柬埔寨、泰国、越南、缅甸、老挝）提供7500亿日元的政府开发援助，推动高质量基础设施建设。在会议签署的共同文件《新东京战略2015》中，含沙射影地指出"对可能损害区域和平、安全与稳定的南海近期动向，注意到相关国家的疑虑"。在中国获得印度尼西亚雅万铁路订单后，日本更加焦虑，2015年11月，在土耳其安塔利亚举行的二十国集团（G20）首脑峰会上，安倍强调日本在基础设施投资方面的贡献，呼吁扩大高质量基础设施投资，指出此举既有助于地区经济增长，也有助于可持续发展。

第二，从区域布局看，日本将加大在"一带一路"沿线地区与中国的竞争。（1）在东南亚地区，印尼、马来西亚、泰国、越南等国都推出高铁建设计划，升级本国铁路网。作为东盟十国最大的外国直接投资来源国，日本努力维持其在东南亚地区确立已久的经济影响力。2015年5月，日本与泰国联合签署备忘录，建设曼谷与清迈之间约680公里的路线。2015年10月，中国在印尼成功逆袭日本，最终赢得了50亿美元的订单，负责雅加达—万隆高铁建设及运营。对此日方在失望之余，对中国建设前景并不看好，甚至认为中方无法实现承诺。2015年12月19日，一波三折的中泰铁路合作项目重新启动，修建廊开—呵叻—耿奎—玛它普和曼谷—耿奎铁路，全长845公里，设计时速180公里，实质性地推动了泛亚铁路建设进程。预计中日双方在东南亚地区的基础设施建设竞争将会更加激烈。

（2）在南亚地区，印度拥有庞大的人口基数和巨大的经济发展潜力，但基础设施落后。近年来，印度成为日元贷款的最大受援国，在印度外国投资来源国中，日本为第四位，中国为第17位。JBIC关于日本企业海外投资的最新调查结果显示，对日本制造业企业而言，作为中期具有潜力的海外投资目的地，印度连

续两年列居首位。2015年12月，印日签署价值120亿美元的高铁协议，区间为孟买至艾哈迈达巴德，全程约505公里，项目总造价约为147亿美元。中国铁路总公司虽没有直接参与此项目竞标，但获准开展对新德里到孟买和从新德里到钦奈两条线路的可行性研究，同时中国决定参与2015年6月印度铁道部发布的采购、生产、维修动车机车的招标竞标活动。由于日本承接的高铁线路很可能成为印度高铁网络的样板，而日本为此项目提供了期限为50年、贷款利率仅为0.5%的超低廉贷款，同时，日本强调日印是拥有共同价值观和战略利益的"民主国家联盟"，以此增加在南亚抗衡中国的砝码。

（3）在中亚地区，随着中国与哈萨克斯坦、土库曼斯坦等国铺设的石油、天然气管道相继开通，中国成为这一地区最大的贸易伙伴，目前中国拥有哈萨克斯坦油田权益的25%，近40%的天然气从土库曼斯坦进口。同时，包括中、俄及中亚四国在内的上海合作组织（简称"上合组织"）也在地区安全、基础设施建设中发挥出重要作用。中亚地区作为欧亚大陆的中央和"丝绸之路经济带"构想的战略要冲，中国在中亚迅速推进铁路和高速公路等基础设施建设，积极开展资源投资，共建丝绸之路经济带已纳入中国与中亚五国签署的联合宣言文件。由于该地区蕴含丰富的石油、天然气、铀、稀有金属等资源，近年来印度、伊朗、土耳其等国也试图发展与中亚的关系。2014年以来，中亚五国分别出台了新的经济发展计划，将开发能源产业、加快道路基础设施建设作为重点，与"丝绸之路经济带"建设形成对接。2015年10月，安倍时隔9年首次遍访中亚五国，力图扩大日本在中亚地区的存在感，推动日本企业在中亚基础设施投资中分羹，以此抗衡中国"一带一路"构想的不断推进。

（4）在非洲地区，据世界银行测算，非洲落后的基础设施会使生产率减少40%，把经济增长率拉低2个百分点。在基础设施投资需求方面，仅撒哈拉以南非洲地区每年就需要900亿美元，但根据2015年6月联合国发布的报告，非洲的外国直接投资仅为540亿美元，其中撒哈拉以南非洲地区为420亿美元①，投资缺口很大。中国通过资金援助等方式在非洲基础设施建设方面给予了大量援助，据《经济学人》杂志发表的报告分析，2013年在流入非洲基础设施领域的公共资金中，中国以134亿美元占据首位，远高于第二位日本的15亿美元。② 在

---

① 参见联合国贸易和发展会议发布的《2015年世界投资报告》，2015年6月。
② 参见贝克·麦坚时国际律师事务所（Baker & McKenzie）和经济学人企业组织（Economist Corporate Network）联合发布的《跨越非洲基础设施差距》（Spanning Africa's Infrastructure Gap）。

中国企业积极拓展下，截至2014年，中国连续六年成为非洲第一大贸易伙伴，非洲成为中国企业第二大海外承包工程市场，合作项目主要涉及水利、道路、桥梁、港口、电力等基础设施。2015年12月，习近平主席在中非合作论坛峰会上表示，今后3年将为非洲提供600亿美元的资金支持，在基础设施建设、金融、工业化和农业近代化等十个领域提供支持，并将中非新型战略伙伴关系提升为全面战略合作伙伴关系。鉴于中国在非洲基础设施出口方面大步领先，日本将通过官民一体化战略与中国展开竞争，国土交通省将与外务省、海外建设协会设置"非洲基础设施项目推进委员会"，通过增加ODA对非援助规模，增加日本企业订单数量。2016年，日本将主导首次在非洲举办的第六次非洲开发会议（TICAD），利用这一国际平台，日本将进一步推动对非洲的基础设施投资。

第三，从金融角度来看，日本首先将中国牵头的亚洲基础设施投资银行（AIIB，简称"亚投行"）视为弱化其地区影响力的威胁。亚投行作为重点支持亚洲基础设施建设的区域性多边开发机构，由中国发起成立，资本金为1000亿美元。日本一方面拒绝加入亚投行，一方面提出"高质量基础设施伙伴关系"，宣布在今后五年间对亚洲地区提供1100亿美元资金，用于高质量基础设施投资，其中ADB融资约为530亿美元，日本国内JICA和JBIC分别约为335亿美元和200亿美元。2015年11月，日本对此项制度进一步进行补充和扩充，在放宽贷款条件、加速贷款审批、管控贷款风险、加强与ADB合作等方面均有较大调整，如利用JICA进行日元贷款时，在投资国经济稳定、政府充分参与的条件下，向地方政府、国有企业等官方机构发放贷款时，可以免除政府担保，而且重要项目放贷手续从以往的3年缩短为1年半，一般项目缩短至2年。JBIC则强化了高风险项目融资机制，根据日本法律，JBIC只能向盈利项目实施投融资。日本政府将在2017年向国会提交JBIC法修订案，在新框架下，日本对新兴市场高风险基建投融资实施解禁，个别风险较高的项目也能获得投融资支持。同时，JBIC将获准从当地金融机构以当地货币进行长期融资。在与ADB合作方面，第一步由ADB在2016年3月底前成立信托基金，由JICA出资，为高质量PPP等民间基础设施项目融资，未来五年内信托基金投融资规模最高将达到15亿美元。JICA与ADB还将在未来五年内共同出资100亿美元，为政府的公共基础设施投融资提供长期资金。可以看出，中国发起的亚投行、丝路基金、金砖国家开发银行等，以多种形式为亚洲基建项目提供融资。面对强大的中国资金及多元化融资模式，日本竞争性地推动了投融资制度改革，从坚持营利性、安全性转为承担更大风险，以争夺亚洲基础设施建设投资市场。

四 结语

日本从20世纪60年代起开始对外投资的步伐,至今积累了许多宝贵经验及教训。截至2014年,日本海外净资产连续24年居世界首位,为全球最大债权国。我国对外投资规模不断增加,有望成为净投资国。在中国企业"走出去"过程中,一方面我们应认真学习和借鉴日本经验;另一方面,也要冷静应对与日本在"一带一路"沿线地区基础设施建设中的竞争。在基础设施出口战略推进过程中,为减少信息不对称带来的基础设施投资风险,政府应与企业、民间形成合力,共同促进"一带一路"倡议的安全落地。同时,我国应更加注重培育代表中国新形象的企业和品牌,提升公共产品形象。目前,中日双方都面临产业结构转型,均需寻找新的经济增长点,基于两国海外投资的现实需求,我国应对日强调"一带一路"的积极成果,在竞争中寻找合作共赢机遇,减少零和博弈。

B.21
日本对湄公河次区域的经济外交
——"一带一路"背景下的政策调整

白如纯*

摘　要： 大湄公河次区域是中国与日本在对东盟关系中主要的利益交集地区。五国中除泰国外的四国为东盟后加盟成员，经济发展水平相对滞后，但该地区能源、资源丰富，人口众多，市场潜力巨大。日本与湄公河流域五国的合作已机制化，对该地区的投入也呈现逐年递增的态势。在中国"一带一路"构想中，该地区处于"21世纪海上丝绸之路"前沿和重要枢纽位置。针对中国加强与东盟特别是与大湄公河次区域经济合作带来的挑战，日本也相应做出政策调整。围绕大湄公河次区域的开发与合作，中日两国的竞争与协调将成为常态。

关键词： 大湄公河次区域　日本东盟外交　21世纪海上丝绸之路　区域经济合作

日本与中南半岛各国关系密切，近年来在湄公河流域的经济外交力度更趋增强。中国政府针对亚太地区新形势，提出"一带一路"倡议和"亚洲基础设施投资银行"（AIIB）倡议，东盟各方预期这将为本地区基础设施和经济发展带来新利好。日本重点突出对本地区基础设施尤其是交通设施和市政工程等提供援助，显示出针对中国的竞争意图。[①]

---

* 白如纯，法学博士，中国社会科学院日本研究所副研究员，主要研究领域：日本外交与中日关系、日本与东盟关系、日本的东亚区域经济合作政策。

① 本文所述"湄公河次区域"范围指湄公河流域的老挝、缅甸、泰国、柬埔寨、越南五个主权国家，异于包括我国云南、广西在内的"大湄公河次区域合作"（GMS）机制的范围。

一 日本对湄公河次区域政策的形成和发展

澜沧江－湄公河是亚洲最重要的国际河流之一,在中国境内段称澜沧江,流出中国境外段为湄公河,其流经中国、缅甸、老挝、泰国、柬埔寨、越南六国,最后注入南中国海。湄公河次区域陆上连接中国和东南亚、南亚,海上跨太平洋和印度洋,战略地位极其重要。日本与湄公河流域各国关系的发展历程,见证了该地区国家的悲欢离合与日本地区外交的酸甜苦辣。

(一)"湄公"多重定义与日本的初期经济外交

在日本外交条目中,以"湄公"概念称谓该次区域的时间并不长。在一般日本人的印象中,普遍所知的概念是湄公河流域内的印支三国,即越南、老挝、柬埔寨三国。在目前的日本学术界相关论述中,因研究领域与研究对象不同,对该地区大概有"GMS"(扩大的湄公河次区域或者"大湄公圈")、"湄公河流域"、"东盟新规加盟国"以及略写为"CLMV"① 等的概念和称谓。②

第二次世界大战后期,日本占领了东南亚大部分地区。当时日本称东南亚为"南方",而囊括该地区的军事组织则被称为"南方军"。与日本作战的盟军在该地区设立了"东南亚司令部"(southeast-Asia Command),这大概是"东南亚"作为国际关系概念的最初来历,并在之后一直沿用。只是其战略意涵逐渐淡化,成为具有政治、经济、文化等多层意义的综合性地理概念。③ 包括现今东盟十国加上东帝汶在内的东南亚区域,则形成于20世纪90年代东盟完成扩容以后。历史上日本所定义的东南亚地区,也有除去菲律宾但将印度以及中国的台湾、香港地区包括在内的说法。④

1. 对印支三国的经济外交

1951年"旧金山和会"特别是1954年第一次印支战争结束后,日本通过赔

---

① CLMV 为柬埔寨、老挝、缅甸、越南的首字母组合,已成为近年来日本学术界对大湄公河次区域除泰国之外后发四国的惯用称谓。
② 白石昌也「日本の対インドシナ・メコン地域政策の変遷」、『アジア太平洋討究』第17号、2011年10月、第2頁。
③ 矢野暢『冷戦と東南アジア』、中央公論社、1986年、第26頁。
④ 白石昌也「日本の対インドシナ・メコン地域政策の変遷」、『アジア太平洋討究』第17号、2011年10月、第4頁。

偿和替代赔偿等途径，重启了战后一度中断的与东南亚各国的联系。1959年5月，日本与南越吴庭艳政权签署赔偿协定，其赔偿金的大部分用于修建水库、电站。对放弃赔偿要求的柬埔寨、老挝两国，日本则提供无偿资金援助（亦称"准赔偿"）。日本通过对老挝的"无偿合作资金"项目（1958年5月签署），为万象修建了小型火力电站和城市供水系统。对柬埔寨的"无偿合作资金"项目（1959年3月签署）则是为首都金边修建供水系统以及建立农业、畜牧、医疗技术中心。①

2. 对缅甸、泰国的经济外交

1948年1月，缅甸通过与英国谈判实现独立。缅甸执行独立的外交政策并拒绝参加"旷日山和会"，日本只好通过两国间谈判的方式，于1954年11月与缅甸修复关系并签署赔偿协定。与其他通过旷日持久讨价还价的对日索赔相比，缅甸成为日本第一个完成赔偿并实现外交正常化的国家。日本把对缅甸的赔偿及追加赔偿（1963年3月）用于帮助缅甸建设水库和水电站以及四大工业化项目（轻型车辆、重型车辆、农机具、机电制造）。②

对于湄公河流域的另一个重要国家泰国，日本专家认为因日本以"和平方式"进驻，所以其不具有对日索赔权。但日本把战时特别资金的结余部分，于1961年11月通过"签署无偿协定赠予泰国"。③

3. 参与最初的跨国开发尝试

1957年老挝、泰国、柬埔寨及南越政权成立了"湄公河下游调查协调委员会"（湄公河委员会）。1959年1月到1960年9月，该委员会实施了三次跨国开发调查，并计划统一开发。日本尽管不是该委员会成员，但对开发调查提供了技术和资金支持。由于印支战争等原因，该开发计划最终未能实现，但为其后日本参与该地区的开发与合作奠定了基础条件。

通过以上由赔偿途径开启的经济外交实践，日本完成了与湄公河流域各国的关系正常化，实现了日本战后重返地区与国际社会的目标，使得资源、能源和市场得到了初步保障。

---

① 日本賠償問題研究会編『日本の賠償』、世界シャーナル社、1963年。白石昌也「日本の対インドシナ・メコン地域政策の変遷」、『アジア太平洋討究』第17号、第4頁。
② 根本敬「ビルマ」、吉川利治編『近代史の中の日本と東南アジア』、東京書籍、1992年、第267～268頁。
③ 吉川利治編『近代史の中の日本と東南アジア』、東京書籍、1992年、第182～183頁。

(二)"福田主义"出台后日本对"湄公"的经济外交

1977年"福田主义"出台时,日本的东南亚外交是以东盟先加入五国为对象的,与湄公河流域越、老、柬、缅四国的交流与合作尚不具备必要条件。而且印支三国与当时的东盟五国在政治制度和意识形态方面存在巨大差异,即使同样认为自己是社会主义国家的越南与柬埔寨,实际上也处于相互对立的状态。日本希望为和平解决柬埔寨问题做"国际贡献"的目的,实质上是以东盟为对象实施地区外交政策。

1985年"广场协议"以后,在日元急剧升值的背景下,日本迅速加大了对包括湄公河流域的泰国在内的东盟各国的直接投资,密切的经贸关系也导致双方人员往来大幅增加。此外,由于中国在20世纪70年代末实行改革开放路线,日本开始对中国进行日元贷款和直接投资,东亚地区经济相互依存的局面逐渐形成。唯独越南、老挝、柬埔寨及缅甸被排除在区域合作浪潮之外。①

在解决柬埔寨问题的过程中,日本通过发挥积极的推动作用,实现了在国际社会更大的存在感。1990年6月柬埔寨各派在东京实现会谈。1991年在巴黎举办的柬埔寨和平会议上,日本成为和平协定签署国之一。这是战后日本作为第三方参与签署的第一份和平协定。日本还于1992年成为参与联合国柬埔寨维和行动(PKO)的一员。1991年柬埔寨问题和平解决后,1992年11月日本恢复了1979年冻结的对越南的日元贷款项目,并开始对柬埔寨提供大规模无偿援助,具体以派遣海外协力队以及在河内和金边设立日本合作银行办事处等形式加以落实。伴随政府间援助,民间贸易和投资开始活跃。

通过成功参与解决柬埔寨和平问题,日本树立了在越南、老挝、柬埔寨三国间加强影响力的信心。1993年1月,时任首相宫泽喜一在曼谷发表政策演说,提出建立"印支综合开发论坛"(FCDI)的倡议。同年12月,论坛高官会议在东京召开,1995年再度在东京召开部长级正式会议。时任副首相兼外相的河野洋平主持本次会议,除印支三国代表、东盟各国代表之外,还包括欧盟各国计24国,以及七个国际、地区机构的代表参加,美国也派官员列席会议。尽管印支综合开发论坛部长会议只召开了一次,但日本认为正是这样的"桥梁和纽带"

---

① 白石昌也「日本のCLMV諸国との関係の歴史:政治、外交分野を中心に」、古田元夫編『ASEAN新規加盟諸国の中の「中進国」ベトナムとの地域統合:日越関係を視野に入れて』(科研費研究報告書)、東京大学、2011年。白石昌也「日本の対インドシナ・メコン地域政策の変遷」、『アジア太平洋討究』第17号、第8頁。

的作用，使得游离于东南亚大家庭之外的印支三国和缅甸逐次成为东盟新成员。①

尽管日本政府在"湄公"为背景（如"湄公河委员会"②等）的合作框架内，采取了积极的支援措施，但相比欧洲各国还是显得低调。亚洲金融危机后，特别是进入21世纪初期，东亚区域经济合作成为潮流，以东盟为平台的各种合作框架并行运转，"湄公河流域"似乎一度远离了日本的外交视野。③

（三）始于民主党政权的新"湄公"经济外交

2009年中实现政权更迭的民主党鸠山内阁，开启了与湄公河五国首脑的会议新机制。到2012年野田内阁及2015年自民党安倍内阁，分别发表了《东京宣言》（2009）、《东京战略2012》、《新东京战略2015》，以及各自配套的"行动计划"，新经济外交模式成型。

1. 确立三年一届的援助周期

鸠山内阁主办的首届"日本－湄公河流域国家首脑会议"上，日本政府承诺将在2010年度开始的三年期内提供5000亿日元，帮助五国推进"东西走廊""南部走廊"等基础设施的建设，以及用于新能源开发、保护环境与生物多样性等项目。

2012年野田内阁时，第二期援助额为6000亿日元，计划动工57个基础设施建设项目。官方声明称，日本将在硬件和软件两方面加强对湄公河次区域的投资，主要是通过对"东西走廊"和"南部走廊"项目的援助，增强区域间的连通性和贸易便利化。

2015年安倍内阁的第三期援助增至7500亿日元，尽管由于日元贬值可能实际价值缩水，但以日元计算的援助额超过了之前的两次。

2. 领导人政治姿态保持连续性

2009年11月首次举办的日本－湄公河流域国家首脑会议期间，鸠山首相与五国首脑举行集体会谈，又于次日分别单独会见。鸠山由纪夫表示，其"东亚共同体"主张能否顺利进展，关键在于湄公河流域，将以新的形式构筑日本与湄公河流域各国的信赖关系。

---

① 山影進『ASEANパワー：アジア太平洋の中核へ』、東京大学出版会、1997年、第164頁。
② 1995年4月成立该委员会，成员是前文提到的1957年成立的同名机构所属成员，但合作内容发生变化，同时中国和缅甸成为观察员。
③ 山影進『「新ASEANの課題」と日本』、NIRA、2008年、第13頁。

2012年4月，野田佳彦在首脑会谈后表示，湄公河地区的稳定和繁荣，对东亚地区的和平与发展意义重大，日本政府将继续把湄公河地区作为重点援助的对象。

2015年7月日本-湄公河流域国家首脑会议后的记者会上，安倍首相表示日本审议中的所谓"和平安全"系列法案，是为了日本进一步为国际社会的和平与安定做贡献，日本也要以"积极的和平主义"为基础，为湄公河地区的和平与安定做贡献。日本方面还安排五国首脑出席在皇宫举办的茶话会，与天皇明仁和秋筱宫王子会谈，意在表明日本方面的重视姿态。

二 "一带一路"背景下日本的次区域经济外交

2012年下半年开始执政的中国新一代领导层开启了全新的外交布局。2013年，习近平主席在出访中亚和东南亚期间提出"一带一路"倡议，被国内外普遍认为是最具影响力的标志性举措。其中建设"21世纪海上丝绸之路"，离不开东盟国家特别是中南半岛国家的参与和合作。

（一）"21世纪海上丝绸之路"构想与大湄公河次区域

1. 大湄公河次区域的区位优势与GMS机制

大湄公河次区域是"海上丝绸之路"沿线的重要区域，该区域面积达250多万平方公里，人口约3.2亿。尽管资源、能源蕴藏丰富，并具有生物多样性优势，但受多种因素影响，大湄公河次区域的经济和社会发展相对落后，其中柬埔寨、老挝和缅甸被联合国划入世界最不发达国家之列。1992年，亚洲开发银行（ADB）倡导并提供重点援助的"大湄公河次区域经济合作"机制（GMS）诞生。该机制主要包括三个层次：三年一次的领导人会议、每年一次的部长级会议，以及不定期的高官、工作组协调会及专题论坛。

回顾大湄公河次区域合作历程，GMS合作机制在以项目为主导的合作方式下，各领域不断取得进展，并确保了合作的可持续性。2002年11月举行的首次金边峰会上，确定其后每三年在成员国轮流举办一次领导人会议。2005年7月，第二次领导人会议发表《昆明宣言》，批准了便于促进贸易投资、保护生物多样性以及经济走廊建设等多项合作框架。2008年3月的万象会议，提出《2008~2012年大湄公河次区域经济合作发展行动计划》。2011年12月，在缅甸内比都召开的第四次领导人会议通过了《大湄公河次区域经济合作新十年（2012~2022）战略框架》。

目前，大湄公河次区域在公路、铁路、水运和航空建设等方面已基本实现互联互通。GMS铁路联盟于2014年8月成立，泛亚铁路东线的蒙自—河口段以及越南河内—老街的高速公路也已建成通车。

2. 中、日均为GMS合作重要参与者

中国对大湄公河次区域合作的认知不断深入，参与的力度不断加大。2014年12月，GMS第五次领导人曼谷会议上，李克强总理在发言中再次明确表示，中国将一如既往为维护地区稳定和次区域经济发展提供强有力支持。

2014年，中国与GMS五国间的贸易总额达到了1889.11亿美元。在非传统安全领域，至2014年底，中、老、缅、泰四国在湄公河流域联合巡逻和执法次数已达29次，有效打击了湄公河贩毒、走私、贩卖人口等跨国犯罪。① 前文提到，日本在大湄公河次区域提升影响力的重要机遇，是参与解决柬埔寨和平问题。经过联合国、柬埔寨各方以及相关大国共同努力，到1991年末柬埔寨和平目标基本实现。1992年亚洲开发银行倡议成立GMS合作机制，日本作为主要股东，是该行主导的"亚洲开发基金"、"亚洲开发银行研究所特别基金"以及"日本特别基金"的最大出资国，对该机制持积极态度并具有充分的参与条件。实际上，日本外务省1991年起即在政府开发援助（ODA）计划中，设立了"湄公地域开发"项目，② 其策划与行动稳妥及时。

1997年亚洲金融危机后，经过几年的调整，东南亚地区一体化以及东亚经济合作进入一个高潮。随着中国与东盟关系的迅速发展，日本加强了对包括湄公河地区在内的东南亚地区的外交力度。如果说小泉内阁时期日本的东南亚外交主要以东盟整体以及几个先进成员为对象展开的话，那么2007年《东盟宪章》签署后，日本则把重点转移到了湄公河流域。2008年日本-湄公河流域国家外长会议、2009年日本-湄公河流域国家经济部长会议以及2009年9月鸠山内阁开启的日本-湄公河流域国家首脑会议，以一系列新援助计划为主要内容的经济外交政策纷纷出台。2012年12月，自民党安倍内阁成立后，日本针对湄公河流域的经济外交攻势依然持续升温。

---

① 中新社昆明12月28日电。
② 毕世鸿：《试析冷战后日本的大湄公河次区域政策及其影响》，《外交评论》2009年第6期，第112~123页。

3. 湄公河次区域对日本的政治经济意义

据日本外务省网站介绍，湄公河五国面积共 194 万平方公里，是日本国土的五倍，人口总数超过 2.4 亿，其作为经济增长强劲的亚洲具有发展潜力的地区令人期待。该网站还进一步说明，湄公河地区内经济发展水平悬殊，柬埔寨、老挝、缅甸、越南与其他国家的经济差距很大，所以湄公河区域外交对日本至为重要。湄公河流域国家都是亲日国家，并拥有丰富的天然资源和优秀的劳动力。截至 2013 年，湄公河流域各国与日本的贸易总额超过 8 万亿日元，日本投资总额约 138 亿美元，超过了日本对中国的投资，在该地区常住的日本侨民也已上升到了 7.5 万。①

确保日本在本地区的经济利益，一直是日本政府的基本目标。在 2015 年"日－湄公河流域国家首脑会议"上提出的《新东京战略 2015》指出，湄公河地区连接着中国和印度等巨大的新兴市场，日本与湄公河地区国家通过合作，实现该地区高质量经济发展。为此，有必要建设地区内需求庞大的基础设施，加强该地区与外部的连接并改善总体投资环境。

不仅是获取经济利益，日本在该地区还有明确的政治追求。日本认为包括湄公河流域各国在内的东盟国家的支持是实现其政治大国目标的必要条件。冷战结束初期，国际关系重新调整、定位，日本外交得到新的机遇。日本主要是借参与对柬埔寨维和的机会，强化与越、老、柬三国的关系。

随着缅甸开始民主化进程，日本随即表示与湄公河五国的合作消除了"体制障碍"，希望追求经济以外的政治前景。此外，湄公河五国也对日本的援助与合作寄予期待。日本现政权炒作"湄公河地区各国高度赞扬日本战后 70 年所走的和平国家道路，并期待日本在积极和平主义的政策下，对加强湄公河地区的安定与发展做贡献"的说辞，也非空穴来风。在 2015 年日本与五国首脑会议期间，日本还就联合国安理会改革问题积极争取支持，文件中写入"日本高度赞赏湄公河流域国家一贯支持日本成为联合国安理会常任理事国的立场"的表述。②

（二）安倍内阁对湄公河次区域政策的调整

1. 对湄公河次区域经济外交的具体措施

安倍内阁实施的第三期对湄公河五国的援助计划中，承诺在 2016～2018 年，

---

① 外务省、http://www.mofa.go.jp/mofaj/press/pr/wakaru/topics/vol130/index.html。
② 外务省「日・ASEAN 協力のレビューと将来の方向性」、http://www.mofa.go.jp/mofaj/a_o/rp/。

日本提供总额为 7500 亿日元的政府开发援助（ODA）。双方签署了名为《日本－湄公合作之新东京战略 2015》的共同文件，其中可提炼出包括硬件、软件、自然、人文等方面的内容。

一是硬件方面，强化产业基础设施及区域内外的硬件连接，建设需求庞大的高质量基础设施，包括产业基础设备，陆、海、空硬件连接等。二是软件方面，包括产业结构升级和相关产业人才培养。软件连接主要是指制度连接、经济连接以及人与人的连接。三是提出建设绿色湄公，实现高质量经济增长和可持续发展，主要指防灾、气候变化、水资源管理、水产资源利用等。四是为实现高质量经济增长提供有效支援，包括地区各国间合作，与国际机构和非政府组织合作（主要是与亚开行合作），与主要相关国家合作（日美合作、日中湄公河政策对话）等。

另外，日本与湄公河五国首脑还确认，在 2015 年 8 月举办的第八次日本－湄公河流域国家外长会议上策划与《新东京战略 2015》相关的"行动计划"，并在日本－湄公河流域国家经济部长会议上策划《湄公河产业开发展望》。

2. 针对中国调整政策的意图明显

第一，安倍首相提出将筹资 1100 亿美元投入亚洲基础设施建设，并在多个场合的谈话中强调日本项目具有高质量、高效率的优势，明显具有剑指中国的安倍色彩。[①] 2015 年日本－湄公河流域国家首脑会议上，日本方面表示希望成为"具有强大经济成长力量的湄公河地区的未来成长伙伴"，"欢迎与有关各国在构筑民主化、国民和解、法制、人权等领域开展合作"。

第二，关于南海问题，日本与五国首脑签署的文件提道，"日本及湄公河流域国家重申在该区域深化海洋安全合作的重要性；双方重申在该区域维护航行自由、航行安全、飞越自由的各自立场，及双方在维护该区域贸易自由及根据包括《联合国海洋法公约》在内的国际法及其基本准则和平解决该区域争端的各自立场"。该说法与美国介入南海争端的托词如出一辙。文件中有关南海的内容，明显针对中国在南海维护主权的行动。据日本共同社报道，"因存在与地理上接近的中国具有深交关系的国家，所以文件避免指名"。

3. 缅甸成为日本经济外交新重点

2013 年 5 月，安倍首相与到访的缅甸总统吴登盛会谈时，提出日本将向缅

---

① 2015 年 5 月在"亚洲的未来"国际论坛晚餐会上致辞时，安倍首相在 40 分钟的讲话中 7 次提到"质量"一词，被认为意在强调日本与中国争夺地区基础设施建设中所具有的优势。

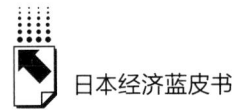

甸提供巨额政府开发援助并减免其所欠的债务。有美国学者认为，相比美国和其他西方国家，缅甸似乎更欢迎来自日本的援助。鉴于20世纪40年代日本曾资助过昂山的独立运动，日本的发展模式和援助更符合缅甸的传统和期望。中国社会科学院的许利平教授则指出，以美国为首的西方国家对缅甸进行了长期的经济封锁，但此间日本以人道主义名义一直保持对缅甸的援助。

时至今日，仍然有不少缅甸政治精英深受日本影响。日本北海道公共政策学院教授吉田彻则认为："对于日本政府来说，除了缅甸提供的经济机会，更为重要的是全面恢复与缅甸曾经拥有的良好关系，重新获取对该地区的实质影响力。"①

三 升级次区域合作助推"一带一路"构想

2015年11月12日，由中国倡议举行的首次"澜沧江-湄公河外长会议"在云南景洪市举行。会议发表《联合新闻公报》，宣布启动澜沧江-湄公河合作机制，原大湄公河次区域六国表示将在互联互通、经济合作、产能合作、水资源、农业和减贫等方面推进合作。②

升级次区域合作是区域经济合作与时俱进的具体体现，也是东盟共同体建成后对澜沧江-湄公河流域国家提出的新挑战。五国与中国山水相连，面临共同的经济发展需求。在完善顶层设计，坚持"亲、诚、惠、容"理念下，需要中国外交面对新形势开展具体行动，确保在本地区与日本的竞争中取得优势。澜沧江-湄公河合作机制是呼应"一带一路"构想的具体步骤，也为中国主导的"亚投行"顺利实施项目提供了机遇。

澜沧江-湄公河合作机制作为新的合作模式，不是对既存GMS合作机制的否定，而是对该次区域合作的有益补充，是合作内容的扩展与深化，或可成为克服次区域合作中"离心力"的有益尝试。云南大学东南亚研究所所长卢光盛把"离心力"归纳为：一是东盟共同体建设的推进，使湄公河下游五国借助次区域平台开展合作的必要性降低；二是区域全面经济伙伴关系（RCEP）和《跨太平洋伙伴关系协定》（TPP）等新合作框架，降低了湄公河次区域合作的吸引力；

---

① 参见《三联生活周刊》相关报道，转引自新浪网，http://history.sina.com.cn/bk/sjs/2014-07-10/170295108.shtml。

② 中国外交部，http://www.fmprc.gov.cn/web/gjhdq_676201/。

三是美、日、印、韩等国的参与，使次区域合作竞争性加剧；四是亚洲开发银行、澳大利亚、新西兰以及欧盟有关国家支持和关注力度降低。①

推进澜沧江－湄公河合作机制，必须面对日本这个中国在次区域最强有力的竞争者。为此，如何扬长避短、趋利避害成为必要。

1. 注重提高效率、加强管理、把握质量

日本的明显优势是质量、技术和管理，这也是日本在地区经济外交中经验和教训的总结。早在20世纪六七十年代，日本在东南亚掠夺式开发造成的负面效应，引起当地反日游行甚至暴动。"福田主义"出台后，日本逐渐完善政策、措施，国家及企业的形象得到改观并长期保持。日本的前车之鉴，提醒我们在与各国合作和交往中必须树立大局意识和全局观念，注重办事效率和符合国际规范。

2. 发挥地缘、人缘优势，完善朝野交往

相较日本，中国在与湄公河流域国家交往中具有地缘、人缘优势。在保持高层交往的同时，应加大学者、媒体间交流，加大援助互派留学生力度。人员交流是一把双刃剑，利用得当可以加深亲情、促进区域合作的开展，反之则可能因部分人的消极表现造成更大范围的相互厌烦。有关部门应加强对民间企业进驻的管理，防止少数部门、企业的不当言行对国家战略实施带来消极后果。

3. 巩固周边外交的同时，增进与日本的协调与合作

尽管经济泡沫破灭，经历长期经济萧条，但日本作为世界经济大国、科技强国的实力依旧。经过长期经营，日本博得了湄公河流域国家的正面评价，也希望包括日本在内的各大国在东盟共同体建设中继续发挥积极和建设性作用。中国的发展离不开和平的周边环境，在处理与东盟关系中，应与日本加强协调、合作，避免在湄公河地区基础设施建设中各自为战的恶性竞争。

总之，大湄公河次区域合作面临新的机遇和挑战，要求中国负起大国担当，与相关国家共同打造以"开放、包容、均衡、普惠"为理念的次区域合作升级版，为"一带一路"构想的顺利推进创造有利的周边外交环境。

---

① 《"一带一路"下的湄公河次区域合作亟待升级》，中国网，转引自中国财经网，http：//finance. china. com. cn/roll/20160118/3549991. shtml。

B.22
日本在"一带一路"沿线国家的投资格局

常思纯*

摘　要： 东南亚、南亚和中亚不仅是中国周边外交战略的优先方向，也是我国推进"一带一路"倡议的重要方向。与此同时，日本在"一带一路"沿线国家中也有着长期的政治和经济布局，尤其是日本对上述国家的直接投资快速增长，影响力快速提升。目前，日本在上述地区的直接投资主要以制造业为主，并以东南亚方向为主体，同时南亚方向增长潜力巨大。由于亚太地区对基础设施投资的高需求，日本政府将瞄准商机，抢滩上述"一带一路"沿线各国的基建市场，与提出"一带一路"倡议的中国展开竞争态势。

关键词： 一带一路　日本　投资格局　基础设施投资

2013年9月和10月，中国国家主席习近平在出访中亚和东南亚国家期间，先后提出共建"丝绸之路经济带"和"21世纪海上丝绸之路"（以下简称"一带一路"）的重大倡议。经过一年多的规划，2015年3月，中国政府正式公布《推动共建丝绸之路经济带和21世纪海上丝绸之路的愿景与行动》（以下简称《愿景与行动》），"一带一路"倡议步入实施阶段。目前，在中国周边国家中，哈萨克斯坦、吉尔吉斯斯坦、塔吉克斯坦、土库曼斯坦和乌兹别克斯坦等中亚五国均为丝绸之路沿线重要国家，是"丝绸之路经济带"自我国向西延展的首站，具有重要的枢纽作用。而新加坡、印度尼西亚、越南等东盟十国已于2015年12

---

* 常思纯，法学博士，中国社会科学院日本研究所副研究员，主要研究领域：经济外交、日本外交。

月31日正式成立东盟共同体,外部影响力进一步增强。东盟不仅是当前推进"21世纪海上丝绸之路"建设的重点,中国-中南半岛国际经济合作走廊也成为推动"丝绸之路经济带"建设的重点规划之一。另外,印度、巴基斯坦、孟加拉国、尼泊尔、不丹、斯里兰卡和马尔代夫等南亚各国,由于地理位置特殊,北上可与中亚相连,南下则接通广袤的印度洋,处于"一带"和"一路"的交汇点,成为"一带一路"的重要枢纽。由此可见,上述中亚、东南亚和南亚国家不仅是中国周边外交战略的优先方向,也是中国推进"一带一路"倡议的重要方向。与此同时,日本在"一带一路"沿线国家中也有着长期的政治和经济布局,尤其是近年来日本对东南亚投资大幅飙升,对南亚投资快速增长,对中亚投资意愿强烈,与中国在上述地区渐成竞争之势。

一 以东南亚为主体的直接投资地区格局

从日本对外直接投资的存量来看,在"一带一路"沿线三个重点方向中,日本的直接投资也存在较大差异。日本对东南亚地区的直接投资所占比重最高,截至2014年底,日本对东盟十国的直接投资余额达到188444亿日元,占日本对外直接投资总余额的13.36%。而由于日本对南亚方向的直接投资主要集中在印度,所以我们以印度为例可知,截至2014年底,日本对印度的直接投资余额达到16282亿日元,在日本对外直接投资总余额中所占比重仅为1.15%。[1] 与上述两个方向相比,日本对中亚方向的直接投资存量非常少,几乎可以忽略不计。从日本对外直接投资的流量来看,日本在"一带一路"沿线三个重点方向的投资也体现出重视东南亚、南亚,而暂时无暇顾及中亚的态势。

(一)东南亚方向是重点

在"一带一路"倡议的三个重要方向中,东南亚地区在日本对外直接投资格局中所占比重最高,并且增速明显。如表22-1所示,2005年日本对东盟直接投资仅5575亿日元,此后则快速增长,2011年日本对东盟直接投资超过万亿日元大关,达到1.55万亿日元,比上年增长100.89%。2013年日本对东盟直接投资超过2万亿日元大关,达到2.33万亿日元,比上年增长171.73%。2014年

---

[1] 日本银行「対外直接投資残高(地域別・業種別)2014年末」、https://www.boj.or.jp/statistics/br/bop_06/dip2014.zip。

日本对国家收支统计基准进行了调整，因此数据上不具备连续性，无法体现出该年的投资增长率情况。根据新基准，2014 年日本对东盟直接投资达 2.15 万亿日元，占日本对外直接投资总额的 17.85%。从国别来看，2014 年日本对东盟直接投资金额最高的几个国家分别是新加坡、泰国、印度尼西亚和越南，投资金额分别达到 8084 亿日元、5351 亿日元、4693 亿日元和 1418 亿日元。[①]

表 22 – 1　日本对东盟、南亚和中亚的直接投资变化

年份	东盟			南亚			中亚		
	金额（亿日元）	占比（%）	同比增长率（%）	金额（亿日元）	占比（%）	同比增长率（%）	金额（亿日元）	占比（%）	同比增长率（%）
2005	5575	11.05	—	296	0.59	—	4	—	—
2006	8090	13.84	45.11	594	1.02	100.68	24	—	500.00
2007	9169	10.59	13.34	1835	2.12	208.92	32	—	33.33
2008	6518	4.93	-28.91	5669	4.28	208.94	-9	—	-128.13
2009	6587	9.42	1.06	3479	4.98	-38.63	8	—	-188.89
2010	7711	15.61	17.06	2433	4.93	-30.07	16	—	100.00
2011	15491	16.97	100.89	1857	2.03	-23.67	0	—	-100.00
2012	8586	8.78	-44.57	2259	2.31	21.65	-4	—	—
2013	23331	17.61	171.73	2185	1.65	-3.28	3	—	-175.00
2014	21487	17.85	—	2028	1.69	—	27	—	—
2015 年 1~9 月	20660	17.69	—	-3193	—	—	17	—	—

注：2014 年日本调整了国际收支统计基准，因此 2014 年数据与此前数据不具有连续性，无法计算增长率。

资料来源：作者根据相关数据统计、计算得出，数据来自日本银行「対外・対内直接投資（地域別・業種別、暦年計）（2005~2014 年）」、「対外・対内直接投資（地域別・業種別、四半期計）」；2014 年后数据来源于 https://www.boj.or.jp/statistics/br/bop_06/index.htm，2005~2013 年数据来源于 https://www.boj.or.jp/statistics/br/bop/index.htm/。

（二）南亚方向潜力巨大

南亚方向在日本对外直接投资格局中所占分量尽管不高，但是自 2006 年

[①] 日本銀行「対外・対内直接投資（地域別・業種別、暦年計）（2014 年）」、https://www.boj.or.jp/statistics/br/bop_06/dii14cy.pdf。

以来也呈现出增长态势。其中，日本对南亚直接投资的95%以上都集中在印度，近年来日本对巴基斯坦、斯里兰卡和孟加拉国的直接投资也出现了一定幅度的增长。从表22-1可知，2005年日本对南亚地区直接投资仅296亿日元，但自2006年开始连续三年大幅增长，2008年达到创纪录的5669亿日元，年均增幅超过100%。受金融危机影响，2009年后日本对该地区的直接投资出现了连续下滑，2011年仅为1857亿日元。不过近年来日本对南亚地区的直接投资又快速回升，2014年投资金额达到2028亿日元，占日本对外直接投资总额的1.69%。

（三）中亚方向影响甚微

与此同时，日本对中亚直接投资的金额与数量都非常有限，基本集中在哈萨克斯坦一国，并且每年的投资项目数量也基本在5件以内。不过，总体来看，自2005年以来，日本对中亚直接投资呈现出增长态势，但与此同时，波动也比较大。2014年日本对中亚直接投资金额为27亿日元，全部集中在哈萨克斯坦，与日本对东盟、南亚地区直接投资相差甚远（参见表22-1）。

（四）2015年基本态势

2015年前三季度，日本对"一带一路"倡议的三个重要方向的直接投资呈现出较大差异。对东盟的直接投资仍然保持增长态势，前三季度投资总量就超过了2万亿日元，达到2.07万亿日元，占日本对外直接投资总量的17.69%（参见表22-1）。而日本对南亚地区的直接投资则出现了负值，这主要是由于第二季度日本在印度的化学、医药领域出现了4469亿日元撤资。不过，2015年12月日本首相安倍晋三访问印度，并拿到印度的首个高铁订单，预计未来日本对以印度为首的南亚地区的直接投资仍有较大增长空间。此外，2015年前三季度日本对中亚地区的直接投资达到17亿日元，其中11亿日元来自第三季度。引人注目的是，2015年第三季度还出现了8亿日元的日本对乌兹别克斯坦的直接投资。这是2007年以来日本首次对乌兹别克斯坦进行直接投资，并且投资全部集中在运输机械设备领域。[1]

---

[1] 日本銀行「対外・対内直接投資（地域別・業種別、四半期計）」、https：//www.boj.or.jp/statistics/br/bop_06/index.htm/。

二 以制造业为主体的直接投资产业格局

(一) 制造业是日本对东南亚和南亚投资的主体

与日本在欧美的直接投资以非制造业为主体不同,在"一带一路"沿线的东南亚和南亚方向,日本的对外直接投资则以制造业为主体。根据日本银行统计数据显示,截至2014年底,日本对东盟直接投资中,对制造业领域的直接投资余额达到104604亿日元,占日本对东盟总投资的55.50%,也占到日本制造业总投资的16.04%。相比之下,日本对印度的直接投资更明显地以制造业为主,其对印度制造业领域的直接投资余额达到了12185亿日元,占日本对印度总投资的74.84%。在制造业投资中,运输设备、电子设备和化学、医药类是日本对东盟及印度投资最多的三个领域。当然,日本对中亚地区直接投资的主要目的是获取该地区的能源资源,因此,日本在中亚的直接投资明显以非制造业为主,并大都集中在矿业、运输业等领域。不过,日本对中亚直接投资的年均金额仅数亿日元,在日本整个对外直接投资产业格局中所占分量极其微小。在制造业投资的基础上,日本对东盟以市场进入为目的的金融保险业和批发零售业等非制造业的投资也在不断扩大。截至2014年底,日本对东盟在金融保险业和批发零售业的直接投资分别占到日本对该地区非制造业投资总额的52.03%和21.20%(见表22-2)。

表22-2 日本对外直接投资结构(2014年末余额)

单位:亿日元

	世界	东盟	印度
合 计	1410373	188444	16282
制造业合计	652120	104604	12185
食品	84010	10305	54
纺织	7204	1321	62
木材和纸浆	12522	2155	176
化学和医药	119706	14408	1065
石油	5425	988	—
橡胶和皮革	19648	5400	186
玻璃和陶瓷	22885	2875	273
铁、有色金属和金属	50740	11043	653
一般机械	56798	6568	1009

续表

	世界	东盟	印度
电子设备	107929	16790	1717
运输设备	132795	25506	6638
精密器械	16975	2970	—
非制造业合计	758252	83840	4097
农林业	1963	1177	
渔业水产业	2367	80	—
采矿业	114006	1743	—
建筑业	6990	1708	67
运输业	16613	4102	142
通信业	59255	4537	-1181
批发零售业	193421	17776	740
金融保险业	271058	43618	3985
不动产业	20799	3004	—
服务业	36084	1940	194

资料来源：日本银行「対外直接投资残高（地域别・业种别）2014年末」，https://www.boj.or.jp/statistics/br/bop_06/dip2014.zip。

（二）制造业对东盟投资重心逐渐集中于泰国、印度尼西亚和越南

由于东盟成员国中泰国不仅劳动力成本较低，并且地处东南亚地区的核心位置，被日本企业视为亚洲地区的战略出口枢纽。因此以汽车、化工和钢铁为主的日本制造业企业大举向泰国转移生产基地，泰国已成为日本制造业对亚洲投资的重镇。2005年日本对东盟制造业直接投资中，泰国所占比重最高，达到30.74%，2007年这一比重更增至53.27%。目前，日本对泰国制造业投资已实现连续五年增长，从2009年仅1235亿日元增至2014年的3755亿日元，2014年日本对泰国制造业直接投资占其对东盟投资的38.99%（参见表22-3）。

表22-3 日本对东盟、南亚等地区直接投资结构（2005~2014年）

单位：亿日元

	2005年		2006年		2007年		2008年		2009年	
	A	B	A	B	A	B	A	B	A	B
新加坡	692	-58	642	-198	1020	1606	300	821	567	2139
泰国	1328	1027	2152	155	3001	62	1933	160	1235	288
印度尼西亚	1115	226	662	202	637	570	195	543	519	-61
马来西亚	350	239	3321	133	149	230	296	323	424	154
菲律宾	613	-143	289	139	265	979	473	265	647	127

续表

	2005年		2006年		2007年		2008年		2009年	
	A	B	A	B	A	B	A	B	A	B
越南	202	-34	437	106	478	85	745	385	452	79
文莱	1	—	8	—	87	-5	43	—	5	9
柬埔寨	—	—	—	5	—	11	10	28	3	—
老挝	1	-2	—	—	—	1	3	2	1	—
缅甸	20	—	39	-3	-5	-5	-2	-2	—	—
东盟	4320	1255	7551	540	5634	3535	3995	2523	3852	2734
印度	290	-92	474	123	1407	375	5115	314	729	2713
巴基斯坦	33	—	15	14	54	6	114	6	30	-1
斯里兰卡	-1	-27	2	-2	3	4	-2	-290	4	7
孟加拉国	-9	2	-14	-16	-1	1	7	404	—	-4
哈萨克斯坦	—	4	—	24	—	21	—	5	-1	10

	2010年		2011年		2012年		2013年		2014年	
	A	B	A	B	A	B	A	B	A	B
新加坡	2225	1095	1400	2117	-1195	2478	561	2988	2078	6006
泰国	1599	384	2211	3365	2988	-2524	3469	6663	3755	1596
印度尼西亚	315	95	1487	1390	2241	799	1596	2225	1759	2934
马来西亚	548	358	706	443	466	587	772	461	567	401
菲律宾	301	132	431	376	453	131	625	577	234	308
越南	345	291	854	641	1211	839	1818	1359	1157	261
文莱	-1	14	2	-9	21	—	41	8	13	1
柬埔寨	4	8	38	33	37	41	35	102	41	253
老挝	1	3	2	3	2	9	—	3	7	2
缅甸	—	-5	1	-1	4	-1	21	7	18	95
东盟	5336	2375	7132	8358	6226	2360	8939	14392	9631	11856
印度	1579	832	924	890	1473	755	1886	216	1291	663
巴基斯坦	5	—	6	—	10	—	31	—	66	2
斯里兰卡	0	-3	1	—	—	-2	-1	8	1	7
孟加拉国	8	-2	38	-3	20	3	16	27	16	9
哈萨克斯坦	-1	16	4	-4	2	-6	4	-1	4	24

注：A代表制造业，B代表非制造业。

资料来源：日本银行「对外·对内直接投资（地域别·业种别、暦年计）（2005～2014年）」；2014年数据来源于https：//www.boj.or.jp/statistics/br/bop_06/index.htm/，2005～2013年数据来源于https：//www.boj.or.jp/statistics/br/bop/index.htm/。

此外，随着中国劳动力成本上升，老龄化问题逐渐显现，部分对华投资企业开始将生产基地转移到劳动力成本更低、继续享有人口红利且经济增长潜力较大的印度尼西亚和越南。根据日本贸易振兴机构2015年12月的最新调查显示,印度尼西亚和越南的制造业中,无论是普通工人,还是工程师或管理人员,其工资水平都相对较低。因此,近年来,日本对印度尼西亚和越南的制造业直接投资都呈现出增长态势,在日本对东盟制造业投资中所占的比重也在逐渐提升。2014年在日本对东盟制造业直接投资中,印度尼西亚所占比重达到18.26%,越南则达到12.01%(参见表22-3)。日本国际协力银行(JBIC)2015年底发布的《2015年度日本制造业企业海外直接投资调查报告》显示,日本制造业企业中期(未来三年)最有可能开展业务的国家和地区中,印度尼西亚、泰国和越南分别位于第二位、第四位和第五位。①

(三)印度成为日本制造业企业眼中最具潜力的投资对象国

印度一直被视为南亚地区经济的增长引擎。1990~2000年,印度的平均经济增长率达到5.6%,2001~2014年,这一数字上升至7.2%,特别是在2003~2010年高速增长时期,印度平均经济增长率高达8.3%。近年来,印度的投资者信心日益增强,外部脆弱性也逐渐消退。据世界银行预计,2015年印度经济增长率将达到7.5%,2016年将增至7.8%。②另外,根据日本贸易振兴机构(JETRO)调查显示,印度制造业的普通劳动力成本也相对较低,其普通工人和工程师的月工资约为239美元和514美元,低于大部分东盟国家和中国。与此同时,日印关系近年来取得快速发展。2011年双方签署了旨在促进两国贸易与投资自由化的经济合作协定;2014年日印首脑举行会谈,决定建立"特别战略全球合作伙伴关系",双方拟定投资目标,计划五年内使日本对印直接投资和日企进入印度数量增加一倍。在上述因素的推动下,日本对印度的制造业投资也取得快速发展(见表22-3),印度逐渐取代中国成为日本制造业企业眼中最具潜力的投资对象国。根据日本国际协力银行(JBIC)2015年底进行的《日本制造业企业海外直接投资调查报告》显示,日本制造业企业中期(未来三年)最有可能开展业务的国家和地区中,印度连续两年高居榜首,并且其得票率自2006年开始就一直保持在40%以上。③

---

① JBIC「わが国製造業企業の海外事業展開に関する調査報告—2015年度海外直接投資アンケート結果(第27回)—」,http://www.jbic.go.jp/ja/information/press/press-2015/1203-44372。
② World Bank, *South Asia Economic Focus*, Fall 2015: *Getting Prices Right—The Recent Disinflation and Its Implications*, p. 28.
③ JBIC「わが国製造業企業の海外事業展開に関する調査報告—2015年度海外直接投資アンケート結果(第27回)—」,http://www.jbic.go.jp/ja/information/press/press-2015/1203-44372。

三 以基础设施投资为中心的竞争态势

近年来，日本以安保合作和经济援助为两轮，加大了对东南亚各国及以印度为首的南亚各国的战略投入，积极发展与东南亚及南亚各国的政治、经济关系。同时，日本也致力于提高在中亚地区的影响力，努力谋求大国地位并争取国际话语权。尤其是东南亚和南亚地区在保持高速经济增长的同时，以交通、能源为中心的基础设施需求也日益增加，基建市场不断扩大。而中亚各国基础设施发展缓慢，交通和物流问题对经济增长造成重大制约。据亚洲开发银行（ADB，以下简称"亚开行"）报告标明，预计亚洲地区基础设施投资需求在2010~2020年将高达8.22万亿美元。其中，对电力和公路建设的投资需求最大，分别占亚洲各国投资需求的49%和31%。而东南亚各国的基础设施投资需求总计高达5.47万亿美元，南亚则达到2.37万亿美元，中亚则为3736.6亿美元（参见表22-4）。面对整个亚太地区对基础设施投资的高需求，日本政府瞄准商机，将基础设施出

表22-4 亚洲基础设施投资需求（2010~2020年）

单位：10亿美元

基础设施部门	东南亚	南亚	中亚	其他	总计
电力	3182.46	653.67	167.16	—	4003.29
交通运输	1593.87	1196.12	104.48	4.41	2898.87
机场	57.73	5.07	1.41	0.10	64.31
港口	215.20	36.08	5.38	—	256.65
铁路	16.14	12.78	6.03	0.00	34.95
公路	1304.80	1142.20	91.65	4.31	2542.97
通信	524.75	435.62	78.62	1.11	1040.10
固定电话	142.91	6.46	4.45	0.05	153.87
移动电话	339.05	415.87	71.97	0.95	827.84
宽带	42.78	13.29	2.21	0.1	58.39
水及卫生设施	171.25	85.09	23.40	0.51	280.24
水	58.37	46.12	8.60	0.14	113.22
卫生设施	112.88	38.97	14.80	0.36	167.02
总计	5472.33	2370.50	373.66	6.02	8222.50

资料来源：Bhattacharyay, "Estimating Demand for Infrastructure in Energy, Transport, Telecommunications, Water and Sanitation in Asia and the Pacific: 2010-2020," ADBI Working Paper No. 248, Sep. 2010, p. 13。

口与投资作为"经济成长战略"的重要支柱,抢滩上述"一带一路"沿线各国的基建市场,与提出"一带一路"倡议、筹建亚洲基础设施投资银行(AIIB,以下简称"亚投行")的中国展开竞争态势。

(一)提出"高质量的基础设施伙伴计划"

在中国政府正式公布"一带一路"倡议后不久,2015年5月,日本政府抛出了"高质量基础设施合作伙伴关系"计划,宣布将在今后5年内向亚洲地区各国提供1100亿美元(约13万亿日元)援助,用于建设高质量的基础设施。日本政府还将利用日元贷款修建的印度德里地铁和越南河内"日越友好桥"等项目宣传为"高质量基础设施投资"的典型示例。① 同年7月4日,第七届日本与湄公河流域国家首脑会议在东京举行,会议通过了今后三年日本与湄公河流域各国合作的方针——《新东京战略2015》,日本表示将向湄公河流域五国提供7500亿日元的政府开发援助,并提出将基于此前发表的"高质量基础设施合作伙伴关系"计划,与亚开行合作,推进湄公河地区高质量基础设施投资,在城市开发、能源、运输、排水供水系统、农业和粮食产业、电信等各个领域加强基础设施建设。② 11月21日,日本首相安倍晋三又在东盟商务与投资峰会上公布了"高质量基础设施合作伙伴关系"实施细则,提出今后日本将通过国际协力机构(JICA)、亚开行和国际协力银行(JBIC)等三条渠道,为亚洲国家提供资金支持,以求在亚洲基础设施建设方面发挥重要作用。③ 为畅通融资渠道,2016年初日本财务省向例行国会提出了《国际协力银行法》的修订案,计划放宽国际协力银行的投融资标准,解禁该机构对亚洲高风险项目的投资。其中,将瞄准风险虽高但收益也高的海外基础设施投资项目,作为创设新资金框架的支柱。为此,日本政府计划改革以往制度,允许国际协力银行从海外投资的当地金融机构以当地货币借入一年以上的长期借款。④

---

① 「質の高いインフラパートナーシップ」、経済産業省、http://www.meti.go.jp/press/2015/05/20150521003/20150521003-1.pdf。
② 「第7回日本・メコン地域諸国首脳会議」、外務省、http://www.mofa.go.jp/mofaj/s_sa/sea1/page1_000116.html。
③ 「ASEANビジネス投資サミット安倍総理スピーチ」、首相官邸、http://www.kantei.go.jp/jp/97_abe/statement/2015/1121speech.html。
④ 「国際協力銀の長期借り入れ解禁 財務省案、インフラ投資支援」、『日本経済新聞』2016年1月8日版。

（二）政企合作抢滩各国基建市场

近年来，日本采取首脑直接推销和企业抱团竞标的方式，努力争取亚太各国基建市场订单，力争在未来区域经济合作中占据更多的话语权和拥有更大的影响力。例如，围绕东南亚高铁建设计划，日本从上到下全力推销本国新干线，极力抗衡中国高铁出口。日本国际协力机构的专家甚至认为即使零元中标，也要拿下东盟（ASEAN）的高铁订单。① 安倍晋三更充当起"首脑推销员"，在出访"一带一路"沿线各国和接待各国首脑访问时，都积极推销本国新干线技术。与此同时，日本各铁路公司和其他民间企业还联合组成"国际高速铁道协会"，力图举全国之力，与中国及欧洲竞争高铁订单。2015年以来，这一政企结合共同推销的策略得到进一步推广。例如，2015年2月泰国临时政府总理巴育访问日本，日方安排其乘坐东海道新干线从东京前往大阪，安倍晋三在与巴育举行会谈时表示将帮助泰国完善国内铁路。同时，日本国土交通大臣太田昭宏与泰国运输部长巴津还签署了备忘录，决定设立部长级的共同运营委员会，探索日方为包括曼谷至清迈在内的泰国全境铁路修建提供援助，并在提高货物运输效率等方面加强合作。② 2015年3月，日本又邀请访日的印度尼西亚总统佐科试乘东京至名古屋的新干线铁路，安倍晋三在与佐科会谈后，决定向印尼城市高铁等基础设施完善计划提供约1400亿日元的政府开发援助。③ 在同年4月安倍晋三访问印尼并与佐科举行会谈时，双方再次确认将在印尼首都圈的新港湾建设等基础设施建设项目中加强合作，促进日本企业在当地的投资。而在与中国竞争印尼雅加达至万隆高铁项目失利后，2015年11月，安倍晋三在与佐科会谈时，向其表达了失望之意，并表示今后仍希望与印尼加强基础设施建设方面的合作。此后，日本与印尼签订了总额约1400亿日元的3个政府开发援助贷款项目，主要用于印尼首都雅加达的城市高铁建设。④ 2015年5月，马来西亚总理纳吉布访问日本，安倍晋三表示将基于"高质量基础设施合作伙伴关系"计划，

---

① 《日本专家：0元也要拿下东盟高铁订单》，日经中文网，http://cn.nikkei.com/politicsaeconomy/economic-policy/11033-20140917.html。
② 「日・タイ、鉄道や経済特区で連携確認　首脳会談」、『日本経済新聞』2015年2月9日。
③ 「鉄道整備に円借款1400億円、日インドネシア首脳会談」、『日本経済新聞』2015年3月23日。
④ 「インドネシアに対する円借款に関する交換公文の署名」、外務省、http://www.mofa.go.jp/mofaj/press/release/press4_002703.html。

与亚开行合作，促进日本企业对马来西亚的投资，并再次表达了期待马来西亚与新加坡之间修建的高速铁路能够采用日本新干线技术的强烈愿望。而早在2014年8月中旬，日本国土交通大臣太田昭宏访问马来西亚时，东日本旅客铁道（JR东日本）和日立制作所等企业的领导就都曾随太田昭宏访马，协助太田昭宏游说马方。为争取高铁订单，JR东日本不仅在新加坡设立了收集情报的事务所，该公司副社长小县方树还在马来西亚召开的铁道展示会上讲演宣传："希望能够中标。"①

在南亚地区，日本也正高度重视承建交通、港口等重要设施，积极争取更多基建订单，与中国展开竞争。2013年5月，印度总理辛格访问日本，安倍宣布向印度提供710亿日元贷款，用于印度西部城市孟买的地铁3号线的修建工作。②目前，日本还计划在德里－孟买工业走廊、钦奈－班加罗尔工业走廊等基础设施项目中进行投资。2015年12月，安倍晋三访问印度，拿下印度首个高铁订单，双方签署价值150亿美元的高铁协议，印度连接孟买和艾哈迈达巴德的首个高铁建设项目将采用日本新干线技术，日本将向印度提供占项目成本81%的贷款，年利率低至0.1%，同时，日本还将提供车辆、线路和运行系统等一揽子技术援助。③而在此前不久，中印刚就铁路合作签署了行动方案，中铁总公司牵头的企业联合体也赢得了对德里－孟买高铁线路的可行性研究竞标。此外，如《日本经济新闻》报道，日本政府将向孟加拉国的孟加拉湾产业带建设提供综合性援助。日本政府正计划从2015年度开始，每年向孟加拉国提供超过1000亿日元的政府开发援助（ODA），预计今后4~5年内累计援助将达6000亿日元。目前，日本政府正大力援助连接孟加拉国首都达卡到港口城市吉大港的公路、东南部沿海玛塔巴瑞港的建设项目。④ 2015年9月，据路透社报道，孟加拉国规划部部长穆斯塔法·卡马尔声称，本国可能搁置正与中国进行谈判的价值80亿美元的索纳迪亚深水港项目。而其原因则在于该国有意决定在附近由日本出资建设玛塔巴瑞港，该港口被视为进入亚洲其他地区及亚洲以外地区的重

---

① 「アジア高速鉄道1万キロ計画始動　日中、売り込みに熱」、『朝日新聞』2014年9月16日。
② 「インドに対する円借款に関する書簡の交換」、外務省、http://www.mofa.go.jp/mofaj/press/release/press6_000274.html。
③ 「高速鉄道に関する日本国政府とインド共和国政府との間の協力覚書」、国土交通省、http://www.mlit.go.jp/common/001113197.pdf。
④ 「バングラデシュに6000億円、政府が供与　インフラ整備」、『日本経済新聞』2014年8月26日。

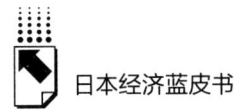

要贸易通道。另据日本国际协力机构宣布,该机构正提议以优厚条款提供80%的融资,用于在该港口建设四个各600兆瓦的火力发电厂,以及一个港口综合设施。①

2015年10月,安倍晋三作为日本首相时隔九年再次访问中亚,并首次遍访中亚五国。安倍晋三此行不仅带领50家日本企业和团体一同出访,还积极充当起"首脑推销员",在中亚各国参加了多场经济论坛,致力于宣传日本"高质量的基础设施",为日本企业争取订单。

总的来说,近年来日本不断增加对以东南亚、南亚和中亚等为首的"一带一路"沿线地区的战略投入,这无疑加大了中国西部所面临的战略压力,也与中国的"一带一路"构想形成了竞争。未来,中国如果想要保持"一带一路"构想的顺利推进,还需积极运筹大国外交,一方面,不断巩固与沿线各国的战略合作,深化合作关系;另一方面,积极探讨在"一带一路"倡议下中日合作的可行性,面对亚洲地区巨大的基础设施投资需求,合作比竞争更能求得"双赢"或"多赢"。

---

① Reuters, "Bangladesh favors Japan for port and power plant, in blow to China," 2015-9-10.

B.23
日本在"一带一路"沿线国家的贸易格局

李清如*

摘　要： 东南亚、南亚和中亚是推进"一带一路"倡议的重点和优先方向，是共建"丝绸之路经济带"和"21世纪海上丝绸之路"的重要合作伙伴。作为在亚洲具有传统影响力的国家，日本在东南亚、南亚和中亚各国的经济布局成为我国在推进"一带一路"倡议过程中不可忽视的因素，而贸易则是其中重要的组成部分。梳理日本在"一带一路"沿线国家的贸易格局，有助于明晰"一带一路"倡议推进过程中的日本因素，并予以积极应对。

关键词： 一带一路　日本　贸易格局　经济布局

东南亚不仅资源丰富，而且地缘战略位置十分重要，一直是日本重点布局的地区。二战后几十年间，日本逐步涉入东南亚地区，从经济合作扩展到政治和安全合作，深耕细作，扎根极深。东南亚成为日本重要的外商投资目的地、工业制品和机械设备的出口市场以及能源和资源的供给来源。近年来，日本更加重视在该地区的战略布局，一方面积极推进与东南亚各国的政治、外交和安全合作，强化地区主导地位；另一方面不断加大对东南亚国家的贸易、投资和援助，提升经济影响力。

作为在亚洲具有传统影响力的国家，日本在东南亚、南亚和中亚各国的经济布局成为我国在推进"一带一路"倡议过程中不可忽视的因素，而贸易则是其

---

* 李清如，经济学博士，中国社会科学院日本研究所助理研究员，主要研究领域：世界经济、产业经济、国际贸易等。

中重要的组成部分。梳理日本在"一带一路"沿线国家的贸易格局,有助于明晰"一带一路"倡议推进过程中的日本因素,并加以积极应对。

一 日本与"一带一路"沿线国家的贸易演进

东南亚作为日本重要的出口市场和进口来源,在日本对外贸易中一直占有较高的份额,是日本主要的贸易伙伴之一。进入21世纪以来,日本与南亚的贸易规模显著扩大,但距离日本与东南亚的贸易规模仍有一定差距。日本与中亚的贸易体量仍然较小,且十分不稳定。近年来,日本在"一带一路"沿线国家的贸易份额有所下降,但仍保持着相当的水平。

(一)东南亚是日本重要的出口市场和进口来源

东南亚作为日本重要的出口市场和进口来源,对日本经济的发展贡献良多。自20世纪80年代中期开始,日本对东南亚的出口进入快速增长阶段,这一趋势一直保持到90年代中期。此后,受两次金融危机的影响,出口出现波动,但在2002~2008年,仍然实现了连续的正增长。自20世纪80年代中期开始,除受经济危机影响比较严重的年份,日本从东南亚的进口几乎一直保持增长趋势。2010年之后,日本对东南亚的出口额和进口额均保持在1000亿美元以上的规模。

东南亚在日本对外贸易中一直占有较高的份额。1990年之后,东南亚在日本出口总额中所占的比重一直保持在11%以上,而进口比重在过去的几十年中一直保持两位数的水平。2010~2014年,东南亚在日本总出口和总进口中所占的份额维持在14%~17%。①

泰国、新加坡、印度尼西亚、马来西亚和菲律宾五个东盟创始成员国是日本在东南亚主要的贸易伙伴,近年来,日本与越南双边贸易额的迅速增长也十分引人注目。2014年,日本对泰国、新加坡、印尼、马来西亚、菲律宾和越南的出口额达1022.5亿美元,占对东南亚总出口的约98%;进口额1108.8亿美元,占对东南亚总进口的约95%。②

---

① UN Comtrade Database,http://comtrade.un.org/data/.
② UN Comtrade Database,http://comtrade.un.org/data/.

（二）日本与南亚的贸易规模显著扩大，但距离东南亚仍有一定差距

1990~2014年，日本对南亚的贸易规模显著扩大，出口额由34.9亿美元增长至118.0亿美元，进口额由28.4亿美元增长至90.3亿美元。从长期趋势来看，日本与南亚的商品贸易在20世纪90年代波动较大，进入21世纪以来，特别是在2003~2008年和2010~2011年的两段期间内，实现了稳定的高速增长。其中，日本对南亚的出口在上述的两段时期内，年增长率均保持在16%以上，而这主要归因于与印度贸易额的增长。2014年，日本与印度商品贸易额（出口额与进口额之和，下同）达154.91亿美元，占与南亚商品贸易总额的74.4%，印度成为日本在南亚地区的主要贸易伙伴；其次是孟加拉国（20.97亿美元）、巴基斯坦（19.40亿美元）和斯里兰卡（12.02亿美元）；日本对不丹、马尔代夫和尼泊尔的贸易额较小，均不超过0.50亿美元。[1]

虽然日本对南亚的贸易规模显著上升，但南亚在日本贸易总额中所占的比重并不高，其贸易规模距离日本与东南亚的贸易规模还有不小差距。2000年以来，南亚在日本出口总额中的比重约在0.8%~1.8%，在日本进口总额中的比重约在0.7%~1.1%。2014年，日本对东南亚出口1039.4亿美元，占日本出口总额的15.2%；从东南亚进口1166.6亿美元，占日本进口总额的14.2%。而作为日本在南亚的主要贸易对象，2014年印度在日本出口总额和进口总额中所占的比重仅为1.2%和0.9%；巴基斯坦和孟加拉国在日本出口总额中所占的比重仅有0.2%，在进口总额中所占的比重不足0.11%；整个南亚地区在日本出口总额和进口总额中也仅占1.7%和1.1%，与东南亚在日本对外贸易中所占的份额差距仍然较大，说明日本与南亚的商品贸易还有较大的发展空间。[2]

（三）日本与中亚的贸易体量较小，尚不是中亚主要的贸易伙伴

1992~2014年，日本对中亚的出口额由0.48亿美元上升至10.31亿美元，进口额由0.36亿美元上升至7.84亿美元，增长较为显著，与中亚的贸易额在日本贸易总额中所占的比重也有所提高。[3] 但是，相对于日本与东南亚和南亚的贸易规模，日本与中亚的贸易体量仍然非常小，且贸易增长并不稳定，波动较大，在日本贸易总额中所占的比重也未曾超过0.15%，中亚地区尚不是日本主要的贸易对象。

---

[1] UN Comtrade Database, http://comtrade.un.org/data/.
[2] UN Comtrade Database, http://comtrade.un.org/data/.
[3] UN Comtrade Database, http://comtrade.un.org/data/.

哈萨克斯坦是在中亚地区与日本贸易规模最大的国家，2014年，日本与哈萨克斯坦的商品贸易额为14.16亿美元，占日本与中亚贸易总额的78%，其次是乌兹别克斯坦（1.96亿美元）和吉尔吉斯斯坦（1.27亿美元），而与土库曼斯坦和塔吉克斯坦的贸易额非常小，仅为0.60亿美元和0.15亿美元。①

与中国、俄罗斯和美国等国相比，日本与中亚各国的贸易体量较小，在当地贸易总额中所占的比重也较低，日本尚不是中亚国家主要的贸易伙伴。2014年，日本与中亚的贸易额为18.15亿美元，在中亚对外贸易总额中占比仅为0.97%。而中国、俄罗斯和美国与中亚的贸易额分别为450.13亿美元、289.83亿美元和32.25亿美元，在中亚对外贸易总额中占比分别为24.02%、15.46%和1.72%。②

（四）日本在"一带一路"沿线国家的贸易份额有所下降，但仍保持相当的水平

近年来，虽然日本与东南亚和南亚的贸易规模均显著上升，但其在当地对外贸易总额中所占的比重逐渐下降。如图23-1所示，日本与东南亚的贸易额从2000年的1280.7亿美元上升至2014年的2206.0亿美元，但占东南亚对外贸易总额的比重由15.8%逐渐下降至8.7%；与南亚的贸易额从2000年的73.9亿美元增长至2014年的208.3亿美元，占南亚对外贸易总额的比重却由5.1%下降至2.1%。

与此相反的是，中国与东南亚和南亚的贸易规模迅速增长，在当地对外贸易总额中所占的比重逐渐上升。如图23-1所示，2000年，中国与东南亚的贸易额为395.2亿美元，不足日本的1/3，在东南亚对外贸易总额中仅占4.9%。随着中国与东南亚贸易额的迅速上升，2006年起，中国与东南亚的贸易额超过了日本，且中日间差距逐渐扩大。至2014年，中国与东南亚的贸易额为4802.7亿美元，是日本的两倍以上，在东南亚对外贸易总额中所占的比重达到19.0%。中国与南亚的贸易额则由2000年的56.6亿美元增长至2014年的1056.1亿美元，在南亚对外贸易总额中的比重也由3.9%上升至10.9%。

日本在东南亚的贸易份额虽然有所下降，但仍然保持了相当的水平。2014年，日本在东南亚的贸易份额仍然达到8.7%，远高于韩国（5.5%），与美国相

---

① UN Comtrade Database，http://comtrade.un.org/data/.
② 中国、俄罗斯和美国与中亚的双边贸易数据来自UN Comtrade Database，http://comtrade.un.org/data/；中亚国家的贸易总额数据来自WTO，https://www.wto.org/。

当（8.5%）。① 同时，日本与东南亚各国的商品贸易额占当地贸易总额的比重仍然较高。2014年，日本与泰国和印度尼西亚的贸易额占当地贸易总额的比重超过11%，与菲律宾和文莱的贸易额分别占菲律宾和文莱对外贸易总额的15.46%和29.23%，与马来西亚和越南的商品贸易额也占当地贸易总额的近10%。

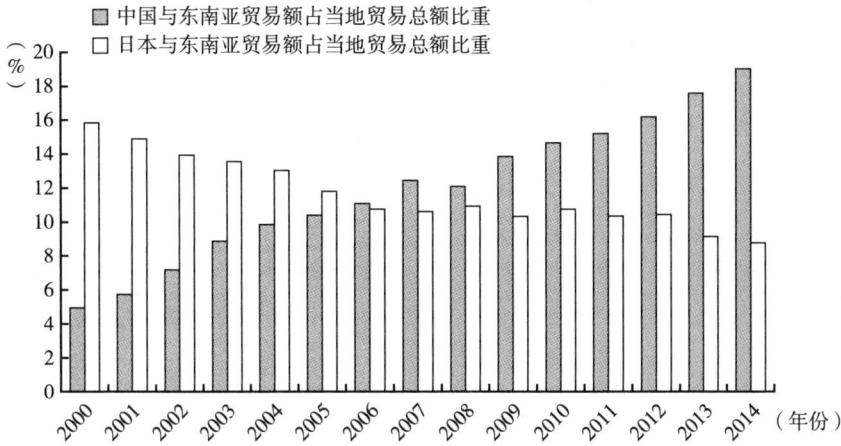

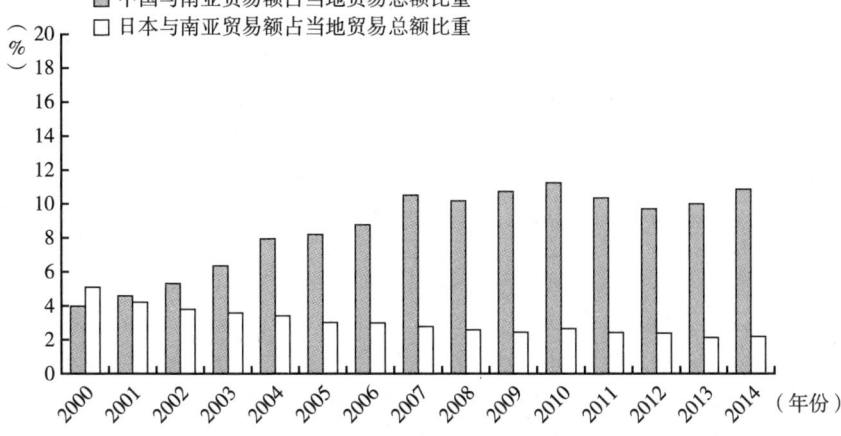

图23-1 中国和日本与东南亚和南亚贸易额占当地贸易总额比重

注：图中数据表示中国和日本与东南亚和南亚的商品贸易额（出口额与进口额之和）在当地对外贸易总额中所占的比重。

资料来源：中国和日本与东南亚和南亚的双边贸易数据来自 UN Comtrade Database，http://comtrade.un.org/data/；东南亚和南亚的对外贸易总额数据来自 WTO，https://www.wto.org/，缺少2000年和2008年中国对不丹的进口数据。

---

① 韩国和美国与东南亚的双边贸易数据来自 UN Comtrade Database，http://comtrade.un.org/data/；东南亚和南亚的对外贸易总额数据来自 WTO，https://www.wto.org/。

二 日本与"一带一路"沿线国家的贸易结构

日本对东南亚、南亚和中亚的出口主要以工业制成品和机械设备为主,进口则以原材料、矿物燃料及劳动密集型制成品为主,外商直接投资也在一定程度上促进了中间产品贸易的增加。

(一)以工业制成品和机械设备为主的出口贸易

东南亚是日本重要的工业制成品和机械设备出口市场。如表23-1所示,2005年以来,工业制成品在日本对东南亚出口总额中所占的比重一直高于17%,2013年和2014年这一比重则超过20%。一般机械和电气机械也是日本向东南亚出口的主要商品。2005~2014年,一般机械在日本对东南亚出口总额中所占的比重保持在20%左右,电气机械的出口比重有所下降,但也维持在19%以上。近年来,运输设备在日本对东南亚出口总额中所占的比重也达到12%左右。

表23-1 日本对东南亚的出口结构

单位:%

项目\年份	2005	2006	2007	2008	2009	2010	2011	2012	2013	2014
食品	0.41	0.42	0.48	0.55	0.59	0.53	0.60	0.61	0.74	0.76
原材料	0.91	0.98	0.97	1.05	1.17	1.16	1.22	1.26	1.46	1.65
矿物燃料	0.52	0.53	2.09	4.58	4.94	3.79	4.37	2.92	3.58	3.54
化学制品	8.41	8.89	8.86	8.22	8.42	8.36	8.45	7.45	8.14	8.74
工业制成品	17.30	17.92	18.37	19.86	17.69	18.92	19.39	19.40	20.69	20.18
一般机械	21.81	20.48	20.74	20.80	19.20	21.13	21.29	23.34	21.11	20.96
电气机械	27.91	28.47	25.48	22.04	22.41	22.20	19.79	20.14	19.32	19.82
运输设备	11.15	9.61	10.64	11.32	12.75	12.65	12.73	14.23	13.58	12.28
其他	11.58	12.70	12.37	11.60	12.83	11.28	12.02	10.66	11.39	12.07

注:表中数据表示某项商品占日本对东南亚出口总额的比重。东南亚包括文莱、柬埔寨、印度尼西亚、老挝、马来西亚、缅甸、菲律宾、新加坡、泰国、越南,共十个国家,东帝汶由于数据缺失较多,没有列入,以下各表同此。

资料来源:日本貿易振興機構(JETRO)、https://www.jetro.go.jp/。

工业制成品和机械设备在日本对东南亚各国的出口中均占据了较高的份额。如表23-2所示,2014年,工业制成品和一般机械在日本对泰国出口总额中所占的比重达到25%以上,电气机械也达到约18%;在日本对印度尼西亚的出口中，工业制成品和一般机械分别占比 24.20% 和 28.81%，运输设备占比 16.55%；日本对马来西亚的出口则集中在工业制成品和电气机械，二者所占比重分别为 20.83% 和 24.13%，此外，一般机械和运输设备的出口比重也达到 15% 以上；在日本对菲律宾的出口中，电气机械占比 28.82%，工业制成品和一般机械分别占比 15.5% 左右。

表 23-2　工业制成品和机械设备在日本对东南亚和南亚各国出口中所占的比重（2014 年）

单位：%

项目＼年份	泰国	新加坡	印度尼西亚	马来西亚	菲律宾	印度	巴基斯坦
工业制成品	25.14	9.32	24.20	20.83	15.48	26.55	18.00
一般机械	25.77	15.30	28.81	15.04	15.49	29.12	23.99
电气机械	17.89	20.45	12.64	24.13	28.82	13.66	7.34
运输设备	9.74	10.57	16.55	15.02	13.52	5.96	40.55

注：表中数据表示某项商品占日本对该国出口总额的比重。
资料来源：财务省「貿易統計」、http://www.customs.go.jp/toukei/info/tsdl.htm。

日本对南亚国家的出口以工业制成品和机械设备为主。如表 23-2 所示，2014 年，工业制成品出口占日本对印度出口总额的 26.55%，其中，钢铁制品占比 17.14%；一般机械与电气机械出口分别占日本对印度出口总额的 29.12% 和 13.66%。在日本对巴基斯坦的出口中，机动车等运输设备占比 40.55%，工业制成品和一般机械分别占比 18.00% 和 23.99%。据日本外务省统计，日本对孟加拉国、斯里兰卡和其他南亚国家的出口主要集中在机动车及零部件、钢铁制品等工业制成品，以及一般机械和电气机械领域。[1] 这说明，日本对南亚地区的出口以技术含量较高的资本密集型工业制成品和机械设备为主。

日本对中亚地区的出口主要集中在机动车及零部件、电气机械、建筑机械和采矿机械，以及橡胶制品领域。据日本外务省统计，日本向哈萨克斯坦主要出口机动车及零部件、钢管、建筑机械和采矿机械，以及橡胶制品等；向乌兹别克斯坦主要出口机动车和橡胶制品等；向土库曼斯坦主要出口建筑机械和采矿机械，以及电气机械等；向吉尔吉斯斯坦主要出口机械类和运输设备等；向塔吉克斯坦主要出口建筑机械和采矿机械、机动车，以及电气机械等。[2]

---

[1] 外務省、http://www.mofa.go.jp/mofaj/area/index.html。
[2] 外務省、http://www.mofa.go.jp/mofaj/area/index.html。

（二）以原材料和矿物燃料为主的进口贸易

燃料和矿产品在日本对东南亚的进口中占据较大的份额。如表23-3所示，2005年以来，矿物燃料（主要包括石油、石油制品和液化天然气等）在日本对东南亚进口总额中所占的比重超过26%，2011年以后这一比重则高于30%，甚至一度达到37%左右。近年来，电气机械在日本对东南亚进口总额中的比重也达到约15%左右，这在一定程度上反映了外商直接投资带来的中间产品贸易占比较高。

表23-3 日本对东南亚的进口结构

单位：%

项目\年份	2005	2006	2007	2008	2009	2010	2011	2012	2013	2014
食品	7.66	7.12	6.68	6.79	9.20	7.68	7.81	7.63	7.52	7.55
原材料	8.08	10.63	12.10	8.83	9.32	11.05	9.73	7.09	6.71	6.97
矿物燃料	26.65	26.83	27.70	37.04	28.56	28.24	33.58	36.51	33.86	30.37
化学制品	5.30	5.12	4.75	4.52	4.79	5.49	5.64	5.95	5.73	5.87
工业制成品	8.97	9.56	9.18	8.07	8.72	8.43	8.53	7.93	8.80	9.11
一般机械	10.27	9.46	8.28	7.10	7.34	7.25	6.17	6.09	6.24	6.72
电气机械	20.64	18.92	18.54	15.67	17.42	17.33	14.67	14.03	14.95	15.62
运输设备	1.11	1.22	1.42	1.52	1.39	2.02	1.77	2.26	2.35	2.55
其他	11.31	11.12	11.35	10.45	13.26	12.52	12.09	12.50	13.84	15.24

注：表中数据表示某项商品占日本对东南亚进口总额的比重。
资料来源：日本贸易振兴机构（JETRO）、https://www.jetro.go.jp/。

印度尼西亚、马来西亚和文莱是日本在东南亚矿物燃料主要的进口来源国。如表23-4所示，2014年，矿物燃料占日本对印度尼西亚进口总额的48.67%，其中，石油占比14.11%，石油制品占比2.22%，液化天然气占比19.93%，煤炭占比12.40%。2014年，矿物燃料在日本对马来西亚进口总额中所占的比重达到56.81%，其中，石油占比2.30%，石油制品占比9.25%，液化天然气占比45.27%。同年，矿物燃料占日本对文莱进口总额的99.27%，其中，94.33%为液化天然气进口。此外，石油也占到日本对越南进口总额的10.85%。除矿物燃料外，菲律宾还是日本在东南亚有色金属矿的进口来源国，2014年有色金属矿占日本对菲进口总额的12.57%。[①]

---

① 财务省「贸易统计」、http://www.customs.go.jp/toukei/info/tsdl.htm。

表23-4 矿物燃料占日本对东南亚和南亚各国进口总额的比重（2014年）

单位：%

项目＼国家	印度尼西亚	马来西亚	越南	文莱	印度
矿物燃料	48.67	56.81	11.61	99.27	39.27
石油	14.11	2.30	10.85	4.94	0.00
石油制品	2.22	9.25	0.09	0.00	39.27
液化天然气	19.93	45.27	0.00	94.33	0.00
煤炭	12.40	0.00	0.61	0.00	0.00

注：表中数据表示某项商品占日本对该国进口总额的比重。
资料来源：财务省「贸易统计」、http：//www.customs.go.jp/toukei/info/tsdl.htm。

东南亚地理位置优越，资源储量丰富，这使其成为日本重要的食品、原材料和矿物燃料的供给来源，也是日本一直重视发展与东南亚各国政经关系的主要原因之一。如表23-5所示，2005年以来，日本从东南亚进口的食品占其食品进口总额的比重超过11%，2009年以后则高于13%。2005~2014年，日本从东南亚进口的原材料占其从世界进口原材料总额的14%~22%，有色金属矿则是其中重要的组成部分，2014年，日本进口的有色金属矿中约20%来自东南亚。

表23-5 日本从东南亚进口的相关商品占日本进口总额的比重

单位：%

项目＼年份	2005	2006	2007	2008	2009	2010	2011	2012	2013	2014
食品	11.04	11.60	11.32	12.07	13.41	13.06	13.28	13.44	13.36	13.73
原材料	18.49	20.89	21.89	17.66	19.94	20.45	18.39	15.33	14.40	15.24
木材	10.59	10.61	10.03	9.47	8.75	8.35	8.60	8.66	6.67	7.69
有色金属矿	25.90	26.28	27.50	23.52	30.72	30.14	20.07	16.65	17.87	19.72
铁矿石	3.86	5.20	5.19	0.00	0.18	0.01	0.01	0.00	0.00	0.00
矿物燃料	14.73	13.37	14.00	14.88	14.59	14.36	15.31	15.63	14.15	13.42
石油	4.61	4.53	4.77	5.31	3.03	3.50	5.73	7.57	5.78	4.73
石油制品	18.95	18.70	20.15	25.00	14.51	14.42	15.56	20.05	14.80	13.96
液化天然气	60.68	51.88	50.04	47.28	48.02	46.52	40.63	32.82	32.17	29.79
液化石油气	6.85	1.88	1.34	0.83	0.90	0.85	0.74	0.34	0.18	0.01
煤炭	13.39	13.97	14.95	14.22	15.22	15.03	15.52	15.89	16.75	16.64

注：表中数据表示日本从东南亚进口的某项商品占日本该项商品进口总额的比重。
资料来源：日本贸易振兴机构（JETRO）、https://www.jetro.go.jp/。

在矿物燃料中，日本对东南亚在石油制品、液化天然气和煤炭方面的进口依存度较高。如表23-5所示，2005~2014年，日本从东南亚进口的石油制品占其石油制品进口总额的14%~25%。近年来，日本从东南亚进口的液化天然气比重有所下降，但仍保持着较高的水平，2012年至2014年，日本进口的液化天然气约30%来自东南亚地区。2005年以来，东南亚供给的煤炭比重有所上升，2014年，日本从东南亚进口的煤炭占其煤炭进口总额的比重达到16.64%。

日本对南亚的进口以原材料、矿物燃料和劳动密集型制成品为主。2014年，石油制品进口占日本对印度进口总额的39.27%，铁矿石等原材料进口占7.85%，食品和有机化合物分别占日本对印度进口总额的10.47%和10.16%。在日本对巴基斯坦的进口中，原材料和纺织制品分别占16.42%和26.59%，有机化合物占22.19%。[1] 据日本外务省统计，日本从斯里兰卡主要进口食品（包括红茶、海鲜水产品等）、植物性原材料、服装及配件、橡胶制品等；从孟加拉国主要进口服装、毛皮和皮革制品、针织品和纤维制品等；从不丹、马尔代夫和尼泊尔主要进口食品（包括蔬菜和海鲜水产品）、服装和纤维制品等。[2] 因此，日本对南亚国家的进口集中在食品（主要包括海鲜水产品和蔬菜等）、原材料（主要包括铁矿石和有色金属矿等）、矿物燃料（主要包括石油制品等），以及劳动密集型制成品（主要包括纤维制品、毛皮和皮革制品、服装及配件等）领域。

日本对中亚地区的进口主要集中在原材料、矿物燃料及棉纺织品领域。据日本外务省统计，日本从哈萨克斯坦主要进口铁合金和原油等，从乌兹别克斯坦主要进口金属和棉纺织品等，从土库曼斯坦主要进口原材料等，从吉尔吉斯斯坦主要进口铝及铝合金等，从塔吉克斯坦主要进口有色金属等。[3]

三 国际贸易新格局下日本对"一带一路"沿线国家的经济布局

进入21世纪以来，世界贸易格局出现了重要的变化。一方面，全球价值链的深入发展使得国际分工进一步细化；另一方面，多哈回合十几年悬而未决，世

---

[1] 财务省「貿易統計」、http://www.customs.go.jp/toukei/info/tsdl.htm。
[2] 外务省、http://www.mofa.go.jp/mofaj/area/index.html。
[3] 外务省、http://www.mofa.go.jp/mofaj/area/index.html。

贸组织（WTO）框架下多边谈判成效缓慢，《跨太平洋伙伴关系协定》（TPP）、《跨大西洋贸易与投资伙伴关系协定》（TTIP）等广范围超级区域贸易协定（Mega-FTA）谈判成为区域经济合作新的趋势。如前文所述，近年来日本在东南亚和南亚的贸易份额有所下降，但这并不意味着日本经济影响力的减弱。在新的国际贸易格局下，日本通过控制全球价值链的上游环节，扩大装配制造基地和出口基地，以及参与超级区域贸易协定谈判，深化对"一带一路"沿线国家的经济布局，争夺区域经济主导权。

（一）控制全球价值链的上游环节

随着全球生产网络的深入发展，中间产品贸易大幅增加，国际分工细化至同一产品的不同生产环节，各国之间的竞争也更多地体现在价值链上各价值增值环节之间的竞争。在经济全球化浪潮中，日本顺势而为，逐渐深化其在全球价值链中的参与程度，并牢牢占据着科技含量较高和价值增值较大的生产和研发环节，对外出口高附加值的产品，确保其在国际贸易中的竞争优势。

如前文所述，近年来日本在东南亚和南亚的贸易份额有所下降，但事实上，日本在与东南亚和南亚等"一带一路"沿线国家的贸易中，通过出口增加值较高的中间产品，用于东南亚和南亚各国的再加工和再出口，这些中间产品经过加工装配，又出现在各个国家的出口中，这样使得日本在深化全球价值链参与程度的同时，不断提高其在价值链中的获益能力，经济影响力也得以渗透。掌握核心知识和技术、控制全球价值链的上游环节、出口高增加值的中间产品，已经成为日本在与东南亚和南亚等"一带一路"沿线国家的贸易中保持竞争优势、提高实际获益能力，同时渗透经济影响力的重要途径。

（二）扩大装配制造基地和出口基地

近年来，日本将贸易、投资和政府开发援助更紧密地结合起来，不断拓展在东南亚和南亚各国的装配制造基地和出口基地。例如，日本积极参与印度"德里－孟买间产业大动脉构想"（DMIC）的建设，通过官方援助和民间投资相结合的方式，由官方提供资金支援DMIC项目的核心工程——德里－孟买货运专用铁路建设项目（DFC），同时利用日本民间资金，建设沿线工业基地，形成以货运专用铁路为轴心的印度制造中心和出口基地，深度参与到印度本地的地区开发中。

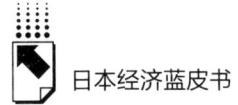

运输设备是日本对东南亚和南亚重点布局的领域，相对于整车出口的方式，日本在对泰国、马来西亚、印度尼西亚、菲律宾、越南和印度等国的贸易中，更多地采取输出核心技术和零部件，在当地装配制造，进一步在当地销售或出口的方式。例如，在泰国，三菱商事参股五十铃汽车，最初在日本进行开发，采购零部件，生产后再出口，2000年以后则开始在泰国采购零部件，进而在泰国生产汽车并出口，仅把研发和通用发动机等基础技术留在了日本，如今，三菱商事参股的五十铃汽车从泰国向全世界约90个国家出口。① 这部分出口显然没有体现在日本的贸易数据中，但实际上利润是由日本企业分享的。同时，由于可以利用当地廉价的资源和劳动力，以及财税优惠等，有助于扩大销售额和出口额，提高利润率。在印度，2014年，马鲁蒂铃木公司在当地销售量达到115.2万辆，占印度整体市场份额的44.8%，排名第一，同时，自印度出口乘用车11.8万辆；本田和丰田分别以18.0万辆和13.3万辆的销售量在当地排名第四和第六位，并分别向海外出口乘用车0.6万辆和1.7万辆；销售量排名第九位的日产则自印度出口乘用车达11.9万辆。②

（三）通过参与超级区域贸易协定谈判提升地区影响力

由于WTO框架下多边贸易谈判的停滞不前，《跨太平洋伙伴关系协定》《跨大西洋贸易与投资伙伴关系协定》《区域全面经济伙伴关系协定》（RCEP）等广范围超级区域贸易协定谈判成为国际经济合作的新趋势。日本积极地参与其中，并将其作为提高地区政治经济影响力的有效手段。

早在2002年日本确立FTA战略时，就将东南亚作为发展双边和区域经济伙伴关系的优先对象，提出日本构建FTA应优先考虑韩国和东盟主要成员国，并在中长期将中国和东亚其他国家，以及大洋洲国家考虑在内。③ 在这一方针的指导下，日本先后与新加坡、马来西亚、泰国、印度尼西亚、文莱、菲律宾和越南签订了双边经济伙伴关系协定。2008年，《日本-东盟全面经济伙伴关系协定》

---

① 参见〔日〕堀口健治、笹仓和幸主编《日本现代综合商社论：三菱商事与事业创新》，丁红卫、葛东升译，知识产权出版社，2014，第171~173页。
② 日本貿易振興機構（JETRO）「2014年 主要国の自動車生産・販売動向」、https://www.jetro.go.jp/world/reports/2015/01/20150032.html。
③ 2002年，日本外务省发表题为《日本的FTA（自由贸易协定）战略》的政策报告，确立日本的FTA战略。参见外務省「日本のFTA戰略」、http://www.mofa.go.jp/mofaj/gaiko/fta/senryaku.html。

(AJCEP)生效,成为日本第一个区域性经济伙伴关系协定。2011年2月,日本与印度正式签订双边经济伙伴关系协定,并于同年8月生效,日本和印度的经贸合作也进入全面深化发展阶段。

2012年8月,第一次东盟与各FTA伙伴国经济部长会议召开,会议通过了《RCEP谈判的基本方针与目标》,在同年11月东亚系列峰会上,RCEP谈判正式启动,2013年5月,RCEP第一回合谈判在文莱举行,东盟十国、中国、日本、韩国、印度、澳大利亚和新西兰共十六国成为谈判成员国,RCEP是日本现阶段重点关注的区域贸易协定谈判之一。2013年,日本正式加入TPP谈判,成为唯一一个同时参与TPP、RCEP和中日韩FTA这三项贸易协定谈判的国家,同时,东盟中的文莱、马来西亚、新加坡和越南,也是TPP谈判成员国。日本积极参与各项超级区域贸易协定,除了经济层面的考虑,政治意图更为明显,其试图通过同时参与TPP、RECP和中日韩FTA等超级区域贸易协定的谈判,牵制中国及各方力量,引导各项谈判相互刺激,相互博弈,提高自己在其中的议价能力,寻求自身利益最大化,从而强化其在亚太地区规则制定过程中的话语权和主导权,增强地区影响力。

附 录

APPENDIX

B.24
日本经济与中日经贸关系主要数据变化

附表1-1 中日贸易额变化

单位：亿美元，%

年 份	中日贸易总额	增减率	出口额	增减率	进口额	增减率	贸易平衡
1989	146.63	81.47	81.47	1.80	65.16	-11.21	16.31
1990	129.27	-11.84	88.71	8.89	40.55	-37.77	48.16
1991	202.83	22.30	102.52	13.9	100.31	32.2	2.21
1992	235.80	25.1	116.99	14.4	136.8	36.3	-19.81
1993	390.30	53.80	157.80	35.1	232.5	69.9	-74.70
1994	478.90	22.70	215.70	36.70	263.20	13.20	-47.50
1995	574.60	17.99	284.60	31.90	290.05	10.20	-7.20
1996	600.58	4.50	308.70	8.4	291.80	0.60	16.9
1997	608.58	1.20	318.20	3.0	289.93	-0.60	28.27
1998	578.99	-4.80	296.62	-6.70	282.07	-2.70	14.85
1999	661.67	14.20	323.99	9.2	337.68	19.40	-13.69
2000	831.70	25.70	416.5	28.5	415.10	22.90	1.40
2001	877.54	5.50	449.58	7.9	427.97	3.1	21.6
2002	1018.89	16.1	484.32	7.73	534.57	27.24	-51.0
2003	1335.74	31.1	594.26	22.7	741.51	38.7	-147.0
2004	1678.86	25.7	735.14	23.7	943.72	27.3	-208.58
2005	1844.43	9.9	839.92	14.3	1004.52	6.5	-164.6
2006	2073.56	12.5	916.39	9.1	1157.17	15.2	-240.8
2007	2360.22	13.8	1020.71	11.4	1339.51	15.8	-318.79
2008	2667.9	13.0	1161.3	13.8	1506.5	12.5	-345.2
2009	2288.5	-14.2	979.1	-15.7	1309.4	-13.1	-330.3
2010	2977.7	30.2	1210.6	23.7	1767.1	35.0	-556.5
2011	3429.9	15.2	1483.0	22.5	1945.9	10.1	-462.9
2012	3294.5	-3.9	1516.4	2.3	1778.1	-8.6	-261.7
2013	3125.5	-5.1	1502.8	-0.9	1622.7	-8.7	-119.9
2014	3124.38	-0.03	1494.42	-0.5	1629.96	0.4	-135.54
2015	2786.7	-10.8	1356.8	-9.2	1429.9	-12.2	-73.1

资料来源：中国《海关统计》各年第12期。

附表1-2 日中贸易额变化

单位：百万美元，%

年　度	日本对华出口		日本从华进口		贸易总额	
	金　额	增长率	金　额	增长率	金　额	增长率
1991	8593	40.2	14216	17.9	22809	25.4
1992	11949	39.1	16953	19.3	28902	26.7
1993	17273	44.6	20565	21.3	37838	30.9
1994	18682	8.2	27566	34.0	46248	22.2
1995	21931	17.4	35922	30.3	57853	25.1
1996	21890	-0.2	40550	12.9	62440	7.9
1997	21785	-0.5	42066	3.7	63851	2.3
1998	20022	-8.1	36896	-12.3	56917	-10.9
1999	23336	16.6	42880	16.2	66216	16.3
2000	30428	30.4	55303	29.0	85731	29.5
2001	31091	2.2	58105	5.1	89195	4.0
2002	39866	28.2	61692	6.2	101557	13.9
2003	57219	43.5	75193	21.9	132412	30.4
2004	73818	29.0	94227	25.3	168045	26.9
2005	80340	8.8	109105	15.8	189445	12.7
2006	115811	15.3	118437	9.1	234248	12.1
2007	133903	15.6	127844	7.9	261747	11.7
2008	150634	12.5	143657	12.4	294291	12.4
2009	130749	-13.2	122515	-14.7	253263	-13.9
2010	176304	34.8	153425	25.2	329729	30.2
2011	194410	10.3	184129	20.0	378538	14.8
2012	177727	-8.6	188450	2.4	366177	-3.3
2013	162219	-8.7	180841	-4.0	343060	-6.3
2014	162686	0.3	181039	0.1	343725	0.2
2015	142716	-12.3	160570	-11.3	303286	-11.8
1月	10915	-14.0	15054	-18.2	25968	-16.5
2月	9435	-15.1	13975	20.0	23410	2.9
3月	12799	-5.6	11457	-31.5	24257	-19.9
4月	13067	-8.7	13373	-12.1	26440	-10.4
5月	10866	-15.5	11950	-14.4	22815	-14.9
6月	12457	-7.5	12710	-11.8	25167	-9.7
7月	12655	-13.6	134113	-6.3	26066	-10.0
8月	11410	-14.1	12609	-4.0	24019	-9.1
9月	12555	-18.8	15370	-9.6	27924	-14.0
10月	11451	-14.8	14375	-14.7	25826	-14.7
11月	11589	-10.6	13462	-10.5	25051	-10.6
12月	13518	-9.2	12826	-10.6	26344	-9.9

附表1-3　日本对华直接投资

年　份	项目数		协议金额		实际使用金额	
	件	增长率(%)	亿美元	增长率(%)	亿美元	增长率(%)
1979~1985	211	—	12.3	—	8.3	—
1986	94	—	2.1	—	2.0	—
1987	113	20.2	3.0	42.9	2.2	10
1988	237	109.7	2.8	-6.7	5.2	136
1989	294	24.1	4.4	57.1	3.4	-35
1990	341	16.0	4.6	4.5	5.0	47
1991	599	75.7	8.1	77.7	5.3	6.0
1992	1805	201.3	21.7	167.9	7.1	34.0
1993	3488	93.2	29.6	36.4	13.2	85.9
1994	3018	-13.5	44.4	50.0	20.8	57.6
1995	2945	-2.4	75.9	70.9	31.1	49.5
1996	1742	-40.9	51.3	-32.4	36.8	18.3
1997	1402	-19.5	34.0	-33.7	43.3	17.7
1998	1188	-15.3	27.0	-20.6	31.6	-27.0
1999	1167	-1.8	25.9	-4.1	29.7	-6.0
2000	1614	38.3	36.8	42.1	29.2	-1.7
2001	2019	25.1	54.2	47.3	43.5	49.0
2002	2745	37.0	53.0	-1.9	41.9	-8.9
2003	3254	18.5	79.6	50.2	50.5	20.6
2004	3454	6.1	91.6	15.2	54.5	7.9
2005	3269	-5.4	119.2	30.1	65.3	19.8
2006	2590	-20.8	99.1	-16.9	46.0	-29.6
2007	1974	-23.8	—	—	35.9	-22.0
2008	1438	-27.2	—	—	36.5	1.7
2009	1275	-11.3	—	—	41.1	12.4
2010	—	—	—	—	42.4	3.0
2011	—	—	—	—	63.5	49.7
2012	—	—	—	—	73.8	16.3
2013	—	—	—	—	70.6	-4.3
2014	—	—	—	—	43.3	-38.8
2015	—	—	—	—	31.9	-26.2

资料来源：中国商务部《中国商务年鉴》。

日本经济与中日经贸关系主要数据变化

附表1-4 国民经济统计（1）

年度	国内生产总值（GDP）			国民总收入（GNI）		国民收入				人均GDP	人均雇员报酬年增长率
	名义		实际	名义	实际	名义国民收入		雇员名义报酬			
	金额	年增长率	年增长率	年增长率	年增长率	金额	年增长率	金额	年增长率		
	10亿日元	%	%	%	%	10亿日元	%	10亿日元	%	1000日元	%
1955	8,807.7	—	—	—	—	6,973.3	—	3,548.9	—	98	—
1956	9,883.2	12.2	6.8	12.1	6.7	7,896.2	13.2	4,082.5	15.0	109	—
1957	11,334.1	14.7	8.1	14.5	8.0	8,868.1	12.3	4,573.0	12.0	123	—
1958	12,134.2	7.1	6.6	7.0	6.5	9,382.9	5.8	5,039.2	10.2	131	—
1959	14,236.2	17.3	11.2	17.2	11.1	11,042.1	17.7	5,761.2	14.3	152	—
1960	17,087.7	20.0	12.0	19.9	11.9	13,496.7	22.2	6,702.0	16.3	181	—
1961	20,663.1	20.9	11.7	20.9	11.7	16,081.9	19.2	7,988.7	19.2	217	—
1962	22,873.8	10.7	7.5	10.6	7.5	17,893.3	11.3	9,425.6	18.0	238	—
1963	26,868.8	17.5	10.4	17.4	10.4	21,099.3	17.9	11,027.3	17.0	277	—
1964	31,141.7	15.9	9.5	15.8	9.4	24,051.4	14.0	12,961.2	17.5	317	—
1965	34,589.4	11.1	6.2	11.1	6.2	26,827.0	11.5	14,980.6	15.6	349	—
1966	40,667.8	17.6	11.0	17.6	11.1	31,644.8	18.0	17,208.9	14.9	406	—
1967	47,579.0	17.0	11.0	17.0	11.0	37,547.7	18.7	19,964.5	16.0	471	—
1968	56,288.1	18.3	12.4	18.3	12.3	43,720.9	16.4	23,157.7	16.0	550	—
1969	66,649.3	18.4	12.0	18.4	12.0	52,117.6	19.2	27,488.7	18.7	644	—
1970	77,136.3	15.7	8.2	15.8	8.3	61,029.7	17.1	33,293.9	21.1	735	—
1971	84,922.6	10.1	5.0	10.2	5.1	65,910.5	8.0	38,896.6	16.8	794	13.8
1972	98,841.2	16.4	9.1	16.6	9.3	77,936.9	18.2	45,702.0	17.5	911	14.9
1973	119,563.6	21.0	5.1	20.9	5.0	95,839.6	23.0	57,402.8	25.6	1,087	21.7
1974	141,830.2	18.6	-0.5	18.4	-0.7	112,471.6	17.4	73,752.4	28.5	1,272	27.7
1975	156,080.2	10.0	4.0	10.2	4.1	123,990.7	10.2	83,851.8	13.7	1,382	12.8
1976	175,474.1	12.4	3.8	12.4	3.8	140,397.2	13.2	94,328.6	12.5	1,537	11.0
1977	194,734.1	11.0	4.5	11.0	4.6	155,703.2	10.9	104,997.8	11.3	1,689	10.0
1978	213,693.5	9.7	5.4	9.9	5.5	171,778.5	10.3	112,800.6	7.4	1,837	6.6
1979	230,734.5	8.0	5.1	8.0	5.1	182,206.6	6.1	122,126.2	8.3	1,967	6.1
1980	251,539.6	9.0	2.6	8.9	2.4	203,878.7	9.5	131,850.4	8.7	2,123	5.6
1981	268,012.5	6.5	3.9	6.5	3.9	211,615.1	3.8	142,097.7	7.8	2,246	6.4
1982	279,680.4	4.4	3.1	4.6	3.1	220,131.4	4.0	150,232.9	5.7	2,328	3.8
1983	292,450.9	4.6	3.5	4.7	3.7	231,290.0	5.1	157,301.3	4.7	2,417	2.3
1984	312,164.5	6.7	4.8	6.8	4.9	243,117.2	5.1	166,017.3	5.5	2,564	4.1
1985	334,605.2	7.2	6.3	7.3	6.7	260,559.9	7.2	173,977.0	4.8	2,731	3.7
1986	346,626.0	3.6	1.9	3.6	3.7	267,941.5	2.8	180,189.4	3.6	2,815	2.3
1987	366,911.4	5.9	6.1	6.1	6.0	281,099.8	4.9	187,098.9	3.8	2,965	2.2
1988	392,623.7	7.0	6.4	7.0	6.6	302,710.1	7.7	198,486.5	6.1	3,160	3.3
1989	421,182.5	7.3	4.6	7.5	4.6	320,802.0	6.0	213,309.1	7.5	3,378	4.3
1990	457,436.3	8.6	6.2	8.4	5.6	346,892.9	8.1	231,261.5	8.4	3,655	4.6
1991	479,640.1	4.9	2.3	4.9	2.7	368,931.6	6.4	248,310.9	7.4	3,818	4.1
1992	489,411.0	2.0	0.7	2.3	1.0	366,007.2	-0.8	254,844.4	2.6	3,883	0.5
1993	488,754.8	-0.1	-0.5	-0.2	-0.4	365,376.0	-0.2	260,724.0	2.3	3,865	0.9
1994	495,612.2	1.4	1.5	1.3	1.5	366,752.4	1.3	265,567.0	1.9	3,958	1.3
1995	504,594.3	1.8	2.7	1.9	2.8	370,772.7	1.1	270,187.8	1.7	4,021	1.0
1996	515,943.9	2.2	2.7	2.6	2.6	380,912.2	2.7	274,129.2	1.5	4,102	0.2
1997	521,295.4	1.0	0.1	1.1	0.3	382,268.1	0.4	278,996.3	1.8	4,134	0.9
1998	510,919.2	-2.0	-1.5	-2.0	-1.2	369,371.5	-3.4	272,937.9	-2.2	4,041	-1.5
1999	506,599.2	-0.8	0.5	-0.9	0.3	368,781.7	-0.2	268,001.5	-1.8	4,000	-1.3
2000	510,834.7	0.8	2.0	1.0	1.9	375,186.3	1.7	269,158.9	0.4	4,026	-0.4
2001	501,711.0	-1.8	-0.4	-1.5	-0.1	366,783.8	-2.2	265,692.2	-1.3	3,944	-1.0
2002	498,008.8	-0.7	1.1	-0.9	0.8	363,890.1	-0.8	258,088.1	-2.9	3,908	-2.4
2003	501,889.1	0.8	2.3	0.9	2.3	368,100.9	1.2	252,787.1	-2.1	3,931	-2.2
2004	502,760.8	0.2	1.5	0.4	1.1	370,116.6	0.5	252,159.4	-0.2	3,935	-0.5
2005	505,349.4	0.5	1.9	1.1	1.3	374,125.1	1.1	254,064.0	0.8	3,955	-0.5
2006	509,106.3	0.7	1.8	1.1	1.4	378,190.3	1.1	255,747.5	0.7	3,981	-0.7
2007	513,023.3	0.8	1.8	1.2	1.3	381,239.2	0.8	255,640.1	0.0	4,008	-0.9
2008	489,520.1	-4.6	-3.7	-4.9	-4.7	355,038.0	-6.9	254,279.5	-0.5	3,823	-0.6
2009	473,996.4	-3.2	-2.0	-3.5	-1.1	344,384.8	-3.0	242,980.7	-4.4	3,702	-3.5
2010	480,527.5	1.4	3.5	1.4	2.5	352,702.8	2.4	243,951.6	0.4	3,751	0.0
2011	474,170.5	-1.3	0.4	-1.0	0.3	349,597.1	-0.9	245,638.6	0.7	3,710	0.8
2012	474,635.4	0.1	1.0	0.2	1.1	351,957.8	0.7	245,934.7	0.1	3,721	-0.1
2013	483,074.5	1.8	2.1	2.2	2.0	362,055.0	2.9	248,296.0	1.0	3,796	-0.0
2014	490,599.0	1.6	-0.9	2.1	-0.3	—	—	252,537.2	1.7	—	0.9
2014年4-6月	121,020.6	1.8	-0.4	1.3	-1.3	—	—	65,549.5	1.5	—	0.8
2014年7-9月	118,549.6	0.6	-1.4	1.1	-1.5	—	—	59,915.2	2.2	—	1.3
2014年10-12月	127,238.7	1.4	-1.0	2.5	0.0	—	—	73,157.0	1.8	—	1.1
2015年1-3月	123,790.1	2.5	-0.9	3.4	1.4	—	—	53,915.5	1.4	—	0.5

资料来源：内閣府『平成27年度 年次經濟財政報告—四半世紀ぶりの成果と再生する日本經濟—』（長期經濟統計）、2015年7月。

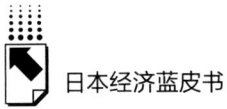

附表1-5 国民经济统计（2）

年度	民间最终消费支出（实际）		民间住宅投资（实际）		民间企业设备投资（实际）		民间库存增加（实际）	政府最终消费支出（实际）		公共固定资本形成（实际）		商品服务出口（实际）		商品服务进口（进口）	
	年增长率(%)	贡献度	年增长率(%)	贡献度	年增长率(%)	贡献度	贡献度	年增长率(%)	贡献度	年增长率(%)	贡献度	年增长率(%)	贡献度	年增长率(%)	贡献度
1955	-	-	-	-	-	-	-	-	-	-	-	-	-	-	-
1956	8.2	5.4	11.1	0.4	39.1	1.9	0.7	-0.4	-0.1	1.0	0.1	14.6	0.5	34.3	-1.3
1957	8.2	5.4	7.9	0.3	21.5	1.3	0.5	-0.2	-0.0	17.4	0.8	11.4	0.4	8.1	-0.4
1958	6.4	4.2	12.3	0.4	-0.4	-0.0	-0.7	6.3	1.2	17.3	0.9	3.0	0.1	-7.9	0.4
1959	9.6	6.3	19.7	0.7	32.6	2.1	0.6	7.7	1.4	10.8	0.6	15.3	0.5	28.0	-1.2
1960	10.3	6.7	22.3	0.8	39.6	3.1	0.5	3.3	0.6	15.0	0.9	11.8	0.4	20.3	-1.0
1961	10.2	6.6	10.6	0.4	23.5	2.3	1.1	6.5	1.1	27.4	1.6	6.5	0.2	24.4	-1.3
1962	7.1	4.5	14.1	0.5	3.3	0.4	-1.4	7.6	1.2	23.5	1.6	15.4	0.5	-3.1	0.2
1963	9.9	6.2	26.3	1.1	12.4	1.3	0.9	7.4	1.1	11.6	0.9	9.0	0.3	26.5	-1.4
1964	9.5	6.0	20.5	1.0	14.4	1.5	-0.5	2.0	0.3	5.7	0.4	26.1	0.9	7.2	-0.4
1965	6.5	4.1	18.9	1.0	-8.4	-0.9	0.1	3.3	0.5	13.9	1.0	19.6	0.8	6.6	-0.4
1966	10.3	6.5	7.5	0.5	24.7	2.3	0.2	4.5	0.6	13.3	1.1	15.0	0.7	15.5	-0.9
1967	9.8	6.1	21.5	1.3	27.3	2.9	0.3	3.6	0.5	9.6	0.8	8.4	0.4	21.9	-1.3
1968	9.4	5.8	15.9	1.0	21.0	2.6	0.7	4.9	0.6	13.2	1.1	26.1	1.2	10.5	-0.7
1969	9.8	5.9	19.8	1.3	30.0	3.9	-0.1	3.9	0.4	9.5	0.8	19.7	1.0	17.0	-1.1
1970	6.6	3.9	9.2	0.7	11.7	1.8	1.0	5.0	0.5	15.2	1.2	17.3	1.0	22.3	-1.5
1971	5.9	3.4	5.6	0.4	-4.2	-0.7	-0.8	4.8	0.5	22.2	1.9	12.5	0.8	2.3	-0.2
1972	9.8	5.7	20.3	1.5	5.8	0.8	0.3	4.8	0.5	12.0	1.2	5.6	0.4	15.1	-1.1
1973	6.0	3.5	11.6	0.9	13.6	1.9	0.4	4.3	0.4	-7.3	-0.7	5.5	0.3	22.7	-1.8
1974	1.5	0.9	-17.3	-1.5	-8.6	-1.3	-0.6	2.6	0.3	0.1	0.0	22.8	1.5	-1.6	0.1
1975	3.5	2.1	12.3	0.9	-3.8	-0.5	-0.8	10.8	1.1	5.6	0.5	-0.1	-0.0	-7.4	0.7
1976	3.4	2.0	3.3	0.2	0.6	0.1	0.4	4.0	0.4	-0.4	-0.0	17.3	1.3	7.9	-0.7
1977	4.1	2.5	1.8	0.1	-0.8	-0.1	-0.2	4.2	0.4	13.5	1.2	9.6	0.8	3.3	-0.3
1978	5.9	3.5	2.3	0.2	8.5	1.0	0.1	5.4	0.6	13.0	1.2	-3.3	-0.3	10.8	-0.9
1979	5.4	3.2	0.4	0.0	10.7	1.3	0.2	3.6	0.4	-1.8	-0.2	10.6	0.9	6.1	-0.5
1980	0.7	0.4	-9.9	-0.7	7.5	1.0	0.0	3.3	0.3	-1.7	-0.2	14.4	1.2	-6.3	0.6
1981	2.4	1.3	-2.0	-0.1	3.8	0.6	-0.0	5.8	0.8	1.0	0.1	12.6	1.7	4.0	-0.6
1982	4.6	2.5	1.1	0.1	1.4	0.2	-0.6	4.2	0.6	-2.1	-0.2	-0.4	-0.1	-4.8	0.7
1983	3.0	1.7	-8.4	-0.5	1.9	0.3	0.2	5.6	0.8	-1.0	-0.1	8.6	1.2	1.7	-0.2
1984	3.0	1.7	-0.1	-0.0	12.3	1.8	0.1	2.5	0.4	-2.2	-0.2	13.5	1.9	8.1	-1.0
1985	4.4	2.4	3.5	0.2	15.1	2.4	1.0	3.7	0.5	-4.9	-0.3	2.5	0.4	-4.4	0.5
1986	3.6	1.9	9.4	0.4	5.0	0.8	-1.2	3.8	0.5	4.7	0.3	-4.3	-0.6	7.1	-0.7
1987	4.8	2.6	24.3	1.1	8.2	1.3	0.7	3.9	0.6	8.0	0.5	1.0	0.1	12.3	-0.9
1988	5.3	2.9	5.8	0.3	19.9	3.3	-0.2	3.5	0.5	0.7	0.1	8.7	0.9	18.9	-1.4
1989	4.1	2.2	-1.4	-0.1	10.7	2.0	0.3	2.8	0.4	1.9	0.1	8.5	0.8	15.0	-1.2
1990	5.4	2.8	5.5	0.3	11.5	2.2	0.3	3.8	0.5	4.3	0.3	6.7	0.7	5.4	-0.5
1991	2.2	1.2	-9.2	-0.5	-0.4	-0.1	0.3	3.6	0.5	5.7	0.4	5.2	0.5	-0.6	0.1
1992	1.3	0.7	-3.0	-0.1	-6.1	-1.2	-0.7	2.8	0.4	17.3	1.1	3.7	0.4	-2.1	0.2
1993	1.4	0.7	3.7	0.2	-12.9	-2.3	-0.1	3.3	0.5	9.1	0.7	-0.6	-0.1	0.4	-0.0
1994	2.1	1.2	7.2	0.4	-1.9	-0.3	0.0	3.5	0.5	-1.6	-0.1	4.9	0.4	9.8	-0.7
1995	2.3	1.3	-5.7	-0.3	3.1	0.5	0.6	4.3	0.6	6.7	0.6	4.4	0.4	13.8	-1.0
1996	2.4	1.3	13.3	0.6	5.1	0.7	0.1	2.2	0.3	-2.3	-0.2	7.4	0.7	11.6	-0.9
1997	-1.0	-0.6	-18.9	-1.0	5.5	0.8	0.4	0.6	0.1	-7.1	-0.6	8.7	0.9	-1.5	0.1
1998	0.5	0.3	-10.6	-0.5	-7.8	-1.2	-0.8	2.0	0.3	1.9	0.2	-4.0	-0.4	-6.7	0.6
1999	1.2	0.7	3.5	0.1	0.5	0.1	-0.7	3.8	0.6	-3.2	-0.3	5.9	0.6	6.7	-0.6
2000	0.3	0.2	-0.1	-0.0	4.8	0.7	0.8	4.8	0.8	-6.1	-0.5	9.3	1.0	11.2	-1.0
2001	1.6	0.9	-7.2	-0.3	-3.2	-0.3	-0.3	3.9	0.7	-6.0	-0.4	-7.8	-0.9	-3.5	0.3
2002	1.2	0.7	-2.1	-0.1	-2.2	-0.3	-0.1	2.1	0.4	-5.1	-0.3	11.9	1.2	4.3	-0.4
2003	0.8	0.5	-0.3	-0.0	5.1	0.7	0.4	2.1	0.4	-7.3	-0.5	10.1	1.2	3.2	-0.3
2004	0.8	0.4	1.5	0.1	4.5	0.6	0.2	1.2	0.2	-10.9	-0.6	11.1	1.4	7.9	-0.8
2005	1.9	1.1	-0.7	-0.0	4.4	0.6	-0.1	0.4	0.1	-6.7	-0.3	8.5	1.1	4.5	-0.5
2006	0.8	0.5	0.1	0.0	5.9	0.8	-0.1	0.4	0.1	-7.3	-0.3	8.7	1.3	3.8	-0.5
2007	0.8	0.5	-14.5	-0.6	2.2	0.3	0.2	1.2	0.2	-4.9	-0.2	9.4	1.6	2.4	-0.4
2008	-2.0	-1.1	-1.1	-0.0	-7.7	-1.1	0.0	-0.4	-0.1	-6.7	-0.3	-10.6	-1.9	-4.7	0.8
2009	1.2	0.7	-21.0	-0.7	-12.0	-1.7	-1.5	2.7	0.5	11.5	0.5	-9.6	-1.5	-10.7	1.7
2010	1.6	0.9	2.2	0.1	3.8	0.5	1.1	2.0	0.4	-6.4	-0.3	17.5	2.4	12.0	-1.5
2011	1.4	0.8	3.2	0.1	4.8	0.6	-0.3	1.2	0.2	-3.2	-0.1	-1.6	-0.2	5.4	-0.8
2012	1.8	1.1	5.7	0.2	1.2	0.2	0.1	1.7	0.3	1.0	0.0	-1.4	-0.2	3.6	-0.6
2013	2.5	1.5	9.3	0.3	4.0	0.5	-0.5	1.6	0.3	10.3	0.5	4.4	0.7	6.7	-1.2
2014	-3.1	-1.9	-11.7	-0.4	0.4	0.1	0.5	0.4	0.1	2.0	0.1	8.0	1.3	3.7	-0.7
2014年4-6月	-2.9	-1.8	-2.0	-0.1	2.4	0.3	1.1	-0.0	-0.0	4.4	0.2	5.7	0.9	6.0	-1.1
2014年7-9月	-3.0	-1.9	-12.4	-0.4	1.4	0.2	0.2	0.3	0.1	2.0	0.1	7.7	1.2	5.2	-1.0
2014年10-12月	-2.4	-1.5	-15.5	-0.5	0.2	0.0	0.4	0.1	0.0	2.3	0.1	11.3	1.8	3.8	-0.7
2015年1-3月	-4.1	-2.5	-15.4	-0.5	-1.6	-0.3	1.0	0.8	0.2	0.2	0.0	7.4	1.3	-0.0	-0.0

资料来源：内閣府『平成27年度 年次経済財政報告—四半世紀ぶりの成果と再生する日本経済—』（長期経済統計）、2015年7月。

附表1-6 国民经济统计（3）

年份	国内生产总值（GDP）				国民总收入（GNI）				国民收入				人均GDP	人均雇员报酬年增长率
	名义		实际		名义		实际		名义国民收入		雇员名义报酬			
	金额	年增长率	年增长率	年增长率	年增长率	金额	年增长率	金额	年增长率						
	10亿日元	%	%	%	%	10亿日元	%	10亿日元	%	1000日元	%
1955	8,588.6	—	—	—	—	6,772.0	—	3,456.0	—	94	—
1956	9,668.9	12.6	7.5	12.5	7.4	7,587.4	12.0	3,973.5	15.0	105	7.5
1957	11,142.6	15.2	7.8	15.1	7.7	8,790.1	15.9	4,480.9	12.8	120	5.8
1958	11,840.4	6.3	6.2	6.2	6.1	9,188.0	4.5	4,952.1	10.5	126	6.2
1959	13,535.7	14.3	9.4	14.2	9.3	10,528.7	14.6	5,590.8	12.9	143	7.8
1960	16,428.9	21.4	13.1	21.3	13.0	12,912.0	22.6	6,483.1	16.0	172	10.5
1961	19,842.8	20.8	11.9	20.7	11.8	15,572.3	20.6	7,670.2	18.3	206	13.4
1962	22,517.2	13.5	8.6	13.4	8.6	17,499.2	12.4	9,151.7	19.3	231	13.9
1963	25,770.8	14.4	8.8	14.4	8.7	20,191.9	15.4	10,672.5	16.6	262	12.9
1964	30,314.8	17.6	11.2	17.5	11.1	23,377.0	15.8	12,475.8	16.9	305	12.8
1965	33,726.5	11.3	5.7	11.3	5.7	26,065.4	11.5	14,528.2	16.5	336	11.0
1966	39,169.4	16.1	10.2	16.2	10.3	30,396.1	16.6	16,811.9	15.7	386	11.2
1967	45,901.7	17.2	11.1	17.2	11.1	36,005.3	18.5	19,320.1	14.9	448	11.6
1968	54,362.0	18.4	11.9	18.4	11.9	42,479.3	18.0	22,514.0	16.5	525	14.5
1969	63,858.3	17.5	12.0	17.5	12.0	49,938.3	17.6	26,500.7	17.7	609	15.0
1970	75,265.3	17.9	10.3	17.9	10.3	59,152.7	18.5	31,942.2	20.5	708	15.9
1971	82,814.3	10.0	4.4	10.1	4.5	64,645.1	9.3	37,867.7	18.6	764	14.6
1972	94,813.6	14.5	8.4	14.7	8.6	74,601.0	15.4	44,069.3	16.4	862	14.2
1973	115,443.7	21.8	8.0	21.8	8.1	91,823.1	23.1	55,235.8	25.3	1,035	21.0
1974	137,758.8	19.3	-1.2	19.1	-1.4	109,060.8	18.8	70,087.7	26.9	1,219	25.7
1975	152,210.8	10.5	3.1	10.6	3.2	121,025.9	11.0	81,678.2	16.5	1,330	16.2
1976	170,934.8	12.3	4.0	12.3	4.0	137,119.6	13.3	92,120.9	12.8	1,478	11.1
1977	190,482.2	11.4	4.4	11.5	4.4	151,395.2	10.4	102,896.8	11.7	1,631	10.1
1978	209,756.1	10.1	5.3	10.2	5.4	167,571.7	10.7	111,163.6	8.0	1,780	7.4
1979	227,347.5	8.4	5.5	8.5	5.6	180,707.3	7.8	120,120.3	8.1	1,912	6.0
1980	246,464.5	8.4	2.8	8.2	2.7	196,750.2	8.0	129,450.8	8.5	2,079	5.7
1981	264,966.2	7.5	4.2	7.3	4.1	209,047.2	6.3	140,212.4	8.3	2,219	6.5
1982	278,179.0	5.0	3.4	5.2	3.5	219,327.2	4.9	148,139.8	5.7	2,314	4.1
1983	289,314.5	4.0	3.1	4.1	3.2	227,666.8	3.8	155,794.1	5.2	2,390	2.4
1984	307,498.6	6.3	4.5	6.4	4.6	240,786.9	5.8	164,317.9	5.5	2,524	4.1
1985	330,260.5	7.4	6.3	7.6	6.6	256,338.4	6.5	171,856.1	4.6	2,693	3.4
1986	345,644.4	4.7	2.8	4.6	4.5	267,217.4	4.2	179,186.2	4.3	2,805	2.7
1987	359,458.4	4.0	4.1	4.2	4.3	276,729.3	3.6	185,370.1	3.5	2,901	2.3
1988	386,427.8	7.5	7.1	7.5	7.3	296,228.2	7.0	196,141.1	5.8	3,107	3.2
1989	416,245.8	7.7	5.4	7.8	5.4	316,002.5	6.7	210,167.9	7.2	3,333	3.9
1990	449,392.2	8.0	5.6	7.9	5.1	339,441.1	7.4	227,308.6	8.2	3,587	4.7
1991	476,430.8	6.0	3.3	6.0	3.5	363,375.7	7.1	245,586.0	8.0	3,787	4.4
1992	487,961.4	2.4	0.8	2.6	1.1	366,179.6	0.8	253,562.8	3.2	3,866	0.9
1993	490,934.1	0.6	0.2	0.6	0.3	366,975.1	0.2	259,081.2	2.2	3,877	0.6
1994	495,743.4	1.0	0.9	0.9	0.9	363,366.3	0.1	264,295.9	2.0	3,962	1.3
1995	501,706.9	1.2	1.9	1.2	1.9	368,280.1	1.4	269,084.4	1.8	4,000	1.3
1996	511,934.8	2.0	2.6	2.4	2.7	377,885.4	2.6	272,551.0	1.3	4,072	0.2
1997	523,198.3	2.2	1.6	2.4	1.5	384,945.3	1.9	278,365.0	2.1	4,152	0.8
1998	512,438.6	-2.1	-2.0	-2.0	-1.8	371,987.6	-3.4	274,210.8	-1.5	4,056	-1.1
1999	504,903.2	-1.5	-0.2	-1.6	-0.3	368,892.5	-0.8	268,247.1	-2.2	3,989	-1.5
2000	509,860.0	1.0	2.3	1.0	2.0	373,383.7	1.2	269,053.4	0.3	4,020	-0.2
2001	505,543.2	-0.8	0.4	-0.5	0.7	368,116.1	-1.4	267,015.1	-0.8	3,977	-1.0
2002	499,147.0	-1.3	0.3	-1.3	0.2	364,783.9	-0.9	259,670.7	-2.8	3,918	-2.1
2003	498,854.8	-0.1	1.7	-0.0	1.5	366,695.7	0.5	254,838.2	-1.9	3,908	-1.9
2004	503,725.3	1.0	2.4	1.2	2.1	371,109.6	1.2	252,538.8	-0.9	3,944	-1.3
2005	503,903.0	0.0	1.3	0.5	0.8	373,809.5	0.7	253,982.8	0.6	3,944	-0.1
2006	506,687.0	0.6	1.7	1.1	1.1	375,387.9	0.4	255,672.3	0.7	3,967	0.3
2007	512,975.2	1.2	2.2	1.8	2.1	382,246.3	1.8	254,851.8	-0.3	4,008	-1.4
2008	501,209.3	-2.3	-1.0	-2.3	-0.7	367,231.3	-3.9	255,722.8	0.3	3,914	0.2
2009	471,138.7	-6.0	-5.5	-6.5	-4.0	340,223.6	-7.4	243,309.5	-4.9	3,680	-3.9
2010	482,676.9	2.4	4.7	2.4	3.6	353,468.7	3.9	243,605.8	0.1	3,767	-0.1
2011	471,578.7	-2.3	-0.5	-1.9	-1.3	347,558.6	-1.7	245,200.6	0.7	3,687	0.5
2012	475,331.7	0.8	1.7	0.8	1.5	353,021.4	1.6	245,946.3	0.3	3,725	0.4
2013	480,128.0	1.0	1.6	1.5	1.7	357,706.2	1.3	247,977.5	0.8	3,771	-0.1
2014	487,575.8	1.6	-0.1	1.9	-0.2			251,798.4	1.5		0.8

资料来源：內閣府『平成27年度 年次経済財政報告—四半世紀ぶりの成果と再生する日本経済—』（長期経済統計）、2015年7月。

附表1-7 国民经济统计（4）

年 份	民间最终消费支出（实际）		民间住宅投资（实际）		民间企业设备投资（实际）		民间库存增加（实际）	政府最终消费支出（实际）		公共固定资本形成（实际）		商品服务出口（实际）		商品服务进口（实际）	
	年增长率(%)	贡献度	年增长率(%)	贡献度	年增长率(%)	贡献度	贡献度	年增长率(%)	贡献度	年增长率(%)	贡献度	年增长率(%)	贡献度	年增长率(%)	贡献度
1955	-	-	-	-	-	-	-	-	-	-	-	-	-	-	-
1956	8.9	5.8	11.4	0.4	37.9	1.7	0.7	-0.2	-0.0	-1.5	-0.1	17.4	0.5	26.9	-1.0
1957	8.1	5.4	6.8	0.2	27.5	1.6	1.2	-0.4	-0.1	10.3	0.5	11.4	0.4	22.8	-1.0
1958	6.3	4.2	14.0	0.5	-0.6	0.0	-1.3	4.6	0.9	17.7	0.9	5.2	0.2	-13.4	0.7
1959	8.4	5.5	9.9	0.4	23.1	1.5	0.5	7.5	1.4	11.8	0.7	13.0	0.5	22.8	-1.0
1960	11.0	7.3	27.9	1.0	44.4	3.2	0.5	4.4	0.8	15.0	0.8	12.8	0.5	23.1	-1.1
1961	10.4	6.7	12.8	0.5	27.8	2.6	1.2	5.4	0.9	22.8	1.3	5.3	0.2	26.4	-1.4
1962	7.5	4.8	15.6	0.6	6.2	0.7	-1.0	7.5	1.2	28.2	1.8	17.2	0.6	-1.2	0.1
1963	8.8	5.6	18.3	0.8	8.3	0.9	0.2	7.6	1.2	13.9	1.0	7.0	0.3	19.6	-1.0
1964	10.8	6.8	25.6	1.2	17.9	1.9	0.3	3.0	0.5	6.3	0.5	21.6	0.8	13.6	-0.8
1965	5.8	3.6	20.7	1.1	-5.7	-0.6	-0.4	3.1	0.4	10.0	0.7	23.8	0.9	5.6	-0.3
1966	10.0	6.3	6.0	0.3	14.5	1.4	-0.1	4.5	0.6	19.2	1.5	16.9	0.8	12.2	-0.7
1967	10.4	6.5	19.2	1.1	28.6	2.9	0.6	3.4	0.4	3.8	0.3	6.8	0.3	22.7	-1.4
1968	8.5	5.3	19.5	1.2	23.4	2.8	0.4	4.7	0.6	16.3	1.3	23.9	1.1	12.1	-0.8
1969	10.3	6.3	16.7	1.1	25.6	3.3	0.6	4.1	0.5	9.6	0.8	20.8	1.1	13.7	-0.9
1970	7.4	4.4	13.3	0.9	19.3	2.8	1.3	4.8	0.5	13.8	1.1	17.5	1.0	22.6	-1.5
1971	5.5	3.2	4.7	0.3	-2.5	-0.4	-0.8	4.9	0.6	18.6	1.5	16.0	1.0	7.0	-0.5
1972	9.0	5.3	18.0	1.3	2.3	0.3	-0.1	5.0	0.6	16.2	1.5	4.1	0.3	10.5	-0.8
1973	8.8	5.2	15.3	1.2	14.2	2.0	0.2	5.4	0.7	4.9	0.5	5.2	0.3	24.3	-1.9
1974	-0.1	-0.0	-12.3	-1.0	-4.2	-0.6	0.5	4.4	-0.0	-11.8	-1.1	23.1	1.4	-4.2	-0.4
1975	4.4	2.6	1.2	0.1	-6.0	-0.9	-1.6	12.6	1.2	6.4	0.6	-1.0	-0.1	-10.3	1.0
1976	2.9	1.8	8.7	0.6	-0.1	-0.0	0.2	4.2	0.4	2.5	0.2	16.6	1.2	6.7	-0.6
1977	4.0	2.4	0.5	0.0	-0.5	-0.1	0.2	4.2	0.4	9.5	0.8	11.7	1.0	4.1	-0.3
1978	5.3	3.2	5.6	0.4	4.5	0.5	-0.1	5.2	0.5	14.2	1.3	-0.3	-0.0	6.9	-0.6
1979	6.5	3.9	-0.9	-0.1	12.8	1.5	0.3	4.2	0.4	2.7	0.3	4.3	0.4	12.9	-1.1
1980	1.1	0.6	-9.2	-0.6	7.9	1.0	-0.0	3.1	0.3	-4.8	-0.5	17.0	1.4	-7.8	0.7
1981	1.8	1.0	-2.7	-0.2	4.5	0.7	0.1	5.5	0.8	3.9	0.4	13.3	1.8	2.1	-0.3
1982	4.6	2.5	-1.2	-0.1	2.0	0.3	-0.0	4.5	0.6	-2.9	-0.3	1.4	0.2	-0.7	0.1
1983	3.3	1.8	-4.8	-0.3	-0.2	-0.0	-0.4	5.7	0.8	-1.2	-0.1	5.0	0.7	-3.4	0.5
1984	2.9	1.6	-2.6	-0.1	9.6	1.4	0.1	3.4	0.5	-0.9	-0.1	15.3	2.1	10.5	-1.3
1985	4.1	2.3	2.8	0.1	17.9	2.7	0.9	1.4	0.2	-7.0	-0.5	5.3	0.8	-2.7	0.3
1986	3.7	2.0	6.9	0.3	5.9	1.0	-0.5	3.4	0.5	3.9	0.3	-5.1	-0.7	3.8	-0.4
1987	4.4	2.4	20.5	0.9	5.6	0.9	0.0	2.8	0.4	5.1	0.5	-0.1	-0.0	9.0	-0.7
1988	5.1	2.8	13.0	0.7	16.2	2.7	0.6	3.9	0.6	5.5	0.4	6.7	0.7	18.7	-1.3
1989	4.8	2.6	-1.2	-0.1	16.2	2.9	0.2	2.9	0.4	-0.4	-0.0	9.5	0.9	18.0	-1.4
1990	5.2	2.8	4.1	0.2	9.5	1.8	0.2	3.3	0.4	6.2	0.4	7.2	0.7	8.1	-0.7
1991	2.2	1.2	-5.3	-0.3	4.7	0.9	0.2	4.1	0.5	2.6	0.2	5.2	0.5	-1.1	0.1
1992	2.1	1.1	-5.7	-0.3	-7.4	-1.5	-0.5	2.7	0.4	16.3	1.1	4.4	0.4	-1.1	0.1
1993	1.0	0.5	1.5	0.1	-9.6	-1.8	-0.2	3.2	0.5	11.6	0.9	0.4	0.1	-1.3	0.1
1994	2.3	1.2	7.6	0.4	-5.8	-0.9	-0.2	3.5	0.5	1.5	0.1	3.9	0.4	8.2	-0.6
1995	1.7	0.9	-4.8	-0.2	3.3	0.5	0.6	4.3	0.6	-0.1	-0.0	4.2	0.4	11.4	-0.8
1996	2.3	1.3	11.7	0.6	1.7	0.2	0.1	3.0	0.5	5.4	0.5	5.9	0.5	14.3	-1.1
1997	0.9	0.5	-12.2	-0.6	8.9	1.3	0.1	0.8	0.1	-7.4	-0.6	11.1	1.1	1.2	-0.1
1998	-0.8	-0.4	-14.0	-0.7	-5.8	-0.9	-0.2	1.2	0.2	-4.9	-0.4	-2.7	-0.3	-6.7	0.6
1999	1.2	0.7	0.0	0.0	-3.5	-0.5	-1.2	3.7	0.6	4.3	0.3	1.8	0.2	3.3	-0.3
2000	0.4	0.2	0.8	0.0	6.5	0.9	0.7	4.6	0.8	-9.4	-0.7	12.6	1.3	10.7	-0.9
2001	1.6	0.9	-5.0	-0.2	-0.4	-0.1	0.5	4.2	0.7	-3.8	-0.3	-7.0	-0.8	0.9	-0.1
2002	1.2	0.7	-3.4	-0.1	-5.2	-0.7	-0.5	2.6	0.5	-5.1	-0.3	7.9	0.8	0.3	-0.0
2003	0.5	0.3	-1.3	-0.0	4.9	0.6	0.3	1.9	0.3	-8.6	-0.5	9.5	1.1	3.9	-0.4
2004	1.2	0.7	1.7	0.1	3.5	0.5	0.1	1.5	0.3	-7.5	-0.4	14.0	1.7	7.9	-0.8
2005	1.5	0.9	-0.9	-0.0	5.7	0.8	-0.3	0.8	0.1	-10.1	-0.5	6.2	0.8	4.2	-0.5
2006	1.1	0.6	0.6	0.0	4.0	0.6	-0.1	0.0	0.0	-5.1	-0.2	9.9	1.4	4.5	-0.6
2007	0.9	0.5	-9.8	-0.4	4.9	0.7	0.3	1.1	0.2	-5.9	-0.3	8.7	1.4	2.3	-0.3
2008	-0.9	-0.5	-6.6	-0.2	-2.6	-0.4	0.2	-0.1	-0.0	-7.4	-0.3	1.4	0.3	0.3	-0.1
2009	-0.7	-0.4	-16.6	-0.5	-14.3	-2.1	-1.6	2.3	0.4	7.0	0.3	-24.2	-4.3	-15.7	2.8
2010	2.8	1.7	-4.5	-0.1	0.3	0.0	0.9	2.0	0.4	0.7	0.0	24.8	3.2	11.1	-1.4
2011	0.3	0.2	5.1	0.1	4.1	0.6	-0.1	1.2	0.2	-8.2	-0.4	-0.4	-0.1	5.9	-0.8
2012	2.3	1.4	3.2	0.1	3.7	0.6	0.1	1.7	0.3	2.7	0.1	-0.2	-0.0	5.3	-0.8
2013	2.1	1.3	8.8	0.3	0.4	0.1	-0.4	1.9	0.4	8.0	0.4	1.2	0.2	3.1	-0.5
2014	-1.3	-0.8	-5.1	-0.2	3.9	0.5	0.1	0.2	0.1	3.8	0.2	8.4	1.4	7.4	-1.4

资料来源：内閣府『平成 27 年度 年次経済財政報告—四半世紀ぶりの成果と再生する日本経済—』（長期経済統計）、2015 年 7 月。

附表1-8 国民经济统计（5）

年末	国民总资产 金额（10亿日元）	与名义GDP之比	占比（%）实物资产（土地等除外）	土地等	金融资产	国民财富 金额（10亿日元）	与名义GDP之比
1955	51,422.0	5.99	32.6	30.6	36.8	32,704.7	3.81
1956	60,322.2	6.24	31.8	29.8	38.4	37,103.0	3.84
1957	68,244.2	6.12	29.8	29.9	40.3	40,481.3	3.63
1958	76,193.1	6.44	27.0	30.6	42.4	43,752.0	3.70
1959	89,131.9	6.58	25.5	30.2	44.4	49,584.9	3.66
1960	107,840.0	6.56	23.7	31.7	44.6	59,819.6	3.64
1961	133,283.4	6.72	23.5	31.0	45.6	72,297.0	3.64
1962	156,357.7	6.94	22.3	31.3	46.4	83,461.1	3.71
1963	183,270.6	7.11	21.8	29.3	48.9	92,923.6	3.61
1964	213,870.8	7.05	21.5	29.1	49.4	107,292.4	3.54
1965	241,570.7	7.16	21.2	27.9	50.9	118,028.4	3.50
1966	280,648.7	7.16	21.2	27.8	51.0	137,212.2	3.50
1967	333,694.7	7.27	21.0	28.2	50.8	163,842.2	3.57
1968	394,566.2	7.26	20.7	29.4	49.9	197,671.5	3.64
1969	476,211.0	7.46	20.6	30.0	49.4	241,579.4	3.78
	499,408.6	7.82	19.6	28.6	51.7	241,682.8	3.78
1970	590,573.4	7.85	20.5	29.4	50.1	296,467.3	3.94
1971	702,445.3	8.48	20.0	29.8	50.2	352,859.8	4.26
1972	932,810.6	9.84	18.8	31.5	49.7	473,379.9	4.99
1973	1,178,254.6	10.21	20.6	32.0	47.4	624,072.1	5.41
1974	1,300,905.2	9.44	23.4	29.1	47.5	685,723.9	4.98
1975	1,438,800.4	9.45	23.1	28.1	48.7	739,585.8	4.86
1976	1,627,933.8	9.52	23.3	26.6	50.1	814,906.7	4.77
1977	1,781,916.0	9.35	23.2	26.0	50.8	883,505.2	4.64
1978	2,031,898.0	9.69	22.3	25.9	51.7	989,289.6	4.72
1979	2,335,455.9	10.27	22.7	27.0	50.3	1,166,035.8	5.13
1980	2,642,194.0	10.72	22.4	28.2	49.4	1,339,614.4	5.44
	2,864,276.8	11.62	21.2	26.1	52.7	1,363,008.4	5.53
1981	3,160,372.8	11.93	20.0	26.7	53.3	1,484,720.7	5.60
1982	3,416,324.6	12.28	19.3	26.5	54.2	1,575,452.3	5.66
1983	3,699,899.5	12.79	18.2	25.5	56.3	1,629,378.0	5.63
1984	4,006,993.9	13.03	17.5	24.4	58.1	1,699,381.1	5.53
1985	4,377,491.7	13.25	16.5	24.3	59.2	1,811,019.5	5.48
1986	5,094,260.6	14.74	14.4	26.3	59.3	2,113,913.1	6.12
1987	5,962,689.6	16.59	13.0	29.4	57.6	2,579,662.1	7.18
1988	6,716,329.3	17.38	12.2	28.9	58.9	2,836,726.9	7.34
1989	7,710,418.9	18.52	11.9	29.4	58.7	3,231,062.4	7.76
1990	7,936,547.0	17.66	12.6	31.2	56.1	3,531,467.2	7.86
1991	7,987,085.8	16.76	13.4	28.7	57.8	3,422,746.4	7.18
1992	7,804,398.3	15.99	14.3	26.6	59.1	3,265,515.1	6.69
1993	7,903,074.8	16.10	14.3	25.1	60.6	3,192,859.5	6.50
1994	8,239,118.7	16.62	16.5	23.8	59.7	3,398,934.3	6.85
1995	8,352,451.1	16.65	16.6	22.4	61.0	3,341,941.5	6.66
1996	8,495,871.9	16.60	16.9	21.6	61.5	3,377,540.3	6.60
1997	8,618,233.2	16.47	17.1	20.8	62.1	3,394,855.7	6.49
1998	8,622,031.4	16.83	17.0	20.0	62.9	3,329,137.1	6.50
1999	8,832,805.9	17.49	16.7	18.7	64.6	3,208,619.1	6.35
2000	8,704,474.6	17.07	17.1	18.1	64.8	3,193,539.3	6.26
2001	8,512,996.1	16.84	17.3	17.5	65.2	3,141,476.2	6.21
2002	8,433,393.3	16.90	17.4	16.6	66.0	3,041,359.1	6.09
2003	8,486,160.7	17.01	17.5	15.5	67.0	2,975,996.7	5.97
2004	8,577,519.8	17.03	17.5	14.8	67.7	2,956,546.8	5.87
2005	8,981,401.4	17.82	17.0	13.9	69.1	2,959,473.8	5.87
2006	8,998,855.5	17.76	17.3	14.1	68.5	3,046,819.5	6.01
2007	8,915,915.8	17.38	18.0	14.6	67.4	3,160,336.4	6.16
2008	8,510,459.5	16.98	19.2	15.1	65.7	3,146,252.9	6.28
2009	8,459,592.2	17.96	18.7	14.5	66.8	3,076,572.0	6.53
2010	8,490,686.7	17.59	18.5	14.1	67.4	3,022,469.8	6.26
2011	8,448,329.7	17.91	18.6	13.7	67.6	2,999,247.3	6.36
2012	8,668,644.4	18.24	18.0	13.1	69.0	2,987,140.0	6.28
2013	9,294,560.7	19.36	17.7	12.1	70.2	3,048,676.2	6.35

资料来源：内閣府『平成27年度 年次経済財政報告―四半世紀ぶりの成果と再生する日本経済―』（長期経済統計）、2015年7月。

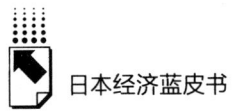
日本经济蓝皮书

附表1-9 居民消费、工资、住宅统计

年 份	个人消费			工资		住宅	
	家庭储蓄率	新车初次登记、申报台数（轿车）	轿车持有台数（平均每100户）（年度末值）	春季工资上涨率	工资现金总额增长率	新房开工户数	
						数量	年增长率
	%	台	台	%	%	1000户	%
1955	11.9	—	—	—	—	257	3.1
1956	12.9	—	—	—	—	309	19.9
1957	12.6	—	—	—	—	321	4.0
1958	12.3	49,236	—	—	—	338	5.3
1959	13.7	73,050	—	—	—	381	12.6
1960	14.5	145,227	—	—	—	424	11.5
1961	15.9	229,057	—	—	—	536	26.4
1962	15.6	259,269	—	—	—	586	9.4
1963	14.9	371,076	—	—	—	689	17.5
1964	15.4	493,536	—	—	—	751	9.1
1965	15.8	586,287	—	10.6	—	843	12.1
1966	15.0	740,259	9.8	10.6	—	857	1.7
1967	14.1	1,131,337	13.3	12.5	—	991	15.7
1968	16.9	1,569,404	17.6	13.6	—	1,202	21.2
1969	17.1	2,036,677	22.6	15.8	—	1,347	12.1
1970	17.7	2,379,137	26.8	18.5	—	1,485	10.2
1971	17.8	2,402,757	32.0	16.9	14.6	1,464	-1.4
1972	18.2	2,627,087	38.8	15.3	16.0	1,808	23.5
1973	20.4	2,953,026	42.3	20.1	21.5	1,905	5.4
1974	23.2	2,286,795	45.0	32.9	27.2	1,316	-30.9
1975	22.8	2,737,641	47.2	13.1	14.8	1,356	3.1
1976	23.2	2,449,429	55.0	8.8	12.5	1,524	12.4
1977	21.8	2,500,095	55.6	8.8	8.5	1,508	-1.0
1978	20.8	2,856,710	60.8	5.9	6.4	1,549	2.7
1979	18.2	3,036,873	64.1	6.0	6.0	1,493	-3.6
1980	17.7	2,854,175	64.9	6.74	6.3	1,269	-15.0
1981	18.6	2,866,695	71.7	7.68	5.3	1,152	-9.2
1982	17.3	3,038,272	76.4	7.01	4.1	1,146	-0.5
1983	16.8	3,135,611	79.2	4.40	2.7	1,137	-0.8
1984	16.7	3,095,554	83.6	4.46	3.6	1,187	4.4
1985	16.2	3,252,291	84.5	5.03	2.8	1,236	4.1
1986	15.4	3,322,888	91.3	4.55	2.7	1,365	10.4
1987	13.7	3,477,762	94.5	3.56	1.9	1,674	22.7
1988	14.2	3,980,942	104.1	4.43	3.5	1,685	0.6
1989	14.1	4,760,084	108.0	5.17	4.2	1,663	-1.3
1990	13.5	5,575,208	112.3	5.94	4.7	1,707	2.7
1991	15.1	5,416,423	114.2	5.65	3.5	1,370	-19.7
1992	14.7	5,097,435	116.1	4.95	1.7	1,403	2.4
1993	14.2	4,805,535	116.2	3.89	0.6	1,486	5.9
1994	13.3	4,860,582	118.6	3.13	1.8	1,570	5.7
1995	12.6	5,119,034	121.0	2.83	1.8	1,470	-6.4
1996	10.5	5,394,596	125.1	2.86	1.6	1,643	11.8
1997	10.3	5,182,286	127.8	2.90	2.0	1,387	-15.6
1998	11.4	4,647,966	126.7	2.66	-1.4	1,198	-13.6
1999	10.0	4,656,505	130.7	2.21	-1.4	1,215	1.4
2000	8.7	4,802,493	132.7	2.06	-0.3	1,230	1.3
2001	3.7	4,789,300	137.3	2.01	-0.9	1,174	-4.6
2002	3.1	4,790,215	143.8	1.66	-2.9	1,151	-1.9
2003	2.5	4,707,626	142.3	1.63	-0.1	1,160	0.8
2004	2.1	4,760,675	134.3	1.67	-0.8	1,189	2.5
2005	1.4	4,740,643	139.1	1.71	1.0	1,236	4.0
2006	1.1	4,633,823	140.2	1.79	1.0	1,290	4.4
2007	0.9	4,392,734	140.3	1.87	-0.9	1,061	-17.8
2008	0.4	4,220,556	137.0	1.99	-0.5	1,094	3.1
2009	2.4	3,917,460	139.4	1.83	-5.0	788	-27.9
2010	2.0	4,205,097	136.9	1.82	1.1	813	3.1
2011	2.7	3,519,855	141.8	1.83	0.2	834	2.6
2012	1.2	4,566,295	138.4	1.78	-0.9	883	5.8
2013	-0.2	4,555,427	128.6	1.80	-0.3	980	11.0
2014		4,693,047	129.2	2.19	0.9	892	-9.0
2014年1-3月	—	1,274,932			-0.1	948	3.4
2014年4-6月	—	1,104,196			1.0	891	-9.3
2014年7-9月	—	1,125,146			2.0	868	-13.6
2014年10-12月	—	1,173,820			0.8	868	-13.8
2015年1-3月	—	1,062,147			0.2	898	-5.4

资料来源：內閣府『平成27年度 年次経済財政報告—四半世紀ぶりの成果と再生する日本経済—』（長期経済統計）、2015年7月。

附表1-10 设备投资、工矿业生产统计

年份	设备投资 设备投资与名义GDP之比 %	工矿业生产 生产指数 2010年=100	年增长率(%)	出厂指数 2010年=100	年增长率(%)	生产者商品库存指数 2010年=100	年增长率(%)
1955	9.4	6.4	8.5	6.4	8.5	7.4	-3.9
1956	12.8	7.7	20.3	7.8	21.9	7.7	4.1
1957	15.4	9.1	18.2	8.9	14.1	11.4	48.1
1958	14.0	9.0	-1.1	9.0	1.1	11.1	-2.6
1959	14.9	10.8	20.0	10.7	18.9	11.6	4.5
1960	18.2	13.4	24.1	13.2	23.4	14.4	24.1
1961	20.2	16.1	20.1	15.6	18.2	18.8	30.6
1962	19.2	17.4	8.1	16.9	8.3	22.5	19.7
1963	18.1	19.4	11.5	18.7	10.7	23.4	4.0
1964	18.3	22.4	15.5	21.5	15.0	27.9	19.2
1965	15.7	23.3	4.0	22.4	4.2	29.9	7.2
1966	15.8	26.4	13.3	25.5	13.8	30.5	2.0
1967	17.8	31.5	19.3	30.0	17.6	36.0	18.0
1968	18.7	36.3	15.2	34.7	15.7	43.8	21.7
1969	20.2	42.1	16.0	40.5	16.7	51.2	16.9
1970	21.0	48.0	14.0	45.7	12.8	62.6	22.3
1971	19.0	49.2	2.5	47.1	3.1	68.5	9.4
1972	17.5	52.8	7.3	51.2	8.7	65.1	-5.0
1973	18.5	60.6	14.8	58.5	14.3	67.2	3.2
1974	18.4	58.2	-4.0	55.3	-5.5	96.3	43.3
1975	16.4	51.8	-11.0	51.2	-7.4	87.8	-8.8
1976	15.1	57.7	11.4	56.5	10.4	94.1	7.2
1977	14.1	60.0	4.0	58.7	3.9	97.1	3.2
1978	13.7	63.8	6.3	62.1	5.8	94.5	-2.7
1979	14.9	68.5	7.4	66.3	6.8	97.6	3.3
1980	16.0	71.7	4.7	68.2	2.9	105.8	8.4
1981	15.7	72.4	1.0	68.6	0.6	102.0	-3.6
1982	15.3	72.7	0.4	68.2	-0.6	100.3	-1.7
1983	14.6	74.8	2.9	70.5	3.4	94.6	-5.7
1984	15.0	81.9	9.5	76.2	8.1	101.9	7.7
1985	16.5	84.9	3.7	78.9	3.5	105.5	3.5
1986	16.5	84.7	-0.2	79.3	0.5	104.2	-1.2
1987	16.4	87.6	3.4	82.4	3.9	101.1	-3.0
1988	17.7	96.1	9.7	89.8	9.0	106.5	5.3
1989	19.3	101.7	5.8	95.0	5.8	115.4	8.4
1990	20.0	105.8	4.0	99.7	4.9	114.6	-0.7
1991	20.1	107.6	1.7	101.1	1.4	130.0	13.4
1992	18.3	101.0	-6.1	96.0	-5.0	128.8	-0.9
1993	16.3	97.1	-3.9	93.2	-2.9	126.3	-1.9
1994	14.4	98.1	1.0	94.1	1.0	120.4	-4.7
1995	14.5	101.2	3.2	96.5	2.6	127.1	5.6
1996	14.1	103.5	2.3	99.1	2.7	126.7	-0.3
1997	15.0	107.3	3.7	103.1	4.0	134.3	6.0
1998	14.2	99.9	-6.9	97.3	-5.6	123.5	-8.0
1999	13.6	100.1	0.2	98.3	1.0	115.0	-6.9
2000	14.2	105.9	5.8	104.1	5.9	117.4	2.1
2001	13.8	98.7	-6.8	97.5	-6.3	116.5	-0.8
2002	12.9	97.5	-1.2	97.3	-0.2	107.2	-8.0
2003	13.2	100.4	3.0	100.6	3.4	104.1	-2.9
2004	13.3	105.2	4.8	105.5	4.9	104.0	-0.1
2005	13.9	106.7	1.4	107.0	1.4	108.9	4.7
2006	14.4	111.4	4.4	111.9	4.6	112.8	3.6
2007	14.9	112.4	0.9	112.9	0.9	113.8	0.9
2008	14.9	110.7	-1.5	110.6	-2.0	121.9	7.1
2009	13.2	86.5	-21.9	86.6	-21.7	100.5	-17.6
2010	12.7	100.0	15.6	100.0	15.5	102.9	2.4
2011	13.4	97.2	-2.8	96.3	-3.7	105.0	2.0
2012	13.7	97.8	0.6	97.5	1.2	110.5	5.2
2013	13.7	97.0	-0.8	96.9	-0.6	105.7	-4.3
2014	14.0	99.0	2.1	98.2	1.3	112.3	6.2
2011年10-12月	14.2	100.5	-0.2	100.2	0.1	104.5	2.5
2012年1-3月	13.6	101.3	6.6	101.9	5.9	109.6	12.1
2012年4-6月	13.9	99.1	6.8	98.8	10.3	110.2	5.3
2012年7-9月	13.7	95.9	-3.9	94.6	-3.6	112.2	5.3
2012年10-12月	13.7	94.1	-5.9	93.4	-6.4	110.4	5.2
2013年1-3月	13.4	94.6	-7.8	96.5	-6.3	107.2	-3.0
2013年4-6月	13.8	96.1	-3.0	95.5	-3.5	107.6	-2.9
2013年7-9月	13.8	97.8	2.3	96.6	1.5	107.5	-3.5
2013年10-12月	14.1	99.6	5.8	99.1	6.5	105.5	-4.3
2014年1-3月	14.6	101.9	8.2	101.7	7.4	106.8	-1.2
2014年4-6月	14.0	98.8	2.7	97.1	0.9	110.1	3.1
2014年7-9月	14.1	97.4	-0.8	96.6	-0.8	111.3	4.1
2014年10-12月	14.1	98.2	-1.1	97.5	-1.2	112.3	6.2
2015年1-3月	14.2	99.7	-2.1	99.2	-2.4	113.4	6.2

资料来源：内閣府『平成27年度　年次経済財政報告—四半世紀ぶりの成果と再生する日本経済—』(長期経済統計)、2015年7月。

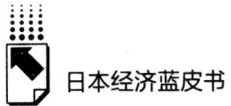

附表1-11 工矿业指数、第三产业活动指数、企业收益、企业统计

年份	工矿业指数		第三产业活动指数	企业收益		企业破产
	生产者商品库存率指数	制造业开工率指数		经常收益	销售额与经常收益比例	银行停止与其往来的处分者件数
	2010年=100	2010年=100	2005年=100	年增长率(%)	%	件
1955	-	-	-	32.5	2.8	-
1956	-	-	-	59.3	3.4	-
1957	-	-	-	9.6	3.1	-
1958	-	-	-	-22.7	2.4	-
1959	-	-	-	76.8	3.5	-
1960	-	-	-	40.7	3.8	-
1961	-	-	-	20.2	3.6	-
1962	-	-	-	-1.9	3.2	-
1963	-	-	-	25.5	3.3	-
1964	-	-	-	10.6	2.9	-
1965	-	-	-	-4.5	2.5	10,152
1966	-	-	-	42.2	3.0	11,058
1967	-	-	-	39.4	3.3	13,683
1968	76.4	-	-	19.5	3.4	13,240
1969	77.4	-	-	30.2	3.6	10,658
1970	81.5	-	-	13.7	3.4	11,589
1971	94.0	-	-	-17.4	2.6	11,489
1972	86.8	-	-	30.3	2.9	9,544
1973	73.2	-	-	78.9	3.8	10,862
1974	101.2	-	-	-27.3	2.2	13,605
1975	114.3	-	-	-32.6	1.4	14,477
1976	101.7	-	-	72.9	2.1	16,842
1977	103.1	-	-	8.0	2.1	18,741
1978	94.9	113.4	-	34.3	2.6	15,526
1979	87.6	120.1	-	31.9	3.0	14,926
1980	95.3	120.3	-	10.0	2.8	16,635
1981	99.9	114.8	-	-8.2	2.4	15,683
1982	100.3	111.4	-	-4.4	2.2	14,824
1983	95.4	112.9	-	12.3	2.4	15,848
1984	92.8	119.4	-	17.9	2.6	16,976
1985	96.8	119.6	-	3.9	2.6	15,337
1986	98.6	114.2	-	-1.6	2.5	13,578
1987	92.8	114.2	-	27.6	3.0	9,040
1988	87.9	120.8	74.0	25.6	3.4	7,819
1989	90.2	123.2	78.6	14.7	3.7	5,550
1990	89.1	124.5	82.7	-6.9	3.1	5,292
1991	95.2	121.9	85.8	-8.8	2.7	9,066
1992	104.5	111.9	86.3	-26.2	2.0	10,728
1993	105.7	106.2	86.9	-12.1	1.8	10,352
1994	101.5	105.8	88.2	11.9	1.9	10,246
1995	103.2	108.5	89.8	10.9	2.0	10,742
1996	104.3	109.6	92.2	21.9	2.4	10,722
1997	103.3	113.3	93.2	4.8	2.5	12,048
1998	114.0	104.8	92.8	-26.4	1.9	13,356
1999	104.3	104.5	92.9	17.7	2.3	10,249
2000	101.1	109.1	94.6	33.7	3.0	12,160
2001	111.5	100.8	95.6	-15.5	2.5	11,693
2002	103.0	101.9	95.6	-0.7	2.7	10,730
2003	98.0	106.4	96.4	12.6	3.0	8,189
2004	93.8	111.3	98.1	27.7	3.6	6,374
2005	96.2	112.7	100.0	11.8	3.9	5,489
2006	96.3	115.8	101.8	9.1	4.0	5,227
2007	97.3	116.8	102.8	3.6	4.0	5,257
2008	105.7	111.5	101.8	-26.3	3.0	5,687
2009	127.2	83.6	96.5	-35.3	2.3	4,568
2010	100.0	100.0	97.8	68.1	3.5	3,134
2011	108.1	95.7	97.9	-6.0	3.4	2,609
2012	113.2	97.8	99.3	8.8	3.8	2,390
2013	109.0	97.3	100.0	19.7	4.6	1,820
2014	109.3	101.4	99.2	10.9	5.0	1,465
2012年7-9月	116.4	95.1	99.0	6.3	3.8	631
2012年10-12月	117.7	93.1	99.3	7.9	3.9	584
2013年1-3月	113.4	95.1	99.8	6.0	4.2	481
2013年4-6月	108.3	96.3	100.1	24.0	4.7	469
2013年7-9月	109.4	97.8	100.2	24.1	4.6	454
2013年10-12月	104.6	100.2	100.0	26.6	4.8	416
2014年1-3月	103.1	104.7	101.6	20.2	4.9	364
2014年4-6月	108.7	101.2	97.6	4.5	4.8	443
2014年7-9月	113.2	99.1	98.3	7.6	4.8	340
2014年10-12月	113.8	100.7	99.3	11.6	5.2	318
2015年1-3月	112.3	101.7	99.9	0.4	4.9	313

资料来源：内閣府『平成27年度 年次経済財政報告—四半世紀ぶりの成果と再生する日本経済—』(長期経済統計)、2015年7月。

附表1-12 人口、就业、劳动时间统计（1）

年份	人口			就业	
	总人口 万人	平均家庭人数 人	合计特殊出生率 %	劳动力人口 万人	劳动力参与率 %
1959	9,264	4.23	2.04	4,433	69.0
1960	9,342	4.13	2.00	4,511	69.2
1961	9,429	3.97	1.96	4,562	69.1
1962	9,518	3.95	1.98	4,614	68.3
1963	9,616	3.81	2.00	4,652	67.1
1964	9,718	3.83	2.05	4,710	66.1
1965	9,828	3.75	2.14	4,787	65.7
1966	9,904	3.68	1.58	4,891	65.8
1967	10,020	3.53	2.23	4,983	65.9
1968	10,133	3.50	2.13	5,061	65.9
1969	10,254	3.50	2.13	5,098	65.5
1970	10,372	3.45	2.13	5,153	65.4
1971	10,515	3.38	2.16	5,186	65.0
1972	10,760	3.32	2.14	5,199	64.4
1973	10,910	3.33	2.14	5,289	64.7
1974	11,057	3.33	2.05	5,326	64.7
1975	11,194	3.35	1.91	5,310	63.7
1976	11,309	3.27	1.85	5,323	63.0
1977	11,417	3.29	1.80	5,378	63.0
1978	11,519	3.31	1.79	5,452	63.2
1979	11,616	3.30	1.70	5,532	63.4
1980	11,706	3.28	1.75	5,596	63.4
1981	11,790	3.24	1.74	5,650	63.3
1982	11,873	3.25	1.77	5,707	63.3
1983	11,954	3.25	1.80	5,774	63.3
1984	12,031	3.19	1.81	5,889	63.8
1985	12,105	3.22	1.76	5,927	63.4
1986	12,166	3.22	1.72	5,963	63.0
1987	12,224	3.19	1.69	6,020	62.8
1988	12,275	3.12	1.66	6,084	62.6
1989	12,321	3.10	1.57	6,166	62.6
1990	12,361	3.05	1.54	6,270	62.9
1991	12,410	3.04	1.53	6,384	63.3
1992	12,457	2.99	1.50	6,505	63.8
1993	12,494	2.96	1.46	6,578	64.0
1994	12,527	2.95	1.50	6,615	63.8
1995	12,557	2.91	1.42	6,645	63.6
1996	12,586	2.85	1.43	6,666	63.4
1997	12,616	2.79	1.39	6,711	63.5
1998	12,647	2.81	1.38	6,787	63.7
1999	12,667	2.79	1.34	6,793	63.3
2000	12,693	2.76	1.36	6,779	62.9
2001	12,732	2.75	1.33	6,766	62.4
2002	12,749	2.74	1.32	6,752	62.0
2003	12,769	2.76	1.29	6,689	61.2
2004	12,779	2.72	1.29	6,666	60.8
2005	12,777	2.68	1.26	6,642	60.4
2006	12,790	2.65	1.32	6,651	60.4
2007	12,803	2.63	1.34	6,664	60.4
2008	12,808	2.63	1.37	6,684	60.4
2009	12,803	2.62	1.37	6,674	60.2
2010	12,806	2.59	1.39	6,650	59.9
2011	12,780	2.58	1.39	6,632	59.7
2012	12,752	2.57	1.41	6,591	59.3
2013	12,730	2.51	1.43	6,555	59.1
2014	12,708	2.49	P 1.42	6,577	59.3
2014年7-9月	12,713	—	—	6,611	59.7
2014年10-12月	12,708	—	—	6,593	59.5
2015年1-3月	12,702	—	—	6,545	59.1
2015年4-6月	P 12,691				

资料来源：内閣府『平成27年度　年次経済財政報告—四半世紀ぶりの成果と再生する日本経済—』(長期経済統計)、2015年7月。

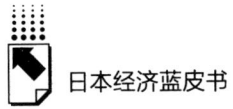

附表1-13 人口、就业、劳动时间统计（2）

年份	就业						劳动时间
	就业人数	雇佣者人数	雇佣者占比	完全失业人数	完全失业率	有效求人倍率	总实际劳动时间
	万人	万人	%	万人	%	倍	小时
1957	4,281	2,053	48.0	82	1.9	—	—
1958	4,298	2,139	49.8	90	2.1	—	—
1959	4,335	2,250	51.9	98	2.2	—	—
1960	4,436	2,370	53.4	75	1.7	—	—
1961	4,498	2,478	55.1	66	1.4	—	—
1962	4,556	2,593	56.9	59	1.3	—	—
1963	4,595	2,672	58.2	59	1.3	0.70	—
1964	4,655	2,763	59.4	54	1.1	0.80	—
1965	4,730	2,876	60.8	57	1.2	0.64	—
1966	4,827	2,994	62.0	65	1.3	0.74	—
1967	4,920	3,071	62.4	63	1.3	1.00	—
1968	5,002	3,148	62.9	59	1.2	1.12	—
1969	5,040	3,199	63.5	57	1.1	1.30	—
1970	5,094	3,306	64.9	59	1.1	1.41	2,239.2
1971	5,121	3,412	66.6	64	1.2	1.12	2,217.6
1972	5,126	3,465	67.6	73	1.4	1.16	2,205.6
1973	5,259	3,615	68.7	68	1.3	1.76	2,184.0
1974	5,237	3,637	69.4	73	1.4	1.20	2,106.0
1975	5,223	3,646	69.8	100	1.9	0.61	2,064.0
1976	5,271	3,712	70.4	108	2.0	0.64	2,094.0
1977	5,342	3,769	70.6	110	2.0	0.56	2,096.4
1978	5,408	3,799	70.2	124	2.2	0.56	2,102.4
1979	5,479	3,876	70.7	117	2.1	0.71	2,114.4
1980	5,536	3,971	71.7	114	2.0	0.75	2,108.4
1981	5,581	4,037	72.3	126	2.2	0.68	2,101.2
1982	5,638	4,098	72.7	136	2.4	0.61	2,096.4
1983	5,733	4,208	73.4	156	2.6	0.60	2,097.6
1984	5,766	4,265	74.0	161	2.7	0.65	2,115.6
1985	5,807	4,313	74.3	156	2.6	0.68	2,109.6
1986	5,853	4,379	74.8	167	2.8	0.62	2,102.4
1987	5,911	4,428	74.9	173	2.8	0.70	2,110.8
1988	6,011	4,538	75.5	155	2.5	1.01	2,110.8
1989	6,128	4,679	76.4	142	2.3	1.25	2,088.0
1990	6,249	4,835	77.4	134	2.1	1.40	2,052.0
1991	6,369	5,002	78.5	136	2.1	1.40	2,016.0
1992	6,436	5,119	79.5	142	2.2	1.08	1,971.6
1993	6,450	5,202	80.7	166	2.5	0.76	1,912.8
1994	6,453	5,236	81.1	192	2.9	0.64	1,904.4
1995	6,457	5,263	81.5	210	3.2	0.63	1,909.2
1996	6,486	5,322	82.1	225	3.4	0.70	1,918.8
1997	6,557	5,391	82.2	230	3.4	0.72	1,899.6
1998	6,514	5,368	82.4	279	4.1	0.53	1,879.2
1999	6,462	5,331	82.5	317	4.7	0.48	1,842.0
2000	6,446	5,356	83.1	320	4.7	0.59	1,858.8
2001	6,412	5,369	83.7	340	5.0	0.59	1,848.0
2002	6,330	5,331	84.2	359	5.4	0.54	1,837.2
2003	6,316	5,335	84.5	350	5.3	0.64	1,845.6
2004	6,329	5,355	84.6	313	4.7	0.83	1,839.6
2005	6,356	5,393	84.8	294	4.4	0.95	1,828.8
2006	6,389	5,478	85.7	275	4.1	1.06	1,842.0
2007	6,427	5,537	86.2	257	3.9	1.04	1,850.4
2008	6,409	5,546	86.5	265	4.0	0.88	1,836.0
2009	6,314	5,489	86.9	336	5.1	0.47	1,767.6
2010	6,298	5,500	87.3	334	5.1	0.52	1,797.6
2011	6,289	5,508	87.6	302	4.6	0.65	1,788.0
2012	6,270	5,504	87.8	285	4.3	0.80	1,808.4
2013	6,311	5,553	88.0	265	4.0	0.93	1,791.6
2014	6,351	5,595	88.1	236	3.6	1.09	1,788.0
2014年4-6月	6,348	5,584	88.0	238	3.6	1.09	—
2014年7-9月	6,358	5,608	88.2	237	3.6	1.10	—
2014年10-12月	6,360	5,613	88.3	229	3.5	1.12	—
2015年1-3月	6,372	5,625	88.3	233	3.5	1.15	—

资料来源：内閣府『平成27年度 年次経済財政報告—四半世紀ぶりの成果と再生する日本経済—』(長期経済統計)、2015年7月。

附表1-14 物价统计

年份	物 价 等					
	国内企业价格指数		消费者价格指数		市街地价格指数	
	2010年=100	年增长率（%）	2010年=100	年增长率（%）	2000年=100	年增长率（%）
1955	–	–	17.7	-1.1	2.2	–
1956	–	–	17.8	0.3	2.5	14.0
1957	–	–	18.3	3.1	3.2	28.1
1958	–	–	18.2	-0.4	3.9	21.9
1959	–	–	18.4	1.0	4.8	23.6
1960	49.4	–	19.1	3.6	6.1	27.3
1961	50.0	1.2	20.1	5.3	8.7	42.5
1962	49.1	-1.8	21.5	6.8	11.1	27.1
1963	49.9	1.6	23.1	7.6	13.0	17.2
1964	49.9	0.0	24.0	3.9	14.8	14.0
1965	50.5	1.2	25.6	6.6	16.8	13.4
1966	51.7	2.4	26.9	5.1	17.7	5.2
1967	53.1	2.7	27.9	4.0	19.2	8.3
1968	53.6	0.9	29.4	5.3	21.8	13.6
1969	54.5	1.7	31.1	5.2	25.5	17.2
1970	56.4	3.5	32.6	7.7	30.5	19.7
1971	55.9	-0.9	34.8	6.3	35.3	15.7
1972	56.8	1.6	36.4	4.9	40.0	13.2
1973	65.8	15.8	40.7	11.7	50.1	25.1
1974	83.9	27.5	50.1	23.2	61.6	23.0
1975	86.2	2.7	56.0	11.7	58.9	-4.3
1976	90.9	5.5	61.3	9.4	59.4	0.8
1977	94.0	3.4	66.2	8.1	60.7	2.1
1978	93.5	-0.5	69.1	4.2	62.3	2.8
1979	98.2	5.0	71.6	3.7	65.2	4.6
1980	112.9	15.0	77.2	7.7	70.7	8.5
1981	114.4	1.3	80.9	4.9	76.9	8.7
1982	114.9	0.4	83.2	2.8	82.3	7.1
1983	114.2	-0.6	84.7	1.9	86.2	4.7
1984	114.3	0.1	86.7	2.3	89.0	3.2
1985	113.4	-0.8	88.4	2.0	91.5	2.8
1986	108.1	-4.7	89.0	0.6	94.1	2.8
1987	104.7	-3.1	89.0	0.1	99.2	5.4
1988	104.2	-0.5	89.7	0.7	109.1	10.0
1989	106.1	1.8	91.7	2.3	117.4	7.6
1990	107.7	1.5	94.5	3.1	133.9	14.1
1991	108.9	1.1	97.6	3.3	147.8	10.4
1992	107.8	-1.0	99.3	1.6	145.2	-1.8
1993	106.2	-1.5	100.6	1.3	137.2	-5.5
1994	104.4	-1.7	101.2	0.7	130.9	-4.6
1995	103.5	-0.9	101.1	-0.1	126.1	-3.7
1996	101.9	-1.5	101.2	0.1	120.5	-4.4
1997	102.5	0.6	103.1	1.8	115.6	-4.1
1998	101.0	-1.5	103.7	0.6	111.5	-3.5
1999	99.5	-1.5	103.4	-0.3	106.1	-4.8
2000	99.5	0.0	102.7	-0.7	100.0	-5.8
2001	97.3	-2.2	101.9	-0.7	93.7	-6.3
2002	95.3	-2.1	101.0	-0.9	87.4	-6.7
2003	94.4	-0.9	100.7	-0.3	81.2	-7.1
2004	95.6	1.3	100.7	0.0	74.4	-8.4
2005	97.2	1.7	100.4	-0.3	69.1	-7.1
2006	99.3	2.2	100.7	0.3	65.7	-4.8
2007	101.1	1.8	100.7	0.0	64.4	-2.1
2008	105.7	4.5	102.1	1.4	63.9	-0.8
2009	100.1	-5.3	100.7	-1.4	61.4	-3.9
2010	100.0	-0.1	100.0	-0.7	58.5	-4.6
2011	101.5	1.5	99.7	-0.3	56.1	-4.1
2012	100.6	-0.9	99.7	0.0	54.2	-3.4
2013	101.9	1.3	100.0	0.4	52.7	-2.7
2014	105.1	3.1	102.8	2.7	50.9	-1.6
2015					50.5	-0.9
2014年4-6月	106.0	4.3	103.3	3.6	–	–
7-9月	106.5	4.0	103.7	3.4	–	–
10-12月	105.1	2.4	103.4	2.5	–	–
2015年1-3月	103.3	0.4	103.4	2.3	–	–

资料来源：内閣府『平成27年度 年次経済財政報告—四半世紀ぶりの成果と再生する日本経済—』(長期経済統計)、2015年7月。

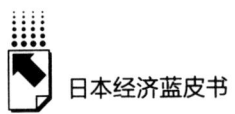

附表1-15 国际经济统计（1）

年份	进出口通关				进口商品比例
	出口数量指数		进口数量指数		
	2010年=100	年增长率（%）	2010年=100	年增长率（%）	%
1955	-	-	-	-	11.9
1956	-	-	-	-	15.9
1957	-	-	-	-	22.9
1958	-	-	-	-	21.7
1959	-	-	-	-	21.5
1960	3.5	-	4.8	-	22.1
1961	3.7	5.7	6.2	29.2	24.5
1962	4.4	18.9	6.1	-1.6	25.9
1963	4.9	11.4	7.2	18.0	24.5
1964	6.1	24.5	8.2	13.9	25.8
1965	7.8	27.9	8.3	1.2	22.7
1966	9.1	16.7	9.7	16.9	22.8
1967	9.3	2.2	11.8	21.6	26.8
1968	11.5	23.7	13.3	12.7	27.5
1969	13.6	18.3	15.4	15.8	29.5
1970	15.7	15.4	18.6	20.8	30.3
1971	18.8	19.7	18.6	0.0	28.6
1972	20.1	6.9	20.9	12.4	29.6
1973	21.1	5.0	26.9	28.7	30.6
1974	24.8	17.5	26.3	-2.2	23.7
1975	25.3	2.0	23.0	-12.5	20.3
1976	30.8	21.7	24.8	7.8	21.5
1977	33.5	8.8	25.5	2.8	21.5
1978	33.9	1.2	27.3	7.1	26.7
1979	33.5	-1.2	30.2	10.6	26.0
1980	39.2	17.0	28.5	-5.6	22.8
1981	43.3	10.5	27.8	-2.5	24.3
1982	42.3	-2.3	27.6	-0.7	24.9
1983	46.1	9.0	28.1	1.8	27.2
1984	53.4	15.8	31.0	10.3	29.8
1985	55.7	4.3	31.1	0.3	31.0
1986	55.4	-0.5	34.1	9.6	41.8
1987	55.5	0.2	37.3	9.4	44.1
1988	58.4	5.2	43.5	16.6	49.0
1989	68.6	17.5	76.3	75.4	50.3
1990	64.0	-6.7	49.6	-35.0	50.3
1991	65.6	2.5	51.5	3.8	50.8
1992	66.6	1.5	51.3	-0.4	50.2
1993	65.5	-1.7	53.5	4.3	52.0
1994	66.6	1.7	60.7	13.5	55.2
1995	69.1	3.8	68.3	12.5	59.1
1996	70.0	1.3	72.1	5.6	59.4
1997	78.2	11.7	73.3	1.7	59.3
1998	77.2	-1.3	69.4	-5.3	62.1
1999	78.8	2.1	76.1	9.7	62.5
2000	86.2	9.4	84.4	10.9	61.1
2001	78.1	-9.4	82.8	-1.9	61.4
2002	84.3	7.9	84.4	1.9	62.2
2003	88.4	4.9	90.4	7.1	61.4
2004	97.8	10.6	96.7	7.0	61.3
2005	98.6	0.8	99.5	2.9	58.5
2006	106.3	7.8	103.3	3.8	56.8
2007	111.4	4.8	103.2	-0.1	56.4
2008	109.7	-1.5	102.5	-0.7	50.1
2009	80.5	-26.6	87.8	-14.3	56.1
2010	100.0	24.2	100.0	13.9	55.0
2011	96.2	-3.8	102.6	2.6	51.6
2012	91.6	-4.8	105.0	2.3	50.9
2013	90.2	-1.6	105.3	0.3	51.7
2014	90.7	0.6	106.0	0.6	53.4
2014年1~3月	90.4	0.3	109.7	1.7	51.4
2014年4~6月	90.2	-0.2	104.3	-5.0	53.3
2014年7~9月	90.5	0.4	105.4	1.1	53.4
2014年10~12月	92.1	1.7	104.7	-0.7	55.6
2015年1~3月	93.6	1.6	104.0	0.6	58.7

资料来源：内閣府『平成27年度　年次経済財政報告―四半世紀ぶりの成果と再生する日本経済―』（長期経済統計）、2015年7月。

附表1-16 国际经济统计（2）

年份	进出口通关 关税负担率 %	出口中日元结算占通货比例 %	贸易收支 亿日元	国际收支等 出口额 亿日元	进口额 亿日元	日元汇率 日元/美元
1955	-		-	-	-	360.00
1956	-		-	-	-	360.00
1957	-		-	-	-	360.00
1958	-		-	-	-	360.00
1959	-		-	-	-	360.00
1960	-		-	-	-	360.00
1961	-		-	-	-	360.00
1962	-		-	-	-	360.00
1963	-		-	-	-	360.00
1964	-		-	-	-	360.00
1965	-		-	-	-	360.00
1966	-		8,247	34,939	26,692	360.00
1967	-		4,200	37,049	32,849	360.00
1968	-		9,096	45,948	36,851	360.00
1969	-		13,257	56,190	42,933	360.00
1970	6.9		14,188	67,916	53,728	360.00
1971	6.6		26,857	81,717	54,860	347.83
1972	6.3		27,124	84,870	57,747	303.08
1973	5.0		10,018	98,258	88,240	272.18
1974	2.7		4,604	159,322	154,718	292.06
1975	2.9		14,933	162,503	147,570	296.84
1976	3.3		29,173	195,510	166,337	296.49
1977	3.8		45,647	211,833	166,187	268.32
1978	4.1		51,633	199,863	148,230	210.11
1979	3.1		3,598	222,958	219,360	219.47
1980	2.5		3,447	285,612	282,165	226.45
1981	2.5		44,983	330,329	285,346	220.83
1982	2.6		45,572	342,568	296,996	249.26
1983	2.5		74,890	345,553	270,663	237.61
1984	2.5		105,468	399,936	294,468	237.61
1985	2.6		129,517	415,719	286,202	238.05
1986	3.3		151,249	345,997	194,747	168.03
1987	3.4		132,319	325,233	192,915	144.52
1988	3.4		118,144	334,258	216,113	128.20
1989	2.9		110,412	373,977	263,567	138.11
1990	2.7		100,529	406,879	306,350	144.88
1991	3.3		129,231	414,651	285,423	134.59
1992	3.4		157,764	420,816	263,055	126.62
1993	3.6		154,816	391,640	236,823	111.06
1994	3.4		147,322	393,485	246,166	102.18
1995	3.1		123,445	402,596	279,153	93.97
1996	2.8		90,346	430,153	339,807	108.81
1997	2.5		123,709	488,801	365,091	120.92
1998	2.6		160,782	482,899	322,117	131.02
1999	2.4		141,370	452,547	311,176	113.94
2000	2.1		126,983	489,635	362,652	107.79
2001	2.2		88,469	460,367	371,898	121.58
2002	1.9		121,211	489,029	367,817	125.17
2003	1.9		124,631	513,292	388,660	115.94
2004	1.7		144,235	577,036	432,801	108.17
2005	1.5		117,712	630,094	512,382	110.21
2006	1.4		110,701	720,268	609,567	116.31
2007	1.3		141,873	800,236	658,364	117.77
2008	1.2		58,031	776,111	718,081	103.39
2009	1.4		53,876	511,216	457,340	93.61
2010	1.3		95,160	643,914	548,754	87.76
2011	1.3		-3,302	629,653	632,955	79.77
2012	1.2		-42,719	619,568	662,287	79.80
2013	-		-87,734	678,290	766,024	97.71
2014	-		-104,016	741,016	845,032	105.79
2014年1-3月	-		-39,540	180,078	219,619	102.77
2014年4-6月	-		-20,935	177,330	198,265	102.14
2014年7-9月	-		-26,589	184,153	210,741	103.84
2014年10-12月	-		-18,457	201,052	219,510	114.37
2015年1-3月	-		740	194,754	194,013	119.13

资料来源：内閣府『平成27年度 年次経済財政報告—四半世紀ぶりの成果と再生する日本経済—』(長期経済統計)、2015年7月。

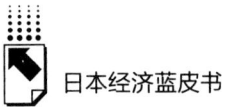

附表1-17 国际经济统计（3）

年 份	经常收支	经常收支与名义GDP之比	贸易服务收支	资本收支	资本收支	外汇储备	对外纯资产
	亿日元	%	亿日元	亿日元	亿日元	百万美元	10亿日元
1955	-	-	-	-	-	-	-
1956	-	-	-	-	-	467	-
1957	-	-	-	-	-	524	-
1958	-	-	-	-	-	861	-
1959	-	-	-	-	-	1,322	-
1960	-	-	-	-	-	1,824	-
1961	-	-	-	-	-	1,486	-
1962	-	-	-	-	-	1,841	-
1963	-	-	-	-	-	1,878	-
1964	-	-	-	-	-	1,999	-
1965	-	-	-	-	-	2,107	-
1966	4,545	1.2	-	-	-	2,074	-
1967	-693	-0.2	-	-	-	2,005	-
1968	3,757	0.7	-	-	-	2,891	-
1969	7,595	1.2	-	-	-	3,496	-
1970	7,052	1.0	-	-	-	4,399	-
1971	19,935	2.5	-	-	-	15,235	-
1972	19,999	2.2	-	-	-	18,365	-
1973	-341	0.0	-	-	-	12,246	-
1974	-13,301	-1.0	-	-	-	13,518	-
1975	-2,001	-0.1	-	-	-	12,815	-
1976	10,776	0.6	-	-	-	16,604	-
1977	28,404	1.5	-	-	-	22,848	-
1978	34,793	1.7	-	-	-	33,019	-
1979	-19,722	-0.9	-	-	-	20,327	-
1980	-25,763	-1.1	-	-	-	25,232	-
1981	11,491	0.4	-	-	-	28,403	-
1982	17,759	0.6	-	-	-	23,262	-
1983	49,591	1.7	-	-	-	24,496	-
1984	83,489	2.7	-	-	-	26,313	-
1985	119,698	3.7	106,736	-	-	26,510	-
1986	142,437	4.2	129,607	-	-	42,239	28,865
1987	121,862	3.4	102,931	-	-	81,479	30,199
1988	101,461	2.7	79,349	-	-	97,662	36,745
1989	87,113	2.1	59,695	-	-	84,895	42,543
1990	64,736	1.5	38,628	-	-	77,053	44,016
1991	91,757	2.0	72,919	-	-	68,980	47,498
1992	142,349	3.0	102,054	-	-	68,685	64,153
1993	146,690	3.0	107,013	-	-	95,589	68,823
1994	133,425	2.7	98,345	-	-	122,845	66,813
1995	103,862	2.1	69,545	-	-	182,820	84,072
1996	74,943	1.5	23,174	72,723	-3,537	217,867	103,359
1997	115,700	2.2	57,680	152,467	-4,879	220,792	124,587
1998	149,981	2.9	95,299	136,226	-19,313	215,949	133,273
1999	129,734	2.6	78,650	130,830	-19,088	288,080	84,735
2000	140,616	2.8	74,298	148,757	-9,947	361,638	133,047
2001	104,524	2.1	32,120	105,629	-3,462	401,959	179,257
2002	136,837	2.7	64,690	133,968	-4,217	469,728	175,308
2003	161,254	3.2	83,553	136,860	-4,672	673,529	172,818
2004	196,941	3.9	101,961	160,928	-5,134	844,543	185,797
2005	187,277	3.7	76,930	163,444	-5,490	846,897	180,699
2006	203,307	4.0	73,460	160,494	-5,533	895,320	215,081
2007	249,490	4.9	98,253	263,775	-4,731	973,365	250,221
2008	148,786	3.0	18,899	186,502	-5,583	1,030,647	225,908
2009	135,925	2.9	21,249	156,292	-4,653	1,049,397	268,246
2010	193,828	4.0	68,571	217,099	-4,341	1,096,185	255,906
2011	104,013	2.2	-31,101	126,294	282	1,295,841	265,426
2012	47,640	1.0	-80,829	41,925	-804	1,268,125	296,315
2013	39,317	0.8	-122,521	-9,336	-7,436	1,266,815	325,007
2014	26,458	0.5	-134,817	54,991	-1,987	1,260,548	-
2014年1-3月	-13,305	-0.2	-48,993	-14,204	-603	1,279,346	-
2014年4-6月	7,999	-1.1	-28,273	18,652	-390	1,283,921	-
2014年7-9月	5,014	0.7	-35,191	28,075	-679	1,264,405	-
2014年10-12月	26,648	0.4	-23,334	22,468	-316	1,260,548	-
2015年1-3月	37,328	2.2	-6,598	68,297	-1,313	1,245,316	-

资料来源：内閣府『平成27年度 年次経済財政報告—四半世紀ぶりの成果と再生する日本経済—』（長期経済統計）、2015年7月。

附表1-18 金融

年份	货币存量（M2）平均余额		国内银行贷款约定平均利率	流通国债收益率	东证股价指数	东证股价时价总额（第一部）	股价收益率（PER）（第一部）
	亿日元	%	%	%		亿日元	
1956	-	-	8.25	-	51.21	16,404	-
1957	-	-	8.62	-	43.40	16,748	-
1958	-	-	8.27	-	60.95	23,226	-
1959	-	-	8.11	-	80.00	37,770	-
1960	-	-	8.08	-	109.18	54,113	-
1961	-	-	8.20	-	101.66	54,627	-
1962	-	-	8.09	-	99.67	67,039	-
1963	-	-	7.67	-	92.87	66,693	-
1964	-	-	7.99	-	90.68	68,280	-
1965	-	-	7.61	-	105.68	79,013	-
1966	-	-	7.37	6.86	111.41	87,187	-
1967	297,970	-	7.35	6.96	100.89	85,901	-
1968	344,456	15.6	7.38	7.00	131.31	116,506	-
1969	403,883	17.3	7.61	7.01	179.30	167,167	-
1970	477,718	18.3	7.69	7.07	148.35	150,913	-
1971	575,437	20.5	7.46	7.09	199.45	214,998	-
1972	728,126	26.5	6.72	6.71	401.70	459,502	25.5
1973	893,370	22.7	7.93	8.19	306.44	365,071	13.3
1974	999,819	11.9	9.37	8.42	278.34	344,195	13.0
1975	1,130,832	13.1	8.51	8.53	323.43	414,682	27.0
1976	1,301,739	15.1	8.18	8.61	383.88	507,510	46.3
1977	1,449,873	11.4	6.81	6.40	364.08	493,502	24.2
1978	1,620,195	11.7	5.95	6.40	449.55	627,038	34.3
1979	1,812,232	11.9	7.06	9.15	459.61	659,093	23.3
1980	1,978,716	9.2	8.27	8.86	494.10	732,207	20.4
1981	2,155,266	8.9	7.56	8.12	570.31	879,775	21.1
1982	2,353,360	9.2	7.15	7.67	593.72	936,046	25.8
1983	2,526,400	7.4	6.81	7.36	731.82	1,195,052	34.7
1984	2,723,601	7.8	6.57	6.65	913.37	1,548,424	37.9
1985	2,951,827	8.4	6.47	5.87	1,049.40	1,826,967	35.2
1986	3,207,324	8.7	5.51	5.82	1,556.37	2,770,563	47.3
1987	3,540,364	10.4	4.94	5.61	1,725.83	3,254,779	58.3
1988	3,936,668	11.2	4.93	4.57	2,357.03	4,628,963	58.4
1989	4,326,710	9.9	5.78	5.75	2,881.37	5,909,087	70.6
1990	4,831,186	11.7	7.70	6.41	1,733.83	3,651,548	39.8
1991	5,006,817	3.6	6.99	5.51	1,714.68	3,659,387	37.8
1992	5,036,241	0.6	5.55	4.77	1,307.66	2,810,056	36.7
1993	5,089,787	1.1	4.41	3.32	1,439.31	3,135,633	64.9
1994	5,194,212	2.1	4.04	4.57	1,559.09	3,421,394	79.5
1995	5,351,367	3.0	2.78	3.19	1,577.70	3,502,375	86.5
1996	5,525,715	3.3	2.53	2.76	1,470.94	3,363,851	79.3
1997	5,694,907	3.1	2.36	1.91	1,175.03	2,739,079	37.6
1998	5,923,528	4.0	2.25	1.97	1,086.99	2,677,835	103.1
1999	6,162,653	3.2	2.10	1.64	1,722.20	4,424,433	-
2000	6,292,840	2.1	2.11	1.64	1,283.67	3,527,846	170.8
2001	6,468,026	2.8	1.88	1.36	1,032.14	2,906,685	240.9
2002	6,681,972	3.3	1.83	0.90	843.29	2,429,391	-
2003	6,782,578	1.7	1.79	1.36	1,043.69	3,092,900	614.1
2004	6,889,343	1.6	1.73	1.43	1,149.63	3,535,582	39.0
2005	7,013,739	1.8	1.62	1.47	1,649.76	5,220,681	45.8
2006	7,084,273	1.0	1.76	1.67	1,681.07	5,386,295	36.0
2007	7,195,822	1.6	1.94	1.50	1,475.68	4,756,290	26.7
2008	7,346,008	2.1	1.86	1.16	859.24	2,789,888	20.0
2009	7,544,922	2.7	1.65	1.28	907.59	3,027,121	-
2010	7,753,911	2.8	1.55	1.11	898.80	3,056,930	45.0
2011	7,966,347	2.7	1.45	0.98	728.61	2,513,957	21.0
2012	8,166,276	2.5	1.36	0.79	859.80	2,964,429	24.9
2013	8,459,714	3.6	1.25	0.73	1,302.29	4,584,842	31.8
2014	8,748,358	3.4	1.18	0.33	1,407.51	5,058,973	23.8
2014年10-12月	8,862,878	3.5	1.18	0.33	1,407.51	5,058,973	23.8
2015年1-3月	8,938,452	3.5	1.15	0.40	1,543.11	5,562,201	25.0
2015年4-6月	-	-	-	0.45	1,630.40	5,861,408	24.3

资料来源：内閣府『平成27年度 年次経済財政報告—四半世紀ぶりの成果と再生する日本経済—』（長期経済統計）、2015年7月。

附表1-19 财政（1）

年度	一般政府财政平衡（与GDP之比）%	中央政府财政平衡（与GDP之比）%	地方政府财政平衡（与GDP之比）%	社会保障基金财政平衡（与GDP之比）%	租税负担率 %	国民负担率 %
1955	-0.7	–	–	–	18.9	22.2
1956	1.4	–	–	–	19.5	22.8
1957	1.3	–	–	–	19.5	23.0
1958	-0.1	–	–	–	18.5	22.1
1959	1.0	–	–	–	18.0	21.5
1960	2.2	–	–	–	18.9	22.4
1961	2.4	–	–	–	19.5	23.3
1962	1.3	–	–	–	19.3	23.3
1963	1.0	–	–	–	18.7	22.9
1964	1.0	–	–	–	19.0	23.4
1965	0.4	–	–	–	18.0	23.0
1966	-0.4	–	–	–	17.2	22.3
1967	0.8	–	–	–	17.4	22.5
1968	1.2	–	–	–	18.1	23.2
1969	1.8	–	–	–	18.3	23.5
1970	1.8	0.0	-0.4	2.2	18.9	24.3
1971	0.5	-1.0	-1.0	2.5	19.2	25.2
1972	0.2	-1.1	-1.1	2.4	19.8	25.6
1973	2.0	0.4	-1.0	2.6	21.4	27.4
1974	0.0	-1.4	-1.3	2.6	21.3	28.3
1975	-3.7	-4.0	-2.1	2.4	18.3	25.7
1976	-3.6	-4.3	-1.6	2.3	18.8	26.6
1977	-4.2	-5.0	-1.8	2.7	18.9	27.3
1978	-4.2	-4.8	-1.7	2.4	20.6	29.2
1979	-4.4	-5.7	-1.4	2.6	21.4	30.2
1980	-4.0	-5.4	-1.3	2.6	21.7	30.5
1981	-3.7	-5.2	-1.2	2.8	22.6	32.2
1982	-3.4	-5.2	-0.9	2.7	23.0	32.8
1983	-2.9	-4.9	-0.8	2.7	23.3	33.1
1984	-1.8	-4.0	-0.6	2.8	24.0	33.7
1985	-0.8	-3.6	-0.3	3.1	24.0	33.9
1986	-0.3	-3.0	-0.4	3.1	25.2	35.3
1987	0.7	-1.9	-0.2	2.8	26.7	36.8
1988	2.2	-1.1	0.1	3.2	27.2	37.1
1989	2.6	-1.2	0.6	3.2	27.7	37.9
1990	2.6	-0.5	0.5	2.6	27.7	38.4
1991	2.4	-0.4	0.1	2.7	26.6	37.4
1992	-0.8	-2.4	-0.9	2.4	25.1	36.3
1993	-2.8	-3.6	-1.4	2.2	24.8	36.3
1994	-4.1	-4.3	-1.8	1.9	23.4	35.2
1995	-4.9	-4.4	-2.4	1.9	24.0	36.7
1996	-4.8	-4.0	-2.5	1.7	23.8	36.5
1997	-4.0	-3.5	-2.3	1.8	24.0	37.1
1998	-11.9	-10.7	-2.4	1.2	23.6	37.2
1999	-7.9	-7.3	-1.6	1.0	23.1	36.7
2000	-6.8	-6.4	-0.9	0.5	23.7	37.3
2001	-6.5	-5.7	-0.9	0.2	23.3	37.5
2002	-8.1	-6.6	-1.3	-0.2	21.8	36.0
2003	-7.4	-6.4	-1.3	0.3	21.2	35.3
2004	-5.3	-5.1	-0.7	0.5	22.1	36.2
2005	-4.1	-4.0	-0.2	0.1	23.3	37.6
2006	-0.7	-0.9	0.1	0.1	24.0	38.6
2007	-2.6	-2.4	0.0	-0.2	24.4	39.3
2008	-3.4	-3.0	0.3	-0.6	24.1	40.3
2009	-9.1	-7.5	-0.2	-1.3	21.9	38.1
2010	-8.4	-6.8	-0.6	-1.1	22.1	38.5
2011	-8.9	-8.2	0.1	-0.8	22.7	39.8
2012	-8.6	-7.8	-0.1	-0.8	23.2	40.7
2013	-7.6	-7.1	-0.1	-0.4	23.3	40.6
2014	–	–	–	–	24.1	41.6
2015	–	–	–	–	25.6	43.4

资料来源：內閣府『平成27年度 年次経済財政報告―四半世紀ぶりの成果と再生する日本経済―』（長期経済統計）、2015年7月。

附表1-20 财政（2）

年 度	财政				
	国债发行额		国债依存度	国债余额	
	总额（亿日元）	赤字国债（亿日元）	（%）	金额（亿日元）	与名义GDP之比
1956	0	0	0	0	0
1957	0	0	0	0	0
1958	0	0	0	0	0
1959	0	0	0	0	0
1960	0	0	0	0	0
1961	0	0	0	0	0
1962	0	0	0	0	0
1963	0	0	0	0	0
1964	0	0	0	0	0
1965	1,972	1,972	5.3	2,000	0.6
1966	6,656	0	14.9	8,750	2.2
1967	7,094	0	13.9	15,950	3.4
1968	4,621	0	7.8	20,544	3.7
1969	4,126	0	6.0	24,634	3.8
1970	3,472	0	4.2	28,112	3.7
1971	11,871	0	12.4	39,521	4.8
1972	19,500	0	16.3	58,186	6.0
1973	17,662	0	12.0	75,504	6.5
1974	21,600	0	11.3	96,584	7.0
1975	52,805	20,905	25.3	149,731	9.8
1976	71,982	34,732	29.4	220,767	12.9
1977	95,612	45,333	32.9	319,024	16.8
1978	106,740	43,440	31.3	426,158	20.4
1979	134,720	63,390	34.7	562,513	25.0
1980	141,702	72,152	32.6	705,098	28.4
1981	128,999	58,600	27.5	822,734	31.1
1982	140,447	70,087	29.7	964,822	34.9
1983	134,863	66,765	26.6	1,096,947	38.0
1984	127,813	63,714	24.8	1,216,936	39.5
1985	123,080	60,050	23.2	1,344,314	40.7
1986	112,549	50,060	21.0	1,451,267	42.4
1987	94,181	25,382	16.3	1,518,093	41.9
1988	71,525	9,565	11.6	1,567,803	40.4
1989	66,385	2,085	10.1	1,609,100	38.7
1990	73,120	9,689	10.6	1,663,379	36.8
1991	67,300	0	9.5	1,716,473	36.2
1992	95,360	0	13.5	1,783,681	36.9
1993	161,740	0	21.5	1,925,393	39.9
1994	164,900	41,443	22.4	2,066,046	42.2
1995	212,470	48,069	28.0	2,251,847	45.2
1996	217,483	110,413	27.6	2,446,581	48.1
1997	184,580	85,180	23.5	2,579,875	50.2
1998	340,000	169,500	40.3	2,952,491	58.7
1999	375,136	243,476	42.1	3,316,687	66.4
2000	330,040	218,659	36.9	3,675,547	72.9
2001	300,000	209,240	35.4	3,924,341	79.5
2002	349,680	258,200	41.8	4,210,991	86.0
2003	353,450	286,520	42.9	4,569,736	92.6
2004	354,900	267,860	41.8	4,990,137	100.1
2005	312,690	235,070	36.6	5,269,279	104.7
2006	274,700	210,550	33.7	5,317,015	104.1
2007	253,820	193,380	31.0	5,414,584	105.0
2008	331,680	261,930	39.2	5,459,356	110.9
2009	519,550	369,440	51.5	5,939,717	125.3
2010	423,030	347,000	44.4	6,363,117	132.5
2011	427,980	344,300	42.5	6,698,674	141.4
2012	474,650	360,360	48.9	7,050,072	148.6
2013	428,510	358,370	43.7	7,514,623	154.0
2014	412,500	352,480	43.0	7,804,477	158.4
2015	368,630	308,600	38.3	8,070,911	159.8

资料来源：内閣府『平成27年度 年次経済財政報告—四半世紀ぶりの成果と再生する日本経済—』（長期経済統計）、2015年7月。

Abstract

Japan's economy experienced instability and hardship in 2015. Due to combined effects of the global economic downturn and the failure of "Abenomics", real GDP growth started high but slipped later. The second and fourth quarters of 2015 experienced negative growths, and the year economic growth has only 0.4%. Economic difficulties mounted up in 2015, including continued deflation, weak consumption, low equipment investment and wage falling behind inflation. Because of the Abe administration's delay of the second sales tax rise until April 2017 and the lackluster economic performance in 2013 and 2014, Japan's economy will probably bounce back in 2016. However, it is difficult for consumption, investments, and exports to effectively drive the economy, and the economic outlook is not certainly rosy. Due to the global economy and China's economic slowdown, combined with the slow improvement in Sino – Japanese relations, in 2015, the Sino – Japanese bilateral trade has a substantial negative growth, the bilateral mutual direct investment also decreased significantly, the bilateral financial and monetary cooperation continue at a standstill, and negotiations on China – Japan – Korea FTA were lack of substantive progress, which reflected the cold political and economic relationships starkly. If Sino – Japanese political relations can be further improved, Sino – Japanese economic and trade cooperation is probably expected to be some improved.

This book focuses on "Japan's role in the Belt and Road initiative", however, for the continuity of the blue book, topics such as "Japan's economic hot issues" and "The status quo and prospect of Sino – Japanese Economic and Trade relationship" are kept in the book. In addition, four topics are also discussed, including "Sino-Japanese economic cooperation and competition under the Belt and Road background", "Japanese experience and enlightenment to the Belt and Road construction", "the impact of the Belt and Road on Japan's economy", "Japan's economy and trade pattern deal with the Belt and Road". Based on the general report, this book provides a systematic analysis on topics such as Japan's economy, Sino-Japanese economic relationship, especially Japan's role in the Belt and Road initiative, Japan's ambivalence, entanglement, obstructionism of the Belt and Road.

Keywords: Japan's Economy; Sino – Japanese Economic and Trade Relationship; the Belt and Road initiative; Going – out Strategy

Contents

I General Report

B. 1 Japanese Economy and Sino-Japanese Economic & Trade
Relations in 2015-2016: Status Quo, Problems and Prospects
Zhang Jifeng / 001

Abstract: In 2015, there is a short-term growth effect in Japanese economy, including high stock and weak yen. Combined with the slowdown in the world economic downward pressure, Japanese exports got better. In addition, the unemployment rate continued to decline, and the employment situation is good. Business income has increased, but didn't restore to the society, the equipment investment and private consumption are still in the doldrums. Influenced by factors such as the raise of consumption tax in April 2017, Japanese economy will continue to moderate recovery in 2016, and will be slightly better than 2015.

Due to economic factors such as China's economic slowdown and labor cost rising, and Sino-Japanese political relations' slowly improving, Sino-Japanese economic and trade relations in 2015 had a significant drop, bilateral trade and foreign direct investment dropped substantially, two-way government bonds holding and the direct trading of RMB experienced setbacks, and negotiations on China-Japan-Korea FTA decreased significantly, which reflected the cold political and economic relationships starkly. If Sino-Japanese political relations show warming signs, Sino-Japanese economic and trade relationship is expected to improve in 2016.

Keywords: Japan's Economy; Abenomics; Sino-Japanese Economic and Trade Relationship; The New Three Arrow; TPP; China's Explosive Buy

Contents

II Japan's Economic Hot Issues

B. 2 Japan's Economic Status and Issues in the Future
                        Takami Hiroshi / 026

Abstract: Through the implementation of "Abenomics", Japan's employment and income environment improved, economy appears a slow recovery. In 2015, Abe administration issued "Japan Revitalization Strategy (Growth Strategy) 2015" and the new three arrows, which marked "Abenomics" is moving into the second stage. The Japanese government put forward "a Society in Which All Citizens are Dynamically Engaged" and negative interest rate policy, whether they can have the effect of stimulating economic sentiment in a short term, and can overcome long-term structural problems, needs to be further discussed.

Keywords: Japan's Economy; Abenomics; The New Three Arrows; A Society in Which All Citizens Are Dynamically Engaged; Negative Interest Rate Policy

B. 3 The Ripple Effect of China's New Economic
   Normality on Japanese Economy   *Liu Hong, Tian Zhaoyi* / 032

Abstract: After three decades of rapid growth, the Chinese economy is now shifting gear from the previous high speed to a medium-to-high speed growth, or to a "new normal" phase. What does it mean to Japan when China enters into a "new normal" stage? This paper intends to address this critical issue and we conclude that China's new economic normality will bring both challenges and opportunities on Japan's economy. In the short term, with capital investment in manufacturing slowing, the Japanese export to China may slid down to some extent and the business performance of several Japanese manufacturing enterprises may be affected; with China's investment structure constantly adjusting, the Japanese FDI in China should make necessary adjustments and the competition for FDI between the two countries in other districts may increase; besides, the economic ripple effect of Japan's tourism industry would be weakened if there were a slowdown in the consumption of Chinese visitors to Japan. In the long run, however, the Japanese companies and its economy will benefit from

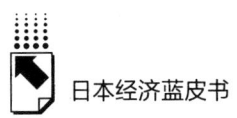

China's continuous expansion of domestic consumption market, transformation and upgrading of industrial structure and further investment in the field of energy-saving and environmental protection. The two sides should make adaptive adjustments under the circumstances in order to achieve a win-win situation.

Keywords: The New Normal of China's Economy; Japan's Economy; Challenge; Opportunity

B.4 The Influence and Enlightenment of "Explosive Shopping" by Chinese Tourists on Japan's Economy   *Hou Junran* / 047

Abstract: This paper illustrates the amount of money spent and the types of merchandise purchased in the "explosive shopping" initiated by Chinese tourists in Japan, and the underlying reasons are further investigated inside China and Japan. The "explosive buying" of Chinese tourists in Japan is beneficial to Japan's economy stepping out of recession and promote employment opportunities, however, more burdens will be placed on the domestic hotels and restaurants. On the other hand, the "explosive shopping" also indicates some serious problems on China's economy itself. In reference to the successful experiences of the quality of goods and services in Japan, this paper proposes that China needs to implement reforms on its supply and demand side, create high-quality national brands, improve the quality of business service and enhance the market environment.

Keywords: Chinese Tourists; Explosive Shopping; Japan's Economy

Ⅲ The Status Quo and Prospect of Sino-Japanese Economic and Trade Relationship

B.5 Sino-Japanese Economic and Trade Relationship in 2015 and Its Outlook in 2016   *Lv Kejian* / 056

Abstract: This paper begins with reviewing economic and trade development in 2015, and points out that Sino-Japanese relationship has improved, but saw many complications and difficulties, which continued to hamper economic and trade cooperation. Bilateral trade expansion slowed down obviously, and investment and skilled intern collaborations decreased significantly. There were still severe challenges to multi-level, broad scope, and mutually beneficial China-Japan economic and trade cooperation. For Sino-Japanese economic and trade cooperation outlook in 2016, this paper recommends both countries to stand at a new historical starting point, focus on long term and overall interests, and have more confidence and resolution overcome difficulties, disturbances, and obstacles, based on the existing results and continued to work together, to put the mutually beneficial relationship and economic and trade cooperation back in the right track.

Keywords: Sino-Japanese Economic and Trade Relationship; Confront Difficulties; Reciprocal Development

B. 6 The Status Quo and Outlook of Sino-Japanese Trade and Investment Relationship *Yoichi Maie* / 065

Abstract: Based on statistics from Japan's Ministry of Finance and China's Customs Office, JETRO has conducted investigation on Japan-China trade, which shows that bilateral trade fell 11.8% to 303.28609 billion dollars in 2015, and appeared the first negative two digit growth since 2009. Japan's direct investment to China decreased significantly by 25.2% to 3.21 billion dollars, and a number of factors such as business environment changes were behind this. In 2015, less than 40% of Japanese enterprises expressed the willingness to expand their China business, and there is a big difference between different industry and region. Japanese enterprises should put the new normal state of Chinese economy in perspective and explore business opportunities.

Keywords: Sino-Japanese Trade; Japan's Direct Investment to China; New Normal State; Business Environment Changes

B. 7 Taiwan-Japan Economic and Trade Relations: Status Quo, Subjects and Future *Ren Yaoting* / 080

Abstract: This paper reviews 70 years after the end of the World War II to the

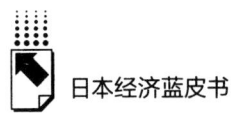

development of Taiwan-Japan economic and trade, and discusses the evolution of Taiwan-Japan's economy and industry relationship, then looks to the future direction of Taiwan-Japan economic and trade for reference. This paper discusses the evolution of the bilateral economic exchange through Taiwan-Japan trade and direct investment, explores Taiwan & Japan's economy and industry relationship through product structure of trade between the two sides, observes the development of intra-industry trade and industry complementary between Taiwan & Japan. This paper also looks at the imbalance relationship and problems which was formed by the post-war Taiwan & Japan's economy development from the state of international balance of payments. Meanwhile, this paper will discuss the relation between Taiwan-Japan international payment imbalance and mainland China.

Keywords: Taiwan-Japan Trade; Taiwan-Japan Direct Investment; Industry Complementary; Mainland China; The Economic Relation between Taiwan and Japan

B. 8 Transformation and Upgrading of Sino-Japanese Economic and Trade Cooperation
—*Analysis on Competitiveness and Its Influencing Factors of Machinery Manufacturing Industry*   Ding Hongwei / 096

Abstract: With the development of globalization process, Northeast Asia, main countries like China, South Korea and Japan, have become the world's most dynamic region of manufacturing industry. Japanese enterprises, especially multinational corporations established their vertical industrial division by making use of the development gap between countries and their own advantages. The fragmentation that the whole production process divided into number of intermediate product manufacturing and final product assembly have been forming in Northeast Asia, and the trade and investment cooperation between China and Japan are also evolving in this process. Today, the domestic manufacturing industry is entering a period of adjustment in the two countries, economic and trade cooperation between them are faced with the situation of adjustment, transformation and upgrading.

Keywords: Machinery Manufacturing Industry; Industrial Division; Fragmentation; Trade Specialization Coefficient; Economic and Trade Cooperation

IV Sino-Japanese Economic Cooperation and Competition under the Belt and Road Background

B. 9 The Belt and Road Initiative and Japan's Role

Yoshizaki Tatsuhiko / 110

Abstract: In Japan, currently not so many people have a keen interest in China's the Belt and Road initiative. The concept of the Belt and Road is so large and complicated that it is unclear whether its purpose is to build "International Public Goods" or to seek China's own national interests from the Japanese point of view. If its purpose is the first, there will be very few obstacles for not only Japan but also other countries to take part in the projects of the Belt and Road Through the cooperation between AIIB and ADB, or participations of Japanese companies, Japan will be able to contribute the Belt and Road initiative a lot.

Keywords: The Belt and Road; International Public Goods; AIIB

B. 10 Economic Game between China and Japan under the Belt and Road Initiative

Su Hang / 118

Abstract: The Belt and Road initiative proposed by China will bring about new opportunities in infrastructure construction, economic development and financial cooperation in Asia, which will promote the recovery of Asian and world economy and benefit Asian countries as well as the whole world. Infrastructure interconnection advocated by the Belt and Road initiative will not only contribute to China, but also to Japan's economic recovery. China and Japan will achieve broad cooperation and development undoubtedly during the implementation of the Belt and Road initiative if Japan can uphold an opening and inclusive mind. However, Japan government will definitely compete with China with various measures during the implementation of the Belt and Road initiative, which leads to the coexistence of competition and cooperation in the economic game between China and Japan.

Keywords: The Belt and Road; Asian Infrastructure Investment Bank; Economic and Trade Cooperation; Game Between China and Japan

B.11 Japan Increases Competitiveness with China by Exporting Railway Technology to Countries along the Belt and Road

Chen Yan / 127

Abstract: Japan has shown little interest in China's the Belt and Road Initiative, not to mention any cooperation in this regard. Right after China won the bidding for the high-speed railway project in Indonesia in 2015, Japanese cured a similar project in India, putting themselves in competition with each other in the field of infrastructure construction namely high-speed railway construction in Asian countries. As the main components of their respective diplomatic strategies and foreign economic cooperation, Japan's Shikansen and China's high-speed railway could help boost international influence and produce great economic benefits. The focus of their future competition will shift to countries such as Vietnam, Thailand, Malaysia and Myanmar. By 2020, the investment in Asian railway construction projects will amount to MYM 39 billion. It is not a business that could be monopolized by any single country. Possibilities for cooperation in Asian railway and other infrastructure construction may present themselves to China and Japan in the future.

Keywords: High-speed Railway; Social Infrastructure; Sino-Japan Cooperation

B.12 Research on International Criminal Judicial Cooperation Mechanism in the Belt and Road Initiative

Zhu Jun / 137

Abstract: The Belt and Road (B&R) initiative is the inevitable requirement for building a new pattern of all-round opening up in China, is also an inevitable choice to promote common development and prosperity in Asia and Europe. The strategic concept of B&R involves many countries and regions, belongs to different jurisdictions, have different legal traditions and cultural differences between countries. There exists collision and conflict in the field of judicial protection due to these different systems. In this case, the scope and field of B&R regional criminal judicial cooperation needs to be further broadened, extradition treaty needs to be extensively signed, and the legislative process of International Criminal Judicial Assistance Law needs to be speeded up. Moreover, based on the maintenance of Chinese judicial sovereignty, properly expand international judicial cooperation in the implementation of foreign criminal judgment in order to provide a solid support for smooth implementation of B&R initiative.

Keywords: The Belt and Road; International Criminal Judicial; Cooperation Mechanism

V Japanese Experience and Enlightenment to the Belt and Road Construction

B. 13 Japanese Firms' Going Global: History, Experience and Lessons *Ma Shuping* / 144

Abstract: Japan's experience in electric power development before Word War II (WWII for short) and its reparation schedule to Southeast Asia after WWII laid solid foundation for Japanese firms' going global (FGG hereafter) strategy in 1960s. Japanese FGG consists of five phases, among which three obvious characteristics are included: FGG is a gradual process, which stimulates Japan's domestic adjustment of its industrial structure in reverse; firms' international competitiveness affects their globalization level; and market determines firms' globalization direction. The experience of Japanese FGG can be summarized as follows: government creates the market environment for FGG by establishing an effective coordination mechanism; firms conduct a principle of self-discipline for common interests; and continuous innovation enhances firms' global competitiveness. In the meantime, lessons can be learned: Good Investment opportunities are missed due to overcautious attitude; Global R&D system is not open enough; and domestics industry base is weakened by the imbalance of foreign investment.

Keywords: Japanese Firms' Going Global; Japan's Experience; Coordination Mechanism

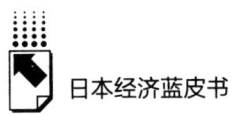

B. 14　The Collaborative Support System of Japanese
　　　　Enterprises "Going Out"　　　　　　　　*Cheng Yongming* / 154

Abstract: Japanese enterprises began to develop overseas from the 1960's, which not only facilitated numerous well-known Multinational Corporation, but also led a large number of small or medium enterprises to overseas development. In this process, the government, policy implementation institutions, financial institutions, all kinds of services and consulting institutions took the various forms of support, and large multinational corporations, small or medium enterprises, integrated trading company also cooperated with each other and developed collaboratively, therefore built up a set of perfect collaborative support system. This study will give the development of the belt and road and Chinese enterprises "going out" strategy some enlightenment.

Keywords: Japanese Enterprises; Going Out; Overseas Development Strategy; Coordination and Support System

B. 15　The Enlightenment of Japanese Manufacturing
　　　　Overseas Transfer to China's the Belt
　　　　and Road Initiative　　　　　　*Ma Wenxiu, Qiao Minjian* / 166

Abstract: Since 1950s, Japan adjusts its manufacturing overseas transfer dynamically according to the requirement of the development of national economy and the adjustment of industrial structure in different periods. With the help of overseas transfer of industry, Japan becomes the most powerful country from the biggest one in manufacturing. Japan's experience and lessons have practical guiding value to China's manufacturing overseas transfer under the Belt and Road initiative. The prominent features is the overlapping marginal industrial transfer and advantage industry model on industry choice of Japan's manufacturing overseas transfer. Japan's model on industry choice becomes overlapping location choice model of global production network strategy and the holy trinity- industrial capital, commercial capital, financial capital and all enterprises combined investment structure from the low cost strategy and the market-orientation strategy. Japan's entry mode becomes the cross border mergers and acquisitions and the government's support and guide strategy system in outward industrial transfer from the greenfield investment, gradually.

Keywords: Japanese Manufacturing Industry; Overseas Transfer; Holy Trinity-Industrial Capital, Commercial Capital, Financial Capital

B.16 The Practical Experience of Japan's Assistance to Asia's Development and the Construction of China's the Belt and Road *Cui Yan / 174*

Abstract: In recent years, the Chinese government proposed the Belt and Road initiative as a new strategy of China's foreign economy, which will vigorously promote national economic cooperation in the related area. Although China has a fast-developing in foreign aid and economic cooperation, we should still strengthen the construction of policy, system and concrete implementation. Japanese establish an Asia economic cooperation strategy, centered on government aid, which has played an important role in promoting economic development in Asia and provide much experience to learn. The main contents of the paper include as following: firstly, analyze the historical evolution of ODA in Asia. Then analyze the signification of establishing the Asian Infrastructure Investment Bank and the Belt and Road initiative proposed by the Chinese government. Finally, on the basis of comparative analysis, discuss on the inspiration and reference of the Japanese experience for China.

Keywords: ODA; The Belt and Road; ADB; AIIB

VI The Impact of the Belt and Road on Japan's Economy

B.17 "The Clash of Civilizations" or "The Symbiotic Civilizations": The Sino-Japanese Strategy Game in the Context of the Belt and Road Initiative *Liu Xuan / 185*

Abstract: The Belt and Road Initiative inspired investment boom of the Asian infrastructure, triggered the Omni-directional competition between China and Japan, and promoted the reconstruction of the international political and economic order. In allusion to the Belt and Road Initiative, Japan continued the cold war mentality under the concept of the clash of civilizations and used a variety of means to curb, contain, and obstruct. Therefore, in the information age, China should uphold the development philosophy of symbiotic civilizations, fully give an important role of Asian Infrastructure Investment Bank, motivate the investment in the asian infrastructure, build up the pivot of the Belt and Road, and pull off the substantial connection between inland economy and the Belt and Road. Paying equal attention to land power and sea power, China can create an environment of peace and development in Asia, and then pull the process of reconstruction of international order in the concept of the symbiotic civilizations.

Keywords: The Belt and Road Initiative; Asian Infrastructure Investment Bank; The Clash of Civilizations; The Symbiotic Civilizations; Containment Policy

B.18 The Shock of the Belt and Road Initiative to Regional Economic Strategy of Japan and Sino-Japan Cooperation   *Jin Renshu / 197*

Abstract: For a long time, Japan has implemented the regional economic strategy of dominating economic intergration of Asia Continent. The government successfully launched "Pacific Rim Economic Circle" Plan, "Japan Sea Rim Economic Circle" Project and other bilateral or mutilateral EPA/FTA strategies while taking active participate in RCEP. Nonetheless, the reverse of China-Japan economic power and the coming into effect of "the Road and Belt Initiative" have shocked the core status of Japan and forced the government altering strategies. Japan should disregard the bias of the "the Road and Belt Initiative" and exploit the technical advantage of Japan enterprises, intensify the cooperation and jointly push forward the course of economic intergration of Asia area. In such a case, the overseas economic interests will be gained and the transformation of economic structure will be accelerated in Japan and a win-win outcome will be gained.

Keywords: The Road and Belt Initiative; The Japan Regional Economic Strategy; Sino-Japan Cooperation

B. 19 Analysis on the Trend of Japan's Participation
in the Belt and Road Initiative
—*Centered on the Comparison with South Korea*　　*Du Ying* / 209

Abstract: The Belt and Road Initiative is China's strategic arrangement for the future economic development in the new era. Based on our country's comprehensive national strength and geopolitical realities, the initiative is bound to start from neighboring countries, and then apply broadly. In Northeast Asia, as China's neighboring countries, Japan and South Korea's participation is especially important for the construction of the Belt and Road. South Korea, as a founding member joining the Asian Infrastructure Investment Bank and signing the China-South Korea free trade agreement, catches the ride of B&R; whereas Japan is still hovering outside. In the future, there are still many uncertainties concerning Japan's participation. However, Japan's current needs of economic recovery and South Korea's actual participation will change its direction to participate.

Keywords: The Belt and Road; AIIB; Japan; South Korea

Ⅶ Japan's Economy and Trade Pattern Deal with the Belt and Road

B. 20 The Belt and Road and The New Strategic Layout of
Japan's Infrastructure Export Strategy　　*Liu Rui* / 221

Abstract: China gives high priority to the building of infrastructure connectivity in advancing the Belt and Road Initiative and the "go global" strategy, making effort in expanding areas of cooperation in infrastructure construction with countries along the Belt and Road. In response to China's foreign investment layout, Japan strengthens its strategy relating infrastructure export, with its layout reflecting the general features of foreign economic strategy. Meanwhile, Japan shows more competitive mentality for China, reflected by the strengthening of competitive posture in project standard, regional distribution, and financial support. China and Japan have their different advantages in the field of infrastructure construction. It is imperative for China to learn from Japanese experience and meanwhile respond calmly to the competition with Japan

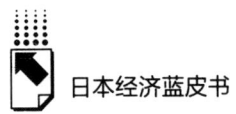

in the countries along the Belt and Road.

Keywords: The Belt and Road; Infrastructure Export; Strategic Layout; High Quality; Competition

B.21 Japan's Economic Diplomacy in the Greater Mekong Sub-region (GMS)
—*Policy Adjustment Under the Background of the Belt and Road*
Bai Ruchun / 233

Abstract: The Greater Mekong Sub-region is in the main intersection of the interests of this region. In addition to Thailand, five countries' level of economic development is lagging behind, but the region has abundant energy and resources with a large population and huge market potential. Japan's cooperation with the five countries of the Mekong river has been institutionalized, and the investment here also presents an increasing trend year by year. In China's conception of the Belt and Road, the region is at the forefront and in the important hub location of the 21st Century Maritime Silk Road. China strengthens the economic cooperation with ASEAN, especially with the greater Mekong sub-region. In view of the challenges, Japan also makes policy adjustments accordingly. Around the greater Mekong sub-regional development and cooperation, competition and coordination between the two countries become the norm.

Keywords: The Greater Mekong Sub-region; Japan and ASEAN's Diplomacy; The 21st-Century Maritime Silk Road; Regional Economic Cooperation

B.22 Japanese Investment Patterns in Countries along the Belt and Road
Chang Sichun / 244

Abstract: Southeast Asia, South and Central Asia are not only a priority direction of China's neighboring diplomatic strategy, but also an important direction for China to advance the Belt and Road Initiative. At the same time, Japan also has long-term political and economic layout on countries along the Belt and Road, it particularly emphasize on increasing investment and improving influence in these countries. Currently, Japanese direct investment in these areas is manufacturing-based, and Southeast Asia as the main direction. At the same time, the growth potential is tremendous in South Asia. Due to the high demand in Asian-Pacific region for infrastructure investment, Japanese government aimed at the business opportunities, tried seizing the infrastructure market of these countries along the Belt and Road, it competes with China and its the Belt and Road proposal.

Keywords: The Belt and Road; Japan; Investment Patterns; Infrastructure Investment

B. 23 Japan's Trade Pattern with Countries along
the Belt and Road   *Li Qingru* / 257

Abstract: Southeast Asia, South Asia and Central Asia are not only the priorities for the Belt and Road initiative, but also the important partners for building "the Silk Road Economic Belt" and "the 21st-Century Maritime Silk Road". As a traditional player in Asia, Japan's economic layout in Southeast Asia, South Asia and Central Asia is an important factor which cannot be overlooked in the advancement of the Belt and Road initiative, and trade is one of the important components. Analyzing Japan's trade pattern with countries along the Belt and Road would be beneficial to clarify Japan's role in the Belt and Road initiative and to actively respond it.

Keywords: The Belt and Road; Japan; Trade Pattern; Economic Layout

Ⅷ Appendix

B. 24 Changes in Data on Japan's Economy and Sino-Japanese
Economic and Trade Relations   / 270

❖ 皮书起源 ❖

"皮书"起源于十七、十八世纪的英国,主要指官方或社会组织正式发表的重要文件或报告,多以"白皮书"命名。在中国,"皮书"这一概念被社会广泛接受,并被成功运作、发展成为一种全新的出版形态,则源于中国社会科学院社会科学文献出版社。

❖ 皮书定义 ❖

皮书是对中国与世界发展状况和热点问题进行年度监测,以专业的角度、专家的视野和实证研究方法,针对某一领域或区域现状与发展态势展开分析和预测,具备原创性、实证性、专业性、连续性、前沿性、时效性等特点的公开出版物,由一系列权威研究报告组成。

❖ 皮书作者 ❖

皮书系列的作者以中国社会科学院、著名高校、地方社会科学院的研究人员为主,多为国内一流研究机构的权威专家学者,他们的看法和观点代表了学界对中国与世界的现实和未来最高水平的解读与分析。

❖ 皮书荣誉 ❖

皮书系列已成为社会科学文献出版社的著名图书品牌和中国社会科学院的知名学术品牌。2011年,皮书系列正式列入"十二五"国家重点出版规划项目;2012~2015年,重点皮书列入中国社会科学院承担的国家哲学社会科学创新工程项目;2016年,46种院外皮书使用"中国社会科学院创新工程学术出版项目"标识。

中国皮书网

www.pishu.cn

发布皮书研创资讯，传播皮书精彩内容
引领皮书出版潮流，打造皮书服务平台

栏目设置：

- □ 资讯：皮书动态、皮书观点、皮书数据、皮书报道、皮书发布、电子期刊
- □ 标准：皮书评价、皮书研究、皮书规范
- □ 服务：最新皮书、皮书书目、重点推荐、在线购书
- □ 链接：皮书数据库、皮书博客、皮书微博、在线书城
- □ 搜索：资讯、图书、研究动态、皮书专家、研创团队

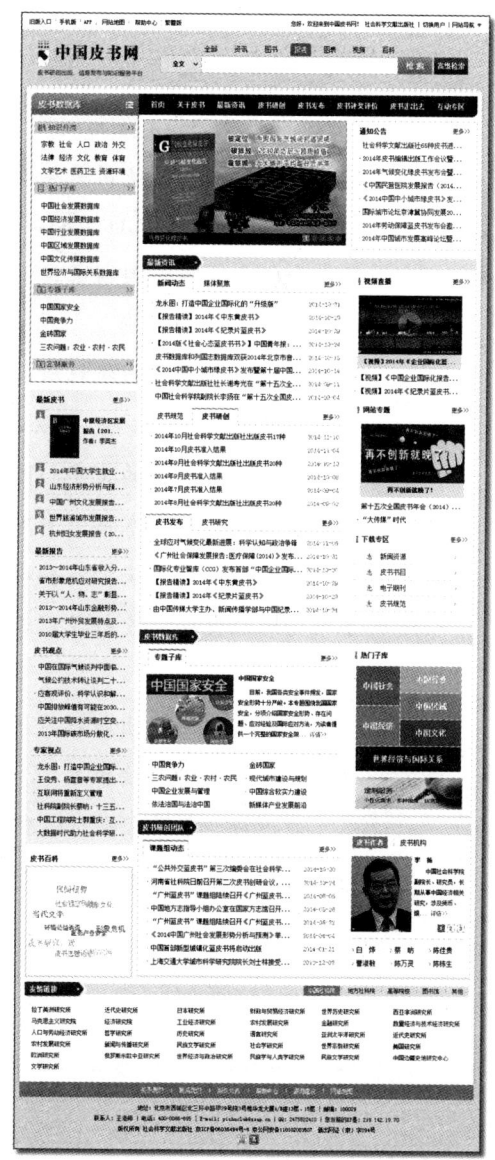

中国皮书网依托皮书系列"权威、前沿、原创"的优质内容资源，通过文字、图片、音频、视频等多种元素，在皮书研创者、使用者之间搭建了一个成果展示、资源共享的互动平台。

自2005年12月正式上线以来，中国皮书网的IP访问量、PV浏览量与日俱增，受到海内外研究者、公务人员、商务人士以及专业读者的广泛关注。

2008年、2011年中国皮书网均在全国新闻出版业网站荣誉评选中获得"最具商业价值网站"称号；2012年，获得"出版业网站百强"称号。

2014年，中国皮书网与皮书数据库实现资源共享，端口合一，将提供更丰富的内容，更全面的服务。

法律声明

"皮书系列"(含蓝皮书、绿皮书、黄皮书)之品牌由社会科学文献出版社最早使用并持续至今,现已被中国图书市场所熟知。"皮书系列"的LOGO(￼)与"经济蓝皮书""社会蓝皮书"均已在中华人民共和国国家工商行政管理总局商标局登记注册。"皮书系列"图书的注册商标专用权及封面设计、版式设计的著作权均为社会科学文献出版社所有。未经社会科学文献出版社书面授权许可,任何使用与"皮书系列"图书注册商标、封面设计、版式设计相同或者近似的文字、图形或其组合的行为均系侵权行为。

经作者授权,本书的专有出版权及信息网络传播权为社会科学文献出版社享有。未经社会科学文献出版社书面授权许可,任何就本书内容的复制、发行或以数字形式进行网络传播的行为均系侵权行为。

社会科学文献出版社将通过法律途径追究上述侵权行为的法律责任,维护自身合法权益。

欢迎社会各界人士对侵犯社会科学文献出版社上述权利的侵权行为进行举报。电话:010-59367121,电子邮箱:fawubu@ssap.cn。

社会科学文献出版社

权威报告・热点资讯・特色资源

皮书数据库

ANNUAL REPORT(YEARBOOK) DATABASE

当代中国与世界发展高端智库平台

WWW.PISHU.COM.CN

皮书俱乐部会员服务指南

1. 谁能成为皮书俱乐部成员？
   - 皮书作者自动成为俱乐部会员
   - 购买了皮书产品（纸质书/电子书）的个人用户

2. 会员可以享受的增值服务
   - 免费获赠皮书数据库100元充值卡
   - 加入皮书俱乐部，免费获赠该纸质图书的电子书
   - 免费定期获赠皮书电子期刊
   - 优先参与各类皮书学术活动
   - 优先享受皮书产品的最新优惠

3. 如何享受增值服务？

   （1）免费获赠100元皮书数据库体验卡

   第1步 刮开附赠充值的涂层（右下）；

   第2步 登录皮书数据库网站（www.pishu.com.cn），注册账号；

   第3步 登录并进入"会员中心"—"在线充值"—"充值卡充值"，充值成功后即可使用。

   （2）加入皮书俱乐部，凭数据库体验卡获赠该书的电子书

   第1步 登录社会科学文献出版社官网（www.ssap.com.cn），注册账号；

   第2步 登录并进入"会员中心"—"皮书俱乐部"，提交加入皮书俱乐部申请；

   第3步 审核通过后，再次进入皮书俱乐部，填写页面所需图书、体验卡信息即可自动兑换相应电子书。

4. 声明

   解释权归社会科学文献出版社所有

皮书俱乐部会员可享受社会科学文献出版社其他相关免费增值服务，有任何疑问，均可与我们联系。

图书销售热线：010-59367070/7028
图书服务QQ：800045692
图书服务邮箱：duzhe@ssap.cn

数据库服务热线：400-008-6695
数据库服务邮箱：database@ssap.cn
兑换电子书服务热线：010-59367204

欢迎登录社会科学文献出版社官网
（www.ssap.com.cn）
和中国皮书网（www.pishu.cn）
了解更多信息

社会科学文献出版社 皮书系列
SOCIAL SCIENCES ACADEMIC PRESS (CHINA)

卡号：579153659259
密码：

子库介绍
Sub-Database Introduction

中国经济发展数据库

涵盖宏观经济、农业经济、工业经济、产业经济、财政金融、交通旅游、商业贸易、劳动经济、企业经济、房地产经济、城市经济、区域经济等领域，为用户实时了解经济运行态势、把握经济发展规律、洞察经济形势、做出经济决策提供参考和依据。

中国社会发展数据库

全面整合国内外有关中国社会发展的统计数据、深度分析报告、专家解读和热点资讯构建而成的专业学术数据库。涉及宗教、社会、人口、政治、外交、法律、文化、教育、体育、文学艺术、医药卫生、资源环境等多个领域。

中国行业发展数据库

以中国国民经济行业分类为依据，跟踪分析国民经济各行业市场运行状况和政策导向，提供行业发展最前沿的资讯，为用户投资、从业及各种经济决策提供理论基础和实践指导。内容涵盖农业，能源与矿产业，交通运输业，制造业，金融业，房地产业，租赁和商务服务业，科学研究环境和公共设施管理，居民服务业，教育，卫生和社会保障，文化、体育和娱乐业等100余个行业。

中国区域发展数据库

以特定区域内的经济、社会、文化、法治、资源环境等领域的现状与发展情况进行分析和预测。涵盖中部、西部、东北、西北等地区，长三角、珠三角、黄三角、京津冀、环渤海、合肥经济圈、长株潭城市群、关中—天水经济区、海峡经济区等区域经济体和城市圈，北京、上海、浙江、河南、陕西等34个省份。

中国文化传媒数据库

包括文化事业、文化产业、宗教、群众文化、图书馆事业、博物馆事业、档案事业、语言文字、文学、历史地理、新闻传播、广播电视、出版事业、艺术、电影、娱乐等多个子库。

世界经济与国际政治数据库

以皮书系列中涉及世界经济与国际政治的研究成果为基础，全面整合国内外有关世界经济与国际政治的统计数据、深度分析报告、专家解读和热点资讯构建而成的专业学术数据库。包括世界经济、世界政治、世界文化、国际社会、国际关系、国际组织、区域发展、国别发展等多个子库。